Dashen De Xiaoxiang
——Wangluo Zuojia Fangtanlu（di er ji）

（第二辑）
# 大神的肖像
——网络作家访谈录

时代出版传媒股份有限公司
安徽文艺出版社

周志雄 等◎著

周志雄，男，1973年生，湖北黄冈人，安徽大学教授，博士生导师，安徽大学网络文学研究中心主任，安徽省二级教授，安徽省皖江学者特聘教授，安徽省学术和技术带头人，享受国务院政府特殊津贴专家，国家社科基金重大项目首席专家。中国作家协会网络文学委员会委员，中国文艺理论学会网络文学研究分会副会长，安徽省网络作家协会副主席。主持国家社科基金项目3项。成果获省部级优秀成果一、二等奖，"啄木鸟杯"中国文艺评论年度优秀作品奖等。出版著作十余部。在《文学评论》《人民日报》《光明日报》《中国现代文学研究丛刊》等报刊发表论文190余篇，主编《网络文学教程》《文学评论写作实用教程》等教材。

Dashen De Xiaoxiang
——Wangluo Zuojia Fangtanlu（di er ji）

（第二辑）
# 大神的肖像
## ——网络作家访谈录

周志雄 等◎著

时代出版传媒股份有限公司
安徽文艺出版社

图书在版编目（CIP）数据

大神的肖像：网络作家访谈录. 第二辑/周志雄等著. —合肥：安徽文艺出版社, 2024.5
ISBN 978-7-5396-7852-8

Ⅰ. ①大… Ⅱ. ①周… Ⅲ. ①作家－访问记－中国－现代 Ⅳ. ①K825.6

中国国家版本馆 CIP 数据核字(2023)第 183845 号

出 版 人：姚 巍
责任编辑：卢嘉洋　　胡 莉　　　装帧设计：张诚鑫

出版发行：安徽文艺出版社　　www.awpub.com
地　　址：合肥市翡翠路 1118 号　邮政编码：230071
营 销 部：(0551)63533889
印　　制：合肥创新印务有限公司　　(0551)64456946

开本：787×1092　1/16　印张：19　字数：380 千字
版次：2024 年 5 月第 1 版
印次：2024 年 5 月第 1 次印刷
定价：68.00 元

（如发现印装质量问题，影响阅读，请与出版社联系调换）
版权所有，侵权必究

# 目　录

"改革开放40年的历史就是一部爽文"
　　　　——齐橙访谈录 / 001

"游戏本身并不高级，高级的是背后的电竞精神"
　　　　——蝴蝶蓝访谈录 / 020

网络小说的文化传承
　　　　——阿菩访谈录 / 048

"网络文学现实主义题材的必要性和必然性"
　　　　——何常在访谈录 / 073

"每一部作品都是对自我的治愈"
　　　　——蒋离子访谈录 / 101

"人生的每一步都有迹可循"
　　　　——庹政访谈录 / 126

"我的职业操守是不断地推陈出新"
　　　　——流浪的蛤蟆访谈录 / 148

"我希望我的每一本书都跟以往的书不一样"
　　——沧海明珠访谈录／187

以网络文学趣味重写民国历史
　　——金蝉访谈录／221

"我想把重口味小说发扬光大"
　　——蜘蛛访谈录／238

网络作家的情怀与风骨
　　——飞天访谈录／257

网络文学的历史、演进和未来
　　——酒徒访谈录／281

后记／298

# "改革开放40年的历史就是一部爽文"
## ——齐橙访谈录

访谈人：

  齐橙，著名网络作家

  周志雄，安徽大学教授

  徐亮红，安徽大学博士生

  谢其银、张梦凡、陆凌珺、王启航、蒋悦等，安徽大学硕士研究生

访谈时间：2022年12月29日

访谈途径：腾讯会议

## 一、"我的阅历是我的一个优势"

周志雄：大家好！今天晚上我们非常荣幸地邀请到著名网络作家齐橙老师分享他的创作经验。今天参会的同学主要是安徽大学中国现当代文学专业的研究生，每个同学都很认真地读了齐橙老师的一部或者几部作品，还写了相应的评论文章。齐橙老师是国内非常著名的现实题材网络小说作家，从开始发表网络小说到现在已经有十几年了，比较有影响力的作品有《大国重工》《材料帝国》等。其中《大国重工》获了多个奖项，入选第三届橙瓜网络文学奖百强作品，入选国家新闻出版署和中国作家协会联合推介的25部"庆祝新中国成立70周年"主题网络文学作品暨2019年优秀网络文学原创作品名单，获得首届天马文学奖，获得第五届中国出版政府奖网络出版物奖，今年还被大英图书馆收藏。今天晚上的分享会由安徽大学的同学来向齐橙老师提问，然后由齐橙老师来回答同学的问题。请大家提问。

齐橙：没问题。

徐亮红：我昨天得知要采访您的消息以后，把您写的《大国重工》又翻出来看。这一次看得比较细，我看到好几个地方都笑出来了，在表达上您有一种很独特的幽默感。我想问的第一个问题是，像《大国重工》这样的小说，您认为是现实题材的小说吗？

齐橙：对，肯定属于现实题材。

**徐亮红**：大家都有一个共识，在严肃文学里，现实题材都是对当下真实生活的一种呈现。但是在《大国重工》里，冯啸辰这个人是从后世穿越过来的。您在创作这部小说的时候，是基于什么样的考虑让冯啸辰从21世纪穿越到20世纪80年代参加当时中国的工业建设的呢？

**齐橙**：这里其实有几个方面的考虑。第一个方面，我觉得这部小说的现实和纯文学或者严肃文学里面的现实区别并不大。虽然冯啸辰是一个穿越者，但他穿越的金手指在整个故事中发挥的作用并不是很大。如果我们要把冯啸辰的金手指给去掉，这部小说大的脉络，或者说很多很重要的情节，其实不会有太大的变化，也就是说穿越者的身份在小说里并不是起到一种决定性的作用。这部小说里面所反映的背景是真实的，人物之间的关系是真实的。

前一段时间我接触了一个朋友，他是编剧老师，他就说了一句："我看你的作品中，很多对话和现实中在政府机关或者企业开会时说的话，是完全一致的。"所以我说，如果把穿越这个写法抽掉，其实并不影响这部作品本身，里面的大部分内容不需要去调整。

为什么主角要用一个穿越者的身份？这是因为网络文学需要考虑从众性，要考虑读者的接受度。在网络文学创作中，没有金手指的作品其实是很少的，我往往会用一些金手指，比如说重生、穿越或者异能之类，这种特定的金手指其实是为了增强作品的可读性。从中国4亿网络文学读者甚至能够读书的将近10亿人的角度来说，我觉得读网络文学的人可能要比读传统文学的多得多。有很多传统文学，如拿了茅盾文学奖或者其他奖的作品，可能在各位中文系的同仁这里都很熟，但是除此之外的作品，可能大家并不了解。但是读网络文学的人会很多，为什么？因为它追求可读性和趣味性，它是朝着通俗文学的方向去的。

我的后一部作品《何日请长缨》在发出之前，我和起点中文网的一个主编聊了一下。我说这部作品我有点不想用穿越的方式来写，我想按照传统文学的方式来写，他说："我觉得你还是加个穿越为好，这样可能可读性会好一点。"

第二个方面，穿越者这个角色，其实他能够对整个故事起到一个解说者的作用，穿越者相当于这种作品中的旁白。如果我们按照传统文学的写法，比如我们去看"十七年文学"、《红旗谱》、《上海的早晨》之类的作品，实际上有时候呈一种游离状态，尤其是像今天的年轻人，他们在看的时候，会有一种好像自己是站在局外，是在屏幕上、在观众席上看。如果你以一种穿越者的角色来看的话，你会把自己代入里边去。实际上这类作品，包括一些历史题材的穿越小说，往往能够给读者身临其境的感觉，你会把自己代入冯啸辰那个角色，当你看一件事情的时候，冯啸辰会用你的视角，我们这一代人会用我们这一代人的视角，你们会用你们90后的视角去看这个问题，对吧？读者有时候会点评、会吐槽，你会觉得是你在吐槽，或者说是你在参与，这样的话它能够增加读者的代入感。我在创作时觉得这样的方式对我来说也更轻松。像冯啸辰1961年出生，如果我要以1961年出生的人的思维方式去写，大家恐怕很难代入，包括他去看一件事情的时候，他在评点一件事情或者吐槽一件事情的时候，他的吐槽方式和一个90后是完全不同的，所以我觉得穿越是网络文学提供的一种写作手法，是它的一个优点。

徐亮红：我发现您的创作跟一般的网络爽文有很大的区别。我读您的小说，我觉得我能从中学到很多东西，包括一些工业技术方面的问题，您写到的一些国企、官场上的事，我都不太知道，读了以后有种开了眼界的感觉。我想到网上有一种说法，说网络作家写小说都是坐在空调房里码字，但是我读您的小说就没有这种感觉。您能写出这些作品，说明您的知识面是非常广的，那么您写作的素材是如何获得的呢？

齐橙：你要知道我是一个60后，是一个1988年上大学的大学生，我是听腻了这些故事的。网文圈子里有一些老人，也有一些年轻的，我就属于老人这一类。我觉得自己的作品在想象力方面、架构故事的能力方面，其实是比不上那些年轻的新锐作家的。但是我的阅历是我的一个优势，我的阅历就是我亲身经历过的那些事情，包括我写的东西。我刚才说有一位编剧说我作品中的对话都非常准确，其实那些会议，比如部委的会议或者企业里头的会议，我是亲自参加过的，一个部委的官员、一个厅级干部会怎么说话，这是我能够想象出来的。

徐亮红：对，我看您在作品中把领导的发言稿写了出来。

齐橙：因为我自己就给领导写过讲话稿。

如果你是研究现实题材作品的话，我觉得这是一个非常重要的点：目前在网络上创作现实题材作品的很多作家，其实他们都是来自生产一线的。我一直在推一部小说《手术直播间》，你可以去查一下这部小说。这部小说的作者自己就是拿手术刀的，你如果看了这部小说，你会发现他经常是写完一章以后，下面会加一句，说这位老哥当初是我给解救的，现在还经常来请我喝酒，然后会说这个患者如何如何。很多现实题材的作品，它的作者本身都是来自生产一线的，这是网络文学的一个特点。这方面传统文学早先是有的，早先的传统文学作家都是来自生产一线，比如曲波他自己就是参谋长，《林海雪原》写的就是自己的经历，蒋子龙也是当工人出身的。但是在近些年，传统文学作家的职业化开始越来越明显，这样就导致了作家和生活的脱节。我们现在其实很难看到那种非常鲜活地反映某个行业的传统文学作品，更多的作品是写知识分子的那些喜怒哀乐。写市井生活他们可以写得很好，但是你要让他们写工厂、矿山，或者去写医院，他们写不好，为什么？因为他们不是来自生产一线的。这是网络文学作家和传统文学作家的区别。我是中国最后一届计划经济学专业的本科毕业生，所以你看《大国重工》的时候会有一种感觉,这得是一个经济学家来写才行。当然,我不知道这样说合适不合适。

徐亮红:我在网上看到一个关于您的真实故事,说有一个中学生看了《大国重工》这本书以后非常感动,以至于他把高考志愿填成了工业方向。

齐橙:这应该是更早的,不是《大国重工》的故事,应该是《工业霸主》。《工业霸主》写完以后是有一个孩子后来上了大学,他还看我的书。他说:"我当初就是看您的《工业霸主》才报的机械这个专业。"其实有不少这样的读者。

徐亮红:我在看您的书的时候,看了很多读者的评论,我发现您的读者有很多都不是看热闹的,而是很懂行的读者。您提到一些改革、工业方面的问题,很多读者在下面都是有很长的讨论的,这是一种类型的读者,就是他们很懂行,您写的很密集的知识点他们都能懂。还有一种类型的读者,他们读后是很感动的,我看了也很感动。我找一个细节给您说一下,冯啸辰他叔叔在德国留学,不想回中国的时候,说中国经济条件太差了,冯啸辰说了一句话:"我爷爷这一辈没有做成的事情,我孙子这一辈总得把它接着完成。"有一个读者在下面这样评论:"谢谢您橙子老师。我是一个党员,我看到您写的这段话以后,我突然模糊地理解了什么叫作党性。"下面还有一个读者说,看着您讲的这段话,他莫名地想哭。其实我感觉到读者看了您的书以后,充满了家国情怀的正能量。我看了以后也觉得非常感动,这两种类型的读者比较多。总之,您的小说、读者评论里面基本上都是充满正能量的。您在写小说的时候,有没有想过是写给哪一类群体的读者看的?或者说要给读者一个什么样的影响?

齐橙:我是一个老师,我有 30 年的教龄,我 1992 年就当老师了。作为一个教师,我是有影响他人的这样一种愿望。我在上课的时候,会向学生传达一些我自己的思想,关于世界观以及人生观。在写书的时候同样也是,每一个作者都会在自己的作品中带进自己对生活、对世界的认识。我想我自己是一个充满着文化自信且富有责任感的人,因此在作品中我也会表现出这样一种情绪。

我也想提醒一下,各位同学如果做网络文学研究,注意一下,多数网络作家的"三观"都比较正,在网络作家这个圈子,95%都属于我们说的"小粉红"的状态,我就是一个老粉,这是一个很有意思的现象。我在写小说时,会带上一些自己的情绪,就是对国家的感情,《大国重工》反映的一个很重要的东西就是这个,其核心是讲制度自信。

徐亮红:您刚才讲到的网络作家"三观"的问题,您能不能具体地谈一下,为什么会是这样子的?

齐橙:很大程度上因为网络作家来自草根一族,"三观"这个问题,我不知道在座的各位同学是怎么样的,但是确实90后这代年轻人爱国情怀要比上一代,就是我们60后这一代强烈得多,这是一个文化现象。为什么会出现这个现象呢?这来自国家国力的增强。我上大学的时候,国家的国力是比较弱的,所以我们这一代人其实对国家、对制度有些不自信,而你们这代人是很自信的。网络作家有两个特点,一个是年轻化,一个是草根化,所以他们更能够感受到国家的进步,感受到自我生活的改善,他们是靠自己的努力改善自己的生活的,他们也得到了回报。这一批人会觉得国家的发展和他们息息相关,而且他们的确从国家的发展中得到了机会,所以这批人的"三观"会比较正。

## 二、"发自内心地尊重普通劳动者"

谢其银:您在起点中文网发表了《工业霸主》,此前您还写过军事题材作品《江东突击营》,请问是怎样的契机让您选择写军事题材作品,然后又选择写工业题材作品的呢?

齐橙:首先一点,我是一个文艺青年。我是属于那种很小的时候就喜欢写东西的人,所以写小说对我来说一直是一个选择项,我一直都在尝试写各种各样的东西。网络文学的出现,其实是给我提供了一个机会。我原来写的东西可能不容易公开发表,但是网络文学作品是你写的东西随时都能发出来,所以我就产生了一种要在网上写点东西的愿望。最早的时候,我看了一些网文,当时有一部作品很吸引我,就是华表的《国破山河在》,写的是抗日题材。我当时是看了他的这部作品以后,觉得这类小说我也能写,于是就那么稀里糊涂地开写了。

我记得有次送一个朋友去游泳,我不会游泳,就在外面等他。他在里面游泳,我坐在外面拿着笔记本就开始打字,从那时就开始写起来了。《江东突击营》实际上就这么写出来的,我觉得我特别想写这样一个故事。抗日题材嘛,我们小时候是看这种电影长大的,所以在脑子里编一编就出来了。《江东突击营》写完了以后,它的成绩不是特别好,当时在起点上就700多条订阅。但是我觉得写得还挺顺利的,写小说挺好玩,然后就开始构思下一部作品。

构思下一部作品的时候,我找到了一个自己非常熟悉的领域,就是工业题材。因为我是从工厂出来的,另外我对工业经济有一定研究,所以我就开始写《工业霸主》,然后在起点上一下就火了。火到什么程度?火到我的责编来找我,问我还有多少存稿,我说,你什么意思?你在查我的更新是吧?查我的更新量是吧?他说不是,是老板想看,让责编找作者要存稿。我就发现好像我写工业题材还比较擅长,就顺着这条线写下来。情况大概就是这样。

谢其银:在《工业霸主》中,您设立了很多比较有自主思想的女性角色,像林振华的妻子杨欣、妹妹林芳华,还有同事沈佳乐、安雁,等等,这些女性角色的发光发热在以往的男频小说中似乎很难见到,与传统男频文"开后宫"的写法不同。请问您当初在塑造这些女性角色时是出于怎样的考虑呢？

齐橙：其实没什么考虑，我觉得我熟悉这样的女性。这其实就是一种社会阅历，小说中很多角色的原型都是我生活中接触过的人，然后改变一下形象就把她们写出来了。

李冰：我阅读了您的《工业霸主》，注意到您的小说里对许多的工业生产活动描写得非常细致，如一些锻压工艺、建造水压机的场面，您描写得非常形象，给我留下了很深的印象。我觉得您的工业描写可以说达到一种科普性和文学性的统一。请问您是如何把握好这种工业描写的？您在写作过程中是否会考虑到像我这样的读者的非专业性的背景？

齐橙：这个我得声明一下，我高中选的是文科。但我是一个比较喜欢机械的文科生，比如我自己会去修一下自行车。在写作的时候，我会努力把这样的东西写到让我的读者能够读懂，那么这里就涉及我的另一个专业技能——作为一个老师，要把一个我懂的东西说得让学生们懂。所以我在写这些东西的时候，会努力把自己代入一个不懂这些东西的角色，就像你刚才说的，像你这样的文科生，我要把自己代入你这样一个角色，然后我就想我能不能用你所能懂的方式表达出来。在写作中，我会记得这样去做，这个东西算是一种职业技能吧，我讲课也会这样做，我会努力去揣摩学生怎么样才能够懂得我说的东西。

李冰：您的小说里面塑造的人物非常多，人物群像非常丰富。其实抛开那些具有一定金手指的主角不谈，我个人更喜欢您在作品中塑造的许多普通工人的形象，像《工业霸主》里面的孙长远师傅、李根元师傅等等，他们虽然很平凡，但是很真实，像螺丝钉一样坚守在自己的岗位上，为我国工业发展做出了贡献。您对工人抱有怎样的一种情感？或者说您是如何塑造出这些工人的角色的？在创作过程中有没有受到过一些类似原型的影响？

齐橙：这个问题其实很重要，其重要性就在于，作为一个文学工作者，要怎么样去尊重普通劳动者。从我自己来说，我觉得对周围的这些普通劳动者是应该保持一种发自内心的尊重，如果你不是发自内心地尊重他们，或者你觉得你自己高人一头，以一种高高在上的心态来对待他们，那么你写出来的人物一定是虚假的。在这点上，我还是要说网络文学和传统文学之间的区别，传统文学作品中已经有很长时间没有出现过，至少在一些主流的作品中很长时间没有出现过这种非常自强奋进的普通人形象。在这些作品里面，一旦出现普通人，他往往是处在一种需要被人怜悯的状态。比如说我作为一个大学教授，如果是以一个高高在上甚至嘲讽的心态去看待普通人的话，我是不可能写出这种真情实感的，但是我扪心自问，在日常生活中，我对工人都还是非常尊重的。比如说有时候家里装修，我会跟工人师傅聊天，会觉得他的日子过得很舒服、很开心，他有技能，我会想：他怎么能把这个东西做得这么好？我为什么不能？我认为这是大家的一个分工，他在自己的领域里面有他自己的强项。你既然看《工业霸主》，应该看到《工业霸主》后面有一章讲到主人公在德国拆工厂，后来她们回去发劳务费的时候，那个工人上去写了"她是北方机械厂三八红旗手"这样一句话，很多读者说看到这一段就泪目了。那么为什么这一段会让读者泪目呢？因为我在里面写出了一种工人的骄傲。这批下岗工人到国外去做生意，然后赚一点小钱，在一个关键的时候，她站出来了，而且她想起了三八红旗手是全国劳模，她为自己的身份，为一个类似于20年前的"青年突击手"这样的身份，为这几个字骄傲。那么作为一个作家，我也为她们为自己感到自豪而感动。

李冰：我大概能够理解您是以一种尊重平等的心态去刻画小说中的人物，所以就更能挖掘到这些普通工人的闪光点，写出这种平凡的力量。除了刚刚您讲的德国的那段故事，我记得前面有一段是写有一个师傅在日本企业那边赌命的情节，也可以从中看出工人很骄傲的状态。谢谢齐橙老师的回答。

董于轩：我主要阅读了您的《材料帝国》，通过阅读作品我能深切地感受到这部小说中所表现出来的那种深厚的爱国情怀。让我印象比较深刻的就是小说里孙玉智的一句"总得有人留下来"，这句话写出了他对祖国的这种赤诚，也是那个年代学者的情怀和担当。国家发展到现在，物质层面和精神层面都有了质的飞跃，那么我想请问在这样的环境之下，这种家国情怀的内涵有没有什么新的发展变化？

齐橙：当时我在写这句话的时候，是很平常地把它写出来，但是写完了以后，其实我自己也有点感动。我的确接触过一些这样的人，他们也没有特意地去说他们做的事情有多伟大，但是他们做的那些事情就在那个地方。我想在我的作品里面，其实很多人很可爱的地方就体现在他们的敬业上。孙玉智是工业大学老师，他到了这个位置上，会思考他如果走了，这课谁来上。怀着这样一种心态的人其实在今天每个岗位上都有，比如你们家的邻居，平时你跟他们在一起交往的时候，你会觉得他们也浑浑噩噩，一天到晚想的都是怎么样能在什么地方弄点钱，但是一旦一个任务压到他们身上的时候，他们就会把这个任务扛起来，这就是普通人的一种信仰。

我印象很深的一件事情，我跟大家分享一下。2008年汶川地震之后，北京的很多学生都跑去献血，北京师范大学旁边就有一个献血点，我们有很多同学就跑到那里去排队。有一个女生来跟我说："龚老师，之前学校组织献血的时候，我跟我爸妈说过，但我爸妈说我身体比较虚，不让我去。但是这一次我跟家里说，妈妈没说什么。"我觉得这就是普通人平凡的伟大。

我写了很多人物，都有一种这样的特点，他们在日常的工作中可能没有一些很伟大或者很闪光的东西，但是他们在关键的时候会表现出自己的担当。我觉得这就是阅历。我想你们在日常生活中要去寻找那些平凡中的感动，当你积累足够多的时候，你就能够自然而然地去写出一些文章。

**三、"我有一套工业的逻辑"**

董于轩：您的作品很多是符合国家主旋律的这种重大题材，在《材料帝国》里，您让秦海穿越，以一个比较轻松的口吻去讲述改革开放40年的成就，其中不乏幽默诙谐的语言，我想问您是怎么处理好这种严肃与幽默之间的关系的呢？

齐橙：这个问题比较难回答，其实可能就是一个讲故事的能力的问题。故事中严肃的部分其实很容易，我在这里插一句，其实我对我这几部作品有一个总的概括：《工业霸主》写的是工业情怀，里面没有太多金手指；《材料帝国》写的是科技之美，其实更多的是在秀金手指；《大国重工》讲的是制度优势；《何日请长缨》写的其实是一种企业管理。大概这几本书是有这些不同的倾向性。你刚才谈到《材料帝国》这本书，在这几本工业文里面算是比较爽的一部作品，它的核心其实很简单，就是主旋律嘛，作为一个中心思想，它始终贯穿下来。我刚才说了，我自己是有这样的制度自信或者文化自信的，所以我来写这个东西的时候，我不用刻意去权衡，我只按照我的想法去写就好。至于你说的这种轻松的部分，其实就是我本身是一个比较喜欢说点笑话、比较喜欢开玩笑的人，所以有时候我就会很自然地把一些段子写进去，这也是我的一个先天技能。

沈聪：我比较好奇的是您的笔名"齐橙"，有什么含义吗？您为什么要选择用这个笔名？其中有什么小故事可以和我们分享一下吗？

齐橙：我能不能先问一下你的看法？其实这也是一个很多人都问过的问题，我在很多场合也回答过。

沈聪：我当时看到您的笔名的时候，我的第一想法就是老师您是不是比较喜欢橙子这种水果呢？

齐橙：这个问题其实没有太多的悬念，我是属于那种有起名困难的人，我不会起名字。因为网络作家都是用笔名的，没有用真名的，所以我在写书的时候，就考虑我是不是需要有一个笔名。我怎么起的笔名呢？我用了一个归纳法，我发现当时比较火的一些作家都是起了一个水果名字，比如西红柿、香蕉，我觉得是不是比较火的作家都应该吃一种水果，所以我就决定给自己起一个水果名字。一旦确定了起水果的名字，我就要选择什么样的水果，因为我是江西人，所以自然而然地就想到脐橙，如果我用别的比如说苹果，那么它就不像一个真实的名字。其实很多人都以为我真的叫齐橙，背景就是这样。

屈晴爽：我阅读了您的作品《大国重工》，在小说《大国重工》中，您将中国建构为一个"工业强国"，对"中国崛起"的虚拟建构激起了读者的爱国情感，那您是否也试图通过对"中国崛起"的虚拟建构给读者制造阅读快感呢？

齐橙：其实就是和很多网络小说里面那种升级打怪的套路一致的。比如《工业霸主》，故事的一开始写的是一家很小的企业，再到这个小企业如何增加了一些产品，变成一个大企业，如何参加国际竞争变成更大的企业，其实一点一点这样积累，这是网络小说里很常见的一种升级打怪的方式。《大国重工》的建构，其实就是一个真实的中国工业史，我们引进技术、消化技术，然后进入正轨以后开始参与国际竞争，它基本上就是我们国家改革开放以后的工业发展过程，我不过是用一些故事写出了这个过程。

屈晴爽：您的作品如《大国重工》《材料帝国》《工业霸主》等，都对日本跨国企业有所涉及，且着重展示其企业在中国企业追赶下的窘态，比如写到日方企业的狡诈虚伪，您对此进行描述是出于一种什么样的创作心态呢？

齐橙：小说里总得有一个Boss，其实就是一个游戏里头的虚拟对手。那么小说写到日本企业，还有欧洲企业，这个具体的企业肯定是虚构的，但是整个的大背景是真实的，中国企业确实是在和日本企业及欧洲企业角逐。

屈晴爽：我了解到《大国重工》获得众多奖项，如入选第三届橙瓜网络文学奖百强作品，入选国家新闻出版署和中国作家协会联合推介的25部"庆祝新中国成立70周年"主题网络文学作品暨2019年优秀网络文学原创作品名单，获得首届天马文学奖，获得第五届中国出版政府奖网络出版物奖。我们可以看到《大国重工》得到了官方与民众的一致认同，您认为小说的流行、爆红得益于哪些因素呢？

齐橙：它的爆红我觉得有几个方面原因。

第一个是国家支持现实主义题材作品，这是一个很重要的背景。如果以网络小说本身的成就，《大国重工》可能会排比较靠后的一个位置。和很多新锐作家的作品相比，我的想象力以及架构故事的能力是比较弱的，但是《大国重工》的优点就在于它切合了国家鼓励网络文学现实题材创作这样一个背景，这是这部作品能够拿很多奖项的重要原因。

第二个是这部作品与其他同类的现实题材作品相比，创作是更为严肃的。这个可能和我本身的工作背景有一定的关系，我毕竟是一个大学老师，我写东西的时候可以收着，有很多东西我不会太放开了，因此我这部作品很像传统文学。我有一次跟北京的一个老师聊，他说我这部作品其实有点知青文艺的风格，不是特别像网络小说的风格，因为网络小说的遣词造句和语法比较"飘",但是我的作品相对来说创作风格比较传统,这样也更容易被读者接受。

第三个是我自己的分析,应该说这部作品还是有点水平的。我会有一套工业的逻辑,一套经济学的逻辑,所以尽管这部作品里面的逻辑不多,但至少每个故事的出现和冲突还是比较合理的。这一点我觉得可能是我的一些同行不太容易做到的。

屈晴爽:谢谢您的解答。我在起点中文网的书友圈中看到,一些书友自发地去找齐橙老师作品关于工业逻辑的错误,却很少能找到。确实,这本书的严谨性其实是非常好的。

曹子凡:我在网上看到《大国重工》影视化改编的一些消息,不知道是不是很快就能见到您改编后的影视作品了,您对您的作品被影视化改编是持一个什么样的态度呢?

齐橙:我对影视化改编非常热衷。首先最直接的一点,影视化改编会给我带来收益。其次我觉得我的作品还是凝聚了我的心血,我对一些问题的认识,如果能够通过电视剧的方式传播出去,相当于我的工作得到了更多的认可,我对这一点当然是非常期待的。这部作品的影视化改编,可以说是一波三折,这部作品其实在 2018 年就已经被影视公司买去开始改编了,但是在这期间连换好多编剧都没有能够拿出一个比较满意的改编方案。其中有很多原因吧,工业题材对很多编剧来说是比较陌生的,他们把握不了。原来的计划是当年 12 月份出大纲,明年 6 月份之前会完成剧本,后年开始拍摄和剪辑。现在下一步的情况我不太了解。

曹子凡:我看完《大国重工》后发现其实起点中文网下面有很多关于《大国重工》的评论,有很多作者都希望您可以写番外,我这个月去看的时候发现您已经将番外写出来了。我想请问一下,您为什么会写《春天的那些瞬间》这个番外呢?

齐橙:这个番外其实很偶然,因为我一直不写番外的,我所有的作品都没有番外。这个番外是起点搞了一个番外节,当时有很多作品都出番外了,起点专门找我让我写,所以我就写了。当时因为要写番外,我就想了一下要写些什么,后来觉得写小时候的事情还挺有意思的,于是就有了这么一个番外。

王启航:《何日请长缨》这部作品塑造的主人公唐子风可以说摆脱了所谓完人的设定,像您在小说中所说有一种市井气,他是一个多面性的立体人物形象,人物性格在随着时代不断发展,给人一种非常真实的感觉。请问您是怎么样去完成唐子风这一人设的呢?其中有没有包含您对小说创作的一些新的探索呢?

齐橙:唐子风这个人物在故事里是有相关背景的。他是中国人民大学计划经济学系 1988 级的本科毕业生,1992 年大学毕业,按照这个背景的话,他就是我的同班同学,我是按照我自己的背景来写这个人物的。唐子风是一个文科生,你看这部作品的时候可以发现我在其中对文科生各种调侃,对吧?我写这部作品的时候感觉挺不顺的,没有前面的作品写得那么顺,但是写完了以后回头看的时候,我觉得这部作品写得很好,我自己挺喜欢的。原因就是这个人物我更熟悉,就是一个纯粹的文科生的形象,一个纯粹的管理者的形象,我是照着这样的一个思路去写的,所以相对来说写得也比较放得开。这部作品里主角的年龄相对来说比较年轻一点,我其他的几部作品里面的主角相对来说会显得严肃一点。如果要说探索的话,可以说是我试图突破自己,我不能总是写同样的形象,要颠覆以往技术型的人物形象。这只是一种探索,但是不能算是一种上升,它算是另外开辟了一个通道。

王启航:之前看您的专访,您提到"现实主义也可以写得很爽"这一观点,在阅读您的作品时,我觉得您把"书写现实"跟"爽感体验"结合得非常好,爽感与知识性兼具。我想问一下您在作品中是如何处理"书写现实"与"爽感体验"这两者的关系的呢?

齐橙:其实这个不需要特别注意的,如果说你真的深入现实的话,你会发现现实中的确都是很爽的。我不知道你有没有听过这样一种说法,如果你把新中国成立后70年或者说改革开放40年的历史拿出来说,你会发现这就是一部爽文,所以你只需要如实地把这些东西写出来就可以了。我年轻的时候,中国制造的家用电器基本上都是劣质的代表,买一个洗衣机回家就得三天两头去修,但如果是一个进口电器肯定是非常高档的。但到今天你们这一代,如果家里买一个国产的洗衣机,你不去想这么多,就觉得产品很好。从当初仰着脖子看,到今天我们能够追上并超过别人,这就是一个很爽的情节。因为我是一个经济学老师,我经常会跟学生说:"你们看经济数据的时候,就会感觉国家的发展本身就很好。"当然,具体到小说情节上,那就是涉及情节设置、讲故事的能力了,就我来说,我接受的文学教育是听评书和看《故事会》形成的,我觉得我是一个会讲这种爽故事的人,比较擅长构思这样的故事。

### 四、"讲故事是一件很愉快的事情"

张梦凡:齐橙老师您好,到目前为止您一共创作了7部作品,您早期有过如《大明地师》《砺剑繁华》这类非工业题材的尝试,后期的创作才是以工业题材为主,那么您的创作转型有着怎样的契机呢?或者说您早期的创作尝试和您成熟期的作品之间有着怎样的内在联系呢?

齐橙:其实我的创作按顺序来说不是这样的。第一部《江东突击营》是抗日爽文,第二部是《工业霸主》,《工业霸主》是我多年来对工业认识的一个积累。写完《工业霸主》,其实我是一种特别透支的状态。我写《工业霸主》的时候40岁,我经常说《工业霸主》把我40年攒的段子都用完了。有些梗你们其实是看不出来的,如果是那些军坛的人,他们会知道《工业霸主》里面的很多梗。我举个小例子,《工业霸主》最早出现的一个铣床的代号叫"MK800","800"其实是

大神的肖像

军坛上的一个人的马甲（ID），这个人在军团上被叫作"茅坑800"，就是像这样的梗，你们看的时候不一定看得出。《工业霸主》把我40年来自己听说过的段子都用了，所以写完《工业霸主》之后我写不动了。然后我就写了《大明地师》这样一部历史题材的作品。写完《大明地师》我觉得特别累，因为历史太多了，历史文化、人物关系，包括它的语言方式需要一一转化，而且《大明地师》的成绩也不好，直白地说就是没赚到钱。《工业霸主》让我赚了一些钱，所以我想我还是写工业题材吧，于是就写了《材料帝国》。

写《材料帝国》的一个背景是，我哥哥是清华大学材料系教授，写《材料帝国》对我来说也很顺。写完《材料帝国》以后，我觉得好像又写不动了，然后就写了《砺剑繁华》，我想写一部都市题材作品。写完《材料帝国》我就跟读者说了，我说我写工业技术写不动了，结果《砺剑繁华》的成绩更差，写出来以后几乎没人看。其实《砺剑繁华》写得挺好，挺有趣的，但是没什么人看，到最后只能将60多万字的作品给切了，就仓促结尾，接着就开始写《大国重工》。写《大国重工》的时候，实际上已经没有特别强烈的那种冲动。《大国重工》对我来说其实很大程度上是命题作文，我不是特别想写，但是我又觉得我写不了别的，我也不能写别的，我写别的卖不出多少钱。我写《大国重工》的时候写得很稳，没有太多的花哨。

写完《大国重工》，其实我有一个念头，想写一部关于高校的作品。我开了个头，后来给编辑看的时候，编辑说没有太多新意，然后就放了一阵，后来开始写《何日请长缨》。在一定程度上，《何日请长缨》也算是一个立意作文，很大程度上我是把写作当成一个任务来做。

我现在正在写的《沧海扬帆》是关于海洋化工的作品，其实我写得也很艰难，找不到最开始的时候那种创作的冲动，我可能需要换一个思维方式。我从2010年开始写作到现在已经有12年了，其实有一些创作疲劳，按照道理来说我应该休息一段时间。

陆凌珺：您刚刚提到了《砺剑繁华》，从《砺剑繁华》前半部分的铺垫当中，我能看出您对这部小说的框架设计还是非常饱满的，但是您说到后续结尾比较仓促，在后记当中也谈到成绩不太理想，未得到广泛的接受，会有一些灰心。我想请问，您在创作过程当中会给自己设置一个关于读者的阅读期待吗？

齐橙：其实这需要回归到一个本源上来。我最早开始写小说，其实有一个很重要的原因是想赚点钱，很多网络作家都是为了赚点钱开始创作的。我40岁的时候觉得工作好像做得没有太大意思，老师的收入也没多高，再加上我觉得写小说也挺好玩的，很大程度上一部作品能够给我带来经济收入。经济收入是一个非常重要的指标，如果这部作品不能得到读者接受，我就会想我花这么多的时间去创作到底有没有意义。另外一个就是如果这部作品确实没有读者看的话,我为什么写它呢?如果我写出来以后,可能就是在一个小圈子里大家互相追捧,这样的话有什么太大的意义?对我来说,如果花一年时间去写一部作品,那意味着一年里头不能做其他事,用一年的时间去写一个没有人看的作品,对我来说是有点划不来。像你们也是一样,你们作为硕士或者博士,拿出一年的时间来写一部作品,没有得到任何的承认,恐怕也是很难接受的。所以其实很多网络写手都是这样的一种情况,写作的时候对读者非常在意。《砺剑繁华》其实就是这样一个情况,它的订阅量只有六七百,不到 1000,对我来说就是一个很低的成绩。因为《大国重工》有 13000 的订阅量,这就意味着读者不太接受《砺剑繁华》。

陆凌珺:您对《砺剑繁华》的定位是纯粹都市题材的一种尝试。刚刚听您回答其他同学的问题,也说到想要突破自己做一些尝试,所以我也很好奇,您以后还会有其他更多的创作尝试吗?

齐橙:会,我想是会的。这两年本身事也比较多,所以很难静下心来写一些东西,但实际上我一直在想去尝试一些其他的题材,包括刚才说的都市题材。当然,除了收入之外,我从小很喜欢讲故事,认为讲故事是一件很愉快的事情,所以我也想去写一部玄幻作品或者科幻作品等等。其实我曾经有过很多设想,比如说我曾经想过一个关于未来的设定或者人工智能,我构思的情节是人工智能发展到一定程度之后开始争夺人类的控制权,然后人工智能把人类驱逐出去,那么人类再进行反攻。我曾经想过整个的故事演化,包括它背后的路子,就是人类如何战胜人工智能,在人工智能已经完全控制了我们的日常生活的情况下,人类是如何反击的,类似这样一个思路,提纲什么的都有了,只是没写,我想可能我会写。

陆凌珺:您已经写了 7 本小说,您在创作构思上的诀窍能跟我们分享吗?或者说您觉得创作过程中比较艰难的部分是什么?

齐橙:这个好像没有什么特别的技巧可言,当我想去写一部作品时,我会把它当作一个项目去设想,比如说我写《大国重工》,最早的契机是我看到一个文件《关于抓紧研制重大技术装备的决定》,这是 1983 年国务院颁发的一个文件,2013 年的时候国家搞了一次活动,就是纪念《关于抓紧研制重大技术装备的决定》颁发 30 周年。我一看觉得这个挺有意思,这就是我的立意了,有了立意我就想要一个话题,要写这个话题的时候,我就要开始构思一个故事。由这个故事背景出发就会去回顾整个的工业史,每个阶段是什么,就像我刚才说的 80 年代的消化吸收,后来走向世界,这就是一个大的故事背景。有了这么一个故事背景之后,再往下就开始构思人物。其实我现在写东西的时候有点越写越轻松了,以前的几部作品会有非常细的提纲,但是现在的作品的提纲越来越粗了,有一个大概的大脉络,写的过程中慢慢地有些人物就会活过来,活过来之后他们自己会推动竞争。

蒋悦:我读您的新作《沧海扬帆》,这部小说从今年2月份开始连载,但是从9月份之后您更新的频率就越来越低了,从10月18日到11月20日有近一个月的断更。而且我看最近的更新是12月3日,现在也12月底了,这种长期断更,是因为教学任务重还是发生了什么事情?您是否会担心长期断更对读者流量造成影响呢?

齐橙:首先这部作品在构思上是比较仓促的,因为化工领域对于我这个文科生来说太陌生了,写机械对我来说比较熟悉,化工对我来说太陌生了,所以真是写得比较困难。2月份开始写,其实一开始写得还挺顺,但是3月份的时候我就接了一个任务,需要写一本学术性质的书,这就导致了这部小说的更新受到影响。其实到8月份我才修改完成那本学术性质的书,所以到8月份之前这段时间写得都很匆忙,9月份之后就有点写不动了,就一直没有把它捡起来。这段时间受到疫情影响,但有时候确实是自己的问题,不是别的问题,我想我应该会比较快恢复状态。

说到读者的话,这部小说其实一定程度上可能"扑"了,尽管是在断更状态下,但是现在对我来说,可能对作品的期待会降低一点,因为我在工业题材里面已经有了一定的江湖地位,一旦我的作品完成了,就会有很多人选择把这部小说先搁在书架上。我很相信这一点,所以我不是特别担心。有一些网文作品不能断更,一旦断更基本上这部作品就废了,别人不会再去捡起来看了,但是我相信我的作品是会有人捡起来看的。其实我前几部作品都有很多人回过头去找,他们看到《工业霸主》《大国重工》以后,又回过头找,所以我觉得我没有太大的压力。

蒋悦:《沧海扬帆》也是以穿越的形式回到过去,与您前几部工业题材穿越小说一脉相承。您认为这部小说与前几部小说相比,有什么不同之处?或者说您认为它的亮点在哪里?侧重点在哪个方面?

齐橙:这部作品在设计上,其实是有突破的,或者说是弥补了我前面几部作品的不足。我前面的几部作品都有一个特点,就是线索越写越窄。如果你们看我前面的几部作品,《工业霸主》会好一点,也就是早期设计要好一点,但是《材料帝国》《大国重工》都有一个特点,就是写到后面的时候,前面的铺垫已经不够了,后面的很多故事都是凭空出来的,没有前面的铺垫,不像《工业霸主》。《工业霸主》是一部前后呼应很好的作品。《工业霸主》第一章出现的人物会在最后一章出现,它很多人物是贯穿始终的,但是后面的几部作品,因为我创作的时候越来越糙了,结果就发现自己写不下去了,于是赶紧又抽一个人进来,又出来一段故事,又出来一个新的人物,人物都是凭空出来的。我自己写到这个的时候,就特别后悔,这个人本来可以在前面铺垫一下,他可以在第一章、第二章的时候出来露个脸,然后到后面再出来,这样就有了呼应。

《沧海扬帆》这部小说从开头我就试图要做这个呼应,所以你看了会发现,我写主角的中学同学,有几个人物我都给他们设计了直到最后一章的故事。中间出现了大学同学,我会让他们在后面的章节中陆续出现,会成为主角的对手或者和主角进行互动,这是我的一个设想。这其实是一个能力的问题,我觉得我不一定能驾驭这样大的一个架构,这需要慢慢写。

**五、"我的小说一直受'十七年文学'作品的影响"**

周志雄:我们同学读了小说之后,再听您讲您是怎么去写这些作品的,让我们更深刻地理解网络小说到底是怎么创作出来的。

我阅读过您的《工业霸主》,这是2011年的作品,应该说是您在网络小说写作的一个相对起步期的作品,但是我看这个作品的时候,就像您刚才说的,觉得它写得还是很成熟的。《大国重工》是您获得广泛声誉的一个作品,那么《大国重工》之前的这些小说给我的感觉就是您一出手就是一个很高的起点。我想知道,您在写网络小说之前,有哪些文学上的准备?您刚才也谈到了一些,就是您看《故事会》、听评书,我还是想听您再详细谈一下您在写网络小说之前的文学准备。

齐橙:我一直都是很喜欢文学的。我的哥哥是江西大学(今南昌大学)中文系79级的,他上大学之前,就是一个文学青年。他上初中的时候就在写小说,那个时候我还没上小学,等于从小我就看我哥哥写小说。然后我也跟着他读小说,我7岁的时候就看很厚的小说,我就那么一直看过来,所以对我来说,写小说的准备其实是非常充足的。我看过很多小说,各种各样的小说。

差不多在我上中学的时候,我就开始写一些短篇作品。在上晚自习的时候,我会写我们班的人物,就写某个人或者某件事,写完以后就在全班传。我拿一个小本,写完了以后,同学看见了就会全班传的那种。我上大学的时候写过一个准长篇,一个12万字的作品,当时还拿给了出版社,然后出版社给我打回来了。我其实一直都没有停止过文学创作。

除了写文学作品之外,我会负责写一些研究报告,或者写一些评论之类的。我在"军团"上混了七八年,那是天天发帖子跟人"干仗"的那种,所以写点东西对我来说没有什么困难。小说的构思方式对我来说也没有什么困难,因为我的小说一直受"十七年文学"作品的影响。

周志雄:您说的"十七年文学"是不是新中国成立后的那些红色经典小说?

齐橙:是的。1949年到1966年这段时间的文学作品,我差不多都看过,类似《红旗谱》《林

## 大神的肖像

海雪原》《暴风骤雨》《山乡巨变》这些，我就是看这些作品长大的。这种作品和后来的先锋文学不太一样，它的故事性很强，其实和网络文学的套路差不多。

**周志雄**：网络小说和"十七年文学"作品，在宏大叙事的精神正能量倾向上，也是一脉相承的。我注意到您的小说，之所以能够有这么多的读者喜欢看，其实是因为在人物对话上您写得很鲜活，人物的耍贫嘴、对话特别有味道。您刚才说您有很多的段子，我想您在生活中也是一个很幽默、乐观的人。

**齐橙**：这还是来自实际的阅历，我能够想象出一些人，尤其是官员，他们凑在一起会怎么说话。

**周志雄**：网络小说和纯文学之间还是有很大区别的。网络小说有趣，有很强的娱乐性，需要读者，但同时它也是有文学性的。您怎么理解网络小说的文学性？或者说您觉得好的网络小说有些什么样的标准？

**齐橙**：这个东西我还真说不好。我觉得可能文学不见得需要有一个统一的标准，在一定程度上说，它能够传递一种思想，或者能够营造一种氛围，我觉得就应该算是一种文学的标准。纯文学的表现形式也是千差万别的，像批判现实主义与魔幻现实主义，它们的表现方式也是完全不一样的。网络文学只要能够传递一种思想，或者塑造出一些人物，我觉得就是它的文学性。我觉得小说最低层次是讲故事，往上更高一点的层次是写人物，是能够塑造出让人印象深刻的人物，再往上应该是能够传递一种思想，如果更高那就是有世界观。我觉得小说大概是这样的一个层级。

你们各位都是专业的，都是文学院的，我是经济学院的，我对文学大概是这样理解的。我觉得现在大多数的网络小说不那么文学化的原因就在于它还停留在写故事的阶段，它只有故事，没有人物。能够把人物写得很好，网文中是不多见的。我比较喜欢《全职高手》，我一直跟朋友推荐它。《全职高手》的长处在哪？它写出了人物群像，能够在一部作品里面出现这么多各种各样的人物，且每个人物都有非常鲜活的性格，我觉得这一点很不容易。一些很火的更早一点的玄幻小说，它的人物是没有特征的，如果来一个反派，一定是那种面目狰狞的；如果出现一个女性角色，那一定是那种"花痴"的，它没有真正的很鲜活的人物。所以如果说到文学性的话，我觉得网络小说里面最能够体现文学性的就在于它能够塑造出鲜活的人物，现在有一批作品的确达到了这一点，就是你看完了以后，这些人物历历在目，且能够说起这些人物来。

作者对社会、对世界的认识，我觉得是在人物之上的一个更高的层级，能做到这点的网络小说实际上是很少的。像网文圈里特别推崇愤怒的香蕉的《赘婿》，其实香蕉一直想在《赘婿》

里传递出一种思想。香蕉是一个有理想的作者。其他的作品其实有很多也在试图传递这个，尤其是历史题材里，其实有很多非常优秀的作者，他们对整个的历史有自己的一种认识，他们是在这种思想的指导下去塑造人物、编造故事，它是思想先行的，这样的作品应该说已经不仅仅在于文字了。文字写得美当然很好，但实际上能够走到这一步，文字都还能过关，所以要说纯文学抗拒网络文学，我觉得有一定的道理。也有大多数网络文学作品停留在故事上，这也是为什么我和一些年轻的同行交流的时候，我会跟他们说，要努力塑造一些人物，表达一种认识，但这一点他们有他们的缺陷，因为很多作家很年轻，他们对人性、对人的认识还不多，所以写不出鲜活的人物。

周志雄：您讲得非常好，您对网络小说是有追求的，而且有很高的要求，这也是我接下来想问的。我读您的第一部小说是《大国重工》，当时《大国重工》参评国家新闻出版总署推优，它给我的感觉是这个小说写得很成熟，后来我把您的作品都找到了，再往前读，从《工业霸主》开始读，这个感觉还是很明显的。您写到后面，特别是像《何日请长缨》，小说中的人物、故事跟《工业霸主》相比，在结构、细节处理上确实要饱满一些，很明显地能够感受到您后面写的作品比前面是有进步的，但我不知道您自己是不是这么看的。我想问的问题是，从您的第一部作品到现在的这些作品，您觉得自己在哪些方面是不断进步的？

齐橙：可能没有刻意地去做，一定程度上是写的过程中不断地发现自己的错误，逐渐积累经验，然后写得越来越自信。我在写《工业霸主》的时候，有些地方不太自信，比如这种话能不能说，或者这样说读者能不能接受，有时候会有一些这样的怀疑。但写到《大国重工》的时候，因为当时我已经比较出名了，开始有一些铁粉，所以可以很放得开，我知道我不管怎么写，读者都会愿意看。有这样的自信后，写出来的东西就会更自如一点。其实应该说这十多年，我没有刻意地去改变自己。

周志雄：所有的创作者都会面临一个问题，就是寻找到适合自己写的题材，寻找到适合自己写的写作方式，我觉得您是找到了，就是写这种工业题材，这和写现实硬核文的方式，采用网络爽文的写法，我觉得您驾驭得非常好。从个人的选择来说，会有这样的问题，比如说您是大学老师，教经济学的，您要去完成一个大学老师所要完成的那些工作，同时还要去写小说，可能您刚开始的时候写小说就是想挣点钱，当然也确实有写作这方面的兴趣爱好，但是写着写着心态就会有很大的变化。这个是我访谈过很多作家都会有的一种情况。您写网络小说，获得了很高的荣誉，还获得了相应的收入。在这个过程中，您会从写小说中找到一种成就感，您讲的故事有人看，还有大量的书友的反馈，这些都是让您坚持下去的动力，在做这样一个工作过程

## 大神的肖像

当中,您发现了您的潜能,在工业题材网络小说这个领域,您其实已经站到了金字塔顶端,我觉得这对您今后的影响还是很大的。因为您的小说会被翻译成外文,被更多的作者、读者所熟知,还有各种 IP 改编。那么您所获得的这种成就感,其实也带给您一种更高的使命感,您有没有这方面的一些设想?

齐橙:我有一个合作的老师,他比我大 10 多岁,我们曾经在一起工作。有一次他跟我聊天,他说他当年下放的时候,看《智取威虎山》,看座山雕的百鸡宴,当时有一个理想,觉得他这一辈子要能吃 100 只鸡,这人生就圆满了。他后来当上教授了,吃 100 只鸡对他来说已经不算有难度,他就有一个新的理想,就是这一辈子能用自己的思想去影响一万个人。这个老师除了在传媒大学上课之外,还去内蒙古大学当客座教授。他说刚开始讲课的时候,那些学生非常兴奋,觉得好像老师说的能够影响他们。我说:"影响一万个人,这个应该达到了,您教了这么多年书。"他说:"可能真的影响了一万人,那能不能影响十万人?"

这件事后来让我也在反思自己,人这一辈子总得有一点自己的理想,所以各位同学就听听而已,当老师的有时候会去追求一种成就,这个不一定是你有多高的职称,或者说你有什么样的荣誉之类,我觉得这些只是身外之物,更多的要落到实处,我们能不能影响一批人?比如说到我 80 岁的时候,有一个人走到我面前来跟我说,"我记得很多年前你曾经跟我说过一句话,对我产生了影响",我觉得这个对我来说是一种很高的荣誉,或者说就是人生价值,我一直有这样一种想法。我在当老师的时候,在课堂上会努力去追求这个。

写小说对我来说其实是一个非常偶然的事件,一开始我写的是抗日题材小说,其实当时就是想着用业余时间赚点钱,但是把《工业霸主》写出来,开始有读者反馈的时候,我发现,这部作品确实能够影响一些人。我有时候看到一些读者评论,会觉得非常欣慰。一定程度上,读者对我产生了积极的影响,促使我在写东西的时候试图努力写好,这是一个比较大的成就感。

周志雄:您今天跟我们分享您的创作经验时,讲到了您在写作过程中遇到很多的困难,我想问的是,在写作当中您觉得最困扰您的问题是什么?

齐橙:如果说现在的话,可能岁数大,确实精力有点跟不上,更年轻一点的时候,脑子里有很多的故事,会有很多构思,但现在好像变得有点减少了。如果说不从这方面来讲的话,那么在创作过程中我想我没有一个很明确的困扰,我觉得写得比较顺。

周志雄:我读您的网络小说的时候,会感受到您的小说,比如说开头的方式,经常采用主角从后世穿越到前世,自带一个先天的金手指,从文学研究的角度来讲,它是一个模式化的东西,但实际上你细读的话,会发现在每一部作品里,还是有一些变化和不同的侧重点。很难用纯文学的评价方式去评价网络小说,纯文学作家追求的是写作方式的变化,而不是一定要有多少读者去读。网络文学追求的是首先要有人读,在这个情况下能够影响读者,作家再有适当的变化,也不可能有太大的变化。网络小说必须符合读者的阅读口味,必须符合网络连载这种方式。

对您的小说,我们写论文的时候会遇到这样一个问题,就是网络小说怎样写现实?您的这种行业文该如何评价?您是博士、教授,经济领域的专家,您写中国的工业史、经济史,这个是非常专业、非常硬核的。您又写得很生动,各种人情世故、场景对话都写得非常生动,文学性也很强。我觉得您是工业题材网络小说的代表性作家。今天晚上分享的内容非常丰富,您是一个非常实在的人,您的小说写得也很实在。今天晚上的分享让我觉得干货满满。

齐橙:因为在这个场合里,其实咱们都是老师,我面对的这些都是学生。我觉得我就是以一个老师带学生的心态来讲,这些内容我没有什么保留。

周志雄:非常感谢您今天毫无保留地与我们分享了您的创作经验。谢谢您,也谢谢各位同学的参与,我们今天晚上这个活动到此结束。

齐橙:好的,感谢周老师给我提供这么一个机会,非常高兴认识各位同学。

大神的肖像

# "游戏本身并不高级，高级的是背后的电竞精神"
## ——蝴蝶蓝访谈录

**访谈人：**

  蝴蝶蓝，著名网络作家

  周志雄，安徽大学教授

  许潇菲、江秀廷，安徽大学博士生

  章江宁、谢其银、蒋悦等，安徽大学硕士研究生

访谈时间：2023年1月11日

访谈途径：腾讯会议

### 一、"从现实中取材的话，写出来就显得更加真实可靠"

**周志雄：**大家好，今天很荣幸能够请到著名网络作家蝴蝶蓝来做访谈。蝴蝶蓝的小说有《全职高手》《天醒之路》《星照不宣》等，这些小说获得了很高的荣誉。他是起点的百强大神作家，也是橙瓜网评选的五大至尊之一，获得第四届"茅盾新人奖·网络文学奖"。这些都是很高的荣誉。他的小说也很有特色，非常幽默，可读性非常强，在读者当中产生了很大的影响。下面由许潇菲同学来提问，由蝴蝶蓝来回答。

**许潇菲：**谢谢周老师，谢谢蝴蝶蓝接受我们的访谈。在过去的十几年里，蝴蝶蓝为我们创作了很多优秀的小说。这些小说经过各种改编，又以不同的媒介形式在海内外产生了非常大的影响。我们无论是谈到网文经典化，还是IP改编的成功案例，都一定是少不了蝴蝶蓝的。这次访谈，是我把大家阅读之后提出的问题稍稍整理了一下，我先与蝴蝶蓝以问答的方式来进行交流，剩余的时间留给大家作为提问环节。蝴蝶蓝，我们这就开始了，好吗？

**蝴蝶蓝：**好的。

**许潇菲：**我在网上看到一篇文章，题目叫《〈全职高手〉之后，蝴蝶蓝怎么样了？》，我想这可能是我们不管作为读者、粉丝还是研究者，都比较感兴趣的话题。近几年您在公众视野里也比较低调。请问您能不能跟我们透露一下近期有没有什么创作规划呢？

**蝴蝶蓝**：其实我一直不是太喜欢参加公众活动，只是之前因为《全职高手》写作过程中有简体书出版，那段时间出版社要求我参加的活动比较多，像跑签售之类的，每年固定去几个城市参加活动。在那一套书出版结束，最后一次签售做完以后，我很少再出来参加活动了，所以可能给大家造成一种印象，好像我后来就消失了。《全职高手》写完都 2014 年了，写完以后我当时就没有再写游戏题材了，《天醒之路》就不是游戏小说。

**许潇菲**：对，《天醒之路》是玄幻题材。

**蝴蝶蓝**：嗯嗯，玄幻类。而且这部小说到现在还没写完，因为中间又穿插写了点别的，所以这本书暂时还停在那里。未来要说规划的话，肯定是要把《天醒之路》先写完，然后再想接下来写什么。我现在不到 40 岁，也不敢说自己有多老，但作为 2005 年就出道的作者来说，包括跟很多作者朋友沟通，大家年龄虽然都不是很大，但其实我们写作的时间都挺长了，写了十几年，甚至 20 年。加上网络小说的创作强度相对来说可能稍微大一点。因为我们要保持日常更新，即使像我这种大家觉得比较懒、写得比较少的，至今也写了接近 2000 万字。我感觉可能是有一些疲劳，我未来打算要写得慢一些，像《全职高手》这种 500 万字左右篇幅的，我觉得未来尝试的可能就会比较小了。因为中间我写了一本跟《王者荣耀》相关的电竞类小说。

**许潇菲**：您说的是《王者时刻》这部小说吧？

**蝴蝶蓝**：对。我尝试了一下这种 100 万字左右的长度的创作。

**许潇菲**：那是属于体量比较轻的一类网络小说。

**蝴蝶蓝**：这种在现在来看都是轻体量，其实在我们刚入行的时候就 100 万字到 150 万字，算当时网文的大长篇了。但后面大家越写越长。现在我觉得写到后面有点无以为继的感觉，也觉得没有必要再用这么长的篇幅来讲一个故事。未来我打算写稍短一点的，其实也不算短，就百万字吧。

**许潇菲**：据说您开始写作的动机是您读大学的时候比较喜欢看网络小说，然后就自己去写，最终成了一名大神，一名职业作家。请问从一名网文读者，到实际去写的这个过程中，您有没有遇到过什么挑战呢？

**蝴蝶蓝**：其实挑战谈不上吧，因为那时候没把写作这个事儿看得特别重，当时对我来说看书是一种娱乐。我记得挺清楚，当时我还在合肥上大学，那时候我写小说都是去网吧，那样嘈杂的环境都干扰不到我。他们刷剧或者打游戏，对当时的我来说，写小说就是跟这些差不多的事，就没把这个当成一个工作，也没把这个当成多么神圣的事，每天写一点，写完以后看看大家的评论。就这样一直持续了好几年，我才开始正儿八经地把它作为职业，才开始去认真审视写作这件事。

许潇菲：一开始其实就是想写，所以就这么去写了。

蝴蝶蓝：嗯嗯，就是一种娱乐的心态吧！

许潇菲：您的第一本书是《独闯天涯》，我觉得这部小说的剧情是很吸引人的。它的意境营造得非常好，小说构架像金庸的风格，文笔还有古龙的风格。您是不是平常比较喜欢看港台的武侠小说？

蝴蝶蓝：我看得较多的武侠小说就是金庸和古龙的。看金庸的小说的时候，我比较小，大概中学阶段。但我大学的时候古龙的小说看得非常多，他对我后来的影响很深，古龙的每本书我都反复看，像他出名的几部，我每本看了都不知道多少遍。我们那个年代还有租书店，我租书的时候，那个老板都诧异，说："你不是翻来覆去地租了又看、看了又租吗？"所以古龙对我影响确实很深，写的时候我自己回头看，确实有不自觉的借鉴。因为古龙的风格比较明显。

许潇菲：读您小说的时候也确实能看出来，您一定是古龙的书迷。我在读您的《网游之近战法师》的时候，觉得顾飞这个人物很有意思，他是一个热爱近战的法师，我就想起来自己在玩《上古卷轴5：天际》的时候，也是一身重甲重剑的法师学院的剧情。所以我想问一下，这个顾飞的人物设定，是不是也带有您自己的游戏习惯呢？

蝴蝶蓝：哦，这个跟自己的游戏习惯其实关系不大。《网游之近战法师》的写作有两个原因，第一个原因是当时整个网文大环境流行这一类的题材，像是功夫大战魔法世界这一类，比如说武侠世界的人穿越到这种魔法世界，我只是在网游题材里写了一个这样的类型。当时也是有编辑朋友一起出主意，觉得确实可以尝试。而且我觉得网游其实比穿越显得更合理一点，所以当时想写。第二个原因就是《独闯天涯》完结，那部小说就是写一个学生在打游戏，其实是没什么明显的主线，也没有脱离游戏的线下生活，你看不到他整天在干吗，你也感受不到游戏能带给他什么。在写《网游之近战法师》的时候，我就想能不能适当地影响到线下，不是说写线下生活，而是说游戏对这个人的追求或爱好有没有什么影响，就是不想写一个单纯的因为爱游戏就整天在那打打游戏这样的。这两个原因结合在一起，就写出了顾飞这个人物。

许潇菲：我觉得您的这个写作思路，在《全职高手》里面体现得更为明显。在这部小说里面，游戏跟现实的交融是更加和谐的一种状态。

蝴蝶蓝：后来写前言还是后记的时候，我自己还梳理了一下。我写《独闯天涯》的时候是大学那会儿，本来游戏也是我的爱好，小说主角的状态就跟我大学时的状态差不多，游戏就是个娱乐调剂。《网游之近战法师》大概是2008年开始写的，那会儿我已经辞职几年，是在做专职写作。我之前写《独闯天涯》的时候,也没有觉得这个能挣钱,靠这个生活。但是到写顾飞那会儿,其实我快结婚了,而且我生活在北京,压力也蛮大的。那时我就已经在思考,写作这个东西到底能不能让我一直维持下去。到写《全职高手》的时候,我基本上就下定了决心,以写作为生,写出了叶修等角色,他们也以游戏为生。我觉得自己思考或关注的处境,刚好就对应了这三本书。

许潇菲:所以您的创作过程,其实也大概对应了您个人成长的过程,可以这么说吧?

蝴蝶蓝:我觉得可以这样说。这自然就是我自己回头看,然后自己对上的。不过我不觉得是正好的对号入座,当时写作的时候肯定没想这么多,但无意识的那种心境可能就反映在自己的写作里。

许潇菲:除了电子游戏,您在写作过程中主要是从哪里寻找灵感呢?会不会读一些传统文学作品,或者是看电影、动漫?

蝴蝶蓝:主要就是阅读,之前传统小说可能看得稍多,写网文之后看得就少一点,还是看同行业的大家写的小说。像你说的动漫或者影视这些也会看。纯文学后面涉猎得非常少了。其他可能会关注一些新闻类的消息,像我写《全职高手》的时候,对竞技体育的关注就会非常多,不是说就局限于游戏,像足球、篮球,哪怕围棋、赛车这些,都会关注。这种竞技比赛里的事例,不是单独存在于某一个项目里,很多都能拿来放到自己的小说里,它对营造鲜活的人物,以及比较激烈的竞技,都特别有帮助。这是我写《全职高手》的时候感触特别深的一点。

许潇菲:给我的印象就是《全职高手》里的赛制,融合了多种体育竞技,主要是赛车的规则。我读的时候就觉得,这部小说给人感觉特别严谨,同时有耳目一新的感觉。

蝴蝶蓝:我觉得严谨谈不上吧。有时候从现实中取材的话,我觉得写出来就显得更加真实可靠,写的时候也更有自信一点。竞技有这样算分的,也有那样算分的,就像NBA他们打季后赛,也有打三十多轮的。我自己写这些的时候,心里就特别踏实。

许潇菲:这样写的时候就有一个可以对照参考的。

蝴蝶蓝:对,大概就是这种心态。

许潇菲:您的小说的画面感特别强,有一些剧情在阅读的时候,观感就仿佛是在看动漫,是不是您把平常看动漫的经验反映到写作中?

蝴蝶蓝:这个我自己觉得没有直接关系,因为小说写出来就是那个样子,我也不确定。但我觉得肯定有无形中造成的印象,像动漫我确实看得不多,但漫画我看得蛮多的。

许潇菲:您平常喜欢看什么样的漫画?

大神的肖像

蝴蝶蓝：哪个流行看哪个。像几大名漫画，《火影忍者》《死神》《海贼王》《网球王子》，这些是2000年以后流行的，2000年以前的比如《灌篮高手》，这些都是我大学时候补的。我们那边的中学可能相对落后一点，漫画在我们那边没有很流行，那会儿就看金庸的多一点，或者是看那种口袋本的台湾言情小说。大学以后我才恶补了几乎所有的日本漫画，还有一些其他的网文。我觉得这些属于早期的积累，说有直接影响肯定谈不上，但在我心里就像是埋下了种子。

许潇菲：据我了解您最开始是跟《公主志》签约的，后期的平台主要是起点，您也经常跟编辑打交道。您平常跟编辑之间是怎么合作的呢？

蝴蝶蓝：先解释一下啊，我不是一开始跟《公主志》签约的。我是从开始写就是起点的签约作者，《公主志》是杂志，所以要求是短篇，这不在起点要求的合同范围内，因为起点只做那种长篇幅的。当时《公主志》的编辑过来约稿的时候，说写一个这样的，我就尝试了一下。当时我那个编辑还蛮有名的，叫大风刮过。

许潇菲：原来是这样，感谢蝴蝶蓝为我们纠正了一个错误。

蝴蝶蓝：当时是每月交一期，中间我记得有一期写得特别慢，拖到后面都快交不上了，给人家弄得还挺不好意思的。因为他们校稿要时间，我当时写杂志的经验不是很足，就不知道还要给人家留些时间，弄得还蛮尴尬的。那次我印象挺深的，觉得挺抱歉的。后来我那本连载完以后，《公主志》就停刊了，我觉得更尴尬。

许潇菲：《公主志》也是老牌的青少年杂志，是不少人的回忆，最后停刊还是很可惜的。

蝴蝶蓝：嗯嗯，我连载的最后一期，不是《公主志》最后一期就是倒数第几期了。

许潇菲：编辑平常对您的写作有没有什么建议或者是修改呢？

蝴蝶蓝：网文这边相对比较少，因为一个编辑会面对我们大量的网络作家，网络作家又是很大的群体，数量特别多，他不可能每天都盯着你，而且我们每天都有稿子。这个没办法，如果编辑追你的文的话，在一个比较大的或者重要的时候，可能提醒你一下，或者说他有什么看法，沟通一下。像每次都是在开篇的时候，准备写这个东西的时候，我会与编辑沟通一下，看看我这个想法怎么样，或者他有什么想法跟我说一说，我们俩商量一下。写《全职高手》时也有编辑提的意见，因为我开始就写了个想法。开始我不是很想让主角完全从一个新区开始，我想他直接就从高级的号、从那个神之领域开始，后来是编辑出一个建议，不要跳过前面那个阶段，要让大家认识那个游戏，前期其实也有很多东西可写。我想一想觉得编辑说得特别有道理，于是就改成主角叶修从新区开始。

许潇菲：这么说，其实编辑对您的帮助还是比较大的。

蝴蝶蓝：对，帮助肯定是很大的。

**二、"希望大家做读者就好，粉丝爱得过深"**

许潇菲：《公主志》是纸媒，起点是网络平台，您在这两个平台上都有发表作品的经验，您觉得在纸媒和在网络上发表作品有什么不同吗？

蝴蝶蓝：我觉得区别还是挺大的。网络平台这边会要求我们日更，实际上没有特别强制的要求，就算一个月没写，甚至更长时间不写，编辑只会说一说。杂志不一样，像我刚才说的，我有拖稿的时候，但杂志每周要定时出版，你就要拿稿子上去，甚至字数也不能有太大的偏差，因为他要印多少页，多少页就是你的，你写的内容如果少了，人家那个地方可能就空掉了，或者你多了，人家就没地方放了，我觉得这种问题都需要控制。两种写作比较下来，我觉得杂志的要求更高一点，不像网络连载，单纯就是自己的想法。杂志的话，比如说一期连载两万字，这两万字必须言之有物！像我们在网上写作，有时候状态不是很好，真的有可能两万字里的情节没有什么太大的进展，这种情况我在看小说的时候是经常遇到的。杂志如果是这样的话，这个作品可能就不会太好看。因为你说我每个月等一次，拿到手里的就是这点内容，等于什么都没看，那种阅读体验会很糟糕吧。从读者角度来说，我觉得写杂志下笔要更慎重一点，想得也要更多一点，甚至包括每个月每一期之间怎么样衔接也要考虑得更多一点。

许潇菲：我觉得其实纸媒的限制要更多一点。

蝴蝶蓝：对，我觉得不同的连载方式会有不同的要求。就像我直接写一本10万字的小说，那又是另外一种感觉了，一气呵成写下来的，又会跟网文连载或者跟杂志连载完全不同。

许潇菲：您觉得纸媒最终会不会被网络所取代呢？

蝴蝶蓝：我个人觉得这种取代不取代不是太要紧的事，它们本身就是一个记录方式。就像纸发明之前，大家刻在石头上，现在我们有纸了就写在纸上，未来可能科技进展到这一步，我们就不再把纸张作为一种记录的载体了，而是开始用电子产品这一类东西，到时候自然而然就不需要书本这种东西了，我觉得淘汰的只是书本那个载体，出版的阅读跟电子阅读不应该有太大的区别。

许潇菲：您在2014年加入了中国作协，这对您的创作有没有什么影响？

蝴蝶蓝：我先是加入北京作协，然后再到中国作协。加入组织以后，就会有一些线下的交流，我觉得确实给自己打开了眼界。尤其是有一年，我参加鲁院高级研修班的时候。像我写书的话，很长一段时间里是直觉写作或者说经验写作，自己先看看其他人写的，然后总结出经验或者说靠直觉来指导下面怎样写，直到在研修班上课以后才知道，其实自己写的东西也是符合创作的逻辑或者道理的。很多东西都是加入作协以后,有了一些学习机会才逐渐掌握到的,确实有很大的帮助。

许潇菲:加入作协对您的写作肯定是有很大帮助的,但是在某些方面会不会也对您有一定的制约呢?

蝴蝶蓝:制约倒是没有,作协也不会对你有什么要求,虽然这两年作协提倡写现实题材,但也不会压着每个人的手去让你写什么,这种就是提出方向,然后你自己把握。对于创作,虽然作协会给你一定的导向,但也从来没有强烈要求每个人必须写什么内容。

许潇菲:哈哈,确实是这个道理。您是湖南湘潭人对吧?

蝴蝶蓝:我的籍贯是湖南,但我实际上从小是在青海长大的。

许潇菲:青海那边的网络作家应该也比较多的吧?

蝴蝶蓝:青海不太多,因为本身人口就少,现在一个省就几百万人口,网络作家就相对少一点,而且我现在不在青海,上大学走了就没怎么回去了,我确实不太了解那边的作家情况。到后面参加作协年会的时候认识过几个青海作家,我觉得相比外省确实少一点,可能跟人口基数本身有关系吧。

许潇菲:您觉得网络作家是一个孤独的职业吗?因为平常可能会跟社会上的人交往比较少。

蝴蝶蓝:这个我觉得跟职业没关系,看个人吧,你如果是一个比较热衷于向外交流的人,也不会缺朋友的。这种写作方式,其实可以认识很多读者的,我们同读者交流比较直接,从书评区到QQ群,到微信群,如果你是一个热衷于多交朋友的,交朋友不限于文学这个圈子。

读者是来自各种行业的,真的能认识很多人。但本人因为性格比较宅,选择这个行业的话,社交肯定很少呀,因为没有那种上班非要跟同事打交道的要求,可能社交真的可以局限于家庭和编辑这种必须社交的。可能确实会很孤独吧,但有些人可能就享受这种孤独,因为有人本身就是有现在常说的叫社交恐惧症的人,很多作者朋友都觉得自己是"社恐",然后挺享受这种在网上的交流,也不热衷于出去线下交流,网上聊天大家都很自在。这样的作者朋友,我觉得蛮多的。

许潇菲:您觉得自己是"社恐"还是"社牛"呢?

蝴蝶蓝:我偏"社恐"吧。因为我都尝试过的,就比如说线下参加活动跟大家交流,试完知道自己其实不是太喜欢那些场面。我比较喜欢待在家里在网络上同大家交流,觉得这样挺自在的。线下的话我觉得跟熟悉的朋友相对好一点,生人的话确实可以体会到自己是个"社恐"。

许潇菲：刚刚说到读者，其实您的粉丝群体数量是非常庞大的。据我所知，他们好像每年还会给叶修等他们喜欢的角色过生日，微博上好像至今都有这样的超话。其实很多读者也非常挑剔，比如在您的每条微博底下，都有催更或者是发表对创作的建议等等。所以想请问一下，您是怎么看待自己的粉丝群体的？

蝴蝶蓝：我希望大家做读者就好。粉丝这块，我觉得有时候爱得有些深了，比如说每年给叶修或其他主角过生日，没必要到这个地步。我觉得为了我的作品付出那么多的感情不值得，很多东西看完就可以了，如果你觉得对自己有帮助，想起来再翻出来看一看就行，大家的重点还是要放到自己的生活和学习上。我当然希望读者越多越好，但粉丝的话，这种群体我觉得其实越少越好吧。

许潇菲：我感觉这种行为比较类似娱乐圈的粉圈文化。

蝴蝶蓝：对。优秀的作品有很多，你有这个时间再多看看其他人的作品。因为看我们作品的大多是阅读的爱好者，在一本书上或者说某一个角色上花费那么多的时间，我觉得挺心疼的。

许潇菲：确实，我觉得您的观点也是比较冷静、客观的。其实我有一点能理解，就是读者迷恋这个人物是因为您的角色塑造得很好、很鲜活，所以会引发读者去进行"嗑CP"（存在恋爱关系的情侣）这个行为。您在写作的时候会不会有意去塑造小说角色的CP呢？

蝴蝶蓝：这个肯定没有，我写的时候没有这种想法。我觉得这个可能是我的题材优势，因为我写竞技，竞技肯定有队友，有对手，这种就天然自带你说的CP感。而且两个人在场上关系、场下关系如何，还有挺微妙的差距。因为有时候场上是对手，场下是朋友，这种反差也会让大家看起来觉得很有意思，会让他们觉得CP感比较足。

许潇菲：您的小说大部分都是被标上了武侠，还有游戏竞技这样的标签，所以在起点上都是被划为男频的。但其实读来对女性也很友好，所以您也是有很多女书迷的。请问您在写作的时候会不会考虑这一点？

蝴蝶蓝：不会太考虑。我觉得读者男女都一样，谁喜欢看谁就看。我也确实不知道怎么写，好像总是说我的书女读者很多。我觉得有一个特点是女读者比较活跃，就像之前说的会比较热衷于CP，或者说喜欢某一个角色就会一直"为爱输出"，可能相对来说女孩子做这类事比较多，男生可能不会把自己投入这方面，所以就显得女读者的存在感特别强。

许潇菲：您在写作之前对自己的受众群体有没有一个大概的预设，比如说年龄、学历之类的？

蝴蝶蓝：没有，我觉得每次写出来基本就是跟着我自己的年龄走的。我们有读者群，我的读者群跟我的年龄差不多是同步的。到写《全职高手》的时候，因为那时我已经快 30 岁了，后来我接触的读者可能都在 30 岁以下。早期的时候还会有一些同龄，或者比我稍微大一点的，到后面我感觉读者的年龄在往下走，尤其是我去参加签售活动，发现中学生越来越多了。早年写《独闯天涯》那会儿以同龄人、大学生居多，进站的时候也差不多是这样子，一直到《全职高手》出版的时候开始改变，跑了几场签售，我是看着年轻的读者越来越多。

许潇菲：您觉得这是因为网络小说的受众越来越低龄化，还是因为它的受众越来越广泛了？

蝴蝶蓝：我觉得是受众广泛了。我有时候也会在活动现场问年轻一点的读者，他们现在看书都是以网络阅读为主。像我们小时候看金庸、古龙，我问很多年轻读者的时候，他们很多人甚至不知道古龙，金庸他们知道，是因为每年有电视剧改编。我问完这么多，感觉现在网络文学好像成了年轻一代入门级的读物，可能因为网文的故事性相对强一点，比较容易阅读，看着也比较容易开心。

### 三、"游戏就是都市背景，照着日常生活写就行了"

许潇菲：您小说中的人物塑造得非常好，比如《全职高手》，不止是主角叶修令人难忘，还有一批电竞选手和团队之间的配合、纠葛也写得很好。我很好奇，在这种复杂的群像创作中，您怎么去平衡人物之间的关系？

蝴蝶蓝：我觉得首先还是前面所说的题材优势。像篮球也好，足球也好，天然的每个队里肯定要有一个当家球星，对不对？肯定要有一个这样的设计，设计的时候可能每队有 1 至 2 个人。读者在阅读的时候也会去想，你说这个队是个强队，这个队里当家球星或者说队长是谁，他们对这个人物天生就会有一种期待，或者想看这是个什么样的人。然后接下来我觉得对每个队要在设计上有差异，不要每个队都一样，我主要说的是性格上不要同一。因为是竞技题材，每个人可能有自己的技术特点，这个再做一些区别，角色差不多就区分开了。剩下就拿每个人的言行举止来区别。我写人物对话的时候会比较在意，比如说叶修他会怎么回答，那个人又会怎么回答，我觉得不同性格的人可能会有不一样的表现，慢慢地从这种细节上就能把人物基本区分开了，到最后大家看到的就好像每个人不一样了，就会觉得很多人都出彩。

许潇菲：通过您这一番解释，我感觉人物设定是一件细活儿，听起来也比较繁杂。那么多人物，写的时候不会忘记吗？您在写作的时候会不会有大纲设定、人物设定？

蝴蝶蓝：我觉得思考上要稍微多一点。像我刚才说写人物对话的时候，哪怕你想到一个很精彩或者你觉得很搞笑的回答，一定要想这句话是不是适合这个人说，如果不适合，哪怕再精彩也不要写。你留一留这句话，再在你的人物里找一个合适说这种话的。我觉得要从这种细节上进行把握，在写的时候要想得多一点，你看星座也好，找几个关键词就可以把一个人物先大致确定在这个范围内，然后从细节上再慢慢表现，写着写着就生动起来了。我觉得写作的过程大于设定的过程。

许潇菲：您的解释让我想到了《网游之近战法师》一书中的战无伤，这也是我比较困惑的一个人物，我觉得他在一开始还是一个比较稳重成熟的形象，后期好像他的设定就成了一个猥琐大叔的特质。这是属于人设的调整还是您在写作中的变动？

蝴蝶蓝：这本书太早了，我得想想。因为他的职业是战士，可能还没有进入人物性格写作的那部分，一上来因为战士职业的表现或者说他的打法会给人一种比较有力量的感觉，比较像你说的那种稳重。我觉得也有可能是当时写的时候为了制造一种反差，看起来他的职业应该是那样的人，但实际上他的性格不是那样的。具体真的想不起来了，因为那是2008年写的，我也没有大纲那样细的东西。但也有可能像你说的是写忘了，我回头看自己书的时候，前后写得不太一致的地方还是挺多的。但像你说的性格前后反差大的情况，战无伤应该不是，因为他是一个主要角色，主要人物应该不会有这种问题。

许潇菲：这其实也不是一件坏事，在合理范围内会有一种反差萌的萌点。我之前听说《网游之近战法师》您曾经写了四个开头，您是不是觉得开始一部小说比结束一部小说更难？

蝴蝶蓝：最开始我想写那本的时候就把开头全写好了。有两个不是《网游之近战法师》游戏的开头，而是我当时想写的其他的内容，因为一块都给编辑看了，所以后来大家说有四个开头。决定要写这样一个故事，想好写个什么人物以后，开头就一下写出来了。开头改动得会比较多，比如《全职高手》。因为开始我不是想设计成这种，还是想在书里叫神之领域高级区里直接开始的那样一个开头，编辑觉得不太合适。后来我自己又觉得前面从俱乐部出来站队那块还是要稍微细一点，不要一上来就开始游戏内容，可能又改了两三次。最后写出来的开头，还是有很多读者觉得不行。

许潇菲：您是以网游文或者电竞文为主要写作方向的。我们也关注到您尝试了很多种创作风格和题材，像《天醒之路》是玄幻文，《网游之江湖任务行》《独闯天涯》是武侠加网游的类型，《星照不宣》是都市文。请问不同题材的写作会面临哪些问题呢？

蝴蝶蓝：我写游戏小说，不论是《独闯天涯》《网游之江湖任务行》，还是《全职高手》《王者时刻》，或者说那种奇幻魔法，它还是都市小说。因为他是游戏玩家嘛，无论你生活在什么样的

大神的肖像

背景下，那个背景是游戏赋予的，就是个玩法而已，它不影响人物的价值或者三观，大家在里面说话跟《星照不宣》这种都市小说里的日常其实完全一样的。后来我写到《天醒之路》这种玄幻题材的时候才发现整个就不一样了，要考虑这个世界观对人物有什么影响，一个世界中的一毛钱能买什么东西，这种关系、逻辑跟写游戏题材的时候是完全不一样的。游戏是不用考虑这些的，游戏就是以都市为背景，照着咱们日常生活写就行了。哪怕你是在游戏里做事什么的，大家的行为逻辑其实就是咱们日常这样的。在写玄幻题材的时候不一样，那个世界不一样，每个人的行为逻辑、追求理想不一样。我当时写之前就大概地想了想，后来写的时候发现难度还是比我想象的要大得多。所以那本写到现在还没写完。

许潇菲：我也是一直在等《天醒之路》的更新啊，想看路平和他的小伙伴们。

蝴蝶蓝：《天醒之路》这本之后，我还是想尝试再写这样的，觉得更有趣一点。其实写完《全职高手》之后我已经不想再写游戏，觉得一步一步写到职业选手，就没什么可写了。后来是《王者荣耀》那边说拿他们那个来尝试写一下，因为当时正好我也玩那个。这类比较偏现实的确实没试过，我也想尝试一下，后来就写了。写了那个以后，现在又暂时觉得游戏没什么可写的了，可能还是想写玄幻这一类，脑洞大一点的。

许潇菲：嗯嗯，能理解，就是想尝试一些新的写作题材。

蝴蝶蓝：对，因为我写《王者时刻》的时候发现，确实我写电竞已经很顺手了，很容易写，但写的乐趣不是很大了。尤其是涉及比赛时，我觉得每次都写得头皮发麻。

许潇菲：因为感觉这种桥段发生了太多，到后面就是重复性的。

蝴蝶蓝：嗯。因为它就是重复性的嘛，而且这个是不可避免地重复。一个竞技的话，那就是比赛要一路打下去，在这种重复里要设计差异化。我前段时间看《全职高手》，看到我写到季后赛的时候，全篇文章才过了大概百分之八十，就是说有100多万字写剩下的季后赛内容。也就六七场比赛，平均每场比赛用了一二十万字来写，我觉得真的太夸张了。

许潇菲：是的，在这种情况下，想要萌发新意确实比较难。

蝴蝶蓝：而且写得很累，很杀脑细胞。自己反过来再看的时候觉得也没那么有趣，可能日常里他们拌拌嘴的情节或者一些情感内容更有趣。拉长比赛的长度，我觉得就特别不合适。后来我写《王者时刻》，因为一共就一百来万字，比赛其实比《全职高手》不见得少。但我写的时候会刻意地让每场比赛不要那么长，不要那么多转折。我后来就尝试，每一场设计一个地方，一个关键点，把关键点解决掉，赶快把这场比赛后面的事交代一下。看完我觉得这样的体量或者节奏更合适，不过这都是我个人的看法。

许潇菲：《王者时刻》这部小说是您在玩了《王者荣耀》之后，出于兴趣去写的吗？我看您平常好像也比较关注KPL(《王者荣耀》职业联赛)赛事。

蝴蝶蓝：对，我那会儿玩，后来也看他们的比赛。当时合作方说有几个游戏，问我要写哪个，我说我玩这个，我肯定要找玩过的，就是自己会的。因为这个毕竟是现实的，不能再像我以前写的几个游戏一样，随着自己在那编。所以就找《王者荣耀》来写。

许潇菲：我在网上看到有一个读者的观点，他认为电子游戏基本上都会有复活的机制，所以主角可以大胆地去试错、去尝试。但是在小说里面，这种复活机制可能就会掩盖人物生死的严肃性。所以他觉得用游戏的思路可能会影响到您写玄幻文，请问您是怎么看的呢？

蝴蝶蓝：这个我以前写游戏小说的时候，跟几个朋友也坐下来聊过。我觉得这是游戏小说的一大特点。写游戏的时候，这个是好事。一个是生死不论，一个是上下线，还有一个当时总结的特点是游戏里大家发消息，不论多远，永远都能联系到对方的这种联系方式，就好像我们日常打电话一样。我觉得这种都是游戏的特点，就是游戏里要抓的。后来写到玄幻的时候，确实开始有一点为难。因为在玄幻里，就是写到杀人、血腥、暴力行为，要考虑怎么处理血腥、暴力行为的问题。但是后来我写的时候，就没有再考虑血不血腥、暴不暴力这些，我想说这些先少考虑些吧。你看以前金庸写武侠的时候，就是哪个大侠出去乱杀的时候，好像这个地方都是忽略掉的，不会太从道德上考虑。我那时候写，就从情节叙事上往下推，不会太强调哪个人死了，或者特意手下留情了而没死。淡化死亡或者残酷真实的这种话题，大家觉得是受游戏影响，我觉得不是。我第一次写玄幻，玄幻的世界观写得不好，没有让大家很清晰地体会到，比如说我写的《天醒之路》，里面的这个世界是个怎样的世界，里面的人每天都在干吗，他们的追求是什么，我觉得这个描写太少了。

许潇菲：也就是我们常说的，生活化的气息较少。

蝴蝶蓝：嗯，没有让大家感觉到这是一个真实的世界。这个世界到底真的是人命就跟纸一样，还是人命都是宝物，没有在那个世界里把世界观塑造好，我觉得这个是最主要的。倒不是说受游戏里那种人命不当命的影响，我觉得没有这个影响。

许潇菲：感觉您还是比较偏向写轻松一点的主题，不会去刻意写深入严肃一点的，像是生死观这样的主题。

蝴蝶蓝：嗯，如果是写玄幻的，再去讨论生死的话，从写作角度上，我觉得好像有点不好处理。

许潇菲：难以处理，最主要的是也难以把握那个度。

蝴蝶蓝：就像写武侠，要计较随便哪个主角是不是真的每一次都没杀过人。我后来看，像金庸称赞的每个侠之大者，放在我们这里，那不都是人命累累的吗？手下多少条人命，这怎么衡量呢？我觉得要看武侠世界的世界观，我们不能以我们现在的这种思维观念去看。读者没法进入你的世界观的时候，才会用自带的都市的世界观去衡量里面的人物。所以大家看《天醒之路》，觉得很好看的那个时候，我觉得还是自己没写好。我们以前讲小说三要素，人物、环境、情节，我觉得它的环境没写好。

许潇菲：您的《天醒之路》还是非常优秀的，有一种低开高走的趋势。现在网上有很多读者都在催更。

蝴蝶蓝：嗯嗯，我也看到了。因为我大概有一段时间没写了，最近家里有些事，但也想着过年前后要捡起来，至少要把这部小说写完吧。因为我自己规划这部小说后面，其实还有个百万来字的内容，还没到可以结束的程度。现在才写到三分之二的程度吧。

**四、"写小说就是把自己实现不了又特别向往的东西，用小说透射出来"**

许潇菲：您的《全职高手》，虚构了一款国民电竞荣耀，《王者时刻》是以现实的国民手游《王者荣耀》为主题的，对您来说虚拟游戏跟现实游戏这两种主题，哪个写起来难度更大一点呢？

蝴蝶蓝：嗯，两个难点不一样吧。因为《全职高手》我自己写的话，它的游戏设计是可以为情节服务的，比如说我特别想设计一段打斗的时候，可以自己想几个技能弄上去，然后完成这个桥段。但《王者荣耀》这种，自己只能拿它现有的素材或技能来构思情节。这种也有好处：一是素材天生就摆在那里，自己不用再挖空心思想；二是它的素材可以通过视频、直播、自身体验等积累，当时我写的时候里面有一些是自己经历过的。另外有一些是通过比赛、直播获得的，如果是太经典的那种，反而不好用。因为一用大家就知道是从哪里来的了，写的时候反倒有点束手束脚，明明觉得这个挺好的，挺入情节的，但又觉得不是很合适。

许潇菲：嗯，这时候有一个取舍的问题。

蝴蝶蓝：对，要有取舍。但像《全职高手》的话，完全就没有这种问题，怎么想怎么来。其实我写之前就想到这两种情况的不同，所以这也是我写《王者时刻》的原因，我想试一下，正好我也不用去设计游戏，因为技能就摆在那里。那时候我每天边写边看着官方网页里的英雄介绍，我就想着从这里能设计出什么样的花招，而且想到了还要确认能不能行，那时候自己经常玩游戏，试从这个草走到那个草要几秒，这技能到底是什么样的，有没有我小说里那种实现的可能性，所有的都是可以试的，这种写作体验我觉得挺不错的。

许潇菲：听起来好有意思，这样的写作经历想来还是比较有趣的。

蝴蝶蓝：嗯，是比较有趣。还有写完的时候觉得特别踏实，特别可靠，没有那种飘着的感觉。

许潇菲：《巅峰荣耀》说起来是虚拟游戏，其实您也是借鉴了DNF（《地下城与勇士》）和《魔兽》。

蝴蝶蓝：对。借鉴游戏其实蛮多的，在DNF里借鉴了很多职业，因为我写《网游之近战法师》的时候，正好在玩DNF，DNF的职业设定特别吸引我，我觉得做得特别好。准备写《全职高手》的时候，我就想以它为蓝本，里面的职业划分基本是参照了DNF，技能是根据情节需要自己加上去的。

许潇菲：嗯，其实那个时候韩国的网游还是做得比较好的，大陆有很多人在玩。

蝴蝶蓝：对。我们上大学的时候尤其流行，《传奇》《奇迹》都是韩国的，到我毕业的时候《魔兽》才出来。《巅峰荣耀》里那种打法其实还是参考了很多主视角的射击类的游戏，代入感强一点。但我觉得那个游戏如果放到现实里不会太好玩，因为我是为了方便写作，无限提升它的难度，这样容易划分职业选手，但我觉得真实游戏一般不会设计成这样，肯定要考虑大多数人。

许潇菲：对。现实中的电子游戏肯定重在各方面的平衡，这是最基本的问题。

蝴蝶蓝：是的，现实中的游戏考虑的是大多数人。

许潇菲：我注意到您，包括很多游戏文的作者，你们在选取游戏题材的时候好像更倾向于网游或者是电竞，但是就我个人的经验来看，其实很多单机游戏也是有着比较清晰的世界观，主角跟NPC（非玩家角色）也有互动，我比较好奇，为什么很少有作者用单机游戏作为一部小说的主题呢？

蝴蝶蓝：我是这样理解的，觉得没有必要，如果是单机，就是一个人，然后要互动，直接写玄幻就可以了呀，不需要游戏。因为单机游戏本身就是以你扮演的那个角色为主，你如果拿它做，就把你自己写成那个角色就可以了。不过我们早期有一种写法，叫游戏穿越，就是把你这个人放到那个游戏世界里，目前比较流行的像暗黑类的，这类题材我们把它叫游戏异界小说的话，在早期它其实就是一个玄幻小说，在玄幻小说里有数据化，能看到装备，有游戏感，现在流行的是我穿越到一个异世界里，但我随身带了一个系统，我们现在叫系统流。这都是网文的发展，以前是丢进一个系统的世界里，现在是自己带一个系统，然后进到世界里，更进一步地把金手指局限到主角身上，这一类我觉得其实也是从早期游戏文发展过来的。几年写下来我觉得

大神的肖像

游戏小说很容易进入那种没有主线的境地,所以现在电竞类小说天然带了主线,不用说大家都知道电竞类要写什么,我觉得这一类现在会很流行。那种进入游戏异界的,我觉得也容易有主线,因为他进去后要面临生死问题,怎么生存下去就能成它的主线。像我早期写的《独闯天涯》这一类,我觉得到后面慢慢就淘汰了,为了游戏而游戏,反正我很久没再看到过这一类了。

许潇菲:嗯。我觉得这可能也是游戏文的一种内部的进步或者是更迭吧。因为我感觉现在游戏更多的是作为一种写法,作为一种技巧或者是思路,对其他题材的小说也是有所借鉴的。

蝴蝶蓝:对对。因为游戏本身就相当于一个世界观,比如我写了一个武侠背景的游戏,其实就是当武侠小说在写,如果是玄幻背景,我就当玄幻小说写。但不同的就是我其实是包了一个玄幻皮或者武侠皮的都市小说,大家还是都市人,这是游戏小说比较有趣的一点,或者说取巧的一点,像前面聊过的,我不用再去写那个玄幻世界的世界观了,因为那个世界观不重要,我们还是现代文明社会。而且它早期兴起的那个年代,正好网络游戏开始流行,有大量重叠用户,身边很多人就是电脑开两个窗,一边看小说,一边打游戏,那时候男生普遍会这样,所以我觉得网游小说的兴起脱离不开这一点。

许潇菲:嗯。前面咱们聊到,这两年国家对网络文学的现实题材是比较鼓励的,但是电子游戏在我国的地位其实一直是比较尴尬的,因为之前大部分人还是觉得电子游戏是虚无缥缈的,跟现实没有关系,那您觉得这个游戏文该怎样去观照现实呢?

蝴蝶蓝:我觉得像我的《王者时刻》就是现实主义,那些生态现在也都有了,像KPL联赛,这种都是在起步阶段,现在很多年轻人在里面做职业选手之类的。我们总是把游戏电竞单独化成一个取景,我觉得其实它就是职场小说,这个职场是电竞职场。我觉得当社会适应这种职业或者适应游戏的存在以后,慢慢地就不是一个特别独特的群体了,比如写律师、医生等职业的小说,里面讲各种专业术语的时候,外行人也是听不懂的。我觉得大体是要以平常或者正常的眼光去看待游戏或者小说之类的,因为对社会来说客观事实已经存在了呀。现在游戏跟电影、电视一样,甚至是比它们更贴近年轻人的娱乐方式。这种娱乐方式对年轻人到底有什么影响?有些人是打发时间随便玩几把,有些人写电竞就是他的职业,从这种角度来看,我觉得不要有歧视,这就是一份正常的工作。

许潇菲:嗯嗯,我非常赞同,您提供了一个很有价值的观点。

蝴蝶蓝:我觉得就是平等,但也不要把电竞吹得多高大上,比如说"奋斗",其实各行各业的人都在奋斗呀!

许潇菲:说实话,社会发展的速度太快,现在每一个行业都很卷。

蝴蝶蓝:我觉得电竞本身不高级,高级的是竞技背后的那种精神,"更高,更远,更强",我觉得大家要把握这一点。然后就是游戏本身,打游戏其实就跟平时我们上班一样,这个事高级不到哪去,我觉得不低级也不高级,但背后的人付出努力这种精神层面的东西是高级的。

许潇菲:嗯。在您的小说里面,我确实是经常读到一种坚持的精神,就是人物对善良的坚持,还有对人性的坚持,包括每个人物对自己的坚持,我觉得这些都能在您的小说里有所体现。

蝴蝶蓝:这个问题主要还是跟小说的内容有关系吧。因为像电竞这类题材,我觉得这些都是很基本的东西,比如主人公怀揣理想之类的。就像我前面跟你说的,精神层面的东西才是可贵的。所以我觉得总要有点闪光的地方,尤其是常人不容易做到的地方,让我们小说里的人物来做,甚至我自己也做不到的,让小说中的人物来做,这样才显得更有魅力。有时候写小说真的就是把自己平时做不到的、实现不了的,又特别向往的东西通过小说透射出来。

许潇菲:在写作的过程中,总是存在作者有所寄托的精神层面。

蝴蝶蓝:对的。读者在阅读的时候也会心生向往,不光是向往小说主人公那样的经历,也希望变成那样的人。但我觉得真正对你有帮助的不光是向往,你也可以照着坚持做一做。如果能到这一步那就更好了,我们写小说也就更有意义了。

**五、"读者反馈和网站数据最为直观"**

许潇菲:您对目前网络作家这个职业的生存环境满意吗?

蝴蝶蓝:这个要因人而异了,对我来说问题不大的。但其实就这个职业来说,因为有时候看到平台的数据,现在网文作者的数量很庞大,但绝大部分的写作者还没办法把这份工作当成维持生计的主要出路。

顶端的可能很好,但是下面的又怎么样呢?但我后来又想了想,哪个行业不是这样的?咱们国家所有的行业,基本是这种金字塔型的,金字塔的上层有很优秀的一群人,然后逐层往下,下面是数量最多的一部分人,这些人往往又辛苦,收入也不高。现在网文也像一个吃青春饭的行业,大家跟同行业的作者交流的时候就发现,大家都觉得自己刚入行那会儿最兴奋,创作的欲望也最蓬勃。虽然写出来的东西质量可能不如后面的,但当时写的时候还是最兴奋、最带劲的。就是这样一种感觉。都是写着写着,写个十几二十年。我现在39岁,很多朋友可能30岁出头,都很年轻,但是已经写了十来年或者是写了两三千万字的作品了,你说能不能写到40岁、50岁?我觉得要有一些比较。职业生涯前期比较有成绩的作者,到后面写不出像前期水准的作品了,可能对生活也没多大影响。但如果是一直都没怎么太出成绩的作者,到后面这部分人怎么消化？我觉得我们行业还比较新，从开始到现在勉强算20年，可能还没有面临这个问题。但事实上，像我们20年前开始创作的很多作者已经消失了，也不知道去哪了，他们现在肯定已经不在我们这个行业了，那后面他们是怎么生活的，到目前为止大家也不清楚，已经失去联系了。那现在这个生态到底怎么样？我觉得目前还看不出来，因为几个平台下面现在都有大量的写作者，但是真正能挣到钱的，也没有想象中的那么多。

许潇菲：其实网络作家的压力也很大，无论是从精神状况还是身体健康上面来看，对人都是一个很大的考验。

蝴蝶蓝：我觉得首先还是精神层面。因为医保、社保得自己去交嘛，不像其他的作者。如果考虑得更加现实一点的话，我觉得压力很大，因为我们也不知道到底写到什么时候是个头。网络小说不是说你活着就能写的，写了十几二十年，写了几千万字以后还能坚持写的作者真的很少。虽然我们以前聊天的时候也会说，比如你看那个谁谁谁现在50多岁了也在写。人家的确是50多岁，但其实大家的写作寿命都是一样的，都是写了十几年，所以他还有的写。但写了20年以后还能坚持写的，就越来越少。像我现在也写得很少了，同时期的作者很多都写得很少，新作者写得会更多一些。我们这些作家如果在职业生涯前期出了成绩，那就还好，接下来该怎么生活就自己考虑。但有些还没挣到什么钱的作者，他们接下来该怎么生活呢？一直专注于这个行业吗？对于这样的网文作者要怎么消化现在还不清楚，可能得再看几年行业发展情况。确实，我开始写作的时候作者还没那么多，所以没有面临后面大面积写不了的人需要怎么消化的问题。但现在网文作者越来越多，大家都来尝试这个行业，所以老一辈作者都会经常劝大家说，不要开始就一门心思专职从事这个行业，可以先坚持每天写得少一点，甚至慢一点，先尝试尝试看，觉得自己可以以后再想着能不能专职，做专职写手还是要相对慎重一点。

许潇菲：确实是。感觉现在不管哪个职业，只要从事的人数超出一定范围，就会涉及一个资源分配的问题。

蝴蝶蓝：哎，对对对，尤其是写作这个东西，它是比较唯心的。个人凭借着自己的喜好去评价好坏。你觉得很好，可能很多人觉得不好，所以有时候也不好判断。

许潇菲：是的，根据平常的经验来看，很多时候自己满意，可能读者又不买账。

蝴蝶蓝：对。你觉得我这个质量不错，我可以从事这个行业。但有时候，现实会是血淋淋的教训。所以如果是年轻的作者的话，还是要慎重考虑。

许潇菲：我们认为网络文学是一个不断发展的过程，但是它在前进的道路上肯定会遇到各种阻碍。您觉得目前制约网络文学发展的因素有哪些呢？

蝴蝶蓝：我觉得网络文学这几年来一直在往上走，但也一直存在盗版问题，这是最严重的。

许潇菲：这是一直在说的问题。社会各界也在呼吁保障网络小说版权，官方也出了相关文件。

蝴蝶蓝：对，但是光呼吁没啥用，现在网上一搜一大串。盗版这个问题无论是对行业，还是对作者，肯定是伤害最大的问题。这几年改编类的比较流行，有时候也会影响到作者创作。有些作者会考虑到自己的作品如果要影视化应该怎么写，如果要改编成动漫应该怎么写。这和传统的影视改编是反过来的。我看很多作者会考虑这个层面，比如我应该怎么写？我这样写是不是不方便改编呀？我觉得这也是个影响，是市场带来的影响。

许潇菲：这么说的话，其实在IP改编大语境下的写作，事先就存在一种预设。

蝴蝶蓝：对，这种就是市场化写作，这也是咱们国家不提倡的。但有时候的确会情不自禁这样做，考虑到想让更多的人看自己作品的时候，就是影视改编的时候难度可能比较大，那写法可能就变了。比如一个写玄幻的作者，他考虑到改编的时候经费太大，想写的那种怪兽就不写了，说做特效太贵就算了。

许潇菲：我确实没有想到这点，原来这些都在作家的考虑范围内。

蝴蝶蓝：是的，有很多作者会这么想。还有的甚至可能早期就有甲方介入。介入之后，大家一直商量。这种叫委托创作，或者甲方提要求，你写命题作文，那也是会影响的。

许潇菲：现在网络文学的商业性确实是大势所趋，但是我们也认为网络文学最终的本质还是文学。那您觉得同时把握商业性跟文学性的关键在哪儿呢？

蝴蝶蓝：网络文学最大的一个要求就是好看，关于文学性，先不要想那么多。我觉得随着自己的积累，它的文学性会逐渐提高，会自然产生在作品里，如果突然说要写一个文学性的作品，通常是写不出来的，因为功力没到那个水平。积累不够的时候不是说想要文学性就有文学性的，文学性不是想出来的，也不是学习来的，而主要靠平时大量的积累、大量的阅读以及人生阅历等方方面面，提高到最后，不用去刻意强调，你的文字就会有文学性了。反倒是情节之类的东西是可以学习的，哪些好看，哪些不好看，因为情节相对于文学性来说，更加直观，也更加容易判断。

许潇菲：故事情节在写作的时候也更可控。

蝴蝶蓝：甚至像我们这种商业化写作里，都可以拿数据作为参考标准，比如今天订阅量突然多了两万，那今天写得肯定好看呀，所以有很多人突然就来看了。那这个好看在哪里，起码有一个参考标准。文学性怎么判断呢？怎么确定这一段有文学性？如何去衡量呢？自己觉得有文学性,别人未必这样认为。

　　许潇菲:嗯嗯,文学性是个比较唯心的问题。

　　蝴蝶蓝:所以文学性对于写作者来说要顺其自然,自己注意积累、注意提高,慢慢地就会有了。很多作者写了20年,早期写小白文,大家觉得相对来说文笔没那么好,十几年下来就会越来越进步呀,我觉得文学性这个东西喊是喊不出来的。

　　许潇菲:您刚刚提到了数据,网站的数据是不是也是你们写作的一个重要参考呢?

　　蝴蝶蓝:嗯,那个是参考。因为从数据上能最直观地看到这段情节大家是不是喜欢,有时候喜欢可能没那么直观,但讨厌的时候会很直观,大量的人突然就把你的书删掉了,那肯定是你的情节不好看了,或者这一段让人烦了。这种对我们来说最难受的是水都泼出去了才看到,但也只能吸取这种经验了,这种甚至不需要从自己的作品中得出,从其他人的作品中也可以看到。你看别人书的时候,大量的读者反馈或数据都可以作为参考依据,这是最直观的。重要的是你要掌握这里面的道理,就是为什么这段大家不喜欢,可能是单纯的一个情节,可能是情节里的逻辑。

　　许潇菲:一般这个数据会包含哪些呢? 阅读量、订阅量或者是其他的?

　　蝴蝶蓝:我觉得订阅量最直观吧。订阅是大家花钱的嘛,愿意花钱跟不愿意花钱,我觉得是最直接、最有效的一个判断,跟去饭馆吃饭一样,贵的菜你是否舍得花钱,拿这样一个判断方式来衡量的话,肯定是相对准确的。其他的比如说点击也不是很准确,就像偶尔出个热点新闻,那点击也都很高呀,但不代表大家都爱看,可能就是出于好奇过来扫一眼,所以我觉得最可靠的就是长期的订阅数据。如果突然某一天订阅量掉了好几千,那我觉得肯定是有问题,这时候就要自己研究一下。或者说在长期的一个曲线内,它逐步在下滑,那要考虑是不是整体出了一个大问题,因为不是说突然某一天你写得比较难看大家就都不看了,长期的流失说明整个一大段大家都在无趣中度过,看着觉得越来越没意思,可看可不看的话,那就今天走两个,明天走三个,连载就是这样的。如果你一直在稳步往上涨的话,那肯定是好事,说明在看的人越来越多。我觉得这都是网文写作的优势,情节上怎么把握之类的,起码有这种参考。

　　许潇菲:数据里包含的信息量很多,可供各方分析的空间也很大。

　　蝴蝶蓝:对,怎么甄别信息也是每个网络作者要学习和思考的。

　　许潇菲:您的小说被改编成很多形式,像《全职高手》有动漫,有大电影,有漫画。IP改编涉及媒介形式的转换问题,它肯定会造成与原著的偏差,有的时候甚至是偏离,这一点偏离在读者那里可能就会造成很大的影响,您是怎么看的呢?

蝴蝶蓝：我觉得允许有这种偏离吧，因为无论是动漫、影视，或者其他任何一种媒介，都是一次再创作，每次再创作就是一次新的表达。有些东西拿文字来表达是很方便的，但用动画或者别的方式来表达又有另外的方式、手法，或者说另外的经验或技巧，可能需要对文字作品做出调整或改动，我从来不介意这一点。这是他们要做的事，当然，做好做坏是另外一回事，但我觉得肯定要给人家这个空间，这个尺度，这个自由。我不计较任何改编，我只看最后效果好不好，当然希望都是最好的改编。

许潇菲：动漫《全职高手》，我觉得改编非常成功。它不仅在网络上的点击量超高，也被誉为"国漫之光"。

蝴蝶蓝：即便是这样，也有很多人不满意。我看的时候，也觉得有些细节没那么好啊。每个人都希望尽善尽美，但由于每个人的喜好不同，或者在意的方向不同，肯定会有人觉得特别好，有人觉得特别不好，大概就是这个样子。

许潇菲：从读者接受的层面来说，就是众口难调。

蝴蝶蓝：小说其实也一样，何况改编是从小说来的，我觉得都是一回事。有时候不要太在意改编，把它当一个全新的作品看，也不会觉得每个地方都是满意的。

许潇菲：您会根据读者的留言或者期望去改变自己设想好的写作吗？

蝴蝶蓝：看情况吧，有些明显错误的地方肯定要改，有时候有些人可能会预想一些什么或自己脑补一些什么，我也会看看对我有没有帮助，如果可以用的话，我觉得都可以。其实也不用太在意读者想的不是你想的，有这么多人群策群力也是一件好事。

许潇菲：我前两天在知网上搜了一下，以您的《全职高手》为主题进行研究的学术论文有50多篇，您是怎么看待文学批评的呢？

蝴蝶蓝：这些我没看过，但我觉得批评肯定也要具体问题具体对待，跟我们前面聊的改编一样。批评对于我来说，有些是对的，有些是我不认可的，有些是值得讨论的。我觉得批评也是一种交流，重要的是批评以后的思考。就批评者来说，我觉得不能光写一篇批评文章就丢在那儿，最好是跟大家交流交流怎么解决，你光说这段写得不好，那怎么样才好，这才是最重要的，批评是为了改正。我平常确实很少关注这块。

许潇菲：嗯嗯。其实您说的也是我们的一个共同愿望，就是希望网络文学的研究可以真正地跟作家创作联系起来，而不是关上门自说自话。

**六、"灵感要靠大量的长期积累来保持"**

章江宁：您的《全职高手》这本书广为ACG(动画、漫画、游戏)爱好者所知，而《网游之近战法师》的质量完全不比《全职高手》差，却没有那么高的知名度。请问您自己怎么看待这个问题？

蝴蝶蓝：就这两部的话，我觉得《全职高手》的质量是远在《网游之近战法师》之上的。因为相对来说《网游之近战法师》是我写作的一个过渡阶段，那本书前面部分是比较散漫的，或者直接就是娱乐性的写作，写到一半的时候跟很多人交流以后，才开始有设计感，有仪式感。到写《全职高手》的时候，我觉得是我前面几本书写作的整个的积累，包括我平时的阅读和积累在这部书里有一个很好的集中的发挥和体现。所以这本《全职高手》远比《网游之近战法师》受欢迎，就是因为这本比那本更好看，我觉得就这么简单。

章江宁：在知乎、微博等平台上，有很多读者非常喜欢您的这本《网游之近战法师》。即使在看过《全职高手》之后，他们还是刷了很多遍，您的这一本书也是很受欢迎的。

蝴蝶蓝：还有人在刷我的第一本啊？但第一本让我自己看，文字都有很多不通顺的地方。怎么说呢？就是初恋是最美好的嘛，不是说这本书有多好，只是当时那个情绪和那种体验是最好的。

章江宁：对，可能有这方面的原因。

蝴蝶蓝：所以很多人最后会有这种印象，就是当时这本书带给我的快乐是最高的，但其实有时候未必这本书就是写得最好的，我是这样看的。

章江宁：可能也有一些时代的原因。在我们没有那么发达的时候，正好您当时的作品超出了整体的发展水平。

蝴蝶蓝：对，有这种可能。当时看什么都新奇、新鲜，阅读量大了以后很难有作品再给你这种新奇的体验。

章江宁：您觉得一部网络作品火爆的因素有哪些呢？

蝴蝶蓝：网文还是以情节优先，一定要会讲故事。故事要好看，这一点是最重要的。然后是人物，我觉得早几年的时候人物的重要性是在情节之下的。首先情节好看，在这个基础上再去塑造人物。但这几年好像转变了，就是先搞好几个人物，然后以这几个人物去带相应的情节。这叫相辅相成，以后这种趋势应该会更明显，但我觉得这说明我们作者在进步了，水平越来越高了。以前一个作者可能兼顾不了这两样，他一门心思把情节设计好，然后将人物丢进去——你把这个事给我办了，就这样一种感觉。但现在作者水平越来越高了，他不光把这事儿办了，还把人物性格也塑造成了。另外就是前面说到的世界观的塑造，我觉得也是一个很加分的东西。我看小说觉得最舒服的一种体验就是，看这个小说，我会向往小说里的那个世界。小时候我看金庸的小说的时候就特别向往,我也想到那个武侠世界里,我也想学武功。这就是一个吸引人的小说给人最优质的体验,而这种体验光靠人物好,或者故事好,其实还达不到,你的那个世界也要让大家看到是什么样。一部小说如果实现了读者对这个描绘的世界的期待和向往,我觉得就不会差。

章江宁:《网游之近战法师》这本书在借助主角顾飞以及其他一些人物描绘了一种类似武侠的世界。文中人物的成长与梦想,与传统网游文有很大的区别,它更像刚刚许师姐提到的,比较偏向于金庸、古龙的那种风格。从这种类型的文风转向像后来《全职高手》这样的网游文,您是如何进行转变的?

蝴蝶蓝:这两本书的创作过渡,从写作的技术角度上来说,就是为了找一个更加明确的主线。因为《网游之近战法师》里大家还是在玩游戏,除了顾飞。他在生活中有一点不得志,然后在游戏里施展他的武功。这样就有一个跟其他人不同的地方,其他人都是因为游戏,所以在游戏里显得比较快意恩仇,或者说展现出那种无所谓的气质以及特别英雄的感觉,难道《全职高手》不一样了吗?《全职高手》是以游戏为事业,以游戏为工作的,这种考虑和面临的问题更加现实一些,真实一些。这种过渡像我的个人经历,那一段时间是我要做出决定,我要不要以写作为生;到写《全职高手》的时候,我决定了要以此为生,因此里面那个人物也以此为生,可能就是这样一个过程。正好是心境上、想法上的重叠,共同造就了这样的人物。

谢其银:您进行网文创作这么多年,是否会碰到瓶颈期呢?另外,目前的写作中,您觉得最困扰您的问题是什么?怎么样去保持网文写作的灵感和活力呢?

蝴蝶蓝:这个问题也经常会被问到。灵感这个东西怎么保持,我觉得就靠自己的积累,这个积累可以是有意识的,可以是无意识的,甚至是平时的一些细节。就我们作者来说,只能靠大量的阅读来保证这种积累。早期比如说作协会安排大家出去采风,这种其实也是给你找灵感,至少大家的目的是这样的。但灵感这个东西我觉得不是说刹那间就蹦出来的,这个真的靠你大量的、长期的积累,甚至从小开始的,从你记事开始的一些生活的点滴都可能是你灵感的积累。有意识的话,一种通常的做法就是,比如说今天你遇到什么有趣的事了,赶快把这个事记录到本子上,或者看到好句子、好情节、好的新闻了,觉得可以用的,把这些有意识地梳理、记录下来,然后经常翻看。我觉得这是一种有意识的积累。你要是没这样勤奋的话,那只能进行无意识的积累,就是大量阅读,有没有记住、有没有思考先别管,先看了再说。积累得越多遇到的瓶颈就会越少。我觉得我自己的积累已经用得差不多了,我想到的、我的念头很多已经用掉了,在我不想重复的情况下,可能就会遇到瓶颈,瓶颈就是没什么想写的,或者想描写一个场景,却觉得没词可用。这种时候说实话,我觉得没有办法,只能先停一停、等一等,然后自己再去积累、再去想。与同行交流,你想不到让别人帮你想,这是一个办法。像我们有时候,几个作者一起聚会时聊一聊,聊到小说接下来的情节,当有人说这个不知道怎么写才好,有两难选择的时候,别人出主意,这种是很常见的。你没灵感时,就只能借别人的灵感了。这是我们的一种处理方法。要说有效,我觉得这个是最有效的。

谢其银:您从事网文写作已经有相当长一段时间了,这对于您当下的生活来说,有哪些方面的影响?

蝴蝶蓝:我觉得这个工作最好的就是生活没有改变,可以保持像我们比较宅的这种状态。因为我们不会面临升职加薪,不会面临工作调动,我们没有任何这样的问题,反倒是可以十年如一日一直没有变化,这是我们这个行业比较稳定的一点。至于带来的变化是怎样的,可能就是行业的变化会给我们带来一些生活上的改变,比如说我这几年改变得多一些,会比以前接触到更多的人。

蒋悦:我在看《星照不宣》这部小说的时候,也像其他书友一样在期待男女主水到渠成的感情线,但是您往往以默契、信任来定义二人的关系,像兄弟、战友之类的,并不挑明,以致一些读者认为蝴蝶蓝貌似不擅长写感情线,对此您怎么看呢?

蝴蝶蓝:他们说得对,我一是不擅长,二是不爱写。因为对我个人来说,可能是游戏小说写惯了,就觉得爱情这个东西不是太重要,淡淡地有一些就好了。你让我拿爱情来做一个主线,比如说像我们看剧经常会出现那种狗血的剧情,两个人产生一些误会,然后又去解决误会,以这样的线索来构思的话,因为我个人是不喜欢这种事儿的,所以我也不写这种事,不会这样设计。那没有这种事儿的爱情呢?那是什么爱情?那就是两个人日常里撒撒狗粮这种你来我往的小互动就行了,所以在我的小说里你好像看不到以爱情为主线发生的事情。因为我们写小说都是要有矛盾、有冲突的,当爱没有矛盾、没有冲突的时候,等于就写不了故事。我不是说不写,就像你说那种兄弟也好,默契也好,暧昧也好,就是处于这样一种感情关系,它就没有矛盾、没有冲突,就没有故事,只有一些小日常、小生活。

蒋悦:对。每次看的时候感觉有一层薄膜没有突破,一直停留在那个阶段。

蝴蝶蓝:对。因为突破就是往下一步,下一步也没什么可写,就可能写个床戏什么的,在我的故事里没这个必要。因为他们俩关系进一步或者说退一步,对我整个故事主线或者说任何一个线索都没什么影响,从一开始我没有那种因为爱情来产生什么去推进情节,或者说产生故事冲突的这种设计,所以我觉得没有什么写感情突破的必要性了。

蒋悦：您曾经说过，"《星照不宣》就是一个轻浮的作者写出的一部浮躁的作品"。您为什么会这么说呢？

蝴蝶蓝：因为我开始写的时候，编辑也提了一些意见，但是当时我都没听，觉得这样写挺好的，这种行为就挺轻浮、挺草率的。然后中间我生病了，有很长一段时间没写，回来接着写的时候就觉得前后有些地方不一致了，心想要不要改，要不要停下动一动，但还是觉得算了，就这样把它写完了吧。这也挺轻浮、挺草率的，所以我说我对这部作品不是那么太负责任。但也跟当时的写作状态有关，像前一部一样，后来自己写着写着突然又顺手了，觉得没啥问题，那就这么着吧，没太权衡或者说没想太多，所以自己会有这样的说法。

### 七、"精品化写作需要在实践中摸索"

江秀廷：我们之前采访过一些网络作家，很多人都说不想写那么长了，理想的长度是100万字左右，或者更少一点。像您现在已经达到这种高度了，后面在继续创作的过程中，是否考虑字数写少一点，朝着精品化的方向去创作？您怎么看待精品化创作这个问题呢？

蝴蝶蓝：精品这个东西只靠天天想或者喊口号，我觉得是写不出来的，到最后还是要落笔写下来的。作为一个精品网文，好看是最起码的。在网文中，这个东西只有好看以后才有资格说是精品，接下来再讨论下一步。那下一步怎么说，为什么每个作者都说想写得短一点，或者慢一点？因为我们长期写作，比如说6000字是现在最普遍的日更字数，甚至有的作者日更12000字，在这种写作强度下，可以想象作品会是什么样，错别字就不说了，肯定有大量的水文、无意义的文字，可能今天写不出来东西，但还是要交6000字啊。当我们慢下来，或者写得短一点的时候，起码能把这部分筛出去。就是说，当改变我们的创作习惯时，可以想办法把这部分筛出去。

写得慢一点的时候，比如我们写3000字，写完3000字再放一天，第二天再检查一下。下一步就是细化精化的过程，但不一定保证出精品，大家肯定都想写精品，谁也不是奔着乱七八糟去写的，谁都想自己的作品就是精品，但怎么写出来，我觉得还是得到实践中摸索。大家现在都讨论，怎么从平原走向高峰，怎么实现精品化，但大家目前想到的就是改变方式，那起码比较有实际的操作意义。这样一个方式，就是写慢一点，写短一点。

还有一点，我觉得就是要给大家时间，看这段时间里是不是有哪个作者写出精品，甚至可能有的作者之前没有积累，上来就是一个精品。我觉得有时候创作这种东西不好说，可遇不可求。一个有天分的作者，或者说一部精彩的作品，有时候真的是可遇不可求，赶上了就赶上了。反倒是有的时候自己天天埋头写精品，也未必能写出来精品，但起码能做的工作我们先做。我是这样想的。

江秀廷：像您刚才提的不愿意太多的重复，有的人可能之前写过一部比较好的作品，然后稍微再改改上传，这是大量存在的。因为已经验证过的东西再写下去，至少在商业利益上会好一点。

蝴蝶蓝：但你也可以反过来这样想，一个已经写熟的东西，如果反复写，会不会也是一个精益求精的过程？会不会改个十遍八遍，重复了八十遍以后，突然就成了一个精品？这个也不好说。

江秀廷：对呀。

蝴蝶蓝：这也是一种方式嘛。我们有大量的作者群体，我觉得未必要一条路走到黑，有人创新，有人反复打磨，到最后说不定成精品了，我觉得都可以试。

## 九、"想找回刚入行时的'冲动写作'心态"

周志雄：我们是将你作为网游小说的代表作家来看的，在中国古典小说中是没有这种形式的，都是一些言情、公案、武侠之类的小说。游戏小说是网络小说出现之后才有的类型。我的问题是，从你写这种类型的小说到现在也有很多年了，你在这个领域已经很有影响了，你有没有去回看你过去的作品？有没有总结为什么自己在这个领域能够写出名气，写出影响？在这个过程中，到底是哪些因素在发挥作用？当然，你今天回答问题的时候，我也能想象到一些，比如你大量的阅读，你也是一个游戏爱好者，但我还是想听听你来讲一下这个问题，就是怎么去回顾你写作成功的经验。

蝴蝶蓝：不敢说经验，我开始写的时候也看了很多游戏小说，我自己和他们在想法上有一点不同。当时很多作者写游戏类小说，他们的操作方式是"去游戏化"，希望把游戏体现得没有那么"游戏"。他们有很多操作方式，比如说游戏里的货币跟现实通行，或者大量的公司到游戏里开公司，大量的国家到游戏里成立国家，我觉得他们是想"去游戏化"。"去游戏化"就是他们想用游戏这个背景，直接覆盖掉真实的世界，把两个世界直接重叠。

但我在写游戏小说的时候，觉得既然是游戏，那就要抓住游戏的特点。前面跟潇菲也聊到游戏小说的几大特点，我觉得就像上下线这种问题，我没有想过要用一句话去交代，我想更进一步突出游戏的特点，写在这个游戏世界里才会发生的事情，比如说你玩着玩着人突然消失不见了，因为他下线了，或者"死了"。我觉得要抓住这个特点，这个东西写出来对阅读者来说，可能没有太大的感觉，他甚至会觉得那种"去游戏化"的方式更直接、更爽，但我觉得抓住这种特点对很多游戏爱好者来说可能感触会更深一些。我最开始写的时候是这样想的，到最后我顺理成章就把游戏小说写成了职业。

演变成职业的时候,我觉得对我来说也可能实现了他们早期就想实现的"去游戏化"的操作,因为在这里,游戏小说其实是一种职场小说。之前周老师说游戏小说是一个新兴题材类型,因为古代没有游戏,古代也没有写律师的小说,他们有讼师,可能我们现在有的职业古代是不会有的,它不会有这一类的内容题材,我觉得游戏也相当于这样。对我来说,游戏背景或世界,写到《全职高手》的时候,已经不是太要紧。就打游戏这帮人从事的职业来说,我是把它当作职场小说来看待的,写他们在他们的工作环境或工作领域里,怎么拼搏,怎么互相帮助,就是这样一种写作方式吧。

周志雄:你刚才谈到一个很重要的问题,就是一些网络大神只能写个十几二十年,我之前在访谈一些网络大神的时候,也有人谈到了这个问题。曾经一些很有影响的网络大神已经不写了,现在都不见了,有的可能干别的去了。但是在文学创作中,始终有这样的规律,就是像你这样已经站到了网络小说金字塔塔顶的这部分作者,通过写作变得更自由,首先是实现财务自由,也过上自己想要过的生活。通过写作,你找到了实现自由的一种途径,那么接下来呢?

对于这些写得非常好的作家,我们期待他们后面还有更多的精彩作品出现,比如像王蒙这样的作家,他89岁还能写出很长的作品。当然我不是不期待网络作家能写到八九十岁,那起码写到五六十岁是没有问题的,如果这样的话,那你起码还要写20年,毕竟你还不到40岁,还是很年轻的。你今天在访谈当中也说,放慢写作速度,不像以前写得那么多、那么快了,这个在某种程度上来讲,也是一个正常的规律。

你已经写得很多、写得很好了,各方面的基础都已经非常好。在这种情况下,写慢、写少一点,但是写的东西是想写的,并不在意今天读者少了一点,或者担心如果这段时间停更了,读者会弃我而去,也不用担心一个月或者几个月不写就生活不下去,这些问题你都没有。

对未来的写作规划方面,你有些什么样的设想?在2016年的时候,我去访谈管平潮,他总结了六个字——"降速、减量、提质"。他说他现在追求的是,以前写100万字能创造的收入,现在写20万字也能达到。当然这是他的一种方向,就此我也想问问你,在面向未来的方向上面,你有什么样的写作规划?

蝴蝶蓝:就这一块的规划,大体上大家都差不多。因为同行业的朋友我问了很多,写到一定阶段都想慢下来,写自己想写的也有,说是因为也不在乎什么了。其实老师你要知道,很多人写到这一步,做出这种选择,其实是被迫的。因为不是说不想写快,不想再这样写了,而是写不了了,写不动了。有很多人,你说让他每天再写6000字,甚至像很多年轻作者一天写20000

## 大神的肖像

字,大家根本做不到,也实现不了。所以很多人到了这个阶段是没有办法的,可能写了这么久,想写的写尽了,真的是有时候坐在那个地方没什么灵感。他说要慢下来,多想一想,想想能写什么。所以首先这是一个被迫的选择,这是很艰难的,其实有些人并不情愿这样选择,但同时抱有期待。大家慢下来,尤其是像您刚才说的可能就是不需要再那么注重效益之类的。我想,当关注回到最初写作的那个阶段时,就有那么多想写开心的、愉悦的或者说可能不适宜现在这种连载方式表达的东西。然后我在想,是不是能尝试在接下来去做一波探索,尝试一些没写过的,或者曾经写不了的、不敢写的?

我觉得有一些老作者现在这样想的倒是挺多的。因为之前对任何一个在网站拼搏、战斗在一线的作者来说,日更两三章,都是很常见的事情。很多以前的作者,每天写几百字博客的那种,到后面连这种都厌恶,就是对写作本身已经心生厌恶。很多这样的作者,我都认识。但就是到现在这个阶段,这样一个放下来的时候,能不能找回当初刚入行时写作很快乐的状态,然后在这种心态下去写作。

大家都是磨砺了很多年、经验很丰富的作者,是不是能再写些新东西,我是抱有期待,而且我自己准备这样去尝试。我现在还是蛮怀念最早冲动写作的那个阶段所写的东西,未必好,但写时的心情是真的好。

周志雄:好的,好的。我们也很期待你的下一部作品。

蝴蝶蓝:谢谢,谢谢!

周志雄:我们今天做的这个访谈呢,是我做网络文学研究的一个很重要的方式。我觉得做当代的作家作品研究,我们有个便捷之处就是,我们读这些作家的小说,然后我们可以通过访谈交流的方式听听作家到底是怎么想的,倾听他的创作经历,这有利于我们更深刻地去理解网络文学。纯文学创作领域也有这样的规律,比如说有些作家,哪一些小说是早期的作品,哪一些作品是成熟期的作品,哪一些作品是后期的,会分成不同的创作阶段。在纯文学作品里面,这种变化是非常清晰的。因为作家本身有这样一种追求,就是说他写了一些作品,有了点影响,他不能重复之前的写作模式,他要有所变化,有一些新的追求,我们对这个作家的研究就要去把握这种变化。

我觉得网络作家其实也有这样的问题,虽然说是有这种变化,但它往往不像纯文学的变化那么明显。但是我们今天听你分享的时候,你这个变化还是很清晰的。早期你用十几万字的篇幅去写一场比赛,但是写到后面的《王者时刻》的时候,就不用写那么多字,这个就是很明显、很清晰的一个变化,还有写作速度慢下来,等等。

我们可能都处在这样一个探索的过程当中,比如说我们要去把握中国网游小说的创作历程以及创作经验,并从理论上进行总结的话,我觉得对你的作品做整体的关注,包括后面的进一步的跟踪就非常有必要。只有这样,我们的研究才可能"接地气"。我们做研究,不是说只去读这些作品,然后找些理论糅合一下,就判断这个东西是什么。像这种方式也能做出一些东西来,但我觉得更重要的是这种交流和对话。

我们这些研究生都是 20 多岁,他们后面可能还要做学术很多年。这些研究生跟我不一样,我确实对网络游戏不是很感兴趣,我读研究生的时候玩过一两年游戏,但是很多年都不玩了,所以我做这个东西,可能确实还进不去。但是潇菲不一样,她从小玩过很多游戏,她能够就这个领域写出很有见地的学术论文。我觉得对我们这些同学来说,今天的访谈非常有意义,他们能够通过你讲述自己的这些创作经验,去更深刻地理解网络作家,理解网游小说,听到作家是怎么想的、怎么去创作的,有了这些之后,再结合对作品的阅读印象,去进一步地印证,然后写出理论性的评论文章。我想我们的文学评论和网络作家的创作之间的互动目前还比较少。但是我相信,随着网络文学研究的深入,特别是这些年轻的同学加入这个队伍之后,这种互动会越来越多,越来越好。

# 网络小说的文化传承
## ——阿菩访谈录

**访谈人：**

阿菩，著名网络作家、广东省作协副主席

周志雄，安徽大学教授

吴长青、江秀廷、汪晶晶、杨春燕等，安徽大学文学院研究生

**访谈时间：** 2020 年 10 月 23 日

**访谈途经：** 腾讯会议

### 一、"网络小说价值观、创作方法、创作心态的传承"

周志雄：今天我们非常荣幸请到阿菩老师在线和我们交流。阿菩老师是历史学硕士、文艺学博士，是网络作家中的学者作家，是真正的科班出身。阿菩老师经历很丰富，他做过记者，做过编辑，做过执行策划，也当过大学老师，现在是中国作协第九届全国委员会委员、广东省政协委员、广东省作协副主席。他的作品主要有《边戎》《东海屠》《陆海巨宦》《唐骑》《山海经密码》《大清首富》等，去年获得了第三届"茅盾文学新人奖·网络文学奖"，《大清首富》入选中国网络小说排行榜。在我的阅读印象当中，阿菩老师是网络作家中非常有文化底蕴的。今天晚上先请阿菩老师给我们讲网络小说的文化传承。

阿菩：网络小说的文化传承，我分三个方面来讲，第一讲价值观的传承，第二讲创作方法的传承，第三讲创作心态的传承。

第一个方面，网络小说的价值观的传承。首先第一点，网络小说的价值观不是凭空而来的，它是有一定的传承性的，就是对前人小说的传承。如果我们把网络小说跟现代小说、当代小说做比较的话，会发现网络小说里的价值观有一个比较显著的特点——它没有那种嫁接式的传承。为什么这么说呢？现代小说，也就是西方文化进来之后、鸦片战争之后的现代的文学，还有当代文学特别是 20 世纪 80 年代以后的文学中的一些价值观，它是存在一种嫁接的。有一些价值观在当时的社会环境下，在没有任何土壤的情况下，由比较早接触西方思想的一帮

学者或者作家,直接就把这套东西移过来了。这种价值观现在看上去没有什么,因为我们现在这个社会群体的价值观其实是经过改造的,已经很多年了,但是在当时来讲它就显得很突兀。这有两个阶段:一个阶段是现代文学,就是鲁迅、胡适他们那帮人刚刚来的时候,他们的文学有这样的问题;另外一个阶段是当代文学,特别是改革开放后的第一批的文学,在价值观的传承上,就存在着"天降神兵"这样的嫁接式的问题。但网络小说所传递的价值观就不是这样的,它的价值观有一条非常明显的传承线,这个是我们第三点要讲的。它的价值观不是移植来的,它是一开始就跟社会的主流价值观匹配的,它不是一种嫁接式的。网络小说传递的价值观基本上跟人民群众是同步的。这就是我讲的第一点:网络小说的价值观是一个非直接嫁接性的价值观。

第二点是什么?网络小说体现出来的这种价值观又不是完全复古的,它不是一种腐朽的,比如说是一种恢复到以前忠君爱民那种封建时代的价值观,也不是复古到20世纪五六十年代的那种社会氛围的价值观,也不是当时那种西方变异式的嫁接,总之它不是完全复古的。它是有一条传承变化的线的,我打个比方,老是不举例子的话,大家听着可能就觉得太枯燥了。我们现当代文学的书里面,"孝顺",就是对父母的孝的东西已经较少体现了,不能说没有,但是我们看很多比较主流的或者说影响比较大的文学(特别是现代的文学),可能把孝文化放在一个批判性的位置;说到了当代文学,通常来讲,也不见得会在这一块浓墨重彩地去描写。但是到了网络小说里面,"孝顺"就是一个不能够抵触的东西了。至今为止,我没有看到一部大火的网络小说的主人公是不孝的。通常来讲,现在的阅文、起点的作品中除非主角父母都死了,只要他是有父母的,无论他是修真或者成仙,他一定会想着对父母好,拿到仙茶就想这个茶要跟父母分享,成仙的时候也要拉父母一把,他都会顾及父母。或者说都市小说中主角一年过完赚到钱了,一定要想办法把钱打给父母,供养他的父母。这样的情节在很多小说里都会写到,大家看了之后如果没有刻意去想,会觉得没有什么问题,这是很正常的社会大众都会有的反应。你如果处在那个环境里,当然也会这样,这就是对这种孝文化的一部分传承。甚至对于"忠"——当然不是忠君了,"忠"是忠于祖国,对国家的这种忠诚,对于义气、信誉,网络小说都有体现,这些都是对中国传统文化的继承。在这一点上,当代文学没有很明显的书写,但是我们可以看到网络小说在这一块是比较有传承的。

但是它传承又不是完全没有变化的,它是有一条传承的线的。比如说有一些明朝或清朝的习以为常的价值观,比如说那种"愚忠"的东西,现在就没有了,它这条传承的线是经过改造的。近现代史上,1949年以前的民国时期改了一些,到了新中国成立之后在金庸、古龙那边又

## 大神的肖像

改造了一遍。以前的公案小说如《三侠五义》中的侠义精神在金庸这里得到了改造，如《射雕英雄传》《神雕侠侣》里面的"侠之大者，为国为民"的侠义精神是有所变化的。金庸之后到古龙、温瑞安这里又有一个现代化的转变。网络小说对金庸所坚持和体现的传统价值观既有传承也有改变，就是它有一条传承的线，这条线通常也有一定的改变。

这个就是我们网络小说的价值观的传承，它是有条线的。我们可以用一句老话来说：它既是传统的，又是现当代的；它既是民族的，又是国际的。因为我们很多网络小说的读者也好，作者也好，都是留过学的，所以我们这一代人无论是作者还是读者都是开眼看世界的，包括我们在座的各位朋友基本上都是这样。

还有一点就是网络小说的价值观基本上是与大众共鸣的，网络小说的价值观不会离我们的读者很远，它通常是非常接地气的，这个是我们网络小说价值观在传承上的一个特点。

接下来我要讲的第二个方面是网络小说创作方法上的传承，它也有三个特点。第一个特点是网络小说诞生以后，暂时没有那种纯粹的先锋主义、先锋实验等欧美的一套文学理论指导的作品。觉得先锋实验文学那套东西很好，直接就移植过来，但是这个东西不一定有大众的基础。这种脱离群众的完全实验性的小说有可能有，但是我暂时没有见到产生比较大的影响的这种网络小说。我们的网络小说不是建立在这种跳跃性的直接就有一个先锋实验的创作方法上，这是我讲的第二点：网络小说的创作方法的传承，是一个集大成的传承。

到为止，网络小说在创作方法上是一种集大成的模式，这种特点现在已经很明显了，只不过有一些网络小说的研究者或者是网络小说的阅读者会有一些偏重，有时候看不到一些东西。比如说男作者可能不喜欢女频的小说，或者女作者不一定看男频的小说，还有一些比较喜欢大众类型的，可能对一些小众类型的小说不是很关注，所以都没有注意到。但是现在自古以来的创作方法在网络小说里几乎都有了，当然要扣除掉那些我们觉得对我们的书写不利的，当然不是说我们不会，是不用。像这种创作方法，它的几大程序有很多特点是非常明显的，比如说我们从里面可以找到唐朝变文的特征，就是和尚讲经时的变文的一些特征。我在看网络小说的时候，看到里面有这样的影子。此外，有一部分小说说书的特征也非常明显，说书人的那种创作方法被传承下来了。明清章回体小说的那种传承就更明显了。网络小说到现在为止，其实在框架上是有一种明显的章回体小说的创作方法。另外还有直接或者间接地对西方小说的传承，尤其是西方的类型小说，比如说对侦探小说、悬疑小说的传承很明显。有一些小说做得非常好，像《默读》这样的，你一看就知道，除了西方现实主义文学的文本之外，它还有对西方推理悬疑的借鉴。此外对于西方现代小说，我们有些也继承了下来。

第三点是它的这种传承是有脉络的传承,这个就呼应到了刚才讲的第一点,它不是那种跳跃性的、实验性的传承。我们很难在网络小说里看到这样一种现象,就是突然之间就出现了一种以前听都没听过的写作方法,这样会让大家觉得很突兀。通常来讲它是渐变式的。有一段时间大家突然钉住了某种写法,比如说一些言情小说或者古代的小说会故意去模仿《红楼梦》的腔调,而最典型的就是《琅琊榜》或者《甄嬛传》里面的那些人物说话的腔调,我们会很明显地看到它们对《红楼梦》的一些模仿。此外,我们可以看到一些悬疑推理小说对日本小说创作方法或者是美国的影视剧中那种讲故事的方式的借鉴,这些是对古今中外的创作方法一种带有变革的传承,而且这种变革每过几年都会有。并不是说我们恪守章回小说中那种现在看来很腐朽的东西,网络作者是把它们好的、能够吸引读者的那一部分方法给拿来用了。同时我们也不拒绝任何现代化的各种各样的写法。这种变革是一种有脉络的变革。

如果持续关注和阅读网络小说的话,大家就会发现一个问题,就是网络小说隔个几年,甚至几乎每一年都会有好几个流派,比如说盗墓流、洪荒流等各种各样的流派。当然,这些流派跟我们以前的文学的流派不大一样,因为它已经形成了模式:或者是聚焦某种平台,或者是聚焦某种写法。比如说我们最近所说的打脸流、赘婿流,我们不管它好不好,作者都会把它形成某种题材或者是写法上的集聚与传承。这个东西跟现当代小说作者的流派不太一样,每次这样的一小步变革踏出来之后,都要看一下对读者的影响是怎么样的,读者反响是怎么样的,通常来讲,它必须是反响好的,才能够慢慢地影响开来,就是影响到别人也这样来写。比如说很明显的修真派的小说,从消遣慢慢把修真的练气、注气、金丹、缘因等道教的那套系统引入之后,大家逐渐就达成了共识。虽然是一个想象的东西,但它慢慢达成了共识。每一个作者对它的定义不一定完全一样,但是基本上这几个步骤是一定会有的,它慢慢就形成了这样一套有脉络的传承,在写法上也有传承,在传承中又产生变化。

我们网络小说的更新换代是非常快的,比如说像当年的流潋紫,她第一个用《红楼梦》的那种腔调来写我们现代的穿越言情小说,把几种元素糅起来,读者会觉得非常新鲜,当时造成了很大的反响,但是慢慢地大家看得多了,对这个东西就不再感兴趣。赢取兴趣的力量薄弱之后,作者就不得不去对自己的作品进行变更。所以到现在为止,古今中外各种能够传承的技法,无论是日本的动漫、美国的影视剧、好莱坞的电影、韩国的影视剧,还是我们以前的变文、说书、章回体小说甚至相声的所有技法,能用到的我们基本上都用了,然后在用的时候把这些东西融合起来,之后再进行变通。用流浪的军刀的说法就是这两年能用的基本上用得差不多了,所以这两年推陈出新的流派的出现会变得缓慢一点了。

## 大神的肖像

以前最早的时候,能看网络小说的通常来讲经济条件在全国都是比较好的人,因为要看网络小说至少要有网络、有电脑。20世纪90年代末,有电脑的人有多少?去网吧还看网络小说的那批人也不多,所以那个时候的阶层相对来讲知识水平、收入水平或者是受教育水平有可能是比现在的平均水平要高的。现在市场下沉到二三线城市、三四线城市、十八线城市,下沉之后它的创作方法也变了。最近的创作方法,如果光是从文学性来讲,它不一定是好事。如果有同学经常看抖音的话,最近会看到龙王赘婿,就是有一个本身很牛的人做了赘婿,女方并不知道他是个很牛的人,但是他最后就会翻盘打脸的那种写作流。这种其实有点庸俗了,但作为一个网络文学的现象,我们还是要去关注它。这个是读者下沉之后,一部分作者去顺应这一部分下沉读者而进行的创作方法上的改变,这是我们要注意的。我们看看以后能不能在这一块做出一些改变,因为完全这样是特别庸俗的,但是它又能够产生大的影响,说明它是有吸引力的。我们能不能把它变得不是很庸俗,但是又能够造成类似的影响,这是包括我在内的很多网络作者都在想的事情。这个是我们在网络小说创作方法上的传承。

再回顾一下刚才的三点:第一点是网络小说的创作方法不是跳跃性的、先锋实验的、完全脱离群众的一种创作方法;第二点是网络小说的传承是一种集大成的传承;第三点是网络小说在传承中会进行有脉络的变革。你去看这些传承,看这些变革,会发现网络小说的每一次变革,都可以非常明显地分析出它的写作方法是从哪里继承过来的,可以看到它的一个个变化和传承。它从哪里传承来的,产生了哪些变化,我们是可以看到它的步骤性的变革的,这是网络小说在创作方法上的传承。

第三个方面我要讲的是网络小说的创作心态的传承。网络小说创作心态上的传承,更多的是传承了我们的传统方面。首先是传承了谦下的写作态度,谦就是谦虚的谦,下就是上下的下。我就随便打个比方,我们现在都说网络小说这十几年卖得最火的、赚的钱最多的是唐家三少,他在网文圈算是大咖中的大咖了,但是在小说的后续或者章推里面,他有自称的时候或者他要跟读者交流的时候,他永远都自称为小唐,把自己放在一个很低的位置上。

好,大家听起来这个好像没什么,但是我们来做一个比较。现代文学不是这样的,那些官员写文章的态度不是这样的,甚至延续到当代文学(我讲纯文学),他们的写作态度也不是这样的。他们写作的基本态度是什么?是启蒙,启蒙主义,文化启蒙。启蒙意味着什么呢?启蒙意味着我是比你高的,如果我是比你低的,怎么启你的蒙?什么叫启蒙?你是蒙昧的,我来启发你,这个叫启蒙。这是创作态度的不同。

这是两种创作态度,第二种是说我是你的老师,我能够当你的老师,我来告诉你一些东西,我说的又是对的,你要按照我说的来,这个就叫启蒙。网络小说不存在启蒙这种东西,如果任何一个人以启蒙的心态来写网络小说的话,他就只能碰壁。所以我刚才讲谦下的时候,大家可能觉得一直以来我们整个民族、整个文化、整个教育都会讲谦虚,觉得这是一个很正常的事情。但是如果我们把现代文学的特点拉进来,就会发现不对。现代文学、当代文学的主流,我们不是说他们没有谦虚的态度,这不是说作家的人品怎么样(就算是作家在面对面交流的时候仍显得很谦虚),而是他的作品不是谦虚的,永远带有一种启蒙的心态、揭发的心态、批判的心态。批判可能是批判社会、批判政府、批判人性,通常不是批判自己,是批判别人的哲学。他就是要带着一种启蒙的心态,认为老百姓的智力是低下的,人民群众是蒙昧的,或者说受到某些蒙骗的,这个时候他要把真相给揭发出来,这就是批判,然后要启迪人民的智慧,这就叫启蒙。他不一定在书里这么说,但是他的小说的姿态就是这样的。

  但是我们看到现在的网络小说没有这种姿态,网络小说的姿态是怎么样的? 这是我要讲的创作心态的第二点,它是平等式的创作心态。写小说就是讲故事,讲故事就是作者跟读者讲故事。这其实是用小说的形式进行对话,网络作者与读者对话的姿态是平等的,就是我跟你都是一样的人,甚至是低的。低的也不是说低下,就是我站在一个比较低的位置上对你说话,所以这传承的是我们中国古代的对话姿态。比如你会看到中国古代书中作者跟读者说话,有时候会讲"各位看官","各位看官"这种说法就是他在跟读者对话的时候是一种比较低的、谦下的或者说是平等的态度。不要小看这一点,这一点是很重要的。作者是承认读者是站在跟自己一样的位置上的,作者是认为读者不需要自己去启蒙的,读者是不比自己差的。这是为什么呢? 因为我们新中国成立后到现在,首先就进行扫盲了,其次我们的文化、我们的基础教育基本普及了,还有很重要的网络时代到来之后,我们对知识的获取廉价了,或者说我们对知识的获取平等了。过去可能有很多的知识需要像周志雄老师这样的大学教授才能获得,现在我们打开网络一搜,基本上你要什么资料都能找得到。所以我们的知识不再垄断了,我们不再存在像民国时期那样几乎是垄断了知识权利的一个阶层。同时我们所有的读者,只要是读过9年义务教育,懂得上网,基本上就能够搜索到自己所需要的大部分的知识。所以知识普及和教育这一块在学校那里已经完成了,不需要我们文学包括小说这一块再来启蒙。

  所以我们网络作者其实刚好是顺应了这个时代,我们进行平等对话的心态,就是我们的创作心态,我们在写作的时候是平等对话,那么有没有不平等对话呢? 有,并不是说我们网络小说作者是故意这样的。在一开始进行网络写作的时候,是有各种各样的创作心态的,也有人是进行启蒙的,只是说历史的选择,整个潮流的选择,或者说读者的选择,把这帮人给塞没了。那

## 大神的肖像

些还带着启蒙心态写作的人，他们的文章没人看了，而现在越来越多人看，而且产生更大影响力的是什么人？是带着这种谦下的写作心态或者是平等的写作心态的一群人，他们的创作心态是平等的，才能够得到读者，而且能走到现在。

创作心态传承的第三点是永远面向大众和面向读者的创作心态。文学是要分成几个类型的，它有风、雅、颂。文学最高端的是殿堂文学，它是对国家说话或者是代替国家说话，或者是对神说话，或者是对祖宗说话。祖宗和神在文化意义上其实可以说是一样的，就是对祖宗说话或者是对神仙说话的文学是一个忌讳。"风、雅、颂"里面的"颂"是对先王说话，或者是代替先王说话。这个"颂"的地位是最高的，就相当于你写的文章是替皇上拟稿子，你作为一个大学士，写的稿子是"颂"的领域。此外，还有一种是什么？是极少数的精英阶层的内部的那种文化，内部的语系的交流。在教育普及之前，这种对精英说话的一派文学是主流，而且成就也是最高的。这个没办法，哪怕延续到现在，从文学成就来讲，"风、雅、颂"偏"雅"的这一派，它的文学成就还是非常高的。

那么接下来就是我们所说的通俗文学，我们这里都是学文学的，我们都知道通俗文学在文学史的地位是最低的，除了已经被推上殿堂的《诗三百》的"风"之外。当然，近500年，我们的四大名著的地位已经上去了。《三国演义》《水浒传》《西游记》，这三部通俗文学是比较复杂的，跟我们网络小说是有直接的继承关系的，而我们的创作心态也是一样的。同时这三部小说有一个特点跟我刚才讲的创作心态的第三点是一致的，就是它们是面向大众、面向读者的，不是写给一小部分人看的，不是写给特定的比如说大学教授看的。当然，因为市场的细分决定它有可能适合某一类的人群，但是它不是以社会地位为划分点，也不是以知识的高效为划分点，因为每个人感兴趣的地方不同，所以基本上我们写作的时候，我们的口吻、我们的心态是面向大众的，所有能够产生影响力的网络小说基本上都是这样的。如果不是这样的网络小说的话，说实在的，作者会写不下去，在网络上写不下去，此外它看起来就不像网络小说，所以网络小说基本上就是这样，它是永远面向大众的。如果不这样的话，网络小说的作者就很难存活下去，更不要说发展下去成为大神。这三点基本就是我对网络小说的创作心态的传承的解读。

回顾一下我刚才讲的网络小说的价值观的传承、网络小说的创作方法的传承、网络小说创作心态的传承，这三点基本上就构成了网络小说对我们的中华文化，甚至是对整个世界文化的传承。可以说我们网络小说的传承性还是蛮厚重的，它有很多现在的研究者还没有完全深入、没有完全覆盖到的东西，因为它的体量非常大。像周老师您一年也看不了几亿个文字，像我的话一年应该要看上亿的，因为我自己喜欢，但是就算是这样，我也漏掉了很多东西，每一年新增的网络小说，我也不可能全部都读，我喜欢的那几个领域我一定都会读，但是其他的我就按照必须性去读。我们在进行一个总结之后，就发现我们网络小说的文化的传承还是做得非常好的。下面看看有时间再跟大家交流一下，谢谢。

**二、"钱当然重要"**

周志雄：阿菩老师讲得非常好！今天这个时间非常有限。我们今天来参加活动的这些同学都读了您的作品，他们准备了好多问题。我们请汪晶晶同学来主持下面的提问。

汪晶晶：阿菩老师您好，您是文学专业出身的，当初为什么不去尝试写一写纯文学作品，而是走上了网络小说的创作道路呢？

阿菩：我从来没想过要写小说，或者说是写纯文学的小说，通俗的我也没有想写，当时是一个误入。其实我当时是想做研究，刚好我的导师傅教授说最近（17年前）网络小说方兴未艾，以后是个趋势。傅教授真的很有眼光啊，17年前他就觉得网络小说将来会很火爆。当时网络小说在中国大陆并没有现在这么大的影响力，而我去关注了，之后自己就写了。在当时来讲，我是有点像今天我们在论坛上灌水一样，我一开始的写作心态就是这样，没有一种很高大上的东西。其实我在跟很多网络作者沟通的时候，发现大家都有类似的经验。就是我们一开始写的时候，有些小伙伴当时看了黄易的《大唐双龙传》，但是那边更新特别慢，受不了就自己写；还有一些小伙伴是看了一些外国的小说，然后突然就觉得要自己写。我也是类似的，我是因为看了当时的一些网文，看了之后就自己懂一些，其实是很偶然的一个事情，只不过写着写着发现很喜欢，这么多年就坚持下来了。

汪晶晶：好的，您刚刚说到网络小说的创作方法的传承，就是对传统小说、西方小说写法的传承，可以结合您的作品具体谈一谈吗？

阿菩：早期对我影响最大的人是金庸，因为我们那个年代看得最多的就是金庸的小说，跟现在的小孩子看得最多的是网络小说是一个道理，所以我受他的影响最直接。还有古龙的小说，它本身就受西方的侦探小说、悬疑小说的影响，所以我也受了这方面的间接的影响，这个里面会有一些推理的东西。此外就是人物塑造方面，可能受到《史记》的一些影响，我特别喜欢看司马迁的《史记》。还有受到日本动漫的很多影响，比如人物的一些对话等。此外还有结构的影响，我受《水浒传》的影响比较多。我会梳理自己的脉络，有的作者会写但不一定会说，他理不清楚，但是我们还是可以从他的某本小说里看到一些传承或其他的东西。但是像这种说起来就比较枯燥，如果有时间交流的话，最好是面对面拿出一本小说来，翻几页，看到哪里再说这是受哪里的影响，这就可以更清楚地看出来。

大神的肖像

杨春燕：阿菩老师您好，您刚才提到您一年要看上亿的文字，我想问一下您主要看了哪些网络作家的作品？您认为现在写得比较好的网络小说有哪些？您可以给我们推荐一下吗？

阿菩：每年好的都不一样，从早期、中期到近期，每一个时间段都不一样。有一些作者是"二进宫"，第二次火起来，因为作者的创作也是有生命期的，他有可能前一段时间写得很好，后来作品就变得固化了。关于近期的作品，你们女生的话我会推荐《默读》，男性的话，愤怒的香蕉写的《赘婿》还挺好的。此外像乌贼的小说，也都还不错。

汪晶晶：老师您好，我看了您的《山海经密码》，特别喜欢这部作品。我看网上一些网友给了很高的评价，认为这部作品是以艺术的形式再现中华民族的文化源头和夏商先民的文化内涵，有为中华文化历史正本清源的意义。但也有一些负面评价，有些网友认为这部小说是"挂羊头卖狗肉"，披着《山海经》的外衣，讲的故事和《山海经》关系不大，您是如何看待这两种评价的？

阿菩：我觉得第二个评价比较准确，第一个评价太高了。它其实就是一部讲述几个少年的故事的小说，只不过我这个人的考据癖会重一点，写的时候会让他们的背景跟《山海经》或者是屈原的《天问》比较吻合，会对那个神话世界进行一个比较认真的考据。像刚才讲的对中华文化的正本清源，我觉得没有必要上升到那么高的高度。它就是一个故事，刚好当时卖得还不错，至少我个人没有想过要去取得那么高的成就。我觉得现在大家去看这本小说不一定还会喜欢，因为那个时代过去了，我也不奢求能怎么样，对我个人来说最重要的就是写出来的东西还有人愿意读，我就很高兴了。像文学意义这个东西，我个人其实不大放在心上，因为我觉得这个东西没什么意义，最重要的是有人读。

汪晶晶：关于《山海经密码》的结局，网上有人说是烂尾，也有人说是升华，褒贬不一。我想听您来为我们解读一下《山海经密码》的结局，可以吗？

阿菩：还好，我觉得不算烂尾。因为我这个人不喜欢故事的结局是悲剧，但是在当时那个故事推演到那里又不得不以悲剧收场，怎么办？只能够用那种时空的方法，使得最后结局有点玄。如果以现在的网络小说的阅读习惯去看，可能会不大习惯那种表述的方法，但是当时来讲还可以，我自己也觉得还行。我倒是觉得《山海经密码》是我作品里面完成度最高的一部小说了，放在现在来看，网络读者可能会觉得太短了。因为就几十万字的小说，要把那么复杂的事情讲清楚。现在大家习惯了几百万字的小说，所以会觉得有些仓促了，会有一部分读者认为是烂尾，我也觉得这种评价是正常的。现在的小说不能够像以前那样很快地把一个事情讲清楚，而是要铺开来讲，把它讲明白了，讲仔细了。

汪晶晶：关于您的《山海经密码》，它里面设置有四大宗派，我觉得很有意思，体现了您一定的哲学思考，您能简单谈一谈吗？

阿菩：我除了去外面卖书的时候会讲我的小说之外，其实不大会去讲我的小说，因为小说写出来就是让人看的，小说出来之后跟我已经没什么关系了，除非我去修改它。大家可以骂它，可以喜欢它，都没问题。关于哲学思考，这其实应该是一个设定，我个人对这个设定还是挺满意的。哲学思考算不上，因为现在男性向的比较优秀的网络小说，基本上它的体系设定都是非常庞大复杂的，有时候会借用各家各派的一些设定，比如说道教的一些设定、佛教的一些设定。有一些是自己的设定，设定完之后还能够让人家承认就已经很厉害了。至于说到哲学，其实都有的，能够进行一个大体系的设定，而且能够得到别人的承认的作者，通常都是博览群书的，所以他们都会有自己的哲学思考。我当年能够想出这样一个东西，我觉得还是挺好的。我下一本书可能还会延续这个设定，因为我觉得没必要改。谢谢。

张心如：相对于网络文学的传播方式、传播途径，用一个通俗的词就是阅读量或者说是流量来说，现当代文学是低很多的，那么它们有没有一种类似于谋求生路的途径，而不是说逐渐消减在大众生活里，一直以一种小众的形式存在？

阿菩：它其实是这样的，我刚才讲网络小说是一个集大成者，我不是说现代文学、当代文学没有集大成，或者说没有传承，它们也是有传承的。传统文学不是没有传承，它是站在相对较高的位置上，网络文学是站在相对较低的位置上，人对传承的吸收是从上面往下面去吸收的。所以现代以来的文学，它吸收时眼界比较高，眼界比较高的时候，它往上面望，会把在它之下的一些东西给漏掉。比如说现代文学，它会把说书人说书的传统、变文的传统，甚至是章回体小说的一些传统丢掉。

此外像推理小说这样一些东西，我不知道现在的文学系怎么样，我读本科的时候的文学系对推理小说也是不放在眼里的，绝对不是文学，所以会把这种东西过滤掉，过滤掉之后，其实就在创作方法上形成某些缺失。那么网络文学是在这个较低的位置，这个位置全吃，它没有端着。传统文学对一些东西看不上，不是不知道，看不上之后肯定就不吸收了。网络小说它不端着，只要是好东西，我就能拿来用，所以它们在这一方面有区别。

至于说现在的纯文学或者是传统文学，它们发表的渠道这个问题太复杂了；说到现在它们的式微，就是说它们失去读者，这也是一个非常复杂的问题。能不能解决呢？首先分成两部分，其实现在还是有一部分的传统文学解决了这个事情，销量还是不错的，比如说葛亮的《北鸢》卖得比我的好多了。有一些纯文学有特定的销量，余华的书一直是卖得非常好的，销量有

# 大神的肖像

可能比大部分的类型小说、网络小说都要大。这是一个方面。此外,其实纯文学也在自救,它的自救是什么呢?至少它画一个圈子,把原本不是我这个圈子的人吸收过来,所以它扩大这个圈子之后,就相当于我承认你,那么你的读者就变成我的读者了,它是有这样一个套路的。所以可能过几年之后,我们就不怎么讲传统文学和网络文学了,我们就讲文学。就是说如果有一天它把网络文学这一块吸纳进来,那么它这块自然而然就通了。

至于说小说卖得不好的问题,这又分为两个了。第一是老作者,比如说像余华、贾平凹这些大神,近一点的像麦家,其实应该算是类型文学的作者,现在被拉到那个圈子里去。麦家的书卖得很好,他的书没有这个问题。这个是以前的,那么有没有新的写纯文学的作者,他的书真的卖不出去了呢?那卖不出去就卖不出去了呗,既然没人看,如果它真的没有价值,那么让它慢慢地消亡在历史的长河就可以了,它有价值的话,还是一定会冒头的。其实我们的心态是放得很宽的,我们并没有门户之见,说你这个东西是纯文学,我们就排斥你。只要那个东西写得好,我们就喜欢。我们的心态是这样,只要那个东西写得好,我们就愿意去读。甚至有一部分网络作者以前是有纯文学的那种情结的,比如说孑与2,写《唐砖》的孑与2一直是往纯文学这边靠的,像月关写了大火的《回到明朝当王爷》,第二本你们都不知道叫《一路彩虹》,那就是纯文学的,被毒打了一顿之后,就是被网络读者抛弃之后,他就老老实实继续写他的历史穿越。大概就是这样一个情况。所以我们的心态是放得很宽的,而且文学还是会继续走下去,该发展成什么样子就发展成什么样子,我们不需要去强求它。有价值的东西,它自然而然就能够传播。言之无文,行而不远嘛,这是孔子说的。有价值的东西就能够传播出去,并且能够流传下来。这个是我们一直坚信的事情。

张心如:谢谢老师,我刚才觉得您的回答真的很精彩。您前面提到您的写作态度,写出了一部作品之后,读者的评价与您无关了,那么您是从一开始就有这种态度,还是说有了一些比较坎坷的经历,或者说一些不太一样的经历之后,才慢慢磨炼出来这种心态的呢?

阿菩:这个是磨出来的。因为到了我这个"写龄"的作者基本上在网上都收了一车又一车的砖头,我收的砖头在老家可以盖几栋房子了。大家砸砖头,该砸就砸呗,被骂是应该的,我一开始是紧张的。刚开始写作的时候,被人评价两句肯定会去想,人家夸两句我就很高兴,人家骂两句我就很生气。生活中我们被别人说两句不好听的话都会生气嘛,何况是你自己辛辛苦苦写的东西。一开始会这样,但后来慢慢就坦然了,这是有一个过程的,只要你不是当面指着我鼻子骂,给我留点面子就行了。此外,作品出来之后它跟作者就不一定有关系这种观念,是我一直以来的观点,不是说我针对自己的作品是这样,针对别人的作品我也是这么想的。比如说我一直拒绝去看金庸的新修版的作品,因为我觉得三联版已经可以了,三联版有很多瑕疵,但我觉得新修版更差,所以我不觉得在金庸的作品上,金庸就是权威。一个作品跟它的作者是有联系的,但不是一个绝对的关系,它几个版本里面作者认为最好的版本也不一定是最好的,最后慢慢经过大众或者是历史的选择出来的那个版本才是最好的。这个是我一直以来的观点,就是真正优秀的作品,它成型出来之后,其实是有自己相对独立的生命力的,不是作者完全主宰的。我觉得能够当得起这句话的作者,他们都应该很高兴,因为他们能够写出有生命的作品。大概就这样,谢谢。

张心如:谢谢,还有一个问题。我很肤浅地了解下,网络文学是可以带来很大的经济利益的,那么您会怎么去平衡经济与初心之间的关系?当面对一些经济诱惑的时候,会不会因为那些外在的因素来改变自己写作的初心呢?

阿菩:会。钱当然重要。我们一开始写作的时候可能有各种各样的动机,写到中前期,赚钱不是我们唯一的追求,但是它是一个非常重要的追求,它在现阶段是一个必要的追求。我们这么累,我们这个年龄还有老婆孩子,上有老,下有小,每天花这么大的精力,我们是要有一个经济利益的追求的,除非他很有钱,他实现了财务自由,否则把自己说得那么高尚的话,大家都会怀疑的。经济需求对大部分作者来讲,是必要的。此外,它也是非常重要的,不管我有多少钱,如果写网络小说不能够带来经济利益,或者其他利益,那我写它干什么?所以经济利益是非常重要的。你刚才讲到一个词叫平衡,我写这个东西,其实对于文学、文化我不愿意去想得那么高尚,但是我希望能够构建出好的故事,写出好的故事,这是我很喜欢的一个事情。那我很喜欢的事情跟赚钱之间有一个平衡,这个平衡对于每个人来说是不同的。对我来讲,第一个它要能保障我的生活,第二个它最好能让我的生活过得好一点,但是我差不多到这里就可以了,能不能发财,随缘吧。在这个基础上,我希望把自己的作品写得好一点。

除了赚钱之外,咱们说句实在话,唐诗是怎么兴旺起来的?因为唐朝的时候,科举考试还不是非常完善,所以学子要通过那些达官贵人的引荐,而诗是其中的一块敲门砖。此外写诗是一种社会交流,对一个人的仕途是很有帮助的,所以它会引起一种风潮。到了中唐,因为用诗歌去做敲门砖的人多了,所以那些达官贵人看着看着就不想看了,就像你们今天还想看盗墓小说吗?我看了那么多盗墓小说后,轮到《盗墓笔记》就不想看了,因为看得太多了。所以这个时候有人改了一个东西,就是写唐传奇,就是唐朝的传奇,就是古代的小说。达官贵人看这个东西好啊,就开始接受他们了,所以中唐以后唐传奇就兴盛起来,这是一个外在的原因。同样,像我们现代文学,鲁迅的书里直接就说,我为什么要写这个东西?我为什么要把它印出来?因为能卖钱。鲁迅就说因为能卖钱，所以比较诚实的作家会承认这一点。

20世纪八九十年代的作家利益牵扯更多，那个时候跟现在不一样，那个时候出路不多，但是一个人如果能够写出一部好的作品，能够登上好的刊物，他有可能就改变命运了。那个时候有很多的文学青年，难道真的是完全爱好文学吗？当然文学也是要的，他们也是真的爱好文学，但是同时里面也是有一些现实利益的东西，所以现实利益这一块一直以来是在文学写作的动机里面的。我相信它是古往今来大多数作家不能回避的一个创作动机。大概就这样，基本上我们网络作者也不讳言这一块，不会说写这个是为了文学，网络作者都不这么讲，我们会比较诚实地去面对这个东西。

但你要说我们网络作者完全是为了钱嘛，那也不见得。特别是早期的网络作者，我们当年是没钱的，2003年的时候，第一个网络作者VIP订阅第一个月拿了1000块钱，全网欢呼，我们拿到1000块钱就高兴得不得了。而在2003年以前，从1997年到2003年，大概七年的时间，是没有一个作家通过网络的订阅拿到过1000块钱以上的稿费的。那么我们这段时间为什么还在写呢？因为我们喜欢这个东西啊。所以我们网络作者不讳言自己是要赚钱的，但是实际上在我们能赚钱之前，我们就已经在写了。这个东西一方面能赚钱，我们当然很高兴；另一方面，其实我们是真的很喜欢写，写完之后大家发现很喜欢这种感觉，所以我们写。大概就这样，谢谢。

张心如：还有一个问题，像我们在某些传统的文学作品中读到的，过去那些作家，他们的生活大部分是比较辛苦的，每天都会固定坐在桌子上写很久。那么您了解到的包括您在内的现代作家、网络作家的朋友，他们是如何生活的呢？

阿菩：我们大部分的网络作者是没有工资的。我所知的一些作者，有时候一年写不了20万字，有时候一年写不了10万字，有时候三年写不了20万字，什么概念呢？也就是说，平均下来一个月写不到1万字，然后一年形不成一本书稿，出不出得了书是另外一回事。我觉得这不是什么精雕细刻的问题，像福楼拜、村上春树他们的写作量都很大，但是你说一年写不到10万字，一个月写不到1万字，每天还写不到300个字，就算是用毛笔写你也写得出来。

所以其实网络小说的作者是更辛苦的。我们是每天伏案，前段时间我的颈椎病犯了。我们以前叫伏案，现在是对着电脑敲键盘，这个时间非常长。写了之后，有一些作者手快，会写很多，有一些作者像香蕉或者我的话，写完之后稿子会存在电脑里不发出来，因为要看看效果好不好。对自己作品要求比较高的作者是这样子的。我们每天对着电脑的时间基本上都非常长，所以网络作者的辛苦程度是要比上一个时代的作者高得多的。

杨春燕：老师您好，我想问一个关于《大清首富》的问题，有网友就评论说"《大清首富》主角塑造得不是很好，他说纨绔其实不纨绔，说潇洒其实不潇洒，说穿越其实又不像穿越，说土著又加了设定，就有点四不像"。这个主角在小说前面都没有说他是穿越者，但是我看的过程中就一直觉得他像是个穿越者，您在小说结尾通过他和和珅的对话，又暗示了他是一个穿越者，我想问一下为什么要这样安排？还有您对刚才这个评论有什么看法？

阿菩：我觉得这个评论挺对的。我们有一部分2017年到2018年的网络作者，因为写的小说受到了一些限制，就是说你的小说的出路是什么？有一部分小说是奔着影视去的，所以要按照影视的需求来写，有一些东西就不好表现得太明显。或者就这么说吧，像酒徒和月关，其实他们的穿越是写得非常好的。

实际上我们历史穿越的小说，对历史的考据要远远超过以前的历史演义小说。历史演义小说有很多是胡说八道的，历史穿越小说虽然讲的故事是假的，但考证的那些历史细节要丰富、翔实得多。这个规定扭曲了很多人的作品和写作的方式，所以会导致一些作品上的问题。这些问题有一些是外在的原因。其实内在的原因有一些是阶段性的，什么叫阶段性？我从这一块转到那一块的过程当中出现了一些不自然的问题，所以读者就会觉得别扭。为什么说我们要去面对读者？因为实际上我们的很多问题，读者是可以发现的。哪怕他说不出来，但他读着别扭，出现这样的情况就说明你的作品出现问题了，你要继续调整，你要把它写得更好。非常感谢那位读者。

赵艳：老师您好，我非常喜欢您的作品《唐骑》，这是一部很有力量的小说，它也带给我很多精神力量。我发现这部小说对女性形象的刻画比较少，但是从您对郭汾、杨青等女子的刻画中可以看出，您是比较欣赏这种英姿飒爽的女性的。我有个设想，是不是可以设置几位女将？然后想问一下您对这种大唐女子的看法。

阿菩：非常感谢。实际上，《唐骑》这部作品因为特别长，所以很多细节我都忘了。《唐骑》共380万字，我从没写过这么长的小说，中间有很多的情节，其实我现在不去翻的话，真的记不住。我很诧异您是一位女读者，居然会喜欢《唐骑》。当时写《唐骑》的时候我是带着一点情绪的，那本小说是有点发泄意味的。我写的时候是要发泄那种闷气，要把这个东西喷出来。所以我当时确实很爽，好像有一部分读者也挺喜欢的，实际上纯网络读者会比较喜欢我的《唐骑》，谢谢。

至于你说的问题，第一个，其实我对女性的刻画会比较差，这一块我写得可能不是非常好。第二个，我个人相对来讲是比较"合理党"的。什么叫"合理党"？就是有些我觉得不合理的东

大神的肖像

西我写不下手,大唐女将可以英姿飒爽,像郭汾那样其实已经有一点了,但你不能让她上阵,叫她上阵的话,女性的外貌就没法看了。为什么呢?因为古代的战将一旦要上阵,首先是膀大腰圆,就是说女性的肩膀、手臂要比我这个还要大。此外还要有个大肚子,古代的武将一定要有个大肚子,叫作"将军肚",没有将军肚的话他的力量不够,所以他的腿最好粗短一点。我觉得还是好看的女性会好一点,男女分工,像打仗这种事情让男人去做好了,女性可以处理一些后勤上的问题,当然,政治上的问题她也可以做辅助。但是想想那种上阵挥磨刀的女性,除非我是要完全抛弃"合理党"的需求,否则的话没办法写。正常的像你们班的女性,我相信没有一个是舞得起磨刀的。人的力量不是说训练就行,训练完之后体型会变,正常身材的女性都是挥不起磨刀的。最后会变成一个武侠小说,就是金庸、古龙的那种武侠小说,女性像王重阳的老婆、黄蓉她们就可以打得赢男人,正常情况下,这是不现实的。

赵艳:好的,谢谢阿菩老师。我感觉您的小说逻辑结构都是比较严谨的,当然这也是我们女读者的一个幻想。还有一个问题就是有知乎网友评论说:"《唐骑》将大量的笔墨运用在了知识介绍、夹带私货和军事大略上,这些笔墨甚至有些着墨过多了,人物塑造和其他的方面则太浅了。"您怎么看待这种评论?

阿菩:有这方面的原因吧。《唐骑》里面涉及西北边疆,所以它里面会有介绍,我觉得情节推进还好。我倒是觉得里面有很多战争的描写,如有一些类似的战争重复了,但是读者反而认为这没什么问题。如果读者没有到那个地方,又不进行一些介绍的话,我觉得读者读起来可能会不大理解。至于说人物刻画得深刻不深刻,就仁者见仁,智者见智了。我觉得一本小说能够刻画出几个人,立得住就行了。说到笔墨的集中,当时写这本小说还是想把一股气发作出来,有些东西就没有。这本小说比较粗糙,没那么精细,所以他说的问题可能有,但我不计较,我当时就是想把一口气发作出来。

**三、"我没有那么崇高,没有那么复杂"**

许潇菲:我在阅读您的小说时发现,您的小说经常架构在一些真实的历史背景以及历史人物身上,比如说《十三行》的主角吴承鉴,其实他的原型就是真正的大清首富伍秉鉴。他们两个人的经历也非常相似,所以这部小说整体上是一种现实主义写作风格。但是除此之外,您其实还在里面加入了一种带有个人色彩的文学性改造,比如吴承鉴的身世之谜,他在处理危机时的那种勇气和智慧,包括他最后拒绝鸦片贸易时的那种果断,等等,显示出一种跌宕起伏的故事性和戏剧性。所以我想问一下您是怎样处理这种历史史实和文学写作之间的关系,最后达到一种兼具现实主义与理想色彩的精彩效果的?

阿菩：我觉得罗贯中的"七分实三分虚"已经算是历史演绎小说里面一个非常好的比例了。我们的历史穿越小说是对半分，就是一半真一半假，人物、故事都是虚构的，历史环境尽量考证真实，这是我们基本上要做到的一点。所以我当初写这部小说的时候，一开始考虑要不要按照伍秉鉴的生平来写，但是后来想着这样就写成人物传记了，我觉得我没有必要去为伍秉鉴这个人立传。因为说实在的，我不是非常喜欢他这个人，所以我还是按照他的外在特征而不是内在精神为原型，塑造了另外一个我认为是属于广东人性格的人物，让他在里面活动。我并不是完全地再现一个清朝的十三行商人，在这个人身上会有一些对现代中国有影响力的商人的影子，或者说我们对中国首富的期许的精神特征存在。这大概就是吴承鉴这样一个人物形象的来源。

许潇菲：吴承鉴可以说是一种带有穿越元素的主角。除此之外，您的小说里还有《唐骑》中的张迈，《陆海巨宦》里的李尤溪，他们其实都是带有穿越性质的主角，但是在您具体的写作过程中，这种穿越元素其实不是那么明显。因为他们与时代的隔离感似乎被您降到了最低，非常完美地融入您所撰述的历史背景中。但是他们那种先进的思维方式以及果敢的行为模式，其实带有比较浓厚的现代色彩。现在穿越文其实很多，但是大多数都是套路化的，内容也比较浅显，那您这种写法是不是您对穿越小说的一种尝试性突破？

阿菩：穿越有两种写法，一种就是这种把穿越带来的作用减少，或者把我们叫作金手指的这种东西降低，但这其实会带来一种不爽感。如果我把这种东西提高的话，我的订阅量是可以翻好几倍的，但我还是不喜欢这么做，这是我个人的原因。这不一定是哪里好哪里坏的问题。子与2他们就会在各种重要的情节里去显现一个穿越者的身份，显示这个人是一个现代人，这样的话，读者的阅读快感会高很多，但是这不是我喜欢的一种模式。如果我这样写的话，可能订阅量会高10倍，但这不是我喜欢的模式，这个也没有所谓的哪个好哪个坏的问题，只是个人的倾向不同。现在你在网络上要有订阅的话，还是要把穿越者的一些东西表现出来。我自己现在看一些穿越小说，看人家怎么造肥皂，怎么偷诗。偷诗就是把后面的诗歌拿到前面去卖，那种超时的东西，我已经不想看了，以前也有一段时间挺喜欢的。这种东西是必然的，按游戏来讲它就是一种金手指，它跟阅文的阅读环境是有关系的。所以我觉得我还算不上突破，以后看看能不能找到一条路。大概就这样，谢谢。

许潇菲：好的。请问您觉得今后的穿越文是否有走向精品化的可能？

阿菩：这个很难说。这是大家都在努力的一件事情。穿越文走向精品化不需要一堆人，最后可能一两个人就够了。如果一两个人最后能出来的话，那就成了。一个时代会有若干位或

大神的肖像

几十位,甚至是上百位优秀的作者,最后立于最巅峰的可能就那么一两个。所谓的经典化的书,大家能读到多少?一个时代能留下十几本就挺不错了,网文再过10年、20年,最后能够留下十几本登上巅峰就不错了。这几本里面有没有一本是历史穿越的呢?就到时候看吧,现在还没到盖棺论定的时候。至于说有没有这个可能,这个文学的东西,有时候是有很多的偶然性的。那个经典作家什么时候出来,他是怎么做的,在他出现之前我们是无法预估的,如果我能预估的话,那我就去做了。其实我在做了,但我并不能够肯定我现在走的这条路一定是对的,因为这要看最后出来的成品的效果,所以这是未来的事情。现在我觉得没有必要讲这些东西,我们先写着就行了。

许潇菲:好。其实我在读您的小说的过程中有一种感觉,就是小说里面包含着很浓厚的家国情怀。比如《十三行》里的吴承鉴在广州虎门与英军摆阵对战,还有《东海屠》中的大明海商。我在读的过程中油然生起一种民族的自豪感,在小说里这种民族自豪感可以说是一种比较强大的责任意识,还有使命担当。这种非常强大的信念,您是将它寄托在小人物或者是这种杜撰架空的人物身上,所以我想问这样的选择是不是融合了您个人的历史观?因为您刚刚说不是很想做人物传记,那您是不是努力想要凸显小人物在历史风云里的身影?

阿菩:其实不是凸显小人物。这是一个代入感的问题,不是小人物的问题了。韦小宝那种是把一个小人物放到一个大时代,那叫凸显小人物。网络穿越小说让"我"回到历史中,去改变那段历史,并弥补那段历史的遗憾,这是最大的穿越。"我"是每一个作者,也是每一个读者,读者读的时候是代入性地进入那个时代。所以早期的穿越通常是穿越在乱世,那个时代开始走下坡路了,比如说唐朝灭亡之后,我们要去唐朝实现复兴,或者宋朝走下坡路的时候,要通过变法让宋朝重新振兴起来。早期的穿越小说通常是这样。我们读历史的话,会有各种各样的遗憾,比如说当年要是那一仗我们打赢了多好,比如说清军入关的时候,李自成要打赢了多好,但是李自成治国又不行,他就算能够打败清军,又不能够把中华民族带到一个更高的高度,这个时候怎么办?"我"要是穿越到那个时代就好了,"我"可以做得比李自成好,就是会存在这样的心理。姚雪垠写《李自成》,用的是写实的写法,这是传统文学的一个东西;高阳写《胡雪岩》用的也是这种传统的写法,就把那个人物是怎么发财的、怎么堕落的写出来了。但网络小说不是这样的,网络小说是什么样子的呢?1840年我们被英国打败了,打败了之后,我们本来可以振兴中华的,发展洋务,传承国粹。如果在某个位置上,我们可以避免后来甲午战争、八国联军侵华的出现。从历史学来讲,历史是没有假设的,探讨历史的假设问题没有意义,但是文学不是这样。所以历史穿越小说就建立在一个假如历史可以重来的基础上的,假如历史可以重来,那个时候"我"刚好在那里,那么"我"怎么去改变那段历史。

所以早期的历史穿越小说都是这样的,包括我的一些小说都是延续着这样一个写作的套路的。但是之后的历史穿越小说有了一个很大的变化,因为之前的那种套路大家看得多了,有疲倦感了,于是他的主人公穿越过去,不一定是要去弥补历史的遗憾了。有时候他会穿越到古代的一些盛世时期,然后去实现他的人生价值,或者是去享福,去享受一些在现代生活中他享受不到的服务,顺带把这个时代带到一个更高峰,大概是这样。所以孑与2的《唐砖》,主人公就穿越到李世民那个时代。其实在早期,我们觉得李世民那个时代是不需要穿越的,因为唐朝那个时候就很强了,你去穿越了也不见得能够缔造出一个比它更辉煌的时代。所以我们这帮人的早期穿越小说都有这样一条线索,但是现在就不完全是这样。因为网络小说各方面发展到现在已经不一样了,小说有可能是要拍成电视剧,或者是奔着 IP 去的,现在的读者喜欢什么,作者要看着读者的口味办。作者会有一部分的妥协,妥协之后会形成他的作品的线网。

许潇菲:谢谢阿菩老师。我还有最后一个问题,在阅读您的小说时,可以感觉到您在某些方面会有意地向传统文学靠拢。我在读《十三行》的时候,就感觉里面的人物设定有《红楼梦》的缩影,《唐骑》的行文里也是可以看出您有那种比较老练的军武谋略。《山海经密码》虽然题材是玄幻的,但还是能感受到比较悠远的历史文化底蕴。您在另外一个访谈里说过自己是"反穿袜子"式的写作,不仅要"悦人",更要"悦己"。我想问一下您在日后的写作道路上,会不会加入更多的这种传统文学的色彩?或者说您目前有没有向传统文学转型的意向?

阿菩:没有。我知道的网络作者,有一两个自觉地要向传统文学转型,我从来没有这个想法,都是该怎么写就怎么写。能够解决经济问题之后,我可能会按照自己的想法来写,在那之前可能要照顾到一些市场上的需求。我没有那么崇高,没有那么复杂。还有一点,并不是知道怎么写就会有市场的。我除了是个写作者之外,还是一个研究者,所以我知道我们以前叫小白文的那种套路很好卖,我不是说端着不想去写,我写过的。我试着写出来之后,我自己觉得不好看,我没有吃这碗饭的能力,所以算了,我还是写自己能写的东西。自己喜欢写的,刚好能写的,能卖点钱的,差不多这三个交叉点就是我的写作路数了。所以将来能走多远,看老天爷呗,因为写作第一个讲究天赋,第二个讲究运气。同样的人,比如苏东坡,如果他 30 岁就死了,他没有后半生的际遇和运势,有一些作品就出不来。有一些作家很好的作品是怎么出来的呢?他们要写一个东西的时候,刚好当时的精神状态很合适,他们的阅历到那里了,刚好有一些反馈也很合适,又有恰当的传播机制,很多东西恰好凑在了一起,那个作品就出来了。所以写作也是讲运气的,包括主观方面的运气,就是你的脑子刚好活动到那个位置上,刚好能够蹦出一些非常好的东西。比如金庸写一辈子纯文学，也不见得能有多高的高度，恰巧大家对武侠小说有一种追捧感，他刚好在那个时候切入进去，他有天赋，又有机遇，就把那些东西写出来了。

**四、"网络历史写作的艺术自律者"**

江秀廷：阿菩老师您很谦虚，您的水平是很高的。我读小说读得挺多的，有点挑剔。网络历史小说我比较喜欢两个作家，一个是您，一个是贼道三痴。本来我对您不是很了解，前期周老师给我推荐了您的一本书，就是《十三行》，看完之后我感觉写得很好，很有触动，然后我写了一个500字左右的评论。写完评论之后，我想扩展一下，想写一篇七八千字的论文，本来是想投给《网络文学评论》的，但是这个刊物没有了。然后因为开学，我这篇论文没有写完。

阿菩：《网络文学评论》现在改成《粤港澳大湾区文学评论》了，您还可以继续投稿。

江秀廷：您刚才回答这么多问题，我感觉您应该有点累了，稍微听我读一下。我抽出了一小部分，然后对着自己的偶像读一读，感觉挺好。我这边差不多有1000字，题目叫《网络历史写作的艺术自律者——论阿菩》，内容是：在中国几千年文明的历史长河中，史书是记录历史事件、保存政治制度、文化传统等意识形态的最重要载体。从《史记》到《清史稿》，中华文明的博大精深、兴衰荣辱都被镌刻在一片片竹简、一页页稿纸上。除了包括二十四史在内的官方修史，一些流传民间的稗官野史也通过口述或文字的形式流传至今。明清以降小说作为一种艺术题材，展现出蓬勃的活力。史书里的帝王将相、世家列传成为绝好的叙事资源。从《三国志》到《三国演义》，从《宋史》到《水浒传》，历史小说以其特有的精彩征服了普罗大众，无意间完成了一次次民族国家的历史启蒙。历史小说不同于武侠、侦探等通俗小说类型，它极其考验写作者的知识素养和思维格局。每一个宫廷政变或军事冲突的细节，都不能是简单的凭空想象，所以我们很难把姚雪垠的《李自成》和唐明浩的《曾国藩》简单地归结为通俗故事。网络文学的兴起为历史叙事提供了一种新的可能，它为严肃的历史记忆增添了一抹活泼自由、清新娱乐的亮色。历史既可以被重塑，也可以被解构，甚至在一些网络作家的笔下，历史成为一个任人打扮的小姑娘。文史专业出身的阿菩，就掌握着历史真实与文学想象两者之间微妙的文字配方，这帮助他在久远的时空里纵横捭阖，开疆拓土。从夏末商初的《桐宫之囚》到盛世唐朝的《唐骑》，阿菩这次将他奇妙的触角伸向了广州十三行。《大清首富》以从容不迫的文字自信跨越商场、官场、商道、家族、江湖，绵延粤海内外，围绕着赈灾事件、红货事件、倒和事件，讲述了十三行中的怡和行如何冲破危机，创造辉煌。故事跌宕起伏，斗争波谲云诡，设局、入局、破局大开大合。作者塑造了上自嘉庆大臣和珅、下至娼妓奴仆等一系列饱满丰富、个性鲜明的人物形像，而小说的主人公吴承鉴尤为出彩，他身上有着纨绔、流痞、油滑的一面，但又讲情义、重道义。他有着翻云覆雨的手段,却又时常感到妥协的无奈。《大清首富》不满足单纯的历史叙事,更具有独特的文化品格和认知理念。一方面小说营造了浓厚的粤汕文化氛围,如妈祖崇拜的信仰追求、富贵险中求的冒险精神、尚武中立的世态人情,极大丰富了小说的人文精神和气度神韵。另一方面,《大清首富》重视忠孝的伦理剖析,提出了商人不仅应该坚守买卖公平的商道,还需胸怀天下,以立德业,从而实现修齐治平的儒家圣行。这种立足故事品质探求思想意蕴的主体选择,在网络小说写作中显得难能可贵。这就是我写的很小的评论。

阿菩:写得太好了,还是希望您能发表出去,我太高兴了。

周志雄:这篇文章肯定会发的!

阿菩:是这样,确实有些东西写到了我心坎里。怎么在历史和虚构之间取得平衡,这一点是我一直在思考的。其实这还只是文学的一块,更麻烦的是现实的一块,我们要兼顾市场。因为它发表在网络上,所以如果网络上没有一个比较好的正面反响的话,我们写作者很难坚持下去。写作是一个持续的过程,这部小说大概100万字,对我来讲差不多要写一年半,所以这一年半内,如果老是被人骂,个个都说写得不好或者没人看,我就写不下去。所以开篇就很麻烦,就是说你怎么样才能让一部分人来看。但是我刚才也讲过了,只要不是穿越人家就不来看,所以这里面就产生一个很为难的问题。但是这本小说的出路,我最容易的写法也是最"起点流"的一个写法,就是那个人穿越直接变成了十三行的一个少东家,然后他就开始在家族里面建立一个新的商行,最后用金融控制了整个大清帝国。这个是网络小说的写法,我很理解。我知道读者喜欢看什么,我那样写的话,这部小说我放到起点,能够收到一万个订阅。但是我不想这样写,因为这样写不是我想要的东西,这部小说我不想去重复这些东西了。所以从好听点说,我是有一点文学追求的;从不好听来讲,我觉得这个叫"文青",网络作者把有我这种想法的叫文学青年。所以你怎么样让网络上的读者能够读下去,以及最后出来的这本书是你想要的那个东西,中间的平衡就非常麻烦,所以我最难的点倒不是在书里,不是在写作这一块,而是在书外。我到现在都很难把握好这一点,像踩钢丝一样非常痛苦、非常难,有时候都搞得我不太想写了,觉得太难了。我谢谢你写的评论,写得特别好!一定要发出去!

江秀廷:我觉得您是网络历史写作的艺术自律者,您是有自律在里边的,包括这个长度。我还有一点比较感动,就是您刚才说您对女性的角色写得不好,其实我觉得您是过谦了。我这篇论文框架中有一个部分叫作"三个时代女性",刚才师妹也提到了,这本小说受到红楼故事一定的影响,包括主人公以及主人公身边的那些女性。不一样的是,您塑造了三个女性。第一个是嫂子巧珠,蔡巧珠是传统的女性,她的能力有点像王熙凤,但又不完全一样,她的性格是温厚的,有担当的。第二个是吴承鉴的妻子叶有鱼,她是完全的现代女性。现代女性为了追求自己想要的东西,为了让母亲过个好生活,为了追求爱情可以放弃一切去奋斗,这是一种现代女性。最让我吃惊的是您塑造的第三个女性疍三娘,三娘的身份是花魁式的人物,但我们从她身上可以看出杜十娘的影子,杜十娘最后是怒沉百宝箱,三娘跟她不一样,三娘是一个未来的女性,很多的行为让人瞠目结舌,让人很感动、很吃惊。比如说她做慈善,她为未来可能没有出路的年老色衰的一些人做一些慈善事业,为了她们以后的生活考虑,所以说您这部小说让我很感动。对于这三位女性的塑造,前段时间网上也在讨论网络女权或者说女权主义,咱们不去讨论这个东西,但是我觉得您这部小说其实给了我们一点启示:什么是女权主义。我在这上面写了几句话,因为当时看后比较感动,所以就写出来了。女权不是简单的男性超越,而是生命的自主。女权不是单一的曾经的铁姑娘和当下的女尊,而是一种多元主义的丰富。"玛丽苏白莲花"的圣母光环和"霸道总裁爱上我"不是女权,她们可能是数字化生存时代里的意识形态符号,倔强但幼稚,生硬而虚伪,而嫂子巧珠、妻子有鱼、知己三娘的自我坚守才带有女性温暖的体温。所以我觉得您写女性还是写得不错的。

阿菩:谢谢你!这样一说,我觉得也写得不错。

江秀廷:我想提一个问题,您写这三个女性的时候是怎么考量的?

阿菩:其实我个人一直是比较喜欢独立的那种女性,包括我太太也是一个比较现代的、独立的女性,甚至是在内涵上面比较强的这种女性,我是比较喜欢这种女性的。我的第一本书《桐宫之囚》,就是《山海经密码》里面的女性,都是有很强的独立性的,她不是依附男人而存在的女性,这就导致我在男性向的小说里面并不讨好。因为男性向小说里很多比较畅销的作者,他们的女性形象通常是依附型的。虽然他们可能把女性的类型写得很精彩,但是很多是依附型的,我个人不是非常喜欢。我心目中的比较喜欢的女性,她在历史范围内都是比较独立的,所以疍三娘这个形象是独立的。她其实是一个很卑贱的人,是一个妓女,虽然是花魁,但再怎么厉害这种歧视到现在都是存在的。另外她是疍家人,当时疍家人在广州这一带是被歧视的,男女不能通婚。她是被歧视的存在,所以她有三层卑微,第一个是她的职业,第二个她是穷人,第三个她受到的是族系压迫,就是最底层、最卑贱的存在。但偏偏是这样一个最卑贱的存在,她心里包含了自卑,因为她面对吴承鉴的时候,不想去影响他的前程,这是她自卑的一种体现,是她的经历、她的人生的一种印记。但同时她又极其自尊,最后她没有要依附吴承鉴,包括吴承鉴给她钱的时候,她其实是不大想要。她做慈善,就是要去救她姐妹们的时候,她最后是希望通过自己的力量来做。因为她认为靠别人的钱,这个钱来得快,去得也快,依附吴承鉴的太多了,若将来吴家倒了,这个庄园也倒了,我的慈善机构也跟着倒;但是如果我通过自己造血,虽然很辛苦,但是一分一厘都是可持续的东西。一个女性强大到这种程度,这种女性我是极其欣赏的。而且我觉得一定要有这样的一些女性存在,女性的地位才能真正提高,这是我自己的一个想法,当时这个人大概是这样塑造的。叶有鱼是另外一个形象了,比置三娘更简单。这三个女性,一个是反叛,一个就温和一点,而置三娘还是最复杂的。

江秀廷:好的,谢谢老师。

周志雄:刚才贺予飞老师留言说要问一个问题,我把这问题念一下。他问:"网络小说在人物形象塑造机制上有何传承与创新?比如说近年来流行的赘婿流等为何会流行起来?他们的文化根源如何追踪?"

阿菩:赘婿流是最近一年多才流行的。它的起点是愤怒的香蕉写的一部网络小说叫《赘婿》,但是现在所流行的小说跟香蕉的小说已经完全不一样了。相较于《赘婿》,只是说刚好那个人的身份是一个赘婿,这个赘婿在家族里出现之后,虽然在外界是被人看不起的,但是他能够保住他的尊严,他在网络小说里是一个偏雅的存在。虽然我们现在把香蕉的这本《赘婿》当成一个鼻祖,但是我觉得这两年流行的赘婿流跟《赘婿》这部小说关系不是很大,因为它的基本套路不是这样的,它的基本套路叫龙王赘婿。龙王赘婿的套路是什么?就是一个实际上强大的人因为某种理由隐藏了自己的强大,去做别人的赘婿,别人还百般羞辱他,而且要羞辱好几次。羞辱完之后,别人在遇到困难的时候,才突然发现这个赘婿好厉害,就很打脸。其实这种赘婿就是一个扮猪吃老虎打脸流,它是由市场下沉导致的,跟近两年抖音所流行的那种"阿姨我不想努力了"的段子相似。青年人经过一段时间的奋斗,奋斗到某个临界点之后,发现自己上不去,在这种失望甚至绝望的情况下,他需要某种抚慰。这种所谓的"阿姨我不想努力了",其实就是赘婿。现实生活中那些再落魄的人,也不一定真的去做赘婿,但是有时候心里会有这种机遇的共鸣。但是网络小说或者说网络文艺,不能只是把悲惨的共鸣那一块写出来,还要把悲惨完之后爽的那一点写出来,所以它基本上是把爽的那一点给写出来了,就是打脸。它是一个自然形成的东西,但是说实在的这个东西有点难登大雅之堂,我们很难把它拿到台面上来说,它只是会变成一种现象。但是这种创作的笔触,能够大面积引起人家的共鸣,这种东西究竟是完全下三路的,还是说它里面有什么可以提取出来,然后变成一个雅俗共赏的东西,这是我们下一步要努力的事情。它有可能是提取不出来的,万一可以提取出来,它可能会催生不是一本而是一批比较好看的又能上台面的作品。大概就是这样,谢谢。

周志雄:长青要不要讲讲?

大神的肖像

吴长青：我最近也关注阿菩的事情。阿菩你觉得从咱们研究文学尤其是网络文学的角度，有什么建议？你也是一个行家，可以给我们提供一些建议。

阿菩：您是指哪一方面呢？

吴长青：就是目前网文遇到一个新的境况。周老师现在带领的这样一个团队，有这么多人在里面，阵容还是强大的，这一支队伍怎么带？你在人才培养这一块有什么好的建议给我们？给大家稍微提示提示。今天这么多问题提出来了，你也可以反过来对这些问题做一个评估，对吧？

阿菩：建议不敢当，我们交流一下。其实周老师做的工作对我们网络作者来讲是一个福音，我们太高兴了。因为我自己的学力不够，所以我是由衷地希望周老师还有周老师的团队在未来能够建立一个新的评论体系。为什么呢？因为现在旧的这种评论体系，它不大适应。有一些老师年龄比较大，虽然根底特别深厚，但人到了一定年纪之后，是否还能够推陈出新则是另外一回事。所以我很希望周老师和周老师的团队在未来能够建构起一个新的评论体系，什么样的网文才是好的，然后对网络文学有一个比较中肯的评价。现在网络评论跟我们的网络作者有点脱节，实际上我们的网络评论出来之后，对读者是没有影响的，就是在网文大神的小圈子里，甚至文学评论的圈子里都不一定有多大的影响，只在网络评论的小圈子里会有一些影响。我觉得影响力太小了，有没有可能扩大？要扩大的话，最重要的是我们要建立一套新的文学标准，这是一件挺难的事情。但是我觉得周老师是有机会的，将来我们这个团队能够做出一个体系式的东西，这是我们最期望的事情。谢谢。

吴长青：感谢阿菩。

周志雄：长青这个问题问得非常好。访谈到现在也有两个多小时了，阿菩老师也很辛苦。这一次活动我们同学都做了很充分的准备，都读了阿菩老师的小说。我本人也读了您的小说，我今天重新读了一遍《十三行》。我原来也看过，我读到第一部分，吴家吴承鉴翻盘的时候，读着读着不知道怎么的，我就有种热泪盈眶的感觉，特别感动，我感觉到我积压了一种情绪。前面我看吴家一直是那么艰难，线索是一点一点地铺垫，一直到最后翻盘。这个给我一个感受，就是这本小说写得非常耐心、细腻，这就跟读明清世情小说的感觉特别相似，甚至比明清世情小说里人情世故的深层把握还要细一些，因为这里面有很多的现代思想。今天我们同学提问的时候，其实涉及了这个问题。关于历史题材的小说精品化创作的问题，还有同学问你对历史创作有没有更高的追求的问题。今天秀廷写的那些我也特别认同。

当时评排行榜的时候我看《十三行》，就觉得这是一部非常好的小说。中国作协要在上榜的小说里选一部分，然后每一部小说写一个评论，我布置许潇菲写《十三行》，她的评论文章也写得非常好。我们这个团队现在有博士生，有硕士生，常年在学校的就有十几个人。我这些年一直在做网络文学研究，现在手头也有这方面的课题，还有一个大的项目就是你今天晚上讲到的建立一个评论体系，这个大课题的名字就是"中国网络小说评价体系建构"。我们怎么去建构这个东西呢？我想带着这些学生从阅读作品出发。我们给硕士生开课，今天来参加这个活动的主体是我们的硕士生，是这一届的硕士生，有十几个，还有其他的同学也来参与了这个活动。我们在上课的时候，把作品布置给同学们看，读了之后他们要写梗概，要写评论，要把网上对应的评论找出来，然后我们再一起探讨如何对这个作品进行比较深入、准确的把握和分析。我觉得这是一个很基础的工作，做好了之后，我们会把今天活动的全程录音进行整理，这是一个基础的资料。在这个基础上，我们同学还会再分头写一些评论文章，包括已经写的一些文章。这些文章可能会有篇幅比较长的，比如说用一两万字的篇幅来阐述阿菩老师的整体创作，这个工作其实是需要大量的投入的。您的《十三行》就接近 100 万字，《唐骑》300 多万字，把这些作品大体读一遍，就需要很多的时间，然后我们还需要从里面理出一些可供阐释的点来，同时要把您写的历史的小说和别人的小说相比，这里面有什么不同，我们凭什么就认为您的小说里面有这种文化含量，有这种文化传承。您的小说在艺术技法上比起点的小白文就要高出许多，这些东西需要一个更宽阔的视野去阅读、去比较，我们才能得出这样的结论。所以这个工作，我觉得就是带这些学生一点一点慢慢地做，因为网络小说的阅读量确实是非常大。您今天讲的这一点，我觉得确实是非常值得学习的，一年要读很多的作品，然后您写小说的时候，会有一个很高的眼界，才能够写出自己的东西。

今天晚上我觉得收获是非常大的，其实以前我在山东的时候就开始做网络作家交流活动，我现在起码跟几十个作家做过这种活动。以前我们的形式是多样的，有的时候带一两个学生去访谈作家，像今天这种集体性的以前也做过，对您今天来参加我们这个活动我是充满期待的。请您来跟同学们交流，我相信同学们也会有很大的收获。有很多作家写得很好，但是不一定能讲出来。您是既写得很好，又能够把它总结得很好，能够讲出来的人。这个得益于您的学术背景，您是做学术论文的，做文学论文的。其实您讲的题目，我觉得您这个小说里面确实是有历史文化，然后我就想到网络小说的文化传播。

阿菩：其实我们是有内在的共鸣的。

周志雄：对。其实您讲的不单是文化传承，更多的是文学传承，而这种文学传承是很多作家讲不出来的。您今天给我们勾勒的框架，里面其实有很多可供探讨的细小的东西，这是需要去总结的。我记得几年前我看过一个台湾人写的中国古代小说的理论书,我看到那本书之后,就推荐给了我的一个硕士生。他看了之后,就用这本书的理论写了一篇论文,答辩的时候获得了很高的评价。他把中国古典小说里面的那些手法总结了几十条,叫什么草蛇灰线、隔山打牛、曲折再三,主要就是这种传统的手法在网络小说中的运用,他做了一些功课。我觉得现在我们对网络小说的评价,确确实实需要您今天的讲座,它既有中国古典小说的,也有西方现代类型小说的,其实还有中国当代的纯文学的影响,也包括国外大众文化的影响。在这样一个文学体系当中,是需要大量的阅读、大量的涉猎,你才能够把这个东西做好。欧阳老师在中南大学,他原来是带着一些老师做,邵老师在北大是带着一些学生做,这也是网络文学的一个特点。因为作品太多了,一个人读一部作品有一个印象,我们很多人同时读一个作家的作品,我们在一块讨论交流,那么对作家的认知肯定在不断地叠加,然后把作家的创作内涵挖出来。我们现在采取的就是这种方式,这部作品量很大,我们分工阅读,大家尽可能有一些交叉。在这样一个过程当中,我们大家都把自己读出来的东西拿出来交流,然后再合在一起,每个人也会写一些小文章,然后合在一起写一些大文章,目前还是一个基础性的工作。对于您小说里的这种特色的内涵,其实从同学们的提问来看,他们对您小说里面有的可供阐释的点已经感受到了,已经抓住了。我做这个活动的一个很重要的理由,就是想知道作家当时是怎么想的,作家在写作的时候,是不是有这样的艺术匠心在里面。我觉得您今天给我们的分享,其实更明确了同学们对作品的感受和理解。通过今天的交流,我觉得应该会促进同学们进一步完善、深化他们所写的东西。

今天给我的感受还有一点是我觉得您是一个特别能讲实话的作家。谈到网络小说赚多少钱的问题,有人也会讲,但是您今天说您要写一个自己喜欢的,自己能写的,能卖点钱的,我觉得这就是个大实话。

您也讲到在写的过程中,有些事情确实很难,您也分享了一些思考,一些处理的方式,这些真的非常好。它实际上让我们更深刻地理解了作家在创作的时候遇到的、考虑到的一些实际问题。很多时候读者站在纯文学的研究立场上,说,作家对这个东西可不可以写得更细一点?结局可不可以不要大团圆?批判的力度是不是可以有一点?这都是站着说话不腰疼的,他们讲这些话,其实并没有深刻地去理解网络小说,他们用纯文学理念来套这个东西,对网络作家是不公平的。

# "网络文学现实主义题材的必要性和必然性"
## ——何常在访谈录

**访谈人：**

何常在，著名网络作家

周志雄，安徽大学教授

王菡洁、袁梦晴、潘亚婷、宋涵等，安徽大学研究生

访谈时间：2020年11月12日

访谈途径：腾讯会议

**一、网络文学中的"轻现实""重现实"和"伪现实"**

周志雄：欢迎何老师来给我们讲学，今天参加活动的主要是我们的硕士研究生。今天我们非常荣幸地请到了何老师，他是著名作家、中国作家协会会员、阿里文学签约作家、河北省网络作家协会副主席。何老师曾经写文写诗，他的作品散见于国内的各大报刊，曾经还是《读者》杂志的首批签约作家，文笔是相当了得的。中间做过记者，现在主要是从事网络文学创作。作品有《官神》《问鼎》《运途》《交手》《高手对决》《前途》《胜算》《浩荡》等。何老师的作品第一是影响非常大，第二是非常有内涵。何老师也获得了很多奖项，获得第三届"橙瓜网络文学奖"百强大神称号。《浩荡》荣获第四届"橙瓜网络文学奖"年度百强作品，是2019年优秀网络文学原创作品，是今年"天马文学奖"获奖作品。何老师的作品非常好看，同时人情练达，洞察世事，有很强的文学性。今天这个活动首先由何老师讲一下他的创作理念、他对网络文学的一些理解，后面何老师再回答我们同学的提问。下面我们欢迎何老师开讲。

何常在：首先感谢安徽大学文学院，感谢周志雄教授，感谢各位老师。能和同学们交流，既是我的荣耀，也是我期待已久的幸事。本来今天的想法是和同学们面对面地交流，跟大学生朋友交流还是第一次，我觉得是一件非常有意义的事情。结果因为疫情，我们就不得不采取线上交流方式。我以前有过很多次和各界朋友面对面的交流，听众大多数是政商各界的人士或者是各行各业的书友。我印象非常深刻的一场非常大型的交流，是在一个监狱里边，对监狱里边

的犯人，给他们做了一次别开生面的讲座。监狱里面的那次讲座给我留下的印象非常深刻，当时为什么要到监狱里边和他们交流呢？而现在的监狱又是什么样的情况呢？这里咱们先不讲，先留一个伏笔。现在回到我们的正题，我今天跟大家交流的题目是《网络文学现实主义题材的必要性和必然性》。

  第一方面先说网络文学的现状和展望。就我本人而言，我其实并不算是最早一批进入网络文学的人士。像我的同行，他们有的最早在2000年网络文学刚刚起步的时候就进入网络文学创作了，我大概在2002年的时候才正式进入网络文学创作。在2008年之前，我其实一直在杂志部门工作，就是说如果从源头开始，我算是半个纯文学作家。因为我对诗歌有爱好，也因此发表过上百首诗，在全国各大诗刊上发过，又加入了我们省（注：河北省）的作家协会。但是后来可能是现实方面的原因，这就是我要写现实题材的一个最根本的原因，就是我觉得我写诗歌养活不了我自己，我感觉纯文学作品所带来的收入太少，所以当时我接触了很多在当年发行量非常庞大的杂志，比如说《知音》《家庭》《读者》。

  我们现在的同学们知道这些杂志的并不多，但是在当年几乎就是每一条大街小巷，每一个书摊上都有大量这样的杂志存在。当年还创造了很多奇迹，比如说我们的《读者》《知音》《家庭》就曾经达到过每年七八百万的发行量，这是一个非常庞大的收入。当时给这些杂志社写稿子的话，也足以让自己生活得很舒服。我记得我最早月收入大概三四百块钱，慢慢地上升到了三四千，甚至一度能达到三四万，而三四万的时候，我们的房价大概是三千元一平方米。所以说出于最根本的很现实的需求，我个人和现实题材结下了不解之缘。而且当时杂志社主要的用稿诉求也是现实的，不管是《知音》《家庭》还是《深圳青年》《青年文摘》，包括我们的《中国青年》，要求都是一些所谓的爱情小说或者是小品文，这也是基于现实的。而所谓的纪实题材，它也要基于现实。一种文本，最早从这个事的基础上，我觉得奠定了我现实创作的基础。但是我还是更愿意创作一些长篇小说，杂志无法完成我这样的表达。

  其实当年我最早进入起点中文网写作的时候，也处于一种朦胧的状态。当时我并不知道网络小说的整个性质属性，包括它的收费方式等完全不同。我完全凭着爱好，加入了我们的起点中文网，然后注册，就开始上传我的第一部长篇小说《人间仙路》，写了仙侠题材，按照更细的划分叫作古典仙侠。写了一个少年的励志、成长，其实不管是怎样的一个幻想小说，它都是我们现实的折射和投射。我记得很清楚，当年有一句话，叫作"莫欺年少青衫薄"，其实换作现在的话就是"莫欺少年穷"。包括后来所写的都市小说也好，以及我们现在所写的小人物的逆袭、小人物的成长小说也好，都是这样。所以说我们网络文学从一开始到现在，不管是它最早的属性,还是小人物逆袭成长,它基本上在做一种最接地气的、最低成本的、常见的白日梦。所以说网络文学释放了天性,它后来的属性给它以天马行空的思路,在这20年里创造了很多经典,并且涌现无数的名家。我记得大概是2009年,一直到2013、2014年这段时间,整个网络文学的论坛就涌现出来不少作者,在各个不同的体裁领域创造了很多奇迹般的纪录。如果按照我们人类年龄划分的话,网络文学出走了20多年,到现在实际上仍然是一个少年,但是现在的少年也比较早熟,所以说网络文学也应该承担一定的社会责任,比如对现实主义题材的研究开始兴起。最主要是,依托于科技而存在的网络文学,其实首先是我们国家发展的需求带来的科技的普及,然后再带来了网络的先进,以此为依托,我们才出现了网络文学。

所以说我们网络文学本身还是和现实结合得最密切,并且是我们改革开放最大的受益者之一,也是和现实最贴近的题材。所以我认为我们网络文学的现实主义题材,未来会有更多的手法和力度,但现在还是在探索阶段。其实我们回归到目前网络文学的主流,必然还是以幻想题材为主,而现实题材所占的比重还是相当少。现实题材这个模式,首先,它的操作难度比较高。其次,现实主义题材缺少一些目前来说我们大家所认可的网络文学的爽点,包括作弊器、外挂等。我觉得现实题材大概可以划分为三种。

一种是重现实。比如说我刚刚结束的作品《浩荡》,它完全没有任何的重生、穿越,也不存在着作弊器,主人公没有特别强大的技能,就是一路上所向披靡,当然主人公光环是必然要存在的。再一种就是轻现实。比如说一些爱情题材,它也可以划分到现实题材里面,但是它对现实的折射并没有那么明显。比如我们看过的电视剧,《大江大河》《都挺好》《欢乐颂》,它们也是一种现实题材,也包括前段时间更火的《三十而已》。它并不会明确地折射我们的时代,并不把时代和个人命运紧密地结合在一起,所以我称之为"轻现实"。另外一种我叫它为"伪现实",这个"伪现实"的称呼并不是贬义,它是挂在现实的名义上,比如说在都市的一些异人、重生等,表面还是现实,它实体描绘的却是另外一个时空的事情。如何让网络文学更好看,并且不能说完全地开挂,但至少有主人公光环这样的所向披靡的手法来表现我们的个人的命运和时代的结合,来歌颂我们这个伟大的时代,就是怎样在这种摸索的过程中,找到那种更贴合时代的表达方式,我觉得这还是需要很多网络作家来努力探索的。

## 二、"网络文学应该承担历史使命"

接下来我再聊一下,为什么说网络文学是最适合现实主义题材创作的土壤。首先,从我们的创作队伍来讲,网络文学作家是目前最年轻的作家群体。我有一个不能算太系统、太正式的调查或者观察,目前我们各省作协里边的主流作家大概都是50后、60后、70后的作家。还有

大神的肖像

一个主要的原因是我们所谓传统作家的阵地,他们的媒体,他们所能发表的地方已经失去了应有的影响力。所以说,新一届的不管是读者也好,作者也好,他们成长起来完全依托于网络,这方面网络可以更方便、更自我地表达。包括目前我们国家在大力提倡的现实主义题材创作,传统作家很少能够真的写出歌颂时代和表达个人命运的作品,这可能和他们的年龄、阅历及对我们这个时代的感悟有关。很多传统作家可能年纪偏大,他们可能无法准确地感受时代的变化,或者是无法熟练地应用新科技。而我们网络文学作家在年龄上占有明显的优势,同时越来越多世界上的作家都在加入我们网络文学作家的队伍。

网络文学作家从年龄阶段上来说,必然地要接过我们传统作家的接力棒。而从目前的创作数量来说,我认为每年中国文学作品的百分之八九十以上的增长应该是网络文学创造的。但是从这么多年的存量来说,可能网络文学占的比重还不够。虽说还没那么多,但随着时间的推移,比例会逐渐地上升。网络文学最关键的一点是,借助互联网崛起的文学表达形式,植根于科技和时代进步的现实土壤。换句话说,它必然结出现实主义题材的果子。就是说有很多网络小说,不管是仙侠题材、玄幻题材(包括西方玄幻、东方玄幻)还是竞技题材,不管怎么归纳或者划分,我们都会发现其实所有的表现形式都是我们现实的折射或者是投射。所有的表现人物的手段,所谓出发点也好,他们的经历也好,都是基于人性的。人性的所有东西都是建立在现实的基础上,我们所有的争斗也好,也不可能脱离我们的现实。如果一个人物没有了我们人类的悲欢离合,没有了爱恨情仇,那么他就无法激起我们的共情。如果不能共情的话,那么这部小说对于我们任何一个读者来说都是失败的。丹纳的《艺术哲学》中提过一个论点,"任何流行艺术都是对当代社会风貌的一种表达"。同样,任何文学作品都是对现代、现实的一种描绘和折射。

回到我说的第三个方面,就是说我们网络文学应该承担历史使命。文学作为一种可以潜移默化地影响人的三观的艺术形式,必然有其所肩负的使命。我并不赞成一些网络作家认为网络文学不应该有使命感的说法,他们认为小说只要好看,只要有市场,就可以不要立场和初心,去迎合市场。且不说他们会不会让自己的孩子去读他们的作品,就是说在对孩子的教育上,没有人会无条件地满足孩子的需求或没有原则地迎合他们的需要。所以就这一点来说,我们网络文学作家应坚守初心。教育讲寓教于乐,而文学讲的是文以载道。在少年阶段的网络文学也就是野蛮生长阶段的网络文学,可以放肆地想象,也可以肆意地释放。但在成年之后,网络文学就应该承担应有的历史使命。就好像我们每个人一样,我们在少年的时候可以任性、可以玩耍,但长大之后,我们就应该做自己该做的事情,比如说该恋爱的时候恋爱,该成家的时候成家，该立业的时候立业，我觉得这是我们人生每个阶段必然要面对的问题。

现在再跟大家聊一下开头说到的监狱问题，为什么我要提监狱的问题？因为我在监狱里的那次讲座让我感触非常深。大家可能很少接触犯人，我当时去的监狱是一个没有重刑犯的监狱，大多是心理犯罪，他们很多还是高智商犯罪，刑期大多是在 15 年以下。我跟他们聊了之后感觉到一个问题，如果没有道德的约束或者法律意识，一个人智商越高，能力越高，他对社会的危害其实是越大的。在这些犯人中间有很多是高级知识分子，他们当年在大学期间也是非常优秀的，学习也非常好，曾经有过自己的人生辉煌。但是走上社会之后，因为没有道德的约束，没有很正确的三观，他们逐渐就走上了犯罪道路。当时的那个监狱有一点做得很好，他们的监狱里边有新华书店，犯人可以用自己的补贴来买书。我的书在他们的监狱里边卖得最好，几乎人手一本，因为我写的是现实题材的一些官场类的东西，后来是商战类的。所以这一点对他们来说是非常需要的，是直接学以致用的。我给他们讲了有两三个小时，中间有些人就非常后悔，他们就跟我说如果早看到我的书，也不至于走上犯罪的道路。我觉得一个作家能写出这样的书，能影响到一个曾走上犯罪道路的人，让他能有感触、有所反悔，也是一个作家的荣幸。

实际上在接触犯人的过程中，我还发现另外一个问题，就是女性犯罪呈逐年上升的趋势。也许我们大家都不知道，并没有完全接触到这一点。但这从另一个方面也说明了一个问题，女性确实是在逐渐地崛起，现在的女学生就比她们的同龄人更成熟，更有自己的理念，也更有责任感。同样，越来越多的女性精英在社会上占据了更重要的地位。正是因为她们参与社会的程度高了，拥有的权力越大，犯罪的概率和可能性也就越大，所以说我一直想写一部女性犯罪题材的小说，但可能现在时机还不太成熟。每一种不同的现实题材，都能让我们更深刻地了解社会。而网络文学作为受众最大的文学影响了几亿人，读者的范围很广，从小学生到社会精英。作品所承载的价值观，通过故事无形地传递给读者，也会慢慢地影响很多人为人处世的准则。所以说现实题材的网络文学应该承担一些历史使命。

我们很多人没有去过美国，所以我们自然地认为美国是一个伟大、美丽、自由的国家。这是从哪里得到的结论？我们每个人都生活在自己的信息茧房里，都认为自己很公正。其实是无数的人、无数的信息经过我们自己的判断和挑选之后，形成了我们的思维。这种挑选来自什么？来自影视作品，来自文学作品，来自身边人的影响，来自方方面面，再加上我们自己的一个筛选和判断。现实让我们成长，现实也让我们清醒，现实也教会我们找到社会的立足点。

所以，认清现实、热爱现实、记录现实并且歌颂现实，这就是网络文学所要承担的历史使命。而改革开放 40 多年来，无数平凡英雄的事迹可歌可泣，我们每个人都是时代大潮中的一

## 大神的肖像

朵浪花,折射了太阳的光辉,汇集成了一部激昂的交响乐,我们只有在现实生活中过得美好,才能拥有更多的想象空间,才能释放更有激情的创造力。所以我希望同学们更多地关注现实主义题材,有能力或者有余力的话,也可以书写一些现实题材的作品,因为在我们的生活中或者身边有很多的现实问题,很多现实中的平凡的英雄也值得我们歌颂。改革开放和我们伟大的历史进程也需要一些记录者,所以我相信网络文学必然会生长出当代最优秀的现实主义作品。我就先说这么多,谢谢大家。

**周志雄:** 下面我们请王菡洁、袁梦晴、潘亚婷、宋涵几位同学来主持下面的提问,由我们同学向何老师提出问题,何老师来回答。

**潘亚婷:** 您当过报社记者,做过公务员,也做过诗人、美文作家,现在您成为网络文学作家。我想问一下您,这样的身份转变对您的创作产生了哪些影响呢?您自己是如何看待这样一种身份转变的呢?

**何常在:** 其实我觉得我的这种转变,倒是有一种自然而然的感觉,这是因为我最早写诗的时候,是真的出于对文学的热爱,就是一种纯粹的文学上的表达。但是后来我发现我更喜欢写小说,写诗只是一种情绪表达或者说诗是一种语言的艺术。而文字上的东西,比如说我最早写过一些3000多字的短篇爱情故事,其实是虚构的。说它是小说,但又不具备小说的一些完善的要素,但是它是一个比较好看的故事,这样的故事在当年的杂志上还是比较流行的。我曾经在杂志上发表过几十篇类似这样的爱情小故事,而且当年我们的《青年文摘》杂志非常喜欢我的文风,我只要发这样的爱情故事,他们必然会转载。当时写这个时候说我是文青吧,我又觉得自己并不是特别文青的一种,后来我就尝试写纪实题材的。

可能大家都没有看过《知音》《家庭》上的文章。如果说我写诗歌或者写美文,比如写青春美文这种,是因为我觉得文学的表达是一种可以传达我内心思想的形式,那么我写纪实稿,那可以说就是纯粹的商业化的写作。因为纪实稿子的稿费非常高,当时是一篇1000元到1500元的样子,要知道那会是2000年到2008年,那个时候大家整体的收入还是不太高的。写了几年青春类的美文、纪实稿之后,后来之所以写小说,是因为我觉得小说才能真正地展现一个人物的命运起伏,它能折射时代的光芒。而且从篇幅来说,从承载的容量和本身的使命来说,我觉得其他的体裁不足以承担这么多,所以后来我转向了小说写作。从某种意义上来讲,也可能是我一直在一步步追随着现实走。我最早在写诗的时候,诗歌还算有一定的市场吧,后来我就去写了青春美文那样的文章。那个时候是我们通俗杂志的高光时刻,通俗杂志那些年确实是影响力极其大。后来从2000年到2005年通俗杂志慢慢地也下滑,然后随着网络兴起、网络小说起步,我就及时转到网络上。所以我觉得我可能是一个比较现实、比较脚踏实地的人,就这样一步步地转变。还可以说我是被时代裹挟着前进,或者说正好和时代同步而行吧。好,谢谢!

袁梦晴:大家都知道您一开始写了很多有名的官场小说,如《官神》《问鼎》等,当大家快要定义您为官场小说作家时,您开始转写商战、职场小说。想问一下,是什么促使您发生了这个转变呢?

何常在:这个问题稍微敏感了一点,因为官场小说在以前还是可以写的,但是后来由于某些方面的原因,官场小说就开始有些政策上的限制,所以就在题材上开始转型了,其实官场和商战还有共同点。我们整个时代的记录者,我们对整个时代敏感的这样一帮人,他们都在政商两界。我们整个改革开放其实是政商两界精英站在风口浪尖带领着很多人前进,他们才是真正的对时代的背影有切身感受的人。所以从这点来讲,并没有太多的不同,都是现实题材。好的,谢谢!

潘亚婷:读了您的《浩荡》,我热血沸腾,因为您的视野是非常宏大的。您是以改革开放40周年为背景,从房地产、金融、互联网这些行业切入,描写了一群志同道合的朋友,看准时代的一种机会,冲破重重的阻碍,然后最终是创业成功了,当然里面有很多关于人性还有爱情、友情的考验。这部作品也获得了很多荣誉。刚才周老师也说,它入选了国家新闻出版署和中国作协联合举办的"庆祝新中国成立70周年"主题网络文学作品暨2019年度优秀网络文学原创作品名单,得到了很多的认可。我看过您的一些采访,您特别强调"历史感""责任感",那您觉得作家的责任感体现在哪些方面呢?您在自己的创作过程当中又是怎么传达出这样一种责任感以及历史感的呢?

何常在:《浩荡》创作的初衷,我在之前的访谈里也提到过,涉及很多朋友对深圳切实的感受,在时代大潮之上的冲击。我还有很多政商两界的朋友,如果你和他们接触下来,你会发现一个特别有趣的现象,他们的整个人生经历有一种共性。他们把握时代的鼓点,也就是说他们如果一步走不对的话,就没有今天的成就,我们所有的人都是在时代中前进。

我写《浩荡》的初衷就是以深圳为缩影,它会折射时代。在这个状态之中,每一个人如果和时代背道而驰的话,那么他必然会失败。很有意思的一件事就是,我曾经听好多50后、60后、70后、80后这样的人,他们会抱怨,会说你看我们50年代的人错过了很多机会,我们60年代的人错过了很多机会,我们70年代的人没有赶上好时代,我们80年代的人也没有赶上,等等。其实每一个时代的人都有他们的高光时刻,都有他们的机遇,只是他们没有抓住而已。所以不要说你看我们50后,没有你们70后生长的时代好。如果回头看看的话,50年代生的人们,他们那些人创业只需要胆大。在他们最早的时候,改革开放初期,只要他们胆子够大,基本上都能发财。60后的人就需要一定的学历见识,到最后创业的时候需要的就不仅仅是胆大了,真正的是说看着时代怎样发展,我们的互联网大佬大多数是这个时候起来的。

那么再到80后、90后时代,很多人会说你看现在的90后,他们的房价高,互联网巨头也形成了。但其实谁也不知道在哪一个风口浪尖又会涌现出一大批这样优秀的成功人士。我们每个人都不要抱怨我们所处的时代、所处的潮流,任何一个时代都有很多机遇涌现,但也总有很多人抓不住或者看不到机遇。这是我在《浩荡》里一直想表达的一点,里面主人公的成长,最主要的是认定了他所从事的行业和未来的经济发展紧密相连,它是一个会一直上升的行业。而那些失败的人,在于他们观念的陈旧也好,包括他们的部署,他们的不再学习、不尽力,所以说学习和进步一直是作为一个在现实中生活的人,作为一个真实感受我们时代的人所必备的一个特质。

### 三、"现实主义题材的突破与困境"

王菡洁:有不少的网友会觉得还是玄幻、修仙、盗墓这样类型的网络小说更能激发他们的阅读兴趣,就像您之前也写过仙侠题材的作品《人间仙路》。16岁的少年张翼轸解开了身世之谜,成功修仙,故事内容非常精彩。但后来您则是转向了现实主义题材的小说创作,就像您的小说《浩荡》。是什么样的原因让您想写这样一部反映改革开放的作品呢?再就是玄幻、言情一类的文章更容易打造全方位IP,那么您在写作过程中,是如何处理这种现实主义题材作品的IP化的呢?

何常在:你这个问题倒也是我一直在思索的一个问题,因为幻想题材网络小说整体的受众年龄是偏小的。前段时间有个网络小说的读者联系我,想当我的运营官,以前叫盘古,现在叫运营官。我跟他聊得也不多,后来他才告诉我他是个初三的学生,我觉得有点震惊。后来我发现一个很明显的一个问题,我之前写我最早的一部书《人间仙路》时,曾经有一个读者说他读了我的《人间仙路》,也看了我后来的所有作品。他说《人间仙路》还是作为一个文学青年最后倔强的一种表达,但是《人间仙路》写得可能过于追求文笔,过于追求优美,过于追求那种意境,它其实并不是特别适合网络的商业化,所以说我的《人间仙路》当时的成绩并不太好。

在这种情况下,我在写第二本书的时候,我就反思,我到底适合什么样的创作?然后我就回想起我这么多年的创作经历,我写的大多数还是现实题材,所以我就回到了现实题材,那时叫都市小说,就选择这个切入点。原因就在于受众的问题,因为网络小说的受众大多数是年龄比较小的读者。影视作品的受众大多数是女性,我们影视作品大多以女主为主,现在的网络剧也是女主比较多。现实题材的出发点,尤其是包括我们现在创作的比较火的这些男性网络作家作品的 IP 转化率,远不如女作者作品的 IP 转化率高,就是因为女作者擅长情感描写或者是题材上具有优势,这可能跟我们的现状有关。

我相信随着时间的推移,受众群体逐渐成熟,会逐渐地喜欢一些现实题材或者是男性的作品。比如说爱奇艺推出的"迷雾剧场"中《沉默的真相》和《隐秘的角落》,它们大受欢迎的一个原因是男性观众有,男性市场也有。几年前《人民的名义》就证明了这一点,它极高的收视率就说明男性并不是不爱看电视,而是题材的原因。受众市场需要培养,我相信还是有一个时间上的问题。我接触过两位读者,最早的时候我的《官神》出版出了点问题,出版后叫《问鼎》,这是同一本书。如果这个读者来自网络,他过来告诉我说是《官神》的读者,那么这个读者的年龄绝对要比较小一些;如果一个读者说他是《问鼎》的读者,那么他年龄可能会偏大一些。就是说它明显有一个界限,同样一本书如果出来的话,在网上是一部,出版的是另外的一部,这两部相交的点并不是很多。随着《大江大河》这样的现实题材,包括以前的《激荡》或者《创业时代》——虽然说并没有特别火——以及《三十而已》的出现,慢慢地现实题材作品的 IP 也会逐渐地被更多的人所接受。好的,谢谢!

王菡洁:现实主义题材作品主要的特点是对现实生活如实刻画的再现性和逼真性,我们知道情节可以虚构,但是细节必须真实,才能给读者更为真切的阅读感受。但在小说写作中不免要对现实中的元素进行一些改动,就比如说《问鼎》写的是您在河北当记者时的故事。那么在小说中您让主人公最后把握住了机遇,但现实中是截然相反的,你为什么要这样处理?有的读者说此举过于理想化了,是受到网络小说写作中爽文机制的影响,对此您有什么看法呢?

何常在:这个问题很犀利,但是其实网络文学最早兴起,就是"爽"。其实我觉得"爽"是它天然的属性,所以有一次我跟影视行业的一些从业者聊天,谈到为什么现在很多男性的网络小说很难改编成一部优秀的影视作品,就在于它两个机制是相反的。男性的小说,网络小说本质上是追求爽感,有一路爽、外挂,然后升级打怪,当然不允许出现任何受虐的倾向,但是影视作品不是这样的。影视作品讲的是人物之间的对立、人物性格的极致,包括人物关系的不断变化、不断拧巴,它不会存在一个男主一呼百应,然后带领一群人征战天下、所向披靡,这样的情况它不会有的。

就是说,影视作品的出发点和网络小说的出发点本质上是两条线,在相向而行,所以相对来说,它很难很好地改编。《庆余年》之所以改编得好,是因为《庆余年》的编剧熟读网络小说,

## 大神的肖像

而且也是对网络小说比较热爱、认可的。在这种情况下没有做大的变动，保留了网络小说原有的爽感。你看《庆余年》里边，男主一路上遇到了无数美女，以前的很多影片里面，它就不可能存在的。包括我的《官神》之所以这样操作，也是为了满足我们的读者，他有一个在现实中无法企及的理想的人生。

因为那个故事就是从主人公接到那个改变命运的电话开始，而当年这个电话就是劝我们报社的领导去从政，结果他拒绝了。后来我就想，如果当时他没有拒绝，或者说当时的我如果劝说他答应的话，那么他的人生会是另外一番景象。其实网络小说之所以要穿越、要重生，就是为了弥补我们的遗憾。这种爽感会导致失去一些真实，会失去一些对现实的深刻的记录，但它是网络小说的属性，这小程度的历史改变是网络小说的一个特点，我们也可以认为是制约它们的东西。所以你看后来我写的不管是《浩荡》也好，《交手》也好，包括后来的一些现实题材作品，就是现实主义的，不再有穿越和重生，但是同时它们也失去了一部分网络读者，这就如我前面所说的，怎样摸索出来一条更好的路线。首先我是真正的现实的，真正是切入现实，认清、立足现实的重现实作品。但你也要有足够的爽点，这个问题我还没有完全把它解决掉，这也是我创作的一个困惑。

潘亚婷：我注意到您有过我们传统意义上的纯文学的创作，您作为一个创作者，从自己创作的切身体验上面来说，您觉得纯文学创作和网络文学创作有什么样的不同？您在创作过程中是怎样处理这样的不同的？

何常在：我从事纯文学创作只写过诗歌，散文也写得很少，纯文学类的小说基本上没写过，因为我感觉当时小说写出来很难发表。我是一个比较现实、比较实用或者目的性稍强一点的人。如果我写出来的东西不发表的话，那么我写它的意义就并不大，就没有表达、没有交流的需求、没有交流的阵地。当然我看过很多纯文学作品，当年的《小说月报》《小说选刊》《人民文学》，我看过很长一段时间，很多小说写得也非常好。我记得应该是更喜欢《小说月报》，我选择这些更适合我的口味的文字。

其实我们网络小说的兴起大多是借鉴了我们以前的尤其是明清章回体小说的传统，那就是更加吸引人，更好地讲好故事。我认为是网络小说更好地继承了我们的传统小说，与传统小说是一脉相承的，而目前传统作家从事的创作，受国外的一些文体的影响更多一些。当然这只是我个人的看法，并不一定正确。因为就我个人而言，我对传统小说的创作并没有那么深入，自己创作的也不多。谢谢！

王菡洁：就纯文学阅读而言，以往的学者强调阅读是严肃的，作家会说谎，会滥用他们的常识和逻辑,所以读者要有自己的智慧,但网络小说写作是比较自由的,有明显的爽点。比如说您的小说《浩荡》的主人公何潮在创业的过程中,虽然遇到了各种各样的困难和危机,但是每次都通过自己的智慧和他人的鼎力相助,化险为夷,走向了成功。网络小说读者有超强的互动性,有的读者评论甚至会影响作者后续的写作走向。那么就网络文学的写作方面,您觉得应该如何处理作家的爽点写作模式与读者智慧的关系呢?在写作的过程中,您有没有思考过读者接受的问题?您是怎么平衡二者的?

何常在:你这个问题还是很专业的。因为对于一个网络作家来说,他最早开始写作的时候,会非常明显地受到读者的影响。比如读者说这段处理得不好,主人公或这些人不好,或者是这个人物不应该被折磨,这个时候,新人作者就难免会受到心理上的一种冲击,比如说我到底要不要改动,或者是我要怎样改动。我相信每一个成功的或者成熟的网络文学作家都遇到过相似的问题,在成长的道路上,这是不可避免的。

如何对待这个问题,就看一个作家的内心,以及他对自己的人物如何定位了。因为有的时候我们对人物会采取先抑后扬的写法,你在压抑的过程中必须有网络读者有耐心去读。主人公稍微受一点挫折,读者就觉得对主人公不够公平,这是因为他们太投入了,他们往往会把自己代入主人公的人生经历,对他们来说,需要的是主人公一路上所向披靡。但是要完全的所向披靡、完全的快感或者完全的高潮,就等于没有快感和高潮。

人生必然会有对立的,我们生活在二元对立的世界。所以在这种情况下,作家必然会采取一些写作技巧上的尝试,就是说我会把主人公设定得稍微有点挫折,稍微有点不一样,稍微有一些改变,这个时候读者往往就会按捺不住。

我记得当年我写《官神》的时候,里边女性角色稍多了一点,其中有一个女性角色叫梅晓琳。其实当时我的初衷是,她只是主人公人生道路上一个擦肩而过的人,但是可能把她写得悲情了一点,不少读者就反映我对这个女主太冷漠或者说是太无情了,就不应该这样对待她。在这种情况下,我被迫多加了不少情节,居然把这个人物给梳理起来了。按照我的初衷,这个人应该是几章就过去了,但后来她又不断地出现,直至到了最后,这是我在读者的半逼迫之下所做出的一个改变。但是后来我发现其实这样并没有坏处,因为这个人物对后来的整个情节的推动起到了很大的作用。甚至有一个读者特别喜欢这个人物,觉得我对这个人物非常不公平,在这种情况下他的创作灵感被激发,他自己也写了一篇小说,竟然还比较成功。所以跟读者的互动,我们能找到一个平衡点,它是一种良性的互动。

一个作家,在构筑一部鸿篇巨制的时候,不可能考虑得面面俱到。我也看过很多小说,有些作者前面写到一个人物已经死亡了,结果后来这个人物又出来了,他自己已经忘掉了。我还没有犯过同样的错误,但是差点犯。主要的原因是我在每次写之前想起一个人,我会翻到前面去,把有关这个人物的情节再捋一遍,这样的话就不会出现明显的差错。当然,写得比较成熟之后,尤其是在技巧上或者构思上非常成熟的作家,可以把读者的意见作为一种参考,包括情节上的调整。因为后来整个人物的发展或者走向我很清楚,阶段性的东西我不去解释,而且慢慢地更大的原因就在于实际上在网上骂你的人,或者是表扬你的人只是极少的一部分,真正的默默无闻看书的才是大多数。谢谢!

**四、"塑造角色'需要打造一种新的平衡'"**

宋涵:对于您书中的女性角色,网上的声音是贬多于褒,就像《浩荡》中的江阔、卫力丹、邹晨晨等人对于何潮,《商神》中的范卫卫等人对于商深那样。她们都是簇拥在主角的周围,对主角有痴痴的迷恋,不断付出,甚至是不求回报的。有网友认为这有物化女性的嫌疑,认为这是满足自我欲望的描写大男主的写作手法。那么您在写作时对女性角色的定位是什么?写作时想利用她们达到一个什么样的目的?最终她们有没有按照您的既定路线去走?对于网友的评价,您是如何看待的呢?

何常在:谢谢!你提的问题很犀利,也很有意思。因为我这部作品大部分的读者是男性,而我本身也是男性,出发点肯定也是要为男性写书,这样的话可能就会更好地跟男性读者沟通。其实男性和女性在文学作品的创作上,本质上的创作点是一样的,也就是说其实男性追求的是江山、美人,或者说是岁月与爱情,女性追求的是爱情与事业,只是顺序不同而已。

我们可以看到男性向的小说里边,确实是一路上自然而然地就会不断地涌现出美女的助力也好,合作伙伴也好,甚至有一些有好感或者是有暧昧关系的女性朋友也好,那么这是男性的一种对超出现实的唤醒或者想象。同样,如果换成女性题材的话,它也是类似的问题。比如我们以前看过的《花千骨》,一些大女主戏,结果你会发现,一个女主,她拥有无数的财富、项目,拥有一种地位,同时她还会拥有三个以上深爱她的男人,而且这个男人为了她,不要江山,不要地位,可以为了爱抛弃一切。这样的作品,它整个的出发点基本上都是为了对人性方面的一些渴望和不足进行一些弥补。

当然我在女性的描写上,比如在《问鼎》中,对女性的描写可能还是下过一些功夫,但后来在女性的描写上可能更多的是为了避免给主人公带来太多情感上的纠葛,反而变得更疏离了一点,感觉这样的女性描写得不好。男性作品的优点对咱们来说是大订单,就是说商业上的程度,不足之处就是男性作者对女性描写比较优秀的并不多,而女性作者对男性或者女性描写得比较贴切的还是比较多的。谢谢！

宋涵：谢谢老师！您的《浩荡》相比于《交手》，看得出是一部更加成熟、完整的作品，里面的人物塑造形象更加丰满，人物的性格也不再是一成不变的，主人公也不是完美无缺，而是会犯错的，相信您在这背后也是付出了一定的努力。您是如何做到这样的转变的？

何常在：相比《交手》来说，《浩荡》确实是完成度更高一些。因为《交手》创作的出发点是截取一段时间，然后显示这个人物的成长，这样可能整个时间跨度就不够，所以展示不出来人物成长中更大的改变。有的作品，我在创作之初，设定的时间跨度会长一点，然后会设定人物的年龄的增长、人物的年龄跨度的一些场景。那么这个人物必然经历一个由青涩到成熟再到成功的过程，这个时候，对人物的塑造，比如性格上的描绘，相对来说下的功夫要深一点。当时我创作《浩荡》的出发点有很多，到动笔大概经历了三四年的时间，最早的时候和深圳的朋友就聊过，后来很多故事、很多人物一直在沉淀，一直在碰撞，最终机缘巧合之下，我开始在阿里文学发表《浩荡》。

当然《交手》写的也是我个人的一些经历，当年的起点分裂事件我也是亲身参与其中，只是《交手》相对来说整个事件的背景不如《浩荡》宏大，人物不比《浩荡》的多，而且对人物的接触或者挖掘也不如《浩荡》这么深入，所以说你对《浩荡》的认可还是很中肯的，显然发现了我在《浩荡》背后下的功夫。谢谢！

潘亚婷：您刚才也说您是为男性写作，因为您的作品当中男性角色描写确实是非常厉害，也都非常成功。他们年轻有为，长得也很帅气，智商、情商都非常高，然后也特别地吸引女性，特别是他们在商战当中，在政界当中，在很多复杂的关系当中，都可以游刃有余地去应对。我就很好奇，您在塑造这样的男性角色的时候，是否身边有这样一个人物原型，还是说您是按照您心目当中非常完美的男性形象去塑造的？

何常在：很多人物都是有原型存在的，因为我政商两界的朋友很多。政商两界集中了我们男性里边大多数的精英。当然并不是说他们完全在政商两界，只是这两界更彰显人性，就是在人性或者是在竞争最激烈的时候才更显示智慧。在创作中有艺术加工的成分，这些是不可避免的，艺术毕竟是来源于生活又高于生活的。

我后来尝试着也写了一部以女性为主角的小说，叫《荣光》，在前段时间刚出版，现在正在做影视改编。接下来我还要再写一部以女性为主角的小说。之所以这样尝试，我就是想对现在这种女权主义做一种回应，我觉得现在女性的崛起对我们这世界的各种秩序形成一种新的挑战，需要打造一种新的平衡。现在的女性不管是教育程度，包括智商、情商，都比同龄的男性还要高,所以现在女性的社会参与度高了很多。同时,女性的收入、社会地位、见识,甚至会超过同龄的男性。在这种情况下,她们怎么样才能更好地在社会立足,更好地竞争,更好地为社会做贡献?所以我从这样的出发点来写,正在写一部女性励志的作品。当然,我作为男性,我写女性必然会有男性的影子来折射。所以我觉得这部作品应该是比纯女性写的更有新意,就是很多时候女性对男性的理解和男性对女性的理解之间存在偏差。女性的话,因为本身比较重感情,所以她会认为男性在感情上有威胁,但是男性实际上会理性一些。所以说男性可能是更有社会属性,更愿意得到社会的认可,这之间的偏差也是导致男女之间有误解的根源。我觉得我应该在塑造了这么多男性角色之后,在努力做到中立的前提之下,写一些以女性为主的作品。希望你们看的时候多提些意见。

**五、"网络小说需要语言艺术提升质感"**

潘亚婷:好的,谢谢老师。我还想问您一个问题。我在看您的小说《问鼎记》以及《浩荡》时就发现当中有很多古典文学的运用,比如说《诗经》《楚辞》《孟子》和唐诗宋词这样子。您刚才也说网络文学其实更多地受到传统小说创作的一些影响。我想问您,这是不是您的创作的一个特点?您在创作中是有意地运用这些古典文学知识的吗?您的创作动机是什么?

何常在:网络小说大多继承传统小说,比如我们明清章回小说的一些特征,但其实大多数网络小说,尤其是一些比较火的,大多数并不太注重诗词的运用,反而是语言越白越好。因为现在看书的读者少,由于是短视频时代,我们用网络、手机大多数就是追求一种快速的浏览,很少有深度的阅读。我觉得这也是问题所在。

其实我写的时候确实是有意地运用传统的东西,这样可以更好地提升整个作品的质感,这也使得我的书出版之后的销量比较好。曾经在网上有很多小说,比我同期的小说火,出版社出版之后,销量都远不如我,后来就被砍掉了,也没再出版。我的书出版之后一直是畅销的,我觉得是因为我在文笔的运用上、在对文化的传承上有所注意。我觉得未来还是需要更好地加入一些语言艺术方面的文化,文学确实也需要语言艺术的沉淀,也需要传承。我们不能通篇都用很白的语言来写,这样的小说虽然读起来有爽感,但很难经得起研究,或者是没有美感,很难让人家读第二遍时有收获。我是这样认为的。

袁梦晴:我非常喜欢您的小说《契机》,《契机》讲了一个在职场中逆袭的男性的故事,对很多男性读者有很大的激励作用。观察现实生活中的职场,职场中的女性生存条件仍然异常严峻,您觉得女性在职场中想要逆袭,应该怎样应对职场中各种不公平的待遇,如何保持良好的心态呢?

何常在：你这个想法已经是为走上社会做铺垫。女性在社会上的话,确实会面对一定的不公平的待遇,这个是客观存在的,不能说女性的起点和男性一样。我也接触过很多满怀着热血壮志步入社会的女孩子,几年之后她们会发现,她们想做事情确实要比男性更艰难。可能是性格方面有些问题,比如说男人和男人之间的友谊,可能不需要密切的联系,然后遇到事情或者遇到项目的时候,他们可以达成共识。但是女性稍微要情绪化一些,她可能需要对这个人有好感或者情绪上认可一个人,才会和这个人合作。但是男性的话可能更理智一些,比如说他可能不喜欢一个人,但跟这个人有商业上的合作,或者是有共同的意见,他可以把这个不喜欢掩盖掉,这对他来说无关紧要,我只要跟他合作项目就行。这可能是男女差异的一个关键点之一。当然现在的女孩子比以前要更成熟,也更能应对一些职场里的潜规则,其他的话,还是需要有一定的技巧,就是有一定的自保的应付手段等等。当然还要看你个人对自己的定位是什么,有些人可能适合做一些抛头露面的工作,但有些人可能适合做一些行政工作,不同的人不同定位的话有不同的特点,最关键的一点就是你一定要有自己的这种核心竞争力。你不管去哪家公司,都要把自己最擅长或者是最与众不同的那一点表现出来。这家公司也好,这个项目也好,你在这个里边具有不可替代性,这个时候你面临的所有困扰都会迎刃而解。因为只要你不可替代了,你的作用就会彰显。

## 六、"发掘自己最擅长的一面"

袁梦晴：您在《契机》中塑造的拜金女罗亦、《浩荡》中的依附者辛有风,都让我印象深刻。现在社会上,无论是女性还是男性,仍然有很多"罗亦""辛有风",他们很多人并不是没有能力,但仍然想依靠他人,不努力便获得巨大的财富。您能谈一下您对这种现象的看法吗？或者是对当代年轻人金钱观的看法？

何常在：其实我无意站在道德的制高点来鞭挞或者批判这样的人,每个人都有自己所选择的生活方式,包括现在群里边也好,网络也好,都在调侃,"阿姨我不想努力了",什么"我要找个富婆",这也是现在男性的一个观点。但是其实在我看来,男的也好,女的也好,你想找到一个远超于你自己目前身份定位的一个异性,从这个方面来借力实现阶层的跨越也好,实现人生的小目标也好,这种难度比你个人奋斗还要高很多。

因为什么？包括我接触的富二代朋友也好,官二代朋友也好,就他们而言,他们本身不会去找一个不匹配他们身份地位的人。因为他们很清楚自己要什么,加上从小的家庭教育,他们有的时候其实是比我们普通人更讲究门当户对,更讲究匹配。

我有一个北京同行,是个美女作家,我们关系也挺好的,她母亲经常说:"何老师,多给她说

## 大神的肖像

说,别让她和现在这个男朋友结婚。"为什么呢?因为这个姑娘家里很富有,她本身长得也挺漂亮,也有才华,但是在感情上可能有点"恋爱脑"。这个也可以理解,一个生活无忧的人,往往在感情上比较简单,她觉得世界是非常美好的。她刚从一段失败的恋爱中走出来,就谈了一个歌手。她母亲没有办法,或者说不太愿意再去强迫他们分开,但是她觉得那个男的配不上她的女儿。我也是这么认为的,我说她还小,你不能强迫她,让她自己去尝试一下,她就会慢慢地发现,恋爱的话可能只需要喜欢一个人某一方面就行,但婚姻不行。她现在的男朋友是一个歌手,我也见过,人还是挺老实的,在生活方面对她照顾得无微不至。我说这可以恋爱,但是婚姻不仅仅是一方面,更是全位的匹配,那么他们两个在过了最佳恋爱期的时候,必然会有分歧,因为成长环境不一样,所追求的也不一样。

所以那天去吃饭的时候,女孩子还问我,她说:"何老师,以前那个人在群里面聊他这几个朋友,说怎么怎么的,迷茫啊什么的,但是我不知道他们聊的是什么,我没法插话。"然后我说了一句话,我说每个人的起点不一样,有的人的起点就在别人的终点,所以说他们在北京漂泊的那种无依无靠感,那种努力的挣扎感,你体会不到,他们聊的东西对你来说没有意义,因为你什么都不缺。大家都笑了,确实是匹配这个东西,古人讲门当户对,表面上是很封建的,实际上它是需要匹配两个人的三观、两个人的格局和高度,当这个达不到的时候,那必然就会产生强烈的出入。所以你说现在的这种女孩的依附性的话,也许有极少数的人可以借助这个男人的资源,从人家的东西跳出来,达到自己的高度。当然现实中也有这样的人,但是还是极少数人,就踏踏实实地做好自己就好。

袁梦晴:好,谢谢老师!您在《契机》中还提到了工作能力和交际能力,在当今社会中,关于工作能力和交际能力哪一个比较重要,一直有很大的争论。您在《契机》这本书中多次强调交际能力的重要性,那么您怎么看这两者之间的关系呢?您认为在现实生活中该如何处理好这两者之间的关系呢?

何常在:我觉得主要是看你个人所做的工作是什么。比如说你从事的是研究工作,不需要跟太多的人打交道,那么显然你的工作能力一定要大于交际能力,否则你天天想着去交际的话,你肯定也研究不出成果。如果你从事的就是需要维护人际关系的工作,交际能力必然就很关键了。

你像我们网络作家大部分都很宅,可能网络作家开会或者什么的,时常也有人说,这个作家怎么是这样的。我说大多数网络作家就是不善言谈的,像我政商两界有这么多朋友,但在网络作家里边,我这样的是少数。我在海南有很多朋友,我每次去海南都要见一些朋友,他们从事建筑,从事混凝土搅拌,方方面面,大家都去聊过,都很不错。我那个朋友也认识另外一个网友,跟我关系也挺好的。然后每次吃饭的时候,那个网友一句话都没有。人类性格差别很大,所以说你要发现自己擅长的地方,然后给自己定位,我觉得这个最关键,一定要做自己最擅长的事情,越擅长越感兴趣的,你可能做得越好。所以我其实这些年从写诗歌到写通俗文学到写网络小说,一直是在寻找和摸索自己最擅长的一面,可能最后发现还是最擅长写现实题材。谢谢!

王菡洁:您的小说《中道》用了44天的时间写了70章,仅22万字,相比之前的作品精练得多,但网友觉得您小说的结尾非常仓促。小说最后写到主人公郑道拥有了幸福的后半生,但在他醒来之后,何小羽告诉他,郑伯离家出走了,郑道就怀疑之前发生的一切是真实还是梦境,这给人一种古典小说或者说古典戏剧结尾中黄粱一梦的感觉,请问您这样安排结尾有没有什么特别的用意呢?

何常在:其实《中道》这部小说在网上发的只是一部分,原文比网上要多40多万字,因为出版的原因,所以我在网上只是仓促地给了个结尾,真正的结尾会在实体书中呈现出来。这也是目前网络小说和出版现状冲突下一种无奈的安排。我现在写一部小说大多数不会太长了,七八十万字,出个3本到4本的实体书,也就结束了,所以后来出版商就建议我少写一些庄周梦蝶这样的结尾。

### 七、"用心程度处处体现"

王菡洁:《中道》这部小说讲述了医科大学毕业的中医传人为人处世的故事。读者无论是从文章的标题还是字里行间,都能感受到很浓厚的中医气息或者说中庸之道的思想,小说表达了要客观看待中医和西医的观点。但也有网友表示,小说总体风格偏向实体,觉得您是脱离网文有点久,没有适应当下的市场风格,其中关于医术养生的长篇大论,包括章节标题取名都有浓厚的传统味,并不怎么吸引读者。那对此您有什么样的看法呢?

何常在:其实现在的市场有一种割裂的情况,比如说如果完全地考虑网文读者的话,那么它会脱离影视改编和实体出版。我现在大多数作品比较偏向于出版和影视改编这两个方向。对于网络订阅,不那么看重或者侧重了。因为网络订阅的小说必然要长,如果一部小说达不到200万字的话,它的网络订阅再好,也不会有太好的收益。而我不可能再写那么长的东西,所以自然而然地,我只能侧重于一个方面。比如说我写个八九十万字,再侧重于网络化的话,也很难有好的成绩出现。实际上写《浩荡》的时候我也并没有太多地考虑到网络订阅的市场,因为鱼和熊掌不能兼得。所以在这样一种割裂的状态下,只能是不得已而为之。

## 大神的肖像

**王菡洁**：我在小说中可以感觉到人物的取名和小说的名字有一定的联系，比如，《浩荡》中的何潮、江阔、周安涌、何流、海之心等都与水有关，呼应小说"浩荡"二字；《中道》中的主角叫郑道，有一个"道"字；《商神》中的主角叫商深，与"商神"谐音。请问您这样的设定是不是有意的呢？您有没有什么具体的寓意在其中？

**何常在**：是的，我觉得有些人名的取名是要切合主题的，有的是暗含理想的想法的。比如说《官神》的主角叫夏想，其实你可以说他是"瞎想"，也可以说是"遐想"，还有人引申为叫"华夏的理想国"的简称。总而言之，我觉得在取名上也好，或者是在情节设置上也好，包括我写的《中道》的标题上也好，我从一开始就是要弘扬我们的传统文化和中医，所以确实在取名和标题方面下了一番功夫的。

如果读者了解中医，他会看出来我的小说中人物的名字其实很多是中药名。比如说杜天冬的天冬，还有杜若，它们其实就是很不错的中药材。所以我觉得名字起好的话，会有很多的寓意在里面，如果最后发现的话会会意一笑的。比如我最早的小说《人间仙路》里边主人公叫张翼轸，它其实是二十八星宿里面最后三个星宿的名字集合。开始很多人不知道，包括后面有读者说，你看你这个主角也姓张，其他的网络作家的仙侠小说主角也姓张，你看你连姓也抄袭人家的。他们其实并不知道我真正的用意。而我觉得这也是用心程度的一种表现吧。

**袁梦晴**：我观察到您两本书都有一个特点，就是在反面角色的描写上，一是《契机》中以木恩为代表的反面角色，一是《中道》中以杜若为代表的反面角色，不知是主角人物塑造得强大的原因，还是您有意刻画的原因，从整体上我感觉反面人物是不是过于弱化了？请问老师您在创作中是如何塑造反面角色的？

**何常在**：因为网络小说有个特点，如果反面人物过于强大的话，会压制主人公相当长一段时间，而没有办法解决反面人物，那么就会让读者感觉到憋屈。这就是我之前说过的，网络小说和影视作品的一个最大的区别，就在于它们的出发点，从本质上来讲有很大的区别。它是两条路，影视作品需要人物之间产生强烈的冲突、强烈的拧巴，但是网络小说需要的是足够的爽感、足够的外挂。如果你看现在目前正流行的网络小说，会发现那里边主人公自带系统，就是说主人公一出场脑子就自带系统，系统会自动地给他增加技能，而且技能的获得是很轻松的，基本上不需要什么磨炼。不用解释这个系统是怎么来的，他就是带个系统，可以变化，可以成长，可以获取经验值，等等。所以说为了迎合读者阅读网络小说时获得短暂极度满足感的心态，我的一些书里边还是不可避免地带着早期网络文学创作的影子。就像我觉得聊天嘛，就是要聊一些愉快的话题。那么写小说也要写让别人觉得开心的故事。同时我觉得在开心的同时,要蕴含一些自己的想法,这才是写小说的初衷。

宋涵:看得出您作品中的主角就有您的影子,比如说《浩荡》中的何潮、《交手》中的何方远。您是一位有野心并且有过人眼力的人,您相信时势造英雄。那么对于当下网络文学的发展形势,您有什么样的看法？未来您在网络文学方面,除了写您提到的关于女性犯罪的作品,还有什么样的规划呢？

何常在:我认为网络文学发展到今天,已经形成了一股浩浩荡荡的大江大河一样的态势,必然由量变产生质变,从而出现可以流传的,可以沉淀下来的经典作品。对我个人而言,我未来主要还是从事现实题材方面的创作,可能会写一系列以青年为主角的作品。比如说以每个城市为代表,北京青年或者上海青年、深圳青年,以他们的精神面貌来展现我们国家目前最真实的蓬勃向上的状态。青年代表的是未来,以他们来折射我们国家的未来。

周志雄:刚才是我们几个研究生对您进行的提问,这几个同学读您的作品比较用心,读得比较细。实际上对今天来参与讲座的其他同学,我也布置了阅读作品的任务,他们也准备了一些问题,那么下面就是自由发问的阶段,大家就随意问,这个机会非常难得。我觉得何老师既能写又能讲,这个能讲就意味着他对很多问题都有很清晰的理论认知。有很多网络作家是能写但是不能讲,他能写出来,但是你要叫他说出所以然,他说不出来。

吴长青:我和老何是同龄人,我们俩的成长经历很相似,为什么呢？我们那个时候就是受出版的影响,我们那时候算是小镇青年或者小城青年。我还记得当年的乔叶,她现在成长得也非常好,当时她就是在《青年文摘》上写文章。慢慢地因为生活境遇的问题,每个人走上了一条不同的分岔道路,常在一直在这个行业中坚持。他刚才这一番谈话其实说了很多,他写作的转型,其实和社会的整个意识形态,包括出版政策都有关联。何老师的创作历程也是我们这一代人或者叫作中下层写作者的一段奋斗史。何老师的这种写作史本身就是中国写作史中作家成长史的一部分,但这一部分被遮蔽了。我们很多的光环都瞄准了一些大作家,像毕飞宇、王安忆,但他们的家庭背景和成长历程与我们有很多不同。我在文章里写到过,对何常在这个作家的研究,其实就是对中国基层写作者的研究。

我觉得对何常在的研究不光光是研究他小说写作的状态,更重要的是他的这种成长,就把它放在中国出版业以及中国的县城或者说小城市作家的成长史这样一个宏大的背景之下。常在现在遇到了一个非常好的契机,就是国家现在对网络文学、对现实主义题材的重视。

何常在:是的,很多事情可能没有办法和同学们深入地交流,但是我一直强调的是我们在适应这个时代,适应这个环境,然后我们再做出自己的改变。我们换一种语境来说话,换一种方式来表达，还是要一直对话下去，对话还是最关键的。

**八、"专业和故事之间达到平衡"**

刘家玲：我想问您一个问题，就是前段时间周老师他们做了一个关于网络作家的调研，很多作家在讲到自己创作困境的时候，都说涉及知识性和专业性比较强的内容时，在收集素材或者是如何介入生活中，进而反映到自己的创作中时感觉到比较困难。我看了您的《中道》，里面有很多涉及中医文化、传统文化，还有很多在文章中也引用了《黄帝内经》这些古典典籍的内容。我想问您在写这部书的时候，是否也遇到这样的写作困难？在准备写这部小说的时候，您又是如何收集整理素材的呢？

何常在：其实写作中涉及专业性的或者知识性的问题，我们每个人都会遇到，毕竟我们不是这方面的专业人士，但是我一直爱好比较广泛，对中医、哲学、宗教等都有涉猎，并且完成了大量的阅读。以前每天都会看很多这样的东西，包括现在我每天也会最少花两个小时来阅读这些，所以我本身也有一定的积累。当然，更专业、更深入也很难达到，因为毕竟不是专业人士。如果从小说的角度出发，我们也并不需要特别专业、特别深入的东西，因为读者对这些非常专业的知识，缺少足够的兴趣去了解。

当然，我们要做到在专业和故事之间达到一个平衡，把它作为一个桥梁，把读者的兴趣点也引入进去，这个就需要一定的技巧。一个作家整理自己所知道的知识，并且用故事的方式把它讲出来，这个过程还是比较艰辛的。我在写这些中医题材的小说时候，有很多想要表达的东西，比如说我要表达一个理念，如何养生，如何爱惜身体等等，但是又不能写得过于直白，也不能完全从理论的角度来讲，那样的话就失去小说的意义。

但是如何更好地用故事讲出来，如何设定人物、设定情节？这个难度就大于那种纯粹的爽感的小说。但是总会有人来从事一些艰难的或者开拓性的工作，我也一直希望有更多的同行者，还希望我们的同学也能够有机会加入这个行业中。

刘家玲：您之前谈到您最新的作品是偏向实际风，像您的前一部作品《男人都是孩子》，关注的是中年人的婚姻家庭问题，而《中道》关注的是中医、中庸之道这些思想。可能有些读者并不买账，但是我们也知道在网络文学领域，就是读者为王，读者对您偏向实际风的作品并不买账这件事对您以后的创作是否会有一些影响？

何常在：2014年之前我一直在起点中文网，后来我从起点中文网出来之后一直走的是实体创作的路线，对我本人来说直接走出版的路线也可以，就是说我可以不再考虑网络市场。比如说我一本书20万字，我可以出一本书，它也会作为一个IP的存在。但是20万字的小说放在网络上,还没到收费的环节,一般网络上 30 万字以后才会收费。所以说从长度上来考虑的话,可能就没有办法更多地照顾到网络市场。在这种情况下,我会更多地去考虑一些我想要表达的东西,对于想要命中的一些读者群,我觉得也不一定能兼顾。也许有一天我想写一部轻松活泼的,什么都不考虑,只想跟网络读者互动的网络小说,这个时候我可能会抛掉所有的束缚。这个看实际了。

周志雄:我们这些同学还是有点羞涩的,有些同学把他们的问题发给我了,我来把他们的问题念一下。这是关欣同学问的一个问题,她说:"《浩荡》写的是青年人在深圳创业打拼的故事,您用网文这种形式来写改革开放这一严肃的题材,有没有什么需要特别注意的地方?"

何常在:《浩荡》虽然是放在网络上,但是实际上我写的时候,并没有完全按照网络上爽文、穿越文的风格来写,我尽量用了一种稍微偏向于实体出版的风格来写《浩荡》。而且《浩荡》这部小说,我其实之前也酝酿了好几年。但是现在网络上也有一些,比如说《大国重工》《朝阳警事》这样一些同行作家写的现实题材作品,也是非常好看、非常耐看的。它们有网文的特性,但是也有描述我们改革开放或者历史进程的一些真实事件,我觉得这也是一种尝试和一种摸索。我觉得这种表现需要我们更多的摸索。在传统作家缺席我们现实题材创作这种状况下,网络作家更应该担起重任,探索一种更好的表现形式。我觉得需要一个探索期。

周志雄:好的。戴婷婷同学有个问题想问您,她说:"《中道》小说的结尾仿佛所有的故事都是郑道的一场梦,小说中的许多伏笔和问题都没有解决,您下面是不是要写第二部?"

何常在:《中道》已经签了出版协议,应该明年会出版,大概有两册,40 万字这样。它会将网上没有放出来的部分补上,会有个比较完美的结尾。

**九、"人生没有白走的路,每一步都算数"**

周志雄:这是丁昊同学的一个问题,他说:"您的创作领域很广,古风、现代题材都有,这两种风格差异还是很大的,您是怎么平衡这两种风格的?"

何常在:我感觉有时候我的创作风格可能会与当时那一段时间的情绪还有生活状态有关,比如说有一段时间可能生活状态比较平稳,事情少,情绪上来的时候,我就写了一部《朝堂》这样的历史小说。但是这段时间可能接触的人比较多一些,了解的商战的东西多一些,就会写一部商战小说。所以我觉得每一个人的经历都是有用的。借用一下歌词来说,就是"人生没有白走的路,每一步都算数"。我当年在报社工作的时候,我觉得我差不多耗费了两年的时间,一事无成,也是很焦虑的。但是正是那段时间的经历,奠定了我后来写《官神》也就是《问鼎》的基础。所以说从这件事情上我就发现了,人生中有段时光,你觉得很迷茫,很虚度或者上下求索的时候，不要着急，沉淀下来回头再看的时候，这都是财富。

周志雄：这是杨春燕同学的一个问题，她说："我在网上看到《浩荡》在阿里文学的运作下，已有影视改编的计划，您觉得《浩荡》具备一个爆款 IP 的潜质吗？"

何常在：《浩荡》现在有阿里影业在做自制剧，也就是阿里影业全部控股。我和阿里影业的制片人也接触过几次，他们对《浩荡》还是寄予厚望的，因为阿里影业的老总和深圳市政府都非常喜欢这部作品，所以前期改编也下了很大的功夫。光编剧的话前后接触了有几十个，我现在刚定下来编剧。因为他们非常慎重，明显是要打造一部能拿得出手的、能沉淀下来的大时代剧。至于能不能形成爆款，我觉得取决于很多因素。比如说中间的剧本阶段。我一直认为 IP 只是一个原材料，形成爆款的话需要有剧本的阶段来加分，还有制作团队的加分、导演的加分、演员的加分，每一个环节都不可缺少。如果有某一个环节减分的话，就会影响一个爆款的诞生。但这些环节对于原著作者来说，有时候是不可控的。所以说我们只能希望《浩荡》能最终成为爆款。

周志雄：我们预祝《浩荡》能成为爆款。下面有没有同学还有问题要问？没有的话我来提一个问题。我读了您的小说，我们也有过多次的这种不太充分的交流。我觉得今天听了您的报告之后，对您的了解更多，敬意又增加了很多。在您的小说里面，您写到对很多东西有点了解，但其实并不是特别熟悉，这个时候您是需要去下一些案头功夫的。还有您谈到您生活中就有很多政商两界的朋友。网络作家里面，我可以这么来描述您：您是一个追求作品的含量和厚度的作家。那么这样一个过程，实际上就是一方面面向现实去做一些调研，另一方面从自己身边的这种朋友关系网里面获得很多的东西。今天您的讲座里面有一个方面您没有讲到，而同学们也没有问出来，就是一个好的作家肯定也是一个好的读者，我相信"读"这肯定是一个非常重要的方面。您在写作的过程当中，这些年您读了哪些书，是怎么样去读书的，阅读是怎么样提升您的写作、影响您的写作的？就这个方面能不能给我们介绍一下？

何常在：说到读书的话，我读的书还是比较杂的。当然现在的话，读书大多数的出发点是学以致用，可能我想要写个什么东西的话，我会找一些相关的专业的书来读。但是在最早的时候读书是出于纯粹的兴趣，其实我们这一代人的成长中，相对来说武侠小说对我们的影响还是比较大的，像金庸、古龙、梁羽生的小说。如果是现实题材作家的话，就是路遥。还有当代作家陈忠实、贾平凹，他们的小说我读得也都不少。

相对来说其实我读国外的名家作品并不是很多，只有一部分，我可能更喜欢我们中国传统的东西，同时古书读得也比较多一些。像宗教类、哲学类的书，我一直比较感兴趣。现在对于一些现代科学类的,像量子领域的,包括宇宙方面的东西,我也看了很多。其实我个人最喜欢的是两种题材,一种是现实题材,一种是科幻题材。也就是说立足于现实,展望未来。

所以就目前来说,我会看一些我可以直接拿来学习的、有用的书。比如我写《中道》的时候,我会读《黄帝内经》,了解中医。其实你越读中国的古书,你越会发现我们古人的博大精深的理念,很多到现在依然不过时。包括我们为人处世的道理,在国际上的定位,其实一直也是走的一个"中道"。

周志雄:其实我们有同学对您日常的生活挺感兴趣的。我想问问您的日常生活是怎么安排的?成为网络作家之后过着一种什么样的生活?每天时间是怎么安排的?

何常在:其实我基本上就是两种生活状态,一种就是在家创作的状态。在家创作的时候基本上一天下一次楼。早上6点多起床,看上两个多小时的新闻,看各种感兴趣的话题,还看一些财经文章。大概9点开始写作,会写到12点,然后中午会午休一下。下午大概3点开始写作,写到下午5点半。晚上基本上就不太写作,会看电视剧。因为我现在有往影视剧本创作方面转,也投资了一家影视公司,所以说现在比较流行、比较火的中国的电视剧,韩剧和美剧,我都在看。

我晚上不写作的,因为我一直是坚持白天写作,所以我的作息还是比较正常的。另一种是在外面的状态,比如说在什么地方出差,这个时候基本上不写东西,都是见朋友谈项目聊合作,或者是深入生活。其实和他们接触起来,哪怕谈项目最终不成功,它也是素材的一种。当然有的时候也参加作协的一些会议。我的日常生活基本上就是这种状态,其实说起来还是比较简单的。

周志雄:我们安徽大学毕业的一个作家叫六六,她现在是个很有名的编剧,她早期也是在网上写作。我们问到这个问题时,她描述她自己的生活状态,觉得现在每一天都是好日子。她当时通过这种在线交流给我们展示出来的那种精气神儿是特别饱满、特别舒展,让人也特别愉悦。你就感觉到她是一个实现了财务自由,进入了一种精神自由的状态。您也是中国网络作家富豪榜的上榜作家了,都是收入千万以上才能进入排行榜的。可以这么讲,您也是实现了财务自由。写作确实改变了您的人生命运。那么在实现这种财务自由之后,您对自己未来整个的写作有没有一个更大的规划?

何常在:说到财务自由,我觉得为时尚早。因为现在就我财务方面来说的话,温饱肯定是没问题的,但是说真正地实现随心所欲的自由还是需要再努努力的。我未来有可能的话,一部分精力会转移到影视剧本创作方面去,另一方面我们会更多地深入社会去做一些事情。对于写作方面,会更注重厚度、深度以及树立一些精品意识,每年写二三十万字或者40万字以内,就是出版一本到两本书的样子,不会再真正地做那种长篇的连载,因为现在时间上、精力上都不太允许。而且我想要去涉足一些我感兴趣的点,比如我想写有关中医的,或者写年轻人的三部曲,或者写有关哲学的、科幻类的这些东西。就是说陆续地会有这样的规划,根据实际情况一步步地来实现。也许到退休之后会写一些自己真正感兴趣的,不再考虑任何市场的作品了。对每个阶段我觉得需要不同的规划。

周志雄:我问最后一个问题,今天确实时间有点长,机会也确实很难得。我想听听您对网络文学研究有什么建议或看法。

何常在:我觉得网络文学研究现在已经步入了正轨,也逐渐地形成气候了,但是没有完全形成一个规范的体系。我的看法是梳理一下我们这么多年来的网络作家,他们在每一个领域的行业地位,拿出他们的代表作品,然后做一些系列的理论上的指导,用一两个指定的评论家或者导师来跟踪,深入地了解他们的成长轨迹,然后将他们在整个作品中的思想变化梳理出来。

网络文学发展到现在,好多在各个行业、各个细分领域的作家,已经拥有了他们巅峰的时期或有代表他们思想内涵或者未来方向的作品,所以我觉得把这个细分一下,然后从每个分类里边拿出一两个人来。这样的话,可以更好地为我们未来的网络文学发展树立一个典型,从而引导网络文学的发展。

**十、"保持热爱,不忘初心"**

何常在:其实我们那一批最早的网络作家,谁也不会想到网络会发展到今天的规模,所以当初进入网络文学领域的时候,真的不是为了赚钱。赚钱的话,当时真的是看不到多少希望。我在写《人间仙路》的时候,大概每天更新6000字,一个月是18万字的样子,当时每个月的稿费是1000多元。而我之前给杂志写稿子,一篇3000字的稿子,能拿到3000元,所以它们的差别是极大的。但是我用了一年的时间写完这部160万字的《人间仙路》,是出于兴趣爱好,出于表达欲望。我觉得我这本书写出来,有1个人看、10个人看就是一种认可、一种满足,正是因为这种出发点,所以到现在我们还在继续写作。靠这种兴趣、这种动力去写,是会比用金钱写作的动力更持久,而且更能产生有思想的作品。

而现在对网络文学这种过度的宣传,导致了现在很多新人进来,都想一书成名,然后赚大钱。我接触的人比较多,包括政商两界的人,网络文学市场其实并不是一个大市场。我们网络文学顶尖的一些人和外边的一些商业上的人士或者其他的一些人来相比,算起来还是很贫穷的,跟他们相比,差得很多。所以说我们网络文学的作者认清自己很重要。要更多地传达社会主流价值观,要多出经典、多出精品,我觉得这个才是网络文学,这才是文学的本质,是文学之所以流传或者存在的本质。

周志雄:好,何老师讲得非常好。听了您这个讲座,我觉得非常受启发。卢梭讲:"人生而自由,却无处不在枷锁之中。"我觉得我们这些同学不一定能听出这里面的这种限制。对于一个作家来说,我们听何老师讲他个人的成长道路,讲他对网络文学的一些理解的时候,我不知道大家能不能听出来其中的这种限制。因为我们知道何老师一开始是写诗,写报刊上那种稿费非常高、语言非常优美的文章,后来做记者时写新闻稿,再后来转向写网络小说。何老师写网络小说时,官场小说还是比较火的,那个时候也出了很多官场小说。在当时的纯文学界,王跃文、阎真等作家的官场小说受到了读者热烈的欢迎。例如,李佩甫的《羊的门》,像这一类型的小说在当时是一个很热门的题材。因为对于书里所描写的一些事情,我们好像听说过,但背后是如何运作的就不知道了。读完这些小说后,我感觉对我们这个社会好像更了解了些。网络文学的风向也一直在发生改变,面对这种现实,您的创作需要再次发生转变,于是您开始由官场小说转到商战小说,您开始写青年人的创业问题。我觉得您在写作中所做的每一步转变都是非常好的。

也正如您刚刚所讲,互联网的确给我们这个时代的很多人带来了机遇。您有这么丰富的经历,通过不断地创作,最后找到了一个适合自己写作的题材和方式,这种方式即您刚才描述的在时代的裹挟当中进行创作。这个时代把我们带到了这样一个环境当中,作为一个写作的人,既要养活自己,有一些现实考虑,又要有自己的兴趣,有自己的文学追求,还要有更强烈的社会责任感。这些东西如何有效地统一,我觉得您做得非常好,您在摸爬滚打中找到了这样的一种方式。

您在前期写的那些小说都很优秀,当然,您后面应该会有更好的作品。从目前来看,《浩荡》应该是您代表性的作品。《浩荡》能写得这么好,和您前期的积累密不可分,是您很用心用力地做了几年准备的成果。所以《浩荡》一经发表能获得这么多的荣誉,产生这么好的反响,是理所当然的。我们国家现在也正在大力倡导网络文学作家写现实题材,《浩荡》这本书是符合我们国家时代发展要求的。我相信您在写的时候,并不是因为国家倡导您才去写这个,而是因为这是您生活当中所熟悉的题材,您是从自己熟悉的生活出发,把自己这些年来写网络小说的经验融入其中。这部作品完美地演示了爽文模式如何较深层地介入现实题材,同时不失文学的品质。我觉得今天您在讲座中提到的这一点是非常好的。

同时，我观察到您在今天的讲座中提到，在如何将爽文模式与现实题材相结合的问题上，您采用的是"重现实"的写法。在这个问题的处理上，您已经有了一个比较成熟的经验。就像有评论家总结的，您的小说里面会有比较成熟的经验，有复杂的矛盾，和一般的爽文不同，一般的爽文总是一条线爽下来。有的作家的小说中只有几个人物、一条线索，这样写作的难度便会大大降低。但是您的小说里面有多条线索，有很多人物，这些人物的命运、性格，在多个角色关系中被塑造、被改变，而不是一成不变的，实际上这种写法对作者来说是有一个更高的要求的。我认为能够写出那么多条线索，那么多复杂的人物关系，可见您的文学功底是非常深厚的。我认为"重现实"确确实实是一个很好的写作方向。您也说了，如何在这条"重现实"的写作道路上去坚持、去突破，如何把它与其他方面结合得更好，您还需要努力，需要探索。我相信在这方面您一定会取得突破性成果的。

我感觉您的创作已经进入了一个新的阶段，用我们时下的话来讲就是追求精品化、追求文学品质的一个创作阶段。这也是很多网络作家写到一定程度会发生的一个必然转向。很多作家写作初期需要日更，有的一天要写上万字，我认为这是处于二三十岁的年轻作家可以做到的。当有的作家有了一定的名气，积累了很多经验的时候，他不需要写那么多的文字来证明自己，他由追求文字的数量到追求作品的质量，对作品的品质有了更高的追求。这时写的30万字所产生的社会效益相当于以前写的300万字，有一种以一当十的效果，我认为这是一个作家非常成熟的表现。

在今天的问答环节，您讲了很多内容，涉及网络小说在线上连载和出版、影视改编之间的差异，还有关于性别角色的问题、性别意识的问题、男性形象和女性形象不同的问题，您还提到了您现在开始有意识地去写以女性为题材的小说。我觉得这是非常好的，从中可以看出您是一个有宽广视野的作家，敢于去尝试不同的写作。很多网络作家只写某一种类型，并没有很多的变化。他不敢去变化，因为他觉得变了之后，他的读者粉丝就会丢失，我觉得这个方面您也是做得非常好的。还有我觉得您有很好的继承传统的意识，同时有历史的使命感。您一开始就讲您到监狱里面去和犯人交流，讲到文学作品应有道德意识，文学作品中价值观对读者的影响。我觉得这方面是很多纯文学作家的作品中所没有体现的，因为在纯文学领域，作家是不为道德负责的，作家只是去呈现、去揭示，不是要去教化某个人，但是我觉得网络作家在这个方面和纯文学作家是不一样的，追求是不一样的。

网络文学受到国家提倡，也受到读者欢迎，同时对我们的青少年成长也非常有用，因此在这个时代它必然是受到重视的。所以我们说网络文学未来的发展是非常可期的。但这在实际上也对网络文学作家提出了一个更高的要求,即如何提高网络文学的质量,承担社会责任。我们可以观察到在今天这个时代,网络文学作品很多,写作的人很多,但是它会进入一个网络作家"写作500强"的时代,可能不需要那么多的网络文学作家。我们发现现在真正有影响力的网络文学作家也就100多人。实际上有很多人写作只是跟风,他的作品不具备研究的价值,网络文学时代有大量的这种文学泡沫。我们今天这样一种交流方式,其实也是我们在高校里面做研究的一个很重要的方式,让同学们和作家进行交流。同学们通过读作品,要能够辨别哪些作家是好作家,通过这样一个交流的过程去了解网络小说写作的规律。

网络小说目前受到人们很大的质疑。我认为很多人看不到网络作家的不得已,很多时候人们的批评是简单化的。比如有的人在读了网络小说之后,说它思想含量比较低,说这个小说的艺术手法很简单,语言也很一般。当人们做出这样的一些批评的时候,其实他们并不了解网络小说到底是干吗的。网络小说本来就是一种大众的、娱乐化的东西。当我们看到这些小说的时候,我们要找的就是您刚才所提到的那些内容,即如何将现实和网络小说相结合等。网络小说既要让读者喜欢看,又要体现作家自身的这种文学性的追求,二者怎么样去兼顾,我觉得是值得深思的一个问题。

其实网络小说里面蕴含着这个时代的一些新的创作经验,这些创作经验是需要我们去挖掘的。比如说在对现实主义继承方面,它从巴尔扎克时代那种批判现实主义潮流中吸收了直面现实去写不同人物类型的一面。但是我们的作家和巴尔扎克不一样,我们的网络作家更多要写欢愉的东西,写欢脱的东西。那种丑陋的、肮脏的东西在小说里面可不可以写?它是可以写的,但是它的成分不能太多,太多的话它就不能在网络上生存下去。因此我们说作家有时候是不得已的。

您今天也讲到目前网络小说现实题材的三种形式:重现实、轻现实和伪现实。这也和我自己想提出的一个概念相关,即网络现实主义。我认为从文学的角度来说,所有的写法都是可以的。文无定法,不能说一种写法比另外一种写法高,而是说作家如何在同类型里面,同样一种写法里面做到最好。我觉得您今天的报告、您的作品,实际上向我们展示了网络现实主义是有很大的发展前景的,也坚定了我们对网络作家的信心。未来中国的网络文学是应当与现实相结合的。

我对您刚才提到的一个话题也是非常感兴趣的,您说您将写城市青年三部曲,写我们这个时代不同城市的青年,描写他们的精神面貌,把这种带有地域性色彩的东西呈现出来。就像巴尔扎克在谈到他写《人间喜剧》的时候,说他的写作理念就是要用他的小说把这个时代记录下来。若干年之后，人们看他的小说能够获得非常丰富的对这个时代的观感和体验。其实这就是对经典现实主义的另外一种传承。

您刚才讲到有关您的生活，您在生活中会去看电视剧，会去关注一些热门的东西，这其实也是网络作家应当具有的优秀品质。因为我们把网络文学定位成一种大众文学，它是一种大众文化。其实作家应当去积极地吸取这种媒介传播的东西，因为我们的网络文学不单是文学，它必然要产生更大的社会影响，所以它需要影视化。影视化其实是对作家写作提出了更高的要求，在写作的时候，作家要思考如何具备影视编剧的素质，具备这种大众文化的视野和思维。我在跟很多作家交流的时候发现，他们都有意识地去思考如何将作品影视化。比如说有一个山东作家高楼大厦，他说他每周都会到电影院去看电影，所有热门的电影他都会去看，这也是作家积极地从影视剧中吸取有效经验，然后写到网络小说里面的表现。

那么我们这个时代的网络小说到底是什么？我认为它既有纯文学的东西，也有传统文学的东西，还有我们当今的这种大众文化的东西，同时包括了主流价值观所要求的这种责任感以及担当意识。那么在融合了这么多要求中，哪一个作家能够达到相应的高度，创造我们这个时代的精品和典范？我觉得何老师您的作品已经显示出了这样的气象，因此我对您未来的写作是充满期待的。以上就是我今天听您讲座的印象和感受。

我们今天这个讲座进行到现在已经有两个半小时了，何老师今天这个讲座非常好，信息量非常大，我相信我们同学和我一样都是非常有收获的。今天通过这样的交流，我相信我们的同学对您的作品以及对网络文学都有了更深的理解。

正如您刚刚所说，我也认为在网络文学作家研究方面，是需要对作家进行跟踪的。现在一个作家的创作风格可能是这样的，过一年两年可能又是另外一个样子，作家创作是有不同的写作周期的。您刚刚谈到您将您退休之后的写作计划都规划好了，我相信您是一个有事业宏图、有很高目标的作家。我们今天的交流只是一个开始，我们期待以后与您有更多的交流，也期待看到您更多的作品。今天这个讲座到这里为止就结束了，非常感谢何老师，也很感谢各位同学，谢谢大家的参与。

# "每一部作品都是对自我的治愈"
## ——蒋离子访谈录

**访谈人：**

  蒋离子，著名网络作家、编剧、中国作协会员

  周志雄，安徽大学教授

  魏晓杰、戴婷婷、闫敏等，安徽大学文学院研究生

访谈时间：2020年11月5日

访谈途径：腾讯会议

### 一、"如果说没有了写作这件事情，我可能更不知道自己是谁"

**周志雄：**我们今天请到的是蒋离子，我先介绍一下蒋老师。蒋离子是非常著名的网络作家，中国作协会员，也是编剧，还是浙江省作协戏剧影视文学委员会委员、浙江省网络作协理事、丽水市作协副主席。她的主要代表性作品有《半城》《糖婚》《老妈有喜》等，获得了很多重要的网络文学奖项，比如"茅盾文学新人奖·网络文学新人奖"、"金键盘"奖、网络文学双年奖，有多部作品入选中国作协重点作品扶持名单，入选2018年优秀网络文学原创作品推介名单。蒋老师作品的题材领域主要是当代人的情感、婚恋生活。在我们现当代文学领域，像张爱玲、苏青、张洁都在写这样一个领域。确实是20世纪女性解放和性别意识的觉醒，使这些作家在这个领域留下了很多优秀的作品。蒋老师的创作态度非常严谨，追求作品内涵，是一个富有现实关怀的网络作家。今天分享会首先由蒋老师来给大家讲一讲，然后由我们三位研究生同学魏晓杰、戴婷婷、闫敏来主持今天的这个活动。我们先请蒋老师开讲，后面再由我们的同学来提问。我就介绍到这，下面请蒋老师开讲。

**蒋离子：**好的。之前志雄老师跟我说这个事情的时候，我也很高兴。为什么？因为我最近在写一本新书，最近写新书的时候，我就遇到了瓶颈，很需要听一听别人的声音，跟大家聊一聊有关创作的东西。我跟志雄老师讲了，我今天来聊，肯定是毫无保留地跟大家说一说我的作品，到时候我们互动的时候可以聊。我现在主要讲一讲我的创作经历，不知道大家感不感

大神的肖像

兴趣？

周志雄：我们很感兴趣。

蒋离子：我是从19岁开始写小说，是什么原因促使我写小说的呢？因为19岁那年大一的暑假我被查出来得了挺严重的抑郁症，然后我就休学了，去接受治疗，吃很多药。就在那个情况之下，我开始写小说。我不知道你们身边有没有得抑郁症的朋友，其实得了抑郁症不是说每天很伤心、很难过，而是什么都不想做。比如说在正常情况下，我要去洗脸，我要去洗个头，我会马上就站起来去做这些事情了，可是对抑郁症患者来说，去洗脸，去爬起来喝一杯水，都是需要莫大的勇气和力量。那个时候我什么都不想做，对任何事情都没有兴趣，但是我就发现我特别想写作。

那个时候刚好休学在家里，我就拼命地在电脑上码字，写各种东西，然后去各种网站发表。那个时候网络文学的网站还不像现在这样多，志雄老师知道，那个时候主要就是红袖添香网站、91文学网、天涯论坛，还有榕树下这些网站。我就写一写那种小短文什么的，后面慢慢地才开始去写长篇小说。

我写的第一部长篇小说是2005年出版的。从2005年到现在刚好是15年。我得抑郁症这个事情，也陪伴了我15年的写作。现在我能够说出来是因为我觉得如果没有抑郁症的话，可能我也不会去选择写作这条路，我觉得好像也不是什么很严重的事情，最起码我现在能够坦然接受。就是说这两件事情已经成为我生活当中的一部分，我不会觉得我和别人不一样。

我写的第一本书就是《俯仰之间》，那个时候我刚好19周岁，2005年的时候写的，这里面还有我那个时候的照片，比较年轻，可能看不清楚。可能大家都很难找到这本书了。对那个阶段的我来讲，写作主要是抒发个人情感的一种渠道，就是我需要一个东西去承载我的情绪。当时我没有想太多，比如说我需要用写作去完成我的使命，或者是这会成为我未来的工作，我从来没想过这些事情，只不过在写的过程当中，我突然觉得这是一件很快乐的事情。

到了2006年的时候我写了《走开，我有情流感》，写这本书的时候我还换了一个笔名——邓芷辛。这两本书都是属于青春文学的风格，读起来非常轻松。运气也是挺好的，在网络上连载的时候，就有编辑来找我了。他问我有没有兴趣出版这两本书。当时作为网络文学，它的出版是以台湾那边为主，在大陆出版好像还不是很常见，但当时编辑找到我的时候，我还挺开心的。本来是自己写着玩玩的，突然变成我真的要出一本书了。这种东西带给了我一些成就感，让我觉得我好像应该继续坚持下去。到2008年的时候，我就出版了《婚迷不醒》，也是先在网络上进行连载的。这本书写的是80后婚姻的故事，市面上可能还没有这种题材。这本书的影视版权什么的卖得比较早。这本书是2008年出来的,那个时候还没有IP热或者是IP这样的说法,只是说这本书可能会被买去,要拍电视剧之类的。当时对方把价格跟我说了一下,我就觉得原来写书还能挣到钱。我当时心里咯噔一下,很惊讶,后面在想翻拍成影视剧的时候,最终因这个影视公司垮掉了,所以这个项目就没有继续下去。去年还是前年版权又续了一次,也是说打算拍电视剧。大家可以发现我前两本书完全是比较情绪化的写作,直到这本《婚迷不醒》,写80后婚姻。这是我第一次在作品里去写群像,就是里面人物很多,有好几组不一样的人物,男男女女,一对一对的,包括写他们的家庭,这都是我第一次尝试的人物创作。

我觉得从前两本书过渡到这一本书,对我来说是一个成长。因为当时我刚好是20来岁,要面临爱情、婚姻、工作、生活这些问题,这些东西交织在一块,让我看问题的角度和写前两本书时的感觉就完全不一样了。这些现实题材对作者来说是非常有魅力的。在你成长和生活的过程当中,你会吸取到各种各样的营养,收集到各种各样的素材,你可以把生活中包罗万象的东西都写到你的书里面去,这个是非常有意义的。玄幻小说的创作讲究脑洞、想象力,但是作为现实题材,更要讲究的是观察能力和对事物的理解能力。这本书用的笔名也是邓芷辛,网络上应该有电子版,这本书电子版的收益也是可以的,当时刚好大家开始看电子书。当时有一个移动网上书城,编辑跟我说这本书这个月的收益时,我都不敢相信,觉得太不可思议了,因为那个金额是我之前完全没有想到的。因为我这个书与很长的那种网络文学作品相比,字数挺少的,所以在网络上得到了关注点击,甚至有人会去买它的电子版本来看。

当时我完全没有想到,我再次出书的时候是2018年了。从2008年到2018年差不多有10年的时间,我都没有再出书了。我很少再有作品了,大家都以为我是不写了。为什么?后来我自己分析过,二十几岁的时候,灵感这个东西是随取随用的,我想什么时候写,什么时候坐下来就能写,有的时候写得很有感觉的时候,一天写两三万字都是一件很轻松的事情。可是到了一定的年纪,你就会发现灵感喷薄而出的时刻很少。生活给我的养分不是很多,我的经历、阅历都是很少的。说起我的写作技巧,我不是科班出身,写作技巧这种东西几乎是没有的。那个时候我就黔驴技穷了,我不知道该写什么。所以中间10年时间我做过很多的事情,自己创业过,做过各种企划以及和文字打交道的工作,中间也当过编剧。这10年中,我就经历了生活中种种事情,是很有意思的,有的时候很艰难,有的时候又很开心,就是这样一系列的过程。

后来到了2016年的时候,我当时在写剧本,那个时候我就想能不能再试着回去写一下我的小说。《糖婚》是从2016年的时候开始写的,2015年的时候在构思,那时还没有完全想好我到底要写一个什么样的故事。到2016年的时候,我突然就想到我就写一个婚姻的故事,要么

## 大神的肖像

写离婚的故事,要么写结婚的故事,就《糖婚》而言,我就想写一个离婚的故事,因为当时离婚率挺高的。我感慨怎么就那么多人选择了洒脱地走出婚姻。不管是主动还是被动,他们都走出了自己的婚姻。我就想研究一下这一群人是怎么样的生活状态。当时写的时候真的没想太多,没想说我这本书一定要卖出版权之类的。我觉得那个时候我内心有一个声音说:应该回去写小说了。所以我就完整地把这本书写出来了。电子版有七十几万字,出版的时候我把它缩减了一下,稍作修改,有了这样一本大概30万字的书。

这本书给我带来了很多的东西,像刚才志雄老师讲的一些奖项,还入选过一个数字阅读十大作品,包括它的版权、运营也挺不错的。所以我感觉这10年的时间对我来说也没有白费。我经历了人生,经历了生活,就我自己的感受来讲,我觉得要创作现实题材是离不开生活的。肯定是先要融入生活当中,了解身边各种各样的人,用心地去感受。

关于《半城》,其实是一本比较偏向于纯文学的书。因为它入选浙江省作家协会的青年作家文丛。浙江省作家协会每年都会选一些青年作家的作品,然后出版,做一个丛书。这本书的内容我还从来没有在网络上发过,直接出版纸质书,因为我觉得它并不适合在网络上阅读,有的章节我自己觉得是比较偏向于那种纯文学的。再到后来的作品就是《老妈有喜》,它有三册,总共60万字,当时我觉得《老妈有喜》对我来说是一个比《糖婚》更有突破性的作品,因为《糖婚》只是写婚姻,没有写到更多的东西,哪怕它写到了生活的各个方面,包括亲情、爱情、友情、育儿以及一些校园生活,还有人生的各个阶段所展现出来的不同的人生状态。我感觉《老妈有喜》是我到目前为止比较大的一个突破。那么《老妈有喜》之后,我又写了一本关于反校园暴力的书,叫《听见你沉默》。这本书目前还处于出版稿的修改阶段,我想把它改得尽量让我自己满意,然后再去出版。因为校园暴力也是一个值得我们关注的事情。这本书里面的故事,我自己觉得设置得还行,但是里面的细节还是要加强一些。

《听见你沉默》之后,我又写了一本90后婚恋题材的作品,叫《小伉俪》,这本书写的是90后的婚恋观。我想90后对婚姻和爱情的感受肯定是和80后、70后不一样的,所以我又想去写这样一个东西。我现在手上写的书是《糖婚》系列的书。关于《糖婚》,我打算写三部曲,我现在手上写的是第二部,第二部叫《糖婚:人间慢步》,慢是快慢的慢。大家谈女性成长、女性独立这个话题已经很多年了,作为女性,我想能不能不要成长得那么快,我的步子能不能不要迈得那么大,能不能在繁忙的生活当中找寻到自己的内心,找到真正的自己。

这本书里面的一些内容也是我自己成长的时候遇到的,包括我的一些事情,我身边这个年龄段的女性成长中遇到的事情。我们从二十几岁开始就不断地有人跟我们讲要独立,要有成就,要么就是有幸福美满的家庭,要么就是有自己的一番事业,最好是两者兼得。如果说我各方面做得都并不是很好,或者说,我没能做到面面俱到,这样的时候我能不能停下来喘一口气?我们这个社会到底是如何去定义女性的成功的?是不是非得做一番大事业才叫成功?是不是非得生两个小孩才叫成功?如果这些我都不想做了,我就想停下来看看沿途的风景,我就想安静下来,去找一找真正的自己,这样行不行?带着这样的思考,我写了这本书。这本书已经快写好了,整本书是30万字,现在已经到了收尾的阶段。不好意思,我讲话可能语速有一点快。这就是我从2005年到2020年这15年来创作的情况,因为我们时间有限,差不多就讲这些吧!

周志雄:好。下面我们请魏晓杰同学来主持提问。

## 二、"自由就是有选择,有选择才是自由"

魏晓杰:好的。蒋老师,您好。

蒋离子:你好。

魏晓杰:您之前给自己作品的定位是通俗小说,但是您也提到之前创作过纯文学。纯文学跟网络文学有一些区别之处,纯文学表现得更多的是人物的一种内心世界,而网络文学就直接体现人与人之间的碰撞。纯文学更多是为了理想、自我而写作,而网络文学一开始就有明确的读者群。请问您是如何实现从传统文学到网络文学的转变的呢?

蒋离子:我是这样的一个过程,一开始我写第一行字的时候就是在网络上写的,后面是因为当时出版书的时候,别人定义我是青春文学作家。现在也有一些青春文学作家,比如说我们同期的一些作家,本来是在纯文学界,有一些是在畅销书行列,也就是通俗文学,有一些在网络文学界,所以说好像大家本来是在同一个起点出发的,但是后来这些人走上了不一样的路。中间我也写过纯文学,那是因为当时我在一家传统文学的杂志社工作,有一段时间我也编辑一些纯文学的作品,也写一些纯文学。我觉得我不是从传统文学转到了网络文学,而是我又回归了网络文学。因为在我们那个时候并没有那么重视网络文学,也没有像志雄老师这样的专家去研究网络文学,在其他的传统作家眼里,你是不务正业的。因为那个时候大家对网络文学的认识还不像现在这么全面,所以他们就会把你拉过来,说你必须得写传统文学,去杂志上发,必须跟他们走一样的路。

那个时候我是做了一些尝试,比如说《半城》就是在那个阶段的一个点子,然后写了这样的东西,写出来之后我感觉还行,但是我自己读起来总觉得欠缺点什么。比如说我给这本书打分的话,如果满分是10分,我可能只能打6分,就是这个样子。因为我觉得我两者都没有做好,我想在这本书里面写点纯文学的东西,但其实我并没有展现好,里面也有网络文学的东西,所以并没有体现好。

魏晓杰:好的,谢谢老师的解答。您说您在开始创作的时候,在红袖添香网站、91文学网以及天涯论坛书写,但是当时写作还没有收入。您当时有没有过放弃写作的念头呢?是什么支撑您继续写下去的呢?

蒋离子:当时真的是很有意思。在网站上我们是作者,线下我们还要客串编辑,整个过程下来是特别有成就感的。每天写完之后,网站的负责人就会因为编辑人手不够,问我要不要来当编辑,但这是没有钱的。我们还可以登录网站的后台,负责审稿。我们还有那种读者群、文友群,大家聚到一块,小圈子的氛围就有很多的喜悦和快乐。我从来没有想过有一天我不写了会是什么样子,当然中间也有很多朋友因为种种原因选择了离开这个圈子,或者是不写作了,而后去做一些别的事情。

每个人都有自己的追求。当时我的想法是:如果说没有了写作这件事情,我觉得我可能更不知道自己是谁。从小我的角度来讲,每写完一本书,我觉得对我自己的每一个人生阶段都是一种治愈。当每一次写完一本书后,我好像都能找到在生活当中我一直在问的一些问题的答案,一直在追寻的答案。我不需要再去问那些问题,我把这本书写完,我的问题好像都解决了。这种过程是我自己特别享受的。

魏晓杰:好的,谢谢老师。下面请戴婷婷同学来提问。

戴婷婷:蒋老师,您好。您现在的小说《糖婚》也正在进行影视化的改编,您自身也会投入相应的剧本创作之中,那么请问您觉得作为作家和编剧,对待同一部作品会有什么样的不同之处?您是如何去完成这种身份转换的?

蒋离子:作为作者的话,我觉得是非常个人化的身份,我可以只考虑把自己的书写好就行了。但是一旦投入剧本创作,就要考虑各种各样的东西,它和写小说完全不一样。就举一个例子,在小说里面我可以写一些比较大的场面,可能到剧本里面就要考虑到拍摄成本,各种各样的拍摄技术,各种各样的问题,编辑会觉得这个场面是写不了的。有一些在书里面能体现的东西,影视化可能较难体现出来。除了这些差别之外,还有一个很大的差别是你没有办法百分百地去呈现你小说里的东西。但是剧本和小说不一样的是:剧本可以把人物、故事情节更好地呈现在屏幕上,让人物更加生动,有的东西是写不出来的,比如人物非常微妙的表情,那种状态是很难写出来的。

这本书现在还在运作当中,前期我也去开过好多会。开剧本会的时候,坐在那里的一些人好像都比我了解我的书,然后在那里一直说这个书有什么毛病,接下来要怎么改。如果我说按照我的方式来写,他们会说过不了审什么的。总之,剧本就是一个集体创作的过程,需要不断地去妥协,去做一些让步,但是也要有自己的坚守,比如说对人物的定调定性,我设定的人生就是这样子的,我就不希望改这样的东西。

闫敏:您的作品中有很多关于家庭和事业的描写,所以我想问一下,您认为当代的年轻人应该如何平衡家庭和事业之间的关系?

蒋离子:我觉得你这个问题好大。我在写书时也被问及这些问题,还有人建议我去开个抖音号,就谈情感婚姻之类的话题。但其实如果你们看过我的书就应该知道,我很少在书里面教人家怎么样去生活,因为我觉得每一个人都有自己不一样的点。但是昨天我写书的时候,刚好写到一个话题:什么是真正的自由?自由就是有选择,有选择才是自由。作为当代女性来说,不要随波逐流,人家怎么样我就怎么样,我就选择最适合自己的。比如说你喜欢居家一点的生活,我就觉得你在家里也蛮好的,你想把更多的时间、精力放到家庭里面去,那也挺开心的;如果说你要出去,想把重心放在事业上,那也未尝不可,主要是看个人选择。但其实在小城市可能很难有这种感觉,如果是在大城市,特别是一线城市的话,一般阶层的家庭很难说让妻子在家里做家庭主妇,这种可能性是非常小的。因为要承担房贷、车贷,女性也必须和丈夫一样,一起上班。而且她要做的事情更多,可能老公下班了,出去应酬一下,作为妻子要回来辅导小孩写作业。女性天然地就要去承担这样的事情,特别是在一线城市这种现象更普遍。

可能小城市的生活压力会小一点。平常看到那种快乐的主妇还多一点,但是在大城市的工薪家庭里面,很少会看到全职太太,除非是家里条件很好。这要看情况去分析,而不是说应该怎么样去平衡。因为任何一种平衡,它不断地变化,都会失衡,关键是在失衡的时候怎么调整回来。这件事其实是特别重要的,如果不打算这辈子一个人过的话,在身边的这个人,当你们的生活失衡的时候,总要有一个人把生活的平衡感给找回来。两个人一起把它找回来,这个非常重要。我们这一代基本上是看琼瑶的小说长大的,就是那种很浪漫的言情小说。在我们的感觉里,所有爱情故事的大结局都是一个很盛大的婚礼,就是男女主人公结婚了,他们过着很幸福的生活。我们自己到二十几岁的时候,我这一代很多人都认为,结婚了就好了,因为身边很多家长也好、长辈也好,他们都给你灌输这个观念,只要结婚就好。但其实当我们脱下婚纱的那一刻,从我们进入婚姻生活的第一天开始,我们就发现结了婚之后,人生才刚刚开始,就会有各种各样的问题需要去面对,会有好多事情需要去平衡。有一个统计数据显示,夫妻关系最危险的有两个时间段,一个是结婚的第一年,另外一个是生了小孩之后的第一年,就这两个时间点特别难,影响家庭、婚姻、爱情的稳定性和平衡性的因素实在是太多了。现在身边的朋友

## 大神的肖像

经常会有各种各样的婚姻生活的烦恼,有时我们也会一起探讨,觉得幸福绝对不会是婚姻和爱情生活的主旋律,幸福只是穿插在其中的,让你能够喘一口气,让你觉得,原来我的生活还好,我还能感受到幸福。我是这样理解的。我觉得我们能够在失衡的时候把自己拉回来,身边这个人也能够和我一起去平衡我们的生活,我们能够找到这样一个人,能够做到这一点,就没有什么好担心的了。

戴婷婷:老师您好,我之前看了您的小说《半城》。这部小说的结局并不是那种大团圆模式,让主角在爱情、事业上双丰收。那么您在写结局的时候,有没有考虑过读者的一些阅读期待?

蒋离子:没有。这本书就是我自己怎么舒服怎么写,完全没有考虑过读者的想法。这本书没有作为网络文学来发表,而是作为一本纸质书出版,对我来说是一个纪念。这本书对我的意义是什么呢?可能我写《俯仰之间》的时候,我觉得爱情是至上的,即便爱情是有悲剧的,但是悲剧也是无悔的;我写《走开,我有情流感》的时候,我觉得爱情是让人成长的;当我写这本《半城》的时候,爱情在我看来是伤人的亲密关系,它是带刺的,就是这种感觉。

我写完这本书之后,当时的感觉是:并不是非得去执着于要一段完美的爱情,或者说必须去找到心中完美的、非常契合灵魂的伴侣,反而觉得好像突然自己也解脱了,因为我觉得这是不可能的,这就是我为什么没有让他们大团圆。就像刚才闫敏问我如何平衡爱情和事业这个问题一样,我觉得每个人生阶段想要的伴侣,不管是生活上的伴侣,灵魂的伴侣,还是两者结合的这种伴侣,想要达到一种非常完美的状态是很难的。

其实这本书里面我就看到那句话"爱欲于人犹如执炬",意思是你很容易伤到自己。这样一本书,对我的人生是有些意义的,就是我自己想清楚的一些东西,我把它记录下来。当时没有去考虑太多,比如说读者看了这个东西会怎么去想,他们内心的想法是什么,没有想过这个问题。

戴婷婷:好的,谢谢蒋老师。《半城》经常会在一个章节之中出现叙事视角的转换,比如说前面是李陌在叙述,然后紧接着就变成了上官芝桃的内心独白。有网友评论说叙事视角不够统一,您怎么看这个问题?

蒋离子:《半城》其实也是一部群像小说。然后我就想,用不同人物的视角去看同样一件东西或同样一件事情,肯定会不一样的。小说里面会有一些显得凌乱,可能是我还沉醉在那种自我良好感觉中。因为写这本书的时候,我没有太大的压力,没有说我要用这本书去给自己得到多少收益或者怎么样。没有这种压力之后,突然我整个人就放开了,我就感觉我想怎么写就怎么写。这部小说就是在那个状态下出来的。

**戴婷婷**：好的，谢谢老师。小说《半城》中对于女性形象的描写，比如抹茶、田皑皑、邱莘在追求自己的爱情时充当了他人婚姻中的第三者，这种追求爱情的方式是否有悖于伦理道德？

**蒋离子**：那肯定是的。因为这本书写的爱情是伤害，那我在设置角色的时候，必须得在一段关系当中出现一个伤害性的东西，然后才能够把张力给写出来。你这个问题让我想起来一件事情，经常有一些作者，比如说他想写现实题材，就会来问我，现实题材是不是这个不能写，那个也不能写，是不是有很多的约束。我感觉不需要约束太多，因为我觉得现实生活当中的一些东西是可以写的。就通俗文学来讲的话，我们写的是内部矛盾，比如说我们是写两口子之间的矛盾，因为这个事情即便你不写到书上去，就是比如说不写摩擦，这两个人物难道生活当中就没有摩擦吗？当然不会的。生活当中它还是存在这样的人物的，它并不代表什么。我刚好写这样一段关系存在的时候，它是能够给这样的人物带来一些伤害性的东西的，它是有张力的，所以我才设置了这个人物。

我们需要尽量地去展现一些真实的东西，不能够说我要去写婚姻多美满，每天两口子恩恩爱爱的，没有任何的波折。毕竟现实生活就摆在这里，我们每个人不管是已婚的还是未婚的，处于各种关系阶段的人，都可能面临各种各样的诱惑。我们现实生活太便利了，我们有各种各样的社交软件，只要我们有时间、有精力、有这个想法，我们就可以去认识各种各样的人。如果我们把这些东西都写出来了，都展现出来了，就可以让读到这些东西的读者去思考，去想。在婚姻里面，在感情里面，你会觉得这路很长，你会遇到一些诱惑，你会遇到一些来自外在的，包括物质上的很多诱惑，有的来自精神上，但我不觉得这些诱惑有什么不一样，而我们对待这些诱惑的态度很重要。我不想写出来的东西去教唆读者，让他们不要去干吗。我只是说把现实生活当中存在的这种现象写出来，让他们自己去思考。如果你真的选择了去接受诱惑，走向诱惑，你可能会面临很多问题，比如你能不能承担这样的责任，这就是我想展现的东西。

**戴婷婷**：好的，谢谢老师。我还看了您的另一部小说《听见你沉默》。我个人感觉这部小说是非常真实地反映了当下的校园霸凌的现状，小说中主人公贡珍也就是陈然，他为了揭露校园霸凌而寻找真相，既是为了遭受校园暴力的小女孩白蔷，也是为14年前的自己发声。那么想请问您为什么会给这部小说起名叫《听见你沉默》呢？

**蒋离子**：因为写这本书的时候我查了很多资料，包括我了解了一些遭受过校园霸凌的小孩、成年人。有的人可能就是在十几岁的时候在学校里面有过这样的遭遇，我就去问他为什么不跟爸爸妈妈讲，为什么不去跟老师讲，他回答说，跟爸爸妈妈讲了之后，父母都会这样回答，

大神的肖像

为什么别人只欺负你不欺负其他的同学呢？他得不到回应和支持，他只能沉默，因为他知道他即使说了也没有人会去帮他。似乎每一个集体里面都得有这么一个人，好像是标配一样。你们可以去想一下，你们现在是研究生，可能不太会存在这样的事情，但是青少年时期就特别多，十几岁的时候，在每一个集体里，包括我自己上学的时候，也有这样的小孩。就我们自己而言，我们虽然没有去欺负别人，可是我们也不知道怎么去帮他，我们应该怎么做。所以我在书里面写了各种各样的群体，有一些比较有正义感的会伸出援手，但有一些就在边上看一看，知道一切的事情，但是不说不做，反正这些事情和自己无关，比较典型的一个人物就是里面写的李遇，他们的班长。这样的一个人物就是典型的学霸，我只要学习好就行了，我的父母也跟我讲学习好就行了，其他事情都和我没关系，谁去负责这个事情和我没关系。他甚至不知道被欺负的白蔷长什么样子，他都没什么印象。

戴婷婷：那是什么样的契机让您想要创作一部这种类型的小说呢？

蒋离子：这个很难讲，你知道我是怎么找素材的吗？我可以跟大家分享一下。我不知道你们平时写不写小说，我比较常去关注社会新闻板块，比如各个App（应用程序）的一些社会新闻或微博上的一些社会新闻之类的。一些我感兴趣的新闻，比如说校园霸凌，我看到之后会把同系列的新闻都找出来，找出来之后我要去找到相关的资料。现在网络给我们的便利真的是很大，我基本上能够找到我想要的资料，找到之后把这些资料分门别类。然后我就想，我只看纸上这些东西还是不行的，我要去问。比如说我写校园霸凌的时候，刚好我有一个朋友，他是做学生心理咨询的心理老师，我就去问他，把我写的一些片段、一些想法和他说。他会给我提一些东西，有一些他说确实是写得挺真的、挺像的，也有一些他会说这个还不行，不是这个样子的，他会给我指出一些东西。包括后期我会去找一些人，会去问他们有没有经历过这样的事情。一些我认识的不同年龄段的人，我都会想办法去问一下。我会通过新闻线索去寻找资料，找到资料之后我要去验证。我不可能去做一个很大的调查，但最起码我可以从我认识的人或者我自己能够找到的渠道，去验证这样的东西。比如资料里面讲的东西是不是真的，是不是真的有那么多孩子在学校遭受了这些，学校也意识到这个问题了，但还是束手无策，不知道怎么办。就有这么一个过程。

写《老妈有喜》的时候其实也是一样。头胎和二胎年龄差距很大的家庭是怎么相处的，我会去找这种东西，基本上是这样。因为我自己的生活当中也不可能发生那么多精彩的事情，有很多还是要去观察。

闫敏：老师好，您的《糖婚》这部小说，最开始的题目是《80年代的离婚潮》，请问您为什么把题目改成了《糖婚》呢?

蒋离子:编辑说这名字不好,因为要送去评新闻出版总署和中国作协的推优,这名字不吉利。但是我心里其实不是很开心,为什么呢?因为我觉得离婚是正常的一个事情,因为《婚姻法》规定我们可以结婚,也可以离婚,怎么离婚就变成一个不吉利的事情了呢?但编辑又觉得这个名字还不够好。后来我想来想去,就把它改成了《糖婚》,刚好男女主角也是结婚6周年。我这个"糖"字也特别有意义和深意,因为当我们怀着我要去感受甜蜜的心情进入婚姻的时候,会发现有的时候它会甜得发苦,有的时候它又会甜得发酸,会有各种各样的人生况味,但都是从甜开始的,所以说我就又起了这样一个名字。

闫敏:好的,谢谢老师。您在《糖婚》中将故事的背景设置到一个叫作"冇城"的地方,请问这是有什么特殊的含义吗?

蒋离子:因为我是想虚虚实实地写,首先我不想写某一个具体的城市,其实在这个上面我感觉我是偷懒了,因为我写一个具体的城市,比如北京、上海、杭州,那肯定会有很多地标性的东西,会有很多的这个城市特质要我去展现,但其实我没有在北京、上海生活过,我没有办法去描写它,所以我只能自己设置,把背景放到这样一个城市。这是一个原因。另外一个原因,我总希望书里发生的悲剧都是假的。但其实在现实生活当中就是有这样的事情,从我内心来讲,觉得他们不应该是这样的,他们应该是很幸福地生活在一起。这是种美好的想象,但现实生活当中又是这样子的。所以我自己感觉写到后面的时候,就真的希望这个故事是假的。其实完稿的时候,我自己感觉特别难受,甚至还哭了,就觉得我怎么把他们写成这样了,但其实你在创作过程当中就会发现,你写的人物已经不是你想让他怎么样就怎么样了,他的性格、他的一系列经历推着他往前走的时候,你想给他设置一个幸福的结局,已经设置不了了,因为没有办法了,就有这样的一个过程。

闫敏:好的,谢谢老师。我注意到您的《糖婚》和《人间慢步》这两部小说,都是以人物的死亡为开端的,包括《糖婚》中徐子文的猝死,还有《人间慢步》中于新的自杀。请问您为什么要这样设置呢?

蒋离子:因为我一直觉得死亡是一种新的开始,其实看过《老妈有喜》的人也知道,许梦安的老公李临是做殡葬学研究的,是殡葬学的教授。为什么他会去研究这么冷门的一个学问?因为我觉得生和死是相连的。我写《糖婚》第一部的时候,包括徐子文的猝死,猝死了之后带出来的一系列的事情,我觉得那是一个起点,他的死亡是一个起点,之后就有无数的事情,无数的新生的东西出来了。于新的死也是这样,于新的死是悲剧性的,和徐子文的死又不一样,因为

大神的肖像

我看了很多那种某某企业的创始人,三十几岁突然就自杀了,或者突然发生意外,这样的例子很多。但其实这种创业的人,当他的生命当中承受了太多东西,太多的压力、责任和负担的时候,他就像一个气球一样爆开了。所以我写于新的死的时候,我也是希望我能够关注到这一点,希望看了这本书的人也能够关注到这一点,就是他们光鲜亮丽的背后,付出的东西是什么。我一直在追问,包括书里后面其实好多的内容都是一直反复地在追问:"是不是值得,是不是值得去付出我的一切,包括我的生命,去做这样的一件事情,去创立一个企业,去创立一个公司,这样的事情值不值得?"书里就在反复追问这件事。

闫敏:好的,谢谢您。我看到有网友评论说《糖婚》这部作品现实性比较强,很有代入感,但是后半部分的情节设置有些戏剧化,结局不够精彩。对于这样的评价您怎么看呢?

蒋离子:就像我刚才说的,可能写到后半部分的时候,已经由不得我去改变什么,但是我还是想让他们稍微美好一点,包括海莉,我也是想让海莉和明杭在一起,就非常想写他们已经结婚了,但是我只能用一个比较开放性的结尾去写。不是说想让每个人物都找到自己的幸福,最起码我想在最后的时候,让他们都是在追寻幸福的那条路上走着。我是这么想的,还是有一些美好的东西。

闫敏:好的,谢谢老师。还有您早期的一部小说《走开,我有情流感》。

蒋离子:你也看了吗?连这本书都看了吗?

闫敏:是的。这部小说充满了青春的伤痛,因为主要是通过橙子的回忆展开的,所以好多人认为其中会有您自己的影子。请问您的写作和您的现实生活是有什么样的关系?

蒋离子:其实我觉得橙子不是我一个人的影子,因为我当时也到北京去生活了一段时间,里面肯定有一些描写北京的,包括自己的一些内心感受,甚至写北京的干燥的天气之类的,这样奇奇怪怪的东西肯定都有。当时我们有一群文学女青年,非常狂热的那种。当时青春文学很多,大家都去北京追寻梦想。我觉得橙子身上有一些性格代表了那一群人。我们去追求所谓的文学梦想也好,去追求美好的生活也好,去追求爱情也好,我们去追求这种东西的时候,当时我写这本书的时候还没有去考虑这种追求值不值得。我只是在写这种追求是一种必然,在那个年龄段,你会对这个世界有无数的好奇,你苦苦追求的文学的梦想到底是什么?你苦苦追求的那种爱情到底是什么?你会去想这些东西,而且大家也都知道爱情和文学又是能够非常融洽地混到一起的,所以才有了这样一本书。其实我在书里面很少写自己,我可能会把我看到的、我身边发生的一些事情写出来,但是写我自己的人生经历比较少。可能周宁静的职业经历是和我自己的人生经历有关系,因为我有一段时间是在商场企划部里面做企划,做过活动策划,所以说我对商场的整个流程、整个运作比较了解。

写这些的时候,我会把我自己的人生经历和阅历用上去,比如说我对哪个行业是比较了解的。但是我现在的新书写的是在线教育这一块,我对这一块内容是一点都不了解。我桌子边上还摆了好多书,买了一些这样的书。在线教育是我不知道的一个行业,我就把相关的书翻开,经常去看。如果说是我了解的行业,或者我了解的人生经历这一块,那我肯定就不花这个时间了,肯定就是现成的拿来用了。

闫敏:还有您这部小说当中提到"下半身"写作,子夜就是在子牙的引导下开始进行"下半身"写作的。请问您是怎样看待"下半身"写作的呢?

蒋离子:因为当时有很多这样的作者,我不知道他们现在还写不写了。卫慧、棉棉她们写的东西我都是看过的,我很喜欢她们写的东西,我觉得她们写出了我想写但我写不出来又不敢写的东西。我觉得我们要去直面自己的一些东西,包括《半城》中抹茶的那个事情,人物的道德或者伦理之类的。当我们把这些东西都剥离开来,当我们是一个纯粹的人,我们去正视自己的欲望,去正视自己的一些想法的时候,我觉得这是一种很美的东西,但是前提是你不伤害别人。所以说像卫慧、棉棉她们的书里面透露出来的一些东西,我自己感觉是很有魅力的,非常好看的。当时我要在书里面写这样一些东西,因为确实当时有一批女作者去做了这样的尝试,非常大胆,非常出位。其中有一半甚至一大半都已经被一棍子给打死了,但是还能够坚持做这样的创作的,我觉得非常勇敢,这是我做不到的事情。

### 三、"现实的手法去记录当代女性的生活"

魏晓杰:老师,您好。我阅读了《老妈有喜》这部小说,它反映了女性在当下社会的一个生存问题,是一部现实主义题材的小说,也以女性视角写出了女性的个人独立价值,体现了一个人只有找到自己喜欢,并且能够愿意为之付出的事情时,才能够体现自己的价值。比如小说中的许梦心,她从一开始精神空虚的阔太太变成一个干练的职场女强人,在网购行业找到了自己的热爱;还有另一个女性婉真,她在面对丈夫情感不忠的时候,选择强大自我,然后重新获得了美满的婚姻。这些都表现了女性依靠个人的力量,在社会上更好地生存。我想请问您,这是不是也体现了您对当代女性的生存态度呢?

蒋离子:我自己感觉我的书里面有一个非常大的缺陷,就是我的男性角色都挺不完美的,挺不好的。我也是一直想改这个毛病,其实包括《老妈有喜》里面的李临、婉真的丈夫,后期也是有成长和转变的。但我好像把所有的光亮都照到女性身上了,所有的闪光灯都在女性身上,很少给男性这种"亮",很少把高光时刻留给他们。为什么呢?因为真的是特别多的女性,尤其

大神的肖像

是我身边很多女性朋友，特别是我们这代人，感觉从小接受的教育和我们自己读的那些小说，告诉我们男人就是伟岸的，可以保护我们，这种期盼的东西太多了。当你真的和一个异性建立关系，恋爱也好，走进婚姻也好，你就会发现其实你所想象的那种伟岸，那种完美，其实是不存在的。有的女性在这个过程当中就变成怨妇了。还有一部分女性就会觉得男人不够完美、不够伟岸，那就自己变得完美是吧！就是说我想要的生活，你没有办法带给我，我就自己去创造。像婉真、梦心她们都是这一类人，甚至梦心这个人物，我还把她拔高了一下。她最后是和丈夫一起承担整个家庭重担了，不仅仅是说自己去追寻一些东西就可以了，她甚至把整个家庭重担都承担起来了。

我特别喜欢许梦心这个人物，我觉得她比她姐姐还要出彩，是一个特别有意思的人物。她真的是没读多少书。为什么我说她没读多少书？如果说一个真正比较有文化、有涵养，思想境界比较高的女性，她即便是做全职太太，她的内心也是不空虚的。但是我写许梦心的时候，她的一天是很空虚的，因为她内心没有什么东西，她没思想，烫烫头发是一天，做做指甲又是一天，每天都活在这样的生活当中。所以说当命运给了她一个巨大的转折的时候，她想要的东西丈夫给不了的时候，她必须逼着自己去创造的时候，她突然把能量给激发出来了。我身边就有这样的女性，一部分变成了怨妇，一部分变成了自己撸起袖子去创造美好生活的强者。

魏晓杰：好的，谢谢老师。从《糖婚》中反映的 80 后闪婚、闪离的一系列情感问题，到《老妈有喜》中反映的二胎政策放开后带来的一系列家庭问题，可以看出，您的创作是紧跟时代潮流热点的，反映了当下的社会问题。但是说到社会问题，我们可以看更真实的一些社会新闻，或者是一些综艺节目，这种动态化的叙述可能要比小说更精彩。所以我想请问您的小说创作如何在这些现实题材中脱颖而出呢？

蒋离子：我有一次因为《糖婚》这个作品开过一个作品讨论会，当时在中国人民大学开的作品讨论会，有一个老师也问了我一模一样的问题。既然我们同样是写现实生活，展现现实生活，我们有各种各样的方式，甚至我们身边有好多比文学创作要精彩得多的东西，但是我觉得任何一种形式都不能完全去替代文字所表达出来的东西。比如说我写到《糖婚》里面的人物在婚姻当中的一些争执，有一些很具体、很微妙的心理描写，我觉得这些你在社会新闻上看不到，是吧？所带给你的感受也是不一样的，社会新闻我们并没有那么多的代入感，说你一定要怎么样去感受。而且像综艺节目，我觉得更多的是一种放松。你看我们今天下午都坐在这里讨论文学的东西，你们也是研究文学的，文学有它非常独特的魅力。当我翻开这本书，或者当我点开网页，看到那一行字的时候，我情不自禁地把自己投入进去了，然后我还想往下看，这是对网络文学而言。对纯文学而言，我把这本书拿出来，发现一些非常微妙的心理描写，一些妙语连珠的语句，我觉得文学带来的享受和看综艺节目等带来的东西是不一样的。

闫敏：老师，您好。您的《糖婚》这部小说被誉为"当代婚姻生活指南"，小说中的心理描写也很细腻，表达很成熟。请问您在创作这部作品的时候，有没有受到过其他作家作品的影响？

蒋离子：我上大学的时候，看得最多的就是两个作者的书，一个是李碧华，《胭脂扣》的作者，另一个是严歌苓，我特别喜欢看她们两个的书。她们两个是女作家里面作品呈现在屏幕上很多的，改编的也是非常多的。像李碧华，几乎她的每一部作品都拍成了电影，严歌苓也是。我喜欢看她们两个的书，我觉得她们两个对我的创作的影响是有的，但是《糖婚》这本书并没有受到哪部作品的影响。《糖婚》这本书受到的最大影响可能源于我之前从事过几年的编剧工作，然后我把写剧本当中用到的那种人物的转场、叙事角度的变化，包括一些很自然的衔接，都运用到我的小说里面了。

戴婷婷：老师，您好。我曾经在微博上看到您说在现在这个时代，每个作者都应得到尊重，每一种文学形式都应得到尊重。您觉得在当下这个时代，对网络文学的支持体现在哪些方面？

蒋离子：我记得我出第一本书的时候，被邀请去参加一个类似于这种作家的会议，基本上都是传统作家和 80 后作家的一个座谈会，面对面特别尴尬的这种会。我们出了书，但有一些传统作家其实是并没有这种实体书的作品的，然后他们觉得我们年轻人就在网上写几个字，书就印出来了，有什么了不起的。甚至有一个传统作家，桌子一拍就走了，会也不开了。这是我大概 13 年前遇到的事情了，当时这样的事情、这样的争论特别多，所以在那个阶段我内心是非常犹豫的。因为 20 岁出头的女孩子，还是属于那种不知道我是谁，我在干什么的，看到那么德高望重的人不喜欢这个东西，觉得这个东西是糟粕，觉得你们是瞎写的，你们写的东西都是垃圾。当有一个德高望重的人这样说的时候，而且他还在会议上把桌子一拍就走的时候，我内心对自己是非常不确定的，我说我在干些什么，原来我写的都是垃圾，会有这样的念头。对自己的质疑，导致我后来选择去传统杂志做编辑，然后去接触一些传统作家，跟他们学习。我发现他们身上确实有可学习的东西，但是我内心最热爱的还是我自己这种写法。所以读过《半城》的同学应该知道，其实这本书写得很别扭，就什么都不是，但是我写《糖婚》、写《老妈有喜》的时候，是舒畅、流畅的那种感觉，我还是更适合这样一条路。虽然说可能我的作品和那种玄幻小说、小甜文或者其他的小说又有差别，但网络文学正是因为存在这种差异性、允许各种文本存在，所以才特别有意思。

我觉得近七八年感受不到那种氛围了，就是一个非常德高望重的人，他拍桌子走人的那种

## 大神的肖像

事情,感受到的都是大家好像很关心网络文学,包括各种评奖、各种扶持、各种学习,然后网络文学作者加入各级的作协。我们当地的网络作协成立的时候我也参与了,我也在其中发现,你们现在看到的可能都是已经写出来的这种作者,但是其实还有很多很年轻,比如说刚入行的作者,现在他们的整个创作环境和氛围是非常好的,整个文学评论体系慢慢地成熟,整个环境对他们的成长非常有利。所以他们现在的环境是比我们当时好太多了。当时别人一听说我们在网络上写小说,就有一些想法。而且我非常不喜欢一点,几年前我们也是开一个会,介绍那些传统作家都是某某老师,其实别人叫不叫我老师,我真的不在乎,你不想叫我老师,你说这是离子或者蒋离子就可以了,非得说这是我们网络美女作家,把我摘出来的那种感觉。其实我觉得我们都是一样的,我们都是写书的,为什么非得给我在前面加各种各样的标签?但是这样的事情这五六年来是越来越少了。我们更多的是会被问到"你们想得到什么样的支持、你们在创作当中遇到什么困难"之类的,所以创造的机会也更多了。

**魏晓杰**:老师,您好。我在微博上看到您发文说高度专注加适度自律才是安全感的主要来源,在现代社会中自立的生活确实能够引领美好的人生,但是这对于大部分年轻人来说还是有些困难的,并且在信息爆炸的社会想保持高度专注也很难做到。我想请问您在平时工作中是如何保持高度专注和适度自律的呢?

**蒋离子**:你这句话现在挺让我感触的,因为当时我在微博上写这句话的时候,我还做不到,但是现在我做到了。当时我就想有一天我能做到这样就好了,但今年以来我感觉我真的做到了,因为身体状况不好了之后,你就会发现生活方式是不对的。我现在基本上每天早上5点左右起来,然后稍微吃一点东西。如果觉得今天不是很累的话,我就运动一至两个小时,最起码一个小时,运动一个小时之后吃早饭,然后就工作,尽量不熬夜。如果感觉今天真的很累,想休息一下或者怎么样,我就会选择礼拜六、礼拜日,我爱人也休息的时候,我可以稍微晚一点起来,也尽量别影响他的休息。我因为身体不好,很多东西都不能吃了。以前我特别爱吃重口味的东西,麻辣香锅、火锅、烧烤。可乐、维他柠檬水你们喝不喝?其实维他柠檬水里面糖分很高,以前我在码字的时候就不自觉地拿起来喝,一瓶接一瓶,我可以一下子喝一排,一排有5瓶,那一排喝下去其实热量是爆炸了。但现在我不喝这些东西,我觉得其实也还好,就是一个习惯的过程,我觉得现在这样的生活很好,我的状态等各方面都挺不错的。当然,我觉得你们这个年纪像这样生活不大可能,因为你们还是要吃要喝是吧?还是会想吃烧烤、火锅什么的,因为这毕竟也是人生当中非常美好的东西。

**魏晓杰**:从一些资料中得知,您从很小的时候就受到了文学的启蒙,有很深厚的阅读基础,

9岁就读完了《西游记》,小学没毕业就读完了四大名著、《金庸全集》等许多书。您认为目前为止对您影响最大的一本书是什么呢?

蒋离子:目前为止对我影响最大的一本书,其实不是这些名著,是当时在榕树下的一个作者——陆幼青写过的一本书,叫《生命的留言》。那个时候还是BBS(网络论坛)时代,他在上面写东西。当时他生命要走到尽头了,他就写了这么一本书,里面很多都是关于对人生的思考、对生命的思考,包括留给他老婆孩子的一些只言片语。因为那本书是先在论坛上发的,发了之后再变成书。当时我读高中,我是在一个书摊上买的那本书,但我当时其实还没有接触过网络文学。就是看了他那本书之后,我知道书原来可以在网络上写出来,发这样的文字,然后还能变成一本书。那个时候我觉得这本书带给我最大的影响不仅仅是它关于生命的思考,更多的是这种形式。快走到生命尽头的一个人,他在网络上把自己的只言片语全部记录下来,记录下来之后被印成了书,这样的一种形式,对我的影响也是非常大的。

魏晓杰:好的,谢谢老师。您刚刚提到您的每一部作品都是对自己每个阶段的治愈,我觉得您的每一部作品也可以看作对您不同阶段的一个总结。我想请问您对以后的创作有什么规划吗?

蒋离子:接下来我把《人间慢步》写完之后,我的新书也是《糖婚》系列的第三部,我想写重组家庭,因为现在重组家庭太多了。重组家庭会遇到各种各样的问题,像小孩的问题、前任的问题。这个和谈恋爱的前任又不一样了,因为婚姻已经是过去的那段婚姻,就是离掉的那段婚姻,如果说两个人有孩子的话,其实是一辈子都分不开的,为了孩子你们总得联系,就是这样的一群人。我写《糖婚》第一部的时候,我只是写他们离婚,并没有写重组家庭的故事。身边很多有这样经历的朋友都跟我讲:"离婚了,我就一个人过,是吧?我为什么还要去结婚?"这也是一个想法。还有的就说,我就随随便便找一个人,就是搭伙过日子,什么爱不爱的都无所谓了。还有一部分人仍然想要爱情的,因为上一段婚姻失败了,所以这一次才应该去找真正适合我的人,我还有权利去追求我的爱情。所以每个走出婚姻的人、走出围城的人,他的想法和他接下来的生活都是不一样的,我想写这样一群人,写他们之间的碰撞。这是明年的创作计划。

许青青:老师您好。因为最近我正好在写关于网络现实题材小说创作的论文,我想请问一下老师,您怎么看待近几年网络现实题材小说创作比较热闹这个现象?

蒋离子:我写的《婚迷不醒》,就是一部现实题材小说,但是那个时候还没有网络文学这个概念。有时候我会处于一种很尴尬的局面,比如说我出去参加活动或开会,别人站起来问我是写什么类型的,我不知道自己写的是什么类型的,后面大力倡导现实题材创作,我才知道原来

大神的肖像

我这个东西是这个类别的。我一直觉得,任何一个作者他就写自己擅长的题材就好了,不要看玄幻小说卖得好,或者是竞技类的小说卖得好,或者是各种二次元的小说卖得好,你就去写那些东西,因为这种东西你根本不擅长,如果写起来一个是你自己在创作的过程当中很痛苦,另外一个是读者读你的作品的时候也很痛苦。现实题材我看过很多,比如说有些人的稿子也会发给我看,"你看我写的这个,这一次我决定写现实题材了"。但我一看那个不还是小甜文吗?那个女主还是玛丽苏,现实生活当中不可能有一个女孩走到哪儿人人都喜欢,她不可能存在的,如果说写这种就不是现实了,还是要找到适合自己的。当然,我们美好的生活,它是值得我们去记录的。对我自己来讲的话,我是希望尽可能去呈现一些无限接近真实的东西,可能我的东西并不能完全体现当代女性的一些生活、一些特质,但是我以小见大,我希望记录下来她们在这个时代遇到的一些困境,她们是如何解决这些问题的。如果说我的作品真的有意义的话,我希望它的意义是在这里。可能很多年之后,有人想起来说,当时的女性是怎么生活的?她们的婚姻、爱情状态是怎么样的?除了冷冰冰的数据和调查报告之外,还有一些文学作品是写她们的,那能翻到我这本书,一看,原来这个作者也曾记录过,用以无限接近真实的笔触,用现实的手法去记录过当代女性的生活。这个是我追求的意义。

周志雄:好的,蒋老师我来问一个问题。您的小说在网上连载,也出实体书,有没有拍影视剧,这个资料我还没有去细查。能谈谈您的作品影视化的情况吗?

蒋离子:是这样子,现在我有4部作品,项目都在运作当中,作品影视化是作为作者来说没有办法控制的东西。前段时间我还跟我的编辑在聊,我说一本书可能在影视化之后,让书也好,作者也好,更加出圈。但其实最终的影视化开发并不是作者可以决定的,作者自己也控制不了这个东西。就像我什么时候想要推一下进度,但这本身是一件很被动的东西,只能说让他们慢慢操作吧,我能做的只是不断地出新的作品,只能是这样了。

周志雄:对。我听您讲的就是那几部,影视版权已经卖出去了,影视公司在运作。那么在您的写作收入里面,应该是网络收入是一块,还有实体书是一块,再就是影视版权是一块。那么在您的收入构成里面,哪一部分会多一些呢?

蒋离子:整体的话,影视版权这一块是占大头的。

周志雄:实体书和网上的收益是怎么样的?

蒋离子:其实现实题材在网上的点击量根本拼不过别人,因为可以选择的太多了。他为什么就要看这个?如果我是上了一天班很累的人,我喜欢看一些轻松的东西,就不大愿意去看和现实生活当中差不多的故事。但是也有一批读者就特别爱看这种类型的。我觉得现实题材是一个小众的阅读题材，所以说它的整个收益还有其他东西都没有办法与其他类型的小说比。现在对我来说最大的一块收益就是来自影视版权。

  周志雄：您这么一说，我也就理解了。其实您写的书，包括您送给我的这几本，《老妈有喜》这三卷本要长一些，然后像《半城》《糖婚》都是单行本，网上可能要长一些，实体书是非常精练的，这里面其实就有一个写法的问题。我听了您今天讲的还有读您的书的感受，您是对写作非常严谨，就是说您要去表现这个时代，您要去记录这个时代，去写这个时代，而且非常忠于自己的这种感受去写。在网上写作，还有另外一面就是必须去面对读者，你写的时候，会不得不考虑读者的阅读趣味，你写的这个故事如果不好看，有的人他就不读，或者是粉丝就会流失，会遇到这样的问题。我想问的问题是，您是怎么去考虑写法的问题，既要把所观察到的现象、这种真实的内心感受，这种有深度的东西写出来，同时又要考虑到在网上写作的特殊性，要为读者写作，要写得轻松好看？这中间在写法上、在艺术处理上有什么经验？是怎么处理的？

  蒋离子：我是觉得可能网络小说这一块，读者更注重的是即时的感受，就是当下就要感受到他的痛快。从小到大我就看过很多书，比如一般传统文学的小说，所有的在读书的过程当中累积下来的东西到结局的时候，在读完的那一刻，盖上这本书的时候，得到了最大的满足。但网络小说是最好1000字就有一个点，2000字就有一个点，比如说1万字有一个点，就是让读者感受到即时的满足。其实我不是很追求这样的一个东西，原因就在于我很害怕被读者牵着鼻子走，那样我就会处于被动的状态了，之后我真正想写的东西反而写不出来了。因为作为我来说，从一开始我的选题，到后面搭建整个框架，其实我已经有自己的想法和思路了，只要我知道自己的想法和思路，我这个作品的完成度会很高。如果中间我考虑过多的读者的东西，可能我会走偏，之后整个就扭不过来了。当然，我的那些读者也会给我一些反馈，当我觉得不影响我整个大框架的前提之下的东西，我可能也会接受一些。你看从2008年到2018年间，我都没有什么拿得出手的作品，当我终于有自己作品的时候，我又已经是这个年纪，可能我的那种创作的原则，我的一些想法，相对比年轻的时候更偏执一些。因为年轻的时候不知道自己写出来的是什么，二十几岁的时候不知道自己写出来最终是一个什么样的东西，但是我现在知道最终它会是这样一个东西，可能读者在阅读时不像读别的网络小说一样，马上一个一个点带着爽感读下去，但是他把这本书读完，能够找到让他感到满足和享受的点，这是我追求的一个东西，可能现在也有很多作者有我这样的想法。我觉得作者是要为读者考虑一些，这肯定是有必要的，但你创作的整个的框架和走向是不能被影响的。

  周志雄：好。实际上我在读《老妈有喜》的过程当中，我还是感受到了这种很强烈的网文风格。比如说这个人物的成长,在慢慢地进步,小说里面也有那种很欢脱和喜悦的氛围、感觉,当然,这个东西也是和人物的一些痛感联系到一起的。在读小说的时候,我还是很能够被您的小说的故事情节所吸引,然后您写的人物命运相互之间这种关系,也能紧紧地抓住我。我觉得这也是一部很有网感的小说。我就想问问您,您在写的时候考虑过网络写法吗?

蒋离子:对。如果我想把它写得每一章节都有爽点的话,我的情节必须非常狗血,非常抓人眼球,里面写的内容才能够带来那种极致的,也就是大起大落的感觉。《老妈有喜》相对来说在情节上是克制的,但是我把人物的情感比较细腻地呈现出来了。我写的时候自己代入感也非常强,就像在《老妈有喜》里面,每个人都在做选择,又会出现新的选择。

周志雄:您刚才讲的每个人物都在做选择的,这其实是现在很多网络小说里面非常可贵的一个东西。他不是说一定要这样,或者一定要那样,他既不是一个正面人物,也不是一个反面人物,而是处在一种多层的关系当中,在多种不同的因素作用之下做出选择。我觉得这其实是网络小说作家对生活把握的一个很重要的能力——观察力。网络小说的这种写作跟传统小说真的是很不一样。以前的一些婚恋小说和现在有些作家的婚恋小说,有的人物会很无力。但是在您的小说里面,在这种很复杂的好几组关系当中,最后这些人物都能找到一条适合自己的路,或者是起码像您刚才说的在沿着幸福的方向去努力,我觉得这是很重要的。它既有这种时代感,又是你对现实生活的一种写照,又具有这种很好的网感,读者读起来还是能够沉浸其中的。这样一种写作,我觉得其实是值得肯定的,不知道您怎么想?

蒋离子:我突然觉得很开心,我当时写《老妈有喜》的时候,因为我自己没生过小孩,所以我真的不知道生小孩是个什么样的体验,何况女主角她还有两个小孩,我不知道应该怎么办了。然后我就去问了很多已经当妈妈的朋友,问她们的感受,包括已经生二胎的那种。她们的整个生活状态呈现给我的是,她们没有一天是平静的。像我们经常看到的那种海报和画面,包括现在有一些视频里温馨的一家四口,那种画面感觉很美,但是在他们生活当中出现的概率是很低的。但是偏偏在现实生活当中能够支撑着我们继续走下去的,正是这种偶然出现的很短暂的幸福和温馨的感觉,所以我在书里面就写他们会做选择,他们生活会很乱,会经常不平静,但他们总有那种温馨的时刻。家里人也好,包括夫妻、兄弟姐妹之间,他们会经历很多的混乱,但是过了一会儿就会出现一个这种温馨的片段,让他们觉得在遇到难处的时候,身边还有一个人在支持着自己,我可能比较想展现这样一个东西。生活中"幸福"这个词在我们婚姻和家庭生活里面,其实只是一个片段,一个很短暂的东西,但偏偏就是这样的东西,在支持着我们去维系我们的婚姻,去维系我们的家庭,支持着我们继续往下走。

"每一部作品都是对自我的治愈"

周志雄：刚才我们有位同学问到这个现实主义的问题，您刚才说得很好玩，说现在来谈论现实主义的时候，才发现自己写的原来是属于这一类的作品。实际上现在国家提倡的主旋律的现实主义，网络作家去写这些难免会有局限性，因为网络文学本身就有深度不够的问题，就会有按照读者趣味去走的问题。现在要求网络作家去写这种主旋律的重大题材，他怎么去写出深度？这里面是有矛盾的。这个问题其实我们看到在一些很宏大的题材里面，像"大国重工""大国航空"这样的一些大题材，最后作者必须要采用这种网文的方式，让这个人穿越到20年前、30年前或40年前，用一个很轻松的故事把改革开放的40年呈现出来。但是您的小说不是这样的，您这个是不需要的，因为您本来就是在写青春，在写婚恋，在写情感，您一直是在写这个领域。这个其实是另外一个话题，就是我们有很多作家在写的时候，就是要找到一个自己的写作领域，像开矿一样找到一个自己擅长的领域，其实这就是您的开矿，这就是您的矿山，您就是在写这个东西的。

我觉得您找到了矿山，就是于当代人的情感和婚恋，在这个领域您思考得比较多，您也非常擅长观察，也去做一些功课，对一些新的东西也很擅长去学习和接受。所以我觉得如果讲现实主义的话，您的小说在这一点上非常好，有很可贵的一些地方。您实际上是有非常强的这种时代感的，又很用心地去捕捉人物的内心世界，其实是自我很投入地去写这些东西。您有一些自我经验，更多的是和您所写的同类人物进行现实的交流和调查，然后很用心地去写。所以我觉得您这样的写作，用您刚才总结的一句话，它是一个小众文的写法，它不可能有一个很大的读者群。我想这也是为什么您有10年没有写，但这几年来这几部作品能够获得这么多的荣誉、推广和奖项的原因。您正好处在这样一个时代的风口上，一直是在关注现实的。现在国家提倡网络直接关注现实，您抓的这些现象也很好。一看《老妈有喜》这个题目，读者就会联想到，现在二胎政策一放开，在这样一种情况下，这种阶层的人该怎么办？这部小说里面您就把您擅长的东西和我们这个时代风向融合得非常好，是一种文学和形式的融合。

蒋离子：谢谢志雄老师。因为我写不了那种非常宏大的东西，我只能写时代背景下的一些普通的人物，她们没有金手指，她们也没有人物光环，几乎每一个女性，她在困境里面的时候，必须自己很用力才能走出来。所以这就是我们普通女性的生活。像刚才您说的改革开放之后怎么样，我觉得从我的作品里面，可以看出我们女性其实已经很独立了，独立之后我已经开始思考，从我们女性可不可以不那么独立可见我们的生活是发生了翻天覆地的变化。你想，比如说像我奶奶那辈人，她们绝对想不到现在的女人可以这么生活。这也是改革开放的一个很小的缩影，但是我觉得这是能够在我的作品里面找到的一个东西，不是说非要非常宏大的叙事才

121

大神的肖像

能够反映我们改革开放以来的一些变化,从一些小人物的身上也能够反映这一点,所以我一直写婚姻之类的。很多年前听说谁离婚了,真的是非常不光彩的一件事情。但现在听说谁离婚了,比如说我们哪个朋友跟我们说他离婚了,我们都会祝贺他。因为我们认为作为一个成年人,他已经想清楚了他为什么要走出婚姻,对于他来说离婚是一种全新生活的开始,是一件值得祝贺的事情,我们不会觉得他跟我们有什么不一样,这也是改革开放带来的巨变。

周志雄:您的作品里面还有一些很好的东西,比如说刚才有个同学问到您最喜欢的一本书,你讲到的竟然是陆幼青的《生命的留言》。陆幼青当时在榕树下连载那本日记,榕树下还给了他一等奖还是一个特等奖,奖金 10 万元,他自己不能去领,还是他的家人去领的奖。我从您的作品叙述当中感受到的是您对生命本身的理解和尊重,这可能是跟您自身的人生经历相关。您会特别重视这个人物的内心感受,然后去追问一些问题,我这样做是不是值得?这样做是不是可以?我该怎么办?在这种情况下我的内心是什么样子的?我觉得这也是很重要的,女性小说在这些方面高于男性小说,就是它会很细腻,能够对人物内心的逻辑进行细腻的描绘,然后你会感觉到这才是生活,这才是文学。像王安忆讲过:"什么叫小说?小说就是往小处说。"我觉得这些东西是非常好的。

蒋离子:谢谢周老师。

周志雄:还有一个地方是,有个同学问到,您说冇城,您说虚虚实实,您说这是您有点偷懒的行为,不是写一个具体的城市。这个绝对不是偷懒,这恰恰是一个有作为的、很好的设计。你看鲁迅小说中叫未庄,未庄是哪个村庄?它为什么叫未庄呢?这个未庄就是天下的村庄,他通过一个村庄,其实写出的是所有的村庄、所有的农民,他要写出国民的精神层面的这种东西。您这个"冇城",其实有更大的意义。在某种程度上,它反映的不是您偷懒,反映的是您写作有很大的一个雄心,就是您要通过这样一个冇城,写出中国的这个城市或者那个城市,其实它代表的就是中国当下的所有的城市。在这样的一个历史化的进程当中,这里面生活的男男女女就是这样生活的,他们就是有种种烦恼、种种问题,他们是怎么去处理的。这个不是偷懒。

蒋离子:对,因为"冇"这个字,是没有的意思。我想说没有的话就是到处都有,既然这个东西没有,它就可以到处都有。真的,我觉得你刚才就把我内心的那种很真实的想法说出来了。

周志雄:所以您比较谦虚。

蒋离子:没有。因为《糖婚》的三部曲全部都是发生在这一个城市里面,都发生在冇城里面,它是中国的那种发展中的城市,因为只有在发展中城市,只有城市不断在发展,生活在这座城市里的人才会不断地去改变,才会有各种各样的选择。包括我新书里面的女主角,她到这座城市创业十几年,突然这一切都失去了意义的时候,她面临新的选择的时候,这个城市包括她所从事的行业都发生了巨大的变化。在城市变迁的过程当中,整个时代在发展,当这些力量打到一个小人物的身上的时候,她的命运会发生什么改变?她对自己接下来的人生又有什么样的思考?这样的东西,我可能写得比较多。

周志雄:还有一个地方,就是有个同学问您《半城》的叙述视角,有一个多视角的转换。我不知道您是不是有意识地看过这种多视角的小说,像帕慕克的有一部小说,就是这种多视角的转化,莫言的《檀香刑》,它不止一个叙述人,它是这个人来叙述,然后跳到下一步,下一个人再叙述,再跳到下一步,下一个人再叙述。他们讲的其实可能都是同一件事情,但是因为不同的人在讲这样的一件事,所以呈现出不同的效果,这其实就是讲现实、写现实,这才是深度写实的一种写法。

蒋离子:我当时写《半城》的时候,因为我已经开始写剧本了,可能我的脑子里面画面感的东西会比较多,我会把它们想象成一部电影,像《老妈有喜》和《糖婚》,我会想象成一部电视剧。我会把《半城》转换成一部电影的感觉,就是那种镜头的转化之类的,我觉得这样转会比较好看,可能当时下意识的想法是这样。

周志雄:还有一个是故事的结局,刚才我们有同学也问到您,好像没有那种大团圆的结局,不是这种团圆式的。您讲到在爱情里面,它不光是甜蜜的,还有伤人的,有带刺的,让您不舒服的,这个也恰恰是现实主义所要求的,就是要求您写出生活的真相,写出生活残酷的一面。如果仅仅是讲光明面,那是童话故事,那是讲给小孩子听的。您要把生活的残酷的一面也揭示出来。同时网络小说它又不像批判现实主义,揭示生活的残酷的一面,残酷到直接把人搞到绝望,像《骆驼祥子》,最后残酷到这个人就毁掉了。这是一种现实,但是这个是一种普遍的现实吗?而且这种现实是一种积极的、更有普遍性的、符合我们这个时代趋向的、让我们直面的现实吗?有的时候我觉得网络小说比如像您的作品里面,在这个方面的考虑其实是很得当的,既写出这里面甜的东西,同时写出这里面伤人的、残酷的东西,但是核心的东西就是这个人物是有成长的,是有变化的。我们要去积极应对,虽然没有大光明的结局,但是这个人物是努力向好的、幸福的那个方向走的。这样一种东西,我觉得其实是非常好的,它既有深度,同时在价值导向上能给人积极和温暖的力量。

我也感觉到现在的网络小说,像您写的这样的一些作品,现实意义和现实价值方面是挺大的,无论推广还是评奖,您的作品能够被大家接受和认可。还有您说的写作是一种治愈。抑郁症,这仿佛是一个只有天才的人物才能得的病,是这种身体才可能出现的状况。

## 大神的肖像

蒋离子：我真的是头一次在那么多陌生人面前讲起这个事情来，因为我和同学们都还不认识，志雄老师我们是认识的。今天之前，我一直在想，包括我上线之前，我还在想我到底要不要讲这个事情，因为今天有很多的同学，我觉得我讲一下这个事情可能会对他们有一些新的启发或者怎么样，其实真的没有必要把这个事情看得很严重，对我来说，我把它当成生活的一部分之后，我已经很坦然了。当我处于生活当中的低潮期的时候，我感觉我这几天不对劲了，我也能够接受，因为情绪总是有好有坏，当我能意识到这一点的时候，其实这些都不成问题。我今天说这个事情，就是想说我的创作其实是从这个病开始的，就是从抑郁症开始的。

周志雄：在文学创作界，像这种抑郁的，还有更严重的，您这还算是轻的，那种精神癫狂的天才有很多，这是一个很正常的情况。总的来讲，我觉得我们这样的一个交流，包括我们同学的发问，其实更多的是倾听。今天来参加这个活动的同学都是我们的研究生，人不多，但是他们都是精华，都是您的粉丝、读者。我们首先是不做评判，倾听您的讲述。在倾听之前，他们都是阅读了您的作品，然后针对您的作品提出这些问题。这样一个交流，我觉得也是很重要的。我们现在的网络作家很多，作品也很多，相应的评论工作，也是中国作协一开会就在不断地讲的事情。前两天就在杭州开了一个全国网络文学理论会议，这也是个小范围的，参加的人不是很多，还是在讲我们评论怎么样去跟上创作，评论永远是滞后于创作的，他提出了一些很高的要求，评论要怎么去引领创作和指导创作。这个要求很高，我认为我们现在能做的工作首先就是要去读这些作家的作品，去理解他为什么要这么写。作家在作品的创作过程中，包含着哪些有效的、很好的创作经验，我们怎么样去把它总结出来，这是需要时间的，也是对研究者的一个很高的要求。像您的作品文字量还不是特别大，像三少和血红这样的作家，你要去研究的话，阅读量真的是一个挑战，5000万字是个什么概念？一天读30万字要读大半年，而且仅仅是读第一遍，研究者起码都要读三遍以上，读两三遍你才能够去评论他写的东西。

通过今天这样一个交流，不知道同学们是什么样的感受，我觉得收获还是非常大的。我们今天访谈的东西，最后会整理成文字出来，看看是不是找一个刊物发一下，最后我们要编书和出书。此外，同学们已经初步了解您的作品并且写了篇文章，当时评论文章写的这个理解不是不正确，而是我们对一个作家的理解还需要不断地去用力，才能够更深地理解。像有一些老一辈的作家，有一个很有名的现代文学的研究学者叫范伯群，他和江苏的作家陆文夫是好朋友，他和陆文夫采用通讯的方式进行交流。他和陆文夫本来也经常见面，但是他用书信的方式有什么好处呢？用书信的方式就能把他对作品的这些理解，用文字的方式更深入地进行探讨和交流。进行了多次通信之后，他写了《论陆文夫的小说》，过了一段时间，过了一两年又写了一篇,再过了几天又问,到第三次写的时候,他就完成了《三论陆文夫》。他和陆文夫的书信有很多封,所以我觉得我们今天这样一种交流方式,也是同学们了解作家、了解网络文学的一个非常重要的方式,这也是我们做网络文学研究的一个基本的功课,就是要去和作家交流,才能更深入地理解他,这也是一个基本的工作。就是做资料,作家是怎么想的,您今天讲述的就是一手资料,我们把它整理出来,等以后蒋老师成为更大的、更著名的作家的时候,会有越来越多的人来研究您的小说,他们看我们当年对蒋老师的访谈,这就会是一个参考。有人会认为,这是她当年跟安徽大学的这些老师、同学的一个交流,她当时是怎么想的,她是怎么理解这些东西的,经过多少年之后,她现在又有一些新的变化,有一些新的理解。

蒋离子:我是去年年初的时候去人民大学杨庆祥老师的课堂,我之前没有正儿八经地开过我一个人的作品的讨论会。当时去之前,他们就跟我说:"我们可能会提一些比较激烈的批评的东西,你能不能承受?"我说我很愿意去倾听别人对我的一些肯定、不肯定或者批评建议。刚才同学们对我的提问,志雄老师您讲的一些话,还有您上次给我发的同学们写的评论文章,其实我都一字一句地读了,我觉得这样的反馈和读者的反馈对我来说价值是一样的,我很愿意去接纳这样的东西。因为我不可能就停留在这样的创作层面上,我个人觉得我还是有很大的成长空间的,我可以写得更好,所以我很愿意去倾听。今天我真的挺开心的,特别开心。

周志雄:您肯定会写得更好的。您这个心态是开放的,对未来是有期待的,本身有这么好的写作的基础,现在也获得了这么高的认可。您还这么年轻,我们说作家有黄金创作期,传世之作很多都是在作家四五十岁这个年龄写出来的。我们对您未来的创作也充满期待。

# "人生的每一步都有迹可循"
## ——庹政访谈录

**访谈人:**

庹政,著名网络作家

周志雄,安徽大学教授

卢书曼、汪国美、丁昊,安徽大学文学院研究生

访谈时间:2021年6月11日

访谈地点:合肥市梅山饭店

### 一、"写作和人生一样沉沉浮浮"

**周志雄:** 你大学毕业之后,除了写作之外,做过多种职业,请给我们详细地讲一讲这段时间的经历吧。

**庹政:** 1991年我开始写《第八种武器》,当时写得很快,因为《章回小说》要求10万字以内,所以只写了7万字。《第八种武器》是以古龙的《七种武器》中的一篇《离别钩》延伸的,因为我很喜欢狄青麟,不喜欢杨铮。狄青麟是小说的一个反派,他是世袭侯爷、风流少侠。他出现在人前的时候,一袭白衣,脸上总是挂着若有若无的微笑,身边总是带着一个绝世的美女。这个小侯爷狄青麟每次出场都是这样,我很喜欢他,我觉得这个人物远比主角杨铮有趣。我故意反过来写,写了一个叫"轻轻一探狄青麟",然后还写了"小人杨铮"。杨铮一直是英雄啊,但是我偏写"小人杨铮",他是一个在底层挣扎的小人物,怎么跟狄青麟这样一个高高在上的人物拼命?他用很多另类的办法。我写了他们两人的儿子的斗争,也就是我们常见的套路——错位。他们的儿子被互换了,每个人的身份都发生了错位,狄青麟的儿子当了一个捕头,杨铮的儿子继承了狄青麟的爵位。当时两个月写了7万字,应该是1992年5月份到6月份这个时间段写的,写了之后投稿,投到《章回小说》后就没有写了。

后来我们厂破产了,我回家就做了第一笔生意,我们三个朋友联合到内江市下面一个县开了一个校服厂。我们去了半年就亏了10多万,每个人亏了4万,当时4万块钱还是很多的,只

能灰溜溜地回到家,暂时啃老。没有钱了,在家反正无聊,我就开始写作,写武侠小说。

在这个时间段,我正好有一个朋友,她是我以前语文老师的姐姐,她的一个老师在内江办了一个汉语言文学培训班,我想我正好系统去学一下中文。读了一年半,每天晚上去读,有很多课,我系统地修了一下中文。在这一年半中我写了200多万字的小说,包括我很满意的《枪神·神枪》,然后写了《新流星蝴蝶剑》,当时有一个电影叫《新流星蝴蝶剑》,我写的这部小说也用这个标题,还写了系列的短篇,有两三百万字。曾经有一次成都的一个书商觉得我的《第八种武器》好看,我还去见了他们,但是没有下文。一年半之后拿到文凭,我觉得不能老这样,我必须出来,前面写了这么多,但是没有通过写作获得任何收入,一个男人还是要承担自己的责任,那就出来工作。

我弟弟在建设银行做信贷,认识很多人,就介绍我到一个房产公司上班。我当时年轻气盛,我在那里,周总不管我,他让销售科长把我带到销售部,让我以后跟赵科长一起。周总心想,又来一个关系户。于是,我就坐在办公室,我也不知道干什么。我坐在那儿好无聊,坐了两三天之后,我不知道怎么办。我就带了本字典去,我每天翻字典,没有人批评我。有一天,周总在门前说:"庹政你怎么这么清闲?要不我给你写个条子,你去看看我们宾馆。我们公司下面新投资了一个宾馆,刚刚开业三个月,有很多问题要处理。"相当于给了我一个"钦差大臣"这样的活,让我到宾馆去看看有什么问题。我能看出什么问题呢?当时我一去就按照我的想法管理,然后洋洋洒洒写了一个很长的报告。现在想想我当时非常幼稚,但是以后你们出去工作其实也要有这种勇气,哪怕是错误的。因为错误,才能提升自己,这是题外话啊。后来机会就来了,我到这个公司上班仅仅一个月,宾馆出了事情,周总就把赵科长派到那边去当总经理,可能他无意中想起我写了个报告,就让我去当助理,我突然就成了一家宾馆的管理层。后来赵总也犯了错误,回公司去了,我就没有回。我在宾馆工作了两年半,工作了一年半的时候,我们实行内部承包,我承包了客房部和夜总会,赚到了人生中的第一桶金。

在这之后,我出来单干,周总也把我当朋友。我自己有一点经验了,出来做了很多生意,有的赚,有的不赚,在这个过程中,浮浮沉沉。当时手机刚刚出来,我有虚荣心,也买了个手机,这样出去喝茶的时候,要把手机放在桌子上面。但是做生意的人,时间真的不是自己的,比如说我现在跟你们还在这里聊天,一分钟之后,说不定有人叫我,我还要慌慌张张赶到另外一个地方,没有办法,有的时候我自己都感到很苦恼。有的时候我跟他们在一起聊着,会突然很闷,我就一个人打辆车到城外一个寺庙,在寺庙长廊里面躺个半小时或者一个小时再回去,我觉得这样心才能够静下来。

大神的肖像

我觉得人生是有因果的,我在做生意的过程中,其实就抱怨我这种生活了,我真的觉得没有什么价值,纯粹是为了追求金钱。

周志雄:后来你做一些什么方面的生意?

庹政:首先是广告公司,然后是纯净水,这也是刚刚兴起的,还做过汽车美容。广告公司是自己开的;纯净水生意是和周总一起的,周总要开一家纯净水公司,我就合股出资;汽车美容是我自己投资的,这个亏了10多万;还有就是城市里常见的餐饮娱乐,我做过很多个,春台乐园、江湖小排档等等。江湖小排档是我做的最后一个餐饮,然后我发誓再也不做餐饮了。江湖小排档里面,我把很多武侠造成一个菜品,但是我们白天基本上不做,中午除非有熟人,晚上做消夜,经常晚上10点、12点以后还有人给我打电话,我就慌慌张张地说是家里有事。到你这里吃饭,要把老板叫来才觉得有面子,我就加班加点打车到那个地方去,喝几杯酒,然后花10块钱打车回家睡觉,就是这样。因此我说我再也不做这样的生意了。

到了2007年的时候,那是我做的最后一个生意。我2000年的时候开网吧,这就不说了,还有书吧,书吧也让我获得了良好的社会效益和经济效益。书吧就是一个茶楼,里面有很多书,这个是我做得比较成功的。2000年的时候,我就正式开始投入写作。刚开始写作没有什么收入,我开始写长篇武侠,经常在论坛上混,比如说榕树下的"侠客山庄",还有"网易武侠",还有当时"金庸客栈"的班组。我最喜欢混的是"青云书院",我认为当时代表我们这一批写手的人都在那里了,江南、沧月、凤歌、小椴、蒋胜男这些人,都在这个论坛混。

2007年的时候,我想要写长篇武侠小说,但是编辑让我写点短篇小说。我有时候会把这些短篇小说发在《今古传奇》上,我在《今古传奇》上大概发表了20篇,但是《今古传奇》的稿费很低,大概1000字100元。《今古传奇》的容量也很小,短篇大概就是3万字,我每次写一篇的稿费也就2000多元,有的时候稿费能够达到3000多元。我写了将近20篇小说,我的稿费只有四五万元。

从2000年到2006年,我就靠这么一点微薄的稿费来生活,当然也有一点别的收入。比如2002年,《第八种武器》获得首届新武侠原创大赛二等奖,当时一等奖空缺,也就相当于第一名,那次比赛我拿到了2000元的奖金。后来还参加了一个"书赢天下"比赛,那都是后面的事情了。当时确实没有什么收入,有的时候网站会把我的一篇文章推荐到首页,给我寄100元的稿费,平均下来一个月不到1000元。我家里有时候也会支持我一下,再加上以前做生意的一些积蓄,一直就这样生活。到了2006年的时候,我准备写《洛书》,我写了第一个开篇《寒关月》,这个开篇非常好。当时江南写九州这个空间中,我们这一群人的书主要是建立在一个架空的时空中,比如说有一个女作家写了一篇《刘皇后》。我写了篇《寒关月》,这是一个宏大事件的开篇,也非常不错,登在了《今古传奇》上。但是就在这个时候,我们几位作家发生了一些小小的争执。我当时想了一下,我觉得在武侠这个圈子里我是红不起来了,因为在武侠的圈子里,已经有小椴、江南、沧月这些著名作家了,后面还有很多比我年轻的作者,比如说步非烟。我当时痛定思痛,决定离开武侠这个圈子。

大概 2007 年的时候,我不写武侠了,我写什么呢?我觉得有几个题材能供我选择,科幻、军事、官场。我当时想着写科幻,就把市面上几乎所有的科幻小说都看了。我还写了我的第一部科幻小说《从地球到月球》。凡尔纳写了一部《从地球到月球》,我也写了一部《从地球到月球》。我把《从地球到月球》贴在青云书院的"纸醉金迷"旁边的"天马行空"专栏,那是一个专门写科幻的专栏。我把它贴在那儿的时候,被《科幻时间》有一个叫"空间"的编辑看见了,他说我们这个网站真是藏龙卧虎,他觉得我写得非常不错。《从地球到月球》是我写的第一部科幻小说,也是我目前唯一的一部科幻小说。当时之所以想写科幻,主要是因为我小时候看过一些科幻小说,比如说科幻星云奖"终身成就奖"得主王晋康先生的作品。但是我后来看见大刘(刘慈欣)的作品了,觉得大刘太神奇了。我把大刘所有的小说都看了,当年大刘的《三体》还没写,我就去看他的《球状闪电》《流浪地球》《超新星纪元》等等,我想我永远跟不上大刘的想象力,所以我决定不写科幻了。我不写科幻了,就要在军事和官场这两个题材中做出一个选择,最后我选择写官场。为什么?就我个人内心而言,我觉得写官场,有最广泛的读者群体,所以我选择了官场小说。我在天涯论坛上写了《男人战争》,当时那里没有一个人认识我。

不好意思,我还漏了一些内容。在 2000 年我投身写作的时候,我在墙上写了三个标题,一个标题是《百合心》,一个标题是《苍明》,一个标题是《大哥》。写《百合心》是因为我觉得我的哲学态度或者说方式方法都是学钱锺书先生的,我们知道钱先生有一部未完成之作——《百合心》,所以我想写一部叫《百合心》的小说。《苍明》是我要写一部以明朝为背景的武侠小说,因为明朝给我的感觉就是一个"苍"字,苍凉的"苍"。《大哥》是一部黑道小说,因为我当时非常喜欢《教父》这本书。

离开武侠圈子后,我就开始写《大哥》,在天涯论坛的"舞文弄墨"上写。我当时在天涯论坛上谁都不认识,关于这段历史,网上是能够找得到的。我写了七八个月,《大哥》写到七八十万字的时候,在网上已经很火了,至少在天涯论坛里,可以说有很多读者。

当时的创作还是以纸书为主,因为我们写作对文字还是有一点追求的,而且"舞文弄墨"本来就是以出纸书为主的板块。那个地方有一个特点是编辑比写手多。当时有很多出版社、文

## 大神的肖像

化公司的编辑,他们都会到天涯论坛"舞文弄墨"这个板块去找作品。以出版纸书为目的的写手,基本上都会在"舞文弄墨"这个板块。所以那个地方的读者是很少的,那就是纸书作者的一个平台,慕容雪村的《成都,今夜请将我遗忘》就是从那儿出来的。当我快要写完《大哥》的时候,我才想到我要去跟编辑联系。联系过的每个编辑都说我的《大哥》写得很好,因为题材比较敏感,最终被拒绝了。

那年春节的时候,大概是正月初三,我开始写第一部官场小说《男人战争》。当时我就写了一个标题和一个两千字的序言,有个出版社的编辑立马联系我,说:"庹老师,我们要出版这本书。"这对于一个写手而言,是很感动的。但是后面因为有一个编辑跟我说写官场就要去新浪,便把我拉去了新浪。当时新浪的官场小说的读者比起点的多很多。新浪的官场小说,它的订阅超过十万的有很多。新浪的编辑对我也很好,《男人战争》那么简短的一部作品,它的订阅都非常可观。后来编辑还把我介绍给了春风文艺出版社,当时春风文艺出版社给我开出了很多优惠条件,要让我成为签约作家,每个月给我发工资做保障,等等。《男人战争》这本书就是由春风文艺出版社出版的。从此,我就开始写官场小说,写了好几年。在我写官场小说,只是随便写一个名字都能够拿到合约,签一个比较好的稿酬时,我没有忘记我的《百合心》,我用了18个月写《百合心》。我当时以为写《百合心》是很容易的,6个月就应该写好的,因为《百合心》就像《围城》一样才20多万字,但《百合心》太难写了,写了18个月才把它写完。因为有的时候为了想一个很准确的比喻,或者是把一段内容写得趣味盎然或是幽默生动,会动用很多精力和想法,而且还要掉很多书袋,非常难写,后来我终于把这本书写出来了。

2012年是一个节点,当我准备回来继续创作官场小说的时候,因为当时小乔老师说我的官场小说卖得很好,于是凤凰联动的张小波同志把我叫到北京,让我准备写一部长篇小说。我回来之后本来打算写了,我连名字都想好了,但是这个故事很奇妙,因为当我回来的时候,读客也找到了我。我当时想,我在读客出书会稳当一点,而且读客做的宣传会好一点,他们的纸书卖得更好一点。张小波是一个比较强势的人,他到重庆打电话给我,让我到重庆洲际酒店去找他。我其实不喜欢跟别人通电话,因为我总觉得通电话就是在强迫你必须一句一句地说下去。我在电话里稍微和张小波聊了一些,然后我给张小波发了一个长长的短信,可能将近200字,说我跟读客已经签了《市府十七楼》,其实应该算是我违约。

后来,张小波很多年都没理我。有一天他在微博上转发了我的微博,我马上在群里说,张小波转发我的微博了,可能他原谅我了。我跟读客签的《市府十七楼》这本书,我交了四本,一共100万字。读客的老总也很欣赏我,建议我先去写电影剧本,他还把我推荐给了张强,让我跟张强写电影剧本。张强当时是中影的一个副总,他还专门到内江来跟我见了一面,我们大概谈了一个小时,后来张强到阿里影业去了。张强说他准备做一个超级英雄,于是我跟张强写了第一个电影剧本。

中国在国际电影市场有号召力的元素不会超过 10 个,应该说可能也就五六个是比较重要的,比如说功夫、熊猫、瓷器,这些都是有号召力的。其中一个元素肯定有李小龙,所以张强准备做李小龙,我写的第一个电影剧本就是关于李小龙的。从 2012 年开始,我其实是在影视圈混了,写了很多奇奇怪怪的剧本,比如说写《中国球王》。到了 2015 年的时候,我有一个机遇,我写了一个剧本之后,进入了《国家行动》这个剧本。因为我觉得做一个编剧能够做到这种顶级的剧已经不错了,这个是中央电视台和中国国际电视总公司等联合出品的剧,能够让我去创作,我觉得还是比较荣幸的。到 2017 年,我又写了一些剧本,比如说《扫黑》,但是我还是觉得写小说更适合我。2018 年回到小说以后,我就跟那些网站联系,然后跟咪咕合作,写了一本《商藏》,然后一直到现在。

我现在在四川轻化工大学担任特聘副教授,给学生上影视文学写作、网络文学写作课。还有两个大学:一个担任客座教授,每学期过去做一两次讲座就够了;另一个四川电影电视学院,我也给学生讲剧本,上学期跟他们讲的是畅销小说的写作,我用了整整两节课将畅销小说、大众小说、通俗小说、网络小说做了一个横向比较。我有的时候也做一些网络小说的研究工作,我觉得以后我们可以像很多学校一样,把网络小说研究都改成创意写作研究。我们把网络小说叫作类型小说,这是比较直接的。如果叫大众小说的话,主要就是根据它的受众对象而言的。

周志雄:你是 1991 年就参加工作了吗?

庹政:对,我是 1987 级四川大学化学系的,1991 年就毕业了,我们以前工作还包分配。80 年代我在大学期间没有写小说,写诗歌和词,我的词还在《词刊》上发表过。

周志雄:工作之后工作比较清闲,是吗?

庹政:对。因为是轻工嘛,在厂里面。我们送学哥学姐的时候,他们的工作都是某某部、某某厅,到了我们这一届,全部是某个公司、某个厂。我们就到某个厂里面,年轻人刚刚走上社会什么都没有,没有经验,没有资金,没有地位,甚至没有人来关心你,当然也不存在批评你,这可能是年轻人最在乎的,他不在乎批评他,这是无所谓的,最在乎的就是完全忽略他了。

我们被分在一个厂里面,浑浑噩噩看不到前途,后来那个厂破产了,所以说大家都有大把的时间,但是不知道干什么,他们在厂里面喝酒、打麻将,我就没喝酒、打麻将。工厂有一个很

大神的肖像

简单的图书馆,可能只有1000多本书,我就看书,慢慢地看,每本都看,看完我就说我来写,反正有这么多时间让我写。本来觉得还可能是机缘巧合,不是这一个事情让我写,也许后面还有机会让我写。我觉得每个人都有一条命,不管你走了多么远的路,你终究会回到你想走的这条路上来,或者是你应该走的那一条路上来。

周志雄:你刚才讲你是模仿古龙的小说,最开始写作是疯狂地模仿,你是什么时候阅读古龙的小说的?

庹政:高中的时候特别喜欢看小说,我们拿报纸把小说包起来,写上科目的名字,就是欺骗老师嘛,然后上课可以看。数学老师是我们的班主任,我们那个学校是我们四个县中最好的一所中学。我是我们班数学最好的,也是年级中最好的。我进高中的时候语文、数学、物理、化学考的都是第一名。当时有个老师让班主任给我做工作,因为我们还要分文理科,分文理科以后,他要培养我去做状元,但是我辜负了他的信任。当时我们读高中的时候正是武侠小说兴起的时候。我们天天去看小说,把我们学校周围书店的小说都看完了,我们还找到一个城郊很好的读书环境,每天走路到城南去租小说,那时候太无聊了,每天就看小说。我们老师非常期盼我的成绩,这中间的故事就很多了,反正我觉得无所谓,我觉得人生的选择一切都是有定数的。

周志雄:你这还不错,看小说还没有影响你考大学。

庹政:已经考得很差了。

周志雄:要不然就考到北京大学了是吧?哈哈。

庹政:不是显摆,至少人民大学还能够考虑,上复旦大学也是可以想想的。

周志雄:你什么时候从你大学毕业之后的工作单位里面出来的?

庹政:我们是1991年7月份分配过去的,1992年夏天工厂就破产了,刚好一年,我还在实习,没有转正,我觉得人生对于我来说充满了非常多的有趣的地方。而且我也没有拿到大学毕业证。

周志雄:没拿到大学毕业证是怎么回事?

庹政:我有两门课考试没有过关,其中有一门叫有机化学。我们班教有机化学的肖老师,一个班146个人,他点名只点3个,就点我们寝室的3个男生,他说这3个人来了,全体同学都来了,然后考试真的不让我们过,补考也不让我们过,到临近毕业的时候还有一次补考机会也没让过,因为我们平时缺课缺得太多了。以前我对化学没有兴趣,没有兴趣到基本不去上课,有一半的时间都在学校外面玩。我不只在学校是这样的,我长期都是这样的状态,睡到中午起床,在外面的租书店随便看一本小说,买成都茶馆5毛钱一杯的茶,一看就是一天,有的时候也在图书馆借,其实我在图书馆也借了很多书来看。因为没有钱,那个茶馆对我就跟咸亨酒店对孔乙己那样,经常说:"庹政,你又欠了10多碗茶了。"反正大学就这样浑浑噩噩地过来了。

当时我也做了很多其他的工作,比如说参加社会活动,跟大家玩音乐,写博客。大学的时候嘛,我的书读得差得不得了,不上课怎么可能学得好?而且我们的有机化学特别难,不可能考试的时候临时抱佛脚就能够过去,过不了的。

周志雄:你现在这个身份是四川轻化工大学的老师,是吗?是不是就属于学校体制内有编制的老师?

庹政:没有编制,但是享受待遇,每个月发工资这样的。我到那个大学运气非常好。有的老师工作一辈子都没有买到一套房,我到那个学校很神奇,因为正好我们学校处于扩张的时期,学校面积扩大了将近三倍,招生规模也扩大了,借这个机遇,我成为学校的老师,然后在这个学校里买了两套房。

周志雄:你在2001年前做了好多种生意,总的来讲,不是特别成功,是吗?

庹政:我觉得总的来说是扯平的。我从宾馆赚到了第一桶金,当时可能赚到了六七十万的现金,这在当时是很大一笔钱了,相当于现在中了500万的大奖。但是后面顺手就用了,这里亏10多万,那里亏10多万,所以我觉得是扯平的。有的时候我在想,我人生中最好的时光,就是身体状况和脑力智力最好的那个时间段,我用了七八年时间处于一个醉生梦死的状况里。但是后来我想,如果我没有那一段经历,可能我的小说写出来又会是另外一种味道,比如说我写不出《大哥》这种小说,《百合心》也会写得浅薄一点。我觉得是这种生活带给了我一种创造的灵感,它还有助于对人性的剖析,写小说的时候,我会情不自禁地用到这些经历。只有见了很多人和事之后,才会有更多的想象,比如说在一部小说中,人物的思维逻辑和他的行为逻辑,我经历了一些事,才能想到他应该是这样的,而不应该是那样的。

我讲个题外话,比如说我的微信朋友圈,河南省网络文学学会秘书长庚新发了个朋友圈,他吐槽自己现在不知道该怎么写小说了。他的意思是说现在写小说出现了很多新的形式,我们有的时候就会把我们以前的作家称为传统网络作家了,传统网络作家现在也出现了很多新的变化。网络文学作家是非常敏锐的,他们需要能够抓住一些社会热点,而且迎合新潮。这对我们来说就是一个挑战。像我这种人,严格来说不算网络作家。周老师你肯定是这方面的专家,你也做了这么久的研究工作,所以我们可以探讨一下,比如说,什么叫网络小说?我们可以很泛泛地说,如果从广义上来说,放到网上的小说就叫网络小说,这种定义根本没有什么研究的价值和意义。网络小说——我们的研究对象应该是一种狭义的网络小说,我先说我对狭义的网络小说的定义，然后你再批评。

我是有"四大"和"四小"。四个大的方面，我觉得第一个是以媒介和载体来讲，网络小说是以论坛、社区、网站、App 为主要平台；第二个就是网络小说的参与主体，它是以年轻人为写作主体和阅读主体的，我看现在的研究，包括阅文集团，都在说现在很多 90 后的写手已经出头了；第三个它是以盈利为目的的，这是它的一个商业基础；第四个就是它的内容，它是以穿越和玄幻为主要内容的。穿越和玄幻两者之间并不是一个并列的关系，玄幻才是一种内容，穿越只是一种手段。我看到很多书一讲到网络小说就把穿越和玄幻放在一起，但它们其实并不是并列关系。再比如说它具有口语化的特征，因为网络文学不强调文学性，也不强调思想性，它强调即时互动、及时更新，还有一个故事性强。这是我说的"四小"。这是我以前对网络文学的一个定义，因为我觉得我以前对网络文学还是偏向褒扬的态度的。

但是我觉得以后我可能要重新定义它，因为网络文学还是有很多缺点。从去年开始，中国作协的那个排行榜不叫网络小说排行榜了，他们给改成了网络文学排行榜。我觉得不是说把小说改成文学，就意味着网络文学获得了文学性，这更多的是代表了我们的一种期许，或者说是引导，希望大家在网络创作中能注重一些文学性。比如说周老师你看到的很多小说其实都是冲出来的，都是很好的小说，它们只是个案，个案不能代表主体，你们看见的网络小说都是已经至少经过了网站的过滤，而且不管是什么榜，都是经过筛选的。像我们看这种榜，除非是被推荐两三次了，我们才会点进去看看，但是真的有很多的网络小说是不值得看的。我们现在网络小说经常出现一些新的形式，比如说"马甲文""母猪文"，有一阵子很流行，不知道现在还流不流行了。再比如说"甜宠文"，现在还比较流行，反正我是真的不喜欢这些东西，估计现在也被淘汰了。这种东西就是来得快去得也快。当然，这种小说也有它的优势，比如说都还是保持了网络文学的特点的，就是它的故事性强。

**二、"作品就是自己的代言"**

卢书曼：刚才听你说你大学读的是有机化学，读有机化学的经历对你的创作有什么影响吗？在你读大学的时候有没有投过稿？

庹政：我大学同学都在群里面调侃，说中文系的终于写出小说来了，其实我身边的写手朋友，可能七成甚至更多都是理科生。理科生写小说有天然优势，首先就是理性构建。因为我们写小说不是一瞬间迸发的灵感，它是一个马拉松式的长跑，我们写前面的时候要知道后面怎么写，就像修房子一样，我们要知道具体是怎么建造的。理科生逻辑性强、思维缜密，是有天然优势的，反而文科生毕业的，甚至包括中文系毕业的，他们大多数去做记者，做行政工作，做秘书这种。而且我觉得写作还是要有一点天分,比如说刘慈欣先生,我觉得他天生就适合写作。

我大学的时候,我们年轻人喜欢写诗,我以前也写过很多诗。1992年,我还在《诗刊》上发表过两首,在《星星诗刊》上也发表过诗。但是年轻的时候受影响最大的还是金庸的小说,台湾的武侠小说,加上以琼瑶为代表的言情小说。

对写小说的人而言,我们一般都不提"灵感"这个词,我认为坚持才是最重要的灵感。不过其实要说有没有灵感,我觉得可能还是有吧——但是对小说写作不重要。因为我前面说了,这是一个马拉松式的比赛。所谓的灵感,我理解的是今天天气很好,我心情也很好,我的身体状况也很好,然后我喝了茶,头脑也比较灵活,在写作的时候我想怎么表达,我想要一个什么样的词,马上就能想到,这样得心应手的感觉可能就是我理解的灵感。我觉得这也是一种影响。

汪国美:听说你在本科的时候对中文感兴趣,我看过你的一些采访,没有一毕业就从事写作,你做了很多别的行业,比如说房地产、广告之类的。为什么你在从事了那么多行业之后,突然开始进行网络文学的创作呢?

庹政:很多时候我回过头去看我走过的路,我就想,为什么会走上这条路来?我为什么要写小说呢?我想还是因为文学的根在我心中,我不说是情怀,或者是一种爱好,或者是一种喜欢。

我觉得我转向网络文学创作,有三个因素:第一个因素是我觉得我喜欢并且想从事写作,我终于明确了人生目标,兜兜转转30岁以后稍微觉得自己活得明白了一点,我喜欢写作;第二个因素是我觉得我有一点写作的才能;第三个因素是我觉得我坚信写作能带来一些名和利。当然这中间还有其他的因素,一个最重要的因素就是网络的出现。我是1997年、1998年的时候接触网络的,那时我在我们那个城市开了一家网吧,是当时那个地区开得最早的一家网吧。我通过网络认识了很多的网络写手,而我们当时那一拨人真的是把写作当成一种纯粹的爱好,是一种冲动,但不是说就要靠这个来挣钱。但我觉得我以后就选择这条道路,至少我就是这样想的,至于你说我们回过去看的时候,我们说英雄不问出处,实际上每一个英雄他都有出处的,从他走过的路,我们看他的发展轨迹都是有他的原因的。

比如说小时候受到很多影响,我的姐姐是一个语文教师,她经常带些《说岳全传》《隋唐演义》《三国演义》这样的书给我,我看得如痴如醉。那时我还是个小学生,还不到10岁,就看得如痴如醉,哪怕很多字都不认识,但是能够体会到故事大概说了什么,这就埋下了文学的种子。

我小时候的老师都非常喜欢我,我的语文成绩一直很好,经常在作文比赛中得奖,但是当时没有想到自己会走上写作这条路。初中的时候写我的理想是什么,我说我的理想当然是要

大神的肖像

做一个科学家,当时看到有一部科幻电影叫《珊瑚岛上的死光》,我觉得科学家好了不起。当时我想要做一个科学家,没有想到后来要走上写作这条道路。

我第一次萌生写作的冲动,而且把它付诸实践,应该是在1991年。我是1991年毕业的,我当时被分到一个厂里面,然后在厂里面有大把的空闲时间,我也不知道该怎么利用。有一次我在我们厂的图书室看《章回小说》杂志,我看见上面有一个武侠小说征文。我是受金庸、琼瑶小说的影响,于是我的第一部武侠小说就叫《第八种武器》,我当时没有想那么多,这是第一次认真地投稿,投给了《章回小说》,然后被退稿,收到一些退稿意见,我也没想别的,然后我们厂破产了。我当时在家反正也没事,就着兴趣我就写。当时一年间我手写了200万字,写了《新流星蝴蝶剑》等,我当时在疯狂地模仿古龙的小说,然后一直放着。

但我不能啃老啊,还是要出来工作,于是我就出来打工,就没有写作的状态了,写过的稿子就让它放那里了,直到网络出现。我们当时都喜欢在一些论坛,比如说榕树下这样的网站上一起交流,这种氛围不停地刺激我。于是在2001年的时候,我就做出一个决定:我不做生意了,我写作。

当时很多人都劝我说,"老五(我排行第五),你可以一边做生意一边写作的"。我觉得人的一生做好一件事情就够了,哪怕你开个茶楼,虽然看起来是很轻松、很简单的,但是你还是要招呼应酬,有很多事情去做,会浪费很多时间,有的时候还要从一种氛围跳到另外一种氛围。所以我当时就把所有的一切断绝了去写小说。我有三年都不用手机,因为我觉得手机对我没有帮助,吃饭、交流什么的我都不用手机。我的第一部小说出来的时候,我有一个朋友叫我去他那里就职,他知道我喜欢喝茶,就到江边的茶馆来找我,才把我找到。

我以前有一段时间每天只花7块钱,还有就是我都是睡觉睡到自然醒。平常没有什么特别的事,我都是睡到中午的时候起床,起床之后吃饭,然后把电脑背上,坐1块钱的公交车到江边找一个茶馆,喝5块钱的茶,晚上再花1块钱回家。每天7块钱的生活,不过我跟父母住在一起,父母做饭,我就跟他们一起吃饭,就是这样的创作可能有个三四年。我觉得一个人无所谓,然后慢慢地写着,就这样慢慢走上写作的正轨。等写作慢慢有了一些影响的时候,也不可避免地介入很多社会活动,这是没有办法的事情。

周志雄:你从高中的时候就开始看那些租书店的小说,大学期间对专业兴趣也不大,工作之后也很清闲,时间基本上用在看小说上面,除了古龙,你还看哪些人的小说?

庹政:古龙的作品,我基本上都看过了。金庸的作品,我也是读了无数遍的。还看了卧龙生、柳残阳、司马翎的,其实司马翎的作品不错。其他的比如说陈青云、诸葛青云的作品也不错,陈青云的《天下第二人》还是可以的。当时我们看就全都看完,反正当时看书是不加挑选的,就好像现在看网络小说一样,只要是路过了,只要没看过的今天就租了,大不了不细看,抄起来一本翻一下就还了。

当时特别喜欢看古龙的,当然金庸的也很喜欢,但是我更喜欢古龙的。我当时还写签名,天天写古龙,后面写作的时候才做了一个签名,我觉得我对古龙的作品了解得特别深,他所有的小说我都看了。在古龙的小说中有一脉相传的东西,但是他没有认真写,他不像梁羽生,梁羽生的武林世界是有谱系的,每个人都有传承,一直在往下写,古龙是若有若无的。于东楼写了《枪手·手枪》,我还专门模仿他写了一部《枪神·神枪》。我对《枪神·神枪》还是比较满意的。

周志雄:从你的讲述来看,2007年到2012年,这是你集中写小说,出版了很多作品的一个时期。2012年之后你因为现实因素去做编剧,2018年回来继续创作。

庹政:因为我是写现实题材的,我怎么办?你要叫我去换其他的类型,我肯定是不行的。虽然说网络小说有很多缺点,但我们也不要轻视每一个类型的网络小说。因为创作的时候,我们要恶补很多专业知识。比如说你写军事小说,你要恶补很多战争的知识,如坦克的型号、性能怎么样,你才能够从军事的角度写得逼真。再比如写官场小说,一个市要开个常委会,发言的顺序、能够列席的人员,这些都必须了解,你才能够写得像。所以我一直写现实题材,你不可能叫我转过头去写玄幻。回来之后,我选择了和咪咕合作,从商业角度切入,当然,写商业还是绕不开官场的一些内容,只是换了一个角度。这是没有办法的,现在我们必须规避各种风险和雷区。

丁昊:在读你的作品的时候,我发现你笔下的人物大致有两种命运:一种是一生浮沉,找不到方向,比如说《秋寒江南》里的时非我,还有《百合心》里的郑琴高;还有一种就是经历了人生的一段路的不确定,但是在后半生因坚守了初心而找到了人生路,比如《商藏》里的叶山河。我想问这样的变化是和你不同时期的创作心境有关吗?

庹政:我觉得写《秋寒江南》和写《百合心》的时候,其实我的心境是一样的。我非常佩服你把这两个作品放在一起来说。《秋寒江南》是我当时写得非常得意的一部作品,写完之后我还把它发给了小椴,让他改改。小椴给我改完之后,说:"你可以休息一段时间。"因为他也比较喜欢这个作品。其实这个作品,我当时可以换其他的名字的,因为我跟江南吵了一架,也不说这个了,这是题外话。有时候我在想,作家和他笔下的人物有时有点一语成谶的,有点像是对自己的预言,时非我一生化名三次甚至化名四次,每一个名字都能名震江湖。我觉得我混武侠

## 大神的肖像

圈子的时候，也有很多人看好我，包括《今古传奇》的主编。后来我离开这个圈子了，我进行其他题材的创作，比如说我写官场小说。

有的时候我会反省我的人生道路，从武侠小说到官场小说，再到做编剧，然后现在重新回来写小说，再加上我以前做生意的经历，虽然我在每个圈子里都是匆匆走过，但我在每一个地方都留下了自己的痕迹。我有时候想我在武侠圈里没有坚持下去，因为我当时意识到我可能在武侠圈里红不了了，还有因为武侠的大环境已经变了，年轻人需要更加刺激的武侠，所以必须在武侠这一种构架下加入新的元素，比如说玄幻。所以我当时离开武侠，写其他题材的小说，就好像时非我去当海盗的时候，人家要来剿灭他，他只好远走一样。

当时正好是进军影视的风口，我进军影视赚了一些快钱，后来影视的寒冬来了，我才回过来又写了商场小说。所以说我觉得有的时候，我的命运和我笔下的人物其实是相连的，就像时非我。我们回到现实中，郑琴高和时非我还是有一点不同的，我觉得时非我还有一点主动性，他在江湖中漂泊时，还有自己的方向，他是为了成名，为了做一番大事业的，哪怕他只是当个镖头。郑琴高就什么都没有了，他就是一个很被动的人。有评论者把《百合心》这本书和钱锺书的《围城》放在一起来评论时，就说郑琴高和方鸿渐是完全一样的人物，他们只是所处的时代背景不同，在他们的内心还是知识分子对社会大变动的一种无能为力。所以《围城》中有一个赵辛楣，在《百合心》中有一个范拥军。范拥军这个名字有时代的气息，我们那时候取名字就喜欢联系到抗美援朝这些事。

汪国美：你刚刚提到了一个掉书袋的问题。我觉得你的创作中有很多这种倾向，最明显的应该是《百合心》这本书。你会担心读者有时候不能接受这种掉书袋吗？因为有时候小说中确实有点多了。

庹政：对。我们是写类型小说或者通俗小说，我们不应该给读者制造阅读障碍，读者就喜欢情节一马平川地往前发展。掉书袋虽然不好，但我有时候就是忍不住。我写《男人战争》的时候，就已经有这种掉书袋的倾向了。在新浪连载的时候，有一个读者，我现在还记得他的网名。他评论说："看出了钱锺书和林语堂的味道。"我看到这个评论是非常高兴的。但这真的不好，我们写通俗小说或者是网络小说，最好不要掉书袋，因为很多读者不知道这个典故，这就会给他们制造阅读障碍。就像辛弃疾的词里用了很多典故，这是非常好的，但我们可能还是更喜欢苏东坡"大江东去，浪淘尽"那种没有任何阅读障碍的词。但是我真的忍不住，《男人战争》就有很多掉书袋，那个度还能掌握得稍微好一点。我的第二部官场小说叫《猛虎市长》，《猛虎市长》就有点走火入魔，用力过猛了。我个人觉得《猛虎市长》真的非常不好看，但是《猛虎市长》还是我在作家出版社出版的第一本书。我们这一代人如果能够在作家出版社或人民文学出版社这两个出版社出一本书，便是一种光荣。《猛虎市长》是我出的第一本书，第二本书才是《百合心》。你说得非常对，对这种通俗小说而言，融梗可以，掉书袋就没意思了。网络文学的主体读者的年龄大部分是15岁到25岁，他们起码占了六成。我们出于商业目的就要迎合他们，迎合就意味着我们这个网络文学的方向和趋势是在主动降维。

周志雄：你讲的是一个很重要的话题。网络小说是市场化的，它是以赢利为目的的。

庹政：是的，迎合读者才能够得到读者的喜欢。

周志雄：它是一个"俗"的东西，是"大众化"的，但是这个"俗""大众化"还是有层级的，有的人写出来的是低俗、庸俗，有的人写出来的是一种雅俗，读后是有余味的。

卢书曼：我当时看完《大哥》这本书之后，还去天涯论坛上看了一遍，发现《大哥》真的是一本超受欢迎的小说，有很多的阅读量和跟帖评论。我觉得追更和直接看完整的精校版是有很大的区别的。现在大家也很少用论坛了，这一点对你的创作是不是有影响？

庹政：我觉得论坛和现在的网站其实是一样的，因为现在网站已经非常丰富了，比如说起点，他们也有很多讨论。比如说《大奉打更人》，作者用了一个开玩笑的梗在那里，然后旁边有很多读者，理解这个梗的就会在这里评论，不理解的马上就点开来看，所以评论互动性是很强的。天涯论坛帖子很神奇的，你如果没有回复，它就会沉到第二页、第三页后面去，所以在这个地方能够有很多读者喜欢我，当时我还是非常有成就感的。我当时想这本书能够出版就已经了不起了，北京光华时代文化传媒有限公司非常想出这本书，然后这本书才出来。我很喜欢步步高这个公司的广告词："世间自有公道，付出总有回报，说到不如做到，要做就做最好。"我一直把它作为鼓舞自己向前的话。有的时候出版不了，现在大半年写了六七十万字，每个月大概写10万字，因为我比较在乎质量。后来官场小说可以出了之后，这本书他们又出了，卖得非常好。后来在鹭江出版社，社长还专门给我举行了一个签售仪式，表明他们对这本书的重视。

卢书曼：刚刚听你说人生经历，我就想到这非常像《大哥》里面的苏威胜，因为他也是经常端着一碗茶，坐在江边运筹帷幄。听到你的工作经历，又感觉很像叶山鹰，一直经历各种磕磕绊绊，但最后还是会慢慢往上升，用自己的管理方式来管理那些黑道。你为什么要选择叶山鹰作为主要角色，而不是和苏威胜有更亲近的血缘关系的苏雪峰？在选择主要人物方面有什么样的经验？

庹政：苏威胜是我把内江市几个人物的特点集于一身的人，苏威胜代表了一种老式的江湖大哥，苏雪峰这种是会被淘汰的。

大神的肖像

至于跟我的关系,有的时候我在想我那么多年醉生梦死,我觉得唯一没有失去的,是我跟那些做生意的人在一起做生意或者吃饭时,我内心还是保持着一个距离的。我看着他们我觉得我可能是不属于这个圈子的,比如说酒场。我一直保持这个距离,我一直在看他们。可能那个时间就是对人性、对人心的一个考试,人心是最重要的。我在苏威胜身上寄托了很多的情感,他一个人永远在等着某件事的发生,或者是某个机会的到来。《大哥》第四季开篇的第一句话就是:"2008年夏天,叶山鹰决定做一个真正的大哥。"我觉得叶山鹰的黑化是没有办法,因为在那个圈子里面,我的理想主义是不行的。面对现实,忠于理想,但是有的时候不得不面对现实。叶山鹰在这个圈子要黑化,在这个圈子里面大家迷恋的是力量。叶山鹰也是个野心家,他也有他的野心,他一直想掌握股份,掌握不了股份就没有控制权。所以叶山鹰在2008年的夏天准备做一个真正的大哥,他要黑化,他要用他的方式来成为一个大哥,这是我后面的想法。虽然说武侠小说最能够表现人物矛盾冲突的情节是一言不合便拔刀相向,流血五步,伏尸二人,但是在我们现实生活中表现矛盾是哪怕我对你恨之入骨还要虚与委蛇。黑道小说仅次于武侠小说,我可以用把他枪杀了或者说打个架表现一下矛盾,其他的不好表现矛盾,比如说商战,必须到最后结局了,你看我把它收购了,然后公司破产了,最后都是这样的。

丁昊:请问你在写作《男人战争》的时候,有没有什么主要的目的?或者说,你除了揭露官场上的一些现象以外,有没有更深层次的意图?

庹政:我在扉页上说,"让我们面对现实,让我们忠于理想"。我每次都跟我的学生说,以后你们走出去之后都要面对现实,忠于理想。如果一个人没有理想,就成咸鱼了。这部书你要说主题,我觉得是面对现实,忠于理想。当时留言最多的不是关于许桥,而是关于凌明山。大家很喜欢凌明山,凌明山瘦骨嶙峋的,他敢爱敢做,他喜欢岳胜男,但是发乎情,止乎礼。在凌明山身上我寄托了我的某一种理想。做人设的时候,要有差异性,凌明山是这种官员。许桥是那种外柔内刚的,虽然说他看起来是一个很温和的人,但他进入商州之后就按照自己的方式进行大刀阔斧的改革。这不可避免地损害了很多人的利益,然后他们就联合起来把凌明山"伏击"了。许桥是什么?面团。叶山鹰还有一个绰号,也叫面团。我很喜欢这个绰号,他们代表了另外一种施政的风格,是很从容的,但是很坚定、很稳地推进。特别在关键时候,许桥拒绝了他的同学,他不为人情所动,也不为利益所动,他坚持自己的原则,这都是我心目中很好的榜样。这部小说虽然有一个反面人物赵文东,但赵文东只是一个配角。邱仲成是一个很有能力的官员。我觉得官场小说应该有一种新的写法,不要老是对立,我觉得没有这种全然的对立,比如说邱仲成,他们官员的斗争更重要的是一种理念和思想。这个是我们新官场小说当时提出的一个理念，但是现在我们不写官场小说了，也不探讨了，你就把它当作一种时政小说，也可以是社会小说。

汪国美：我觉得你的经历好像与《商藏》里面的叶山河很相似，比如说宾馆、客房部让我感觉好像有一点自传色彩在里面。

庹政：《商藏》马上就要面世了，为了面世的时候好看一点，我就在前面写了点回忆的东西。说点庸俗的话，反正跟咪咕签了合约，我就想认真地展示一下，写叶山河前传的时候，其实有些是自己经历过的事情。

汪国美：我刚刚听你对客房部那种营业场所感到厌恶，为什么你笔下的人物不会产生那种厌恶的感觉呢？

庹政：我们写商业小说，如果我们的主角都厌恶商业了，他怎么会成功？你怎么会有代入感？我厌恶是因为我后来选择成为作家。我笔下的人物是个商人，他有责任，他身上坚持着他们叶家的一个传统，这是他爷爷对他的一个寄托，这种基因在他们家族里面传承。到了叶山河这一代，他就想做生意，他就觉得做生意也是一种人生，所以他喜欢。我带入一些我经历过的事，这样写起来驾轻就熟，事半功倍，但是不能把自己的感情带入。我厌恶，但是我的主角不能厌恶。做生意很麻烦，需要跟人家斤斤计较的时候，我不喜欢说服人，但我笔下的人物，需要的时候，他们就能够展现惊人的说服力，比如说叶山河。写小说有的时候是对自己的一个补充，我不喜欢说话，但是我就喜欢我笔下的人滔滔不绝，或者说我是一个比较弱的人，但是我希望笔下的人是有担当的。

丁昊：你说过的一句话我很喜欢："只有反映这个伟大的时代、记录这个伟大的变革历程的史诗般的作品才是我想创作的。"《商藏》是一部很优秀的现实题材的作品。你如何看待现实题材创作和现实主义作品的关系？

庹政：开始写《商藏》的时候，我就想写像《大哥》一样有史诗性的故事。首先是房地产行业，这个行业是绕不过去的，然后我们写西南的，以成都为背景。你要我说这部小说的现实主义精神，其实任何小说都可以回答这个问题。我曾经给楼盘当过文化顾问，所以我了解很多故事，然后我就写这个故事。通过这个故事写这个时代的很多人，比如说官员、商人，还有社会的底层。这部书你要说它的现实意义是什么，就是反映这个伟大的时代，每个人向前奋斗。

我觉得在大时代下，我们写现实题材，不管是《白鹿原》还是《乔家大院》《大宅门》，都是一个大时代下的一个家族、一个小人物。哪怕一个家族再大，在大时代风暴呼啸而来的时候，我们都是小人物。这个大时代下人物命运的变化，反过来可以反映这个时代。所以说叶山河一步一步地成长,一步一步地成为西川的商业精英,成为商界有话语权的人物,甚至成为某种代表,它反过来就说明了这个时代给我们这些人的机会,让我们每个人的生活变得更好。我们城市在发展,各个方面都在进步,生活水平在提高,是对我们这个时代的一个书写、记录,也是讴歌。

### 三、"网文写手的名和利"

周志雄:从你个人的收入上来讲,你的哪些作品给你带来的收入是比较好的?

庹政:就纸书来说,纸书收入不高,一般是10万、20万的样子。当时卖得最好的应该是《大哥》,卖了将近100万册。

周志雄:那是超级畅销书。

庹政:现在畅销书的标准降得很低了,因为纸书的销量在大规模下滑,现在3万册就算畅销书了。《大哥》有三本,每本大概销售了30万册,加起来将近100万册,这是我卖得最好的书。后来写的一个剧本大概有30万。有的时候合作完成一些项目,就拿一部分的收入。写《商藏》是跟咪咕合作的,那边给了一个保底的价格。

周志雄:《商藏》在咪咕的收入怎么样?

庹政:我不知道怎么样,因为它的后续还在开发,主要是他们想把这本书做成IP文,想把它的版权卖出去。如果这个IP咪咕卖不出去,那可能它前面的支出也收不回来,咪咕给我的保底收入是比较高的。现在听书的收入也还不错,像我以前能够授权出去做成听书形式的书,最少能收到几万,稍微高点能够收到10万。听书在网络小说这个方面也是偏爱长篇的,而且比较看重作者以前出版过的纸书。我最早的纸书,当时是打包卖的,一本大概3万元,到第二次授权的时候,价格可能就翻了一倍到两倍,最高的一本书能够收到10万块钱。我觉得我的收入放在网络小说作家中最多算是中间水平,因为我的小说的量是不大的。

周志雄:你刚才有个提法,你说其实你不应该算网络作家,你怎么会这么想?

庹政:如果按照我那个定义来说,我觉得我在这个定义中,内容上就不太符合,其他的都还符合。比如说我一开始就是以赢利为目的的,这样其实我也能算网络作家。但是这个问题就看怎么看了,比如说慕容雪村算网络作家,因为他借助了网络平台。当然,没有网络平台,我相信像雪村这样的人,也一定会成名。但是网络平台加快了他成名的速度,在出纸书之前他就出名了。你说曹三公子算不算网络作家?你们看过曹三公子的作品吗?曹三公子的小说里旁征博引,我就喜欢这种洋洋洒洒、恣意汪洋的感觉,而不是现在很多网络写手用的梗。我觉得现在很多网络小说喜欢用梗,你看这些梗笑一笑,但是笑完了之后,根本没有什么思考。再比如说

《大奉打更人》,我觉得它有很多成功的地方。早期网络小说有两大优势,一个是"打脸",一个是"种马",但"种马"后面不能写了。《大奉打更人》里有很多让大家觉得非常有趣的语言,这都是融梗,比如说我们平时讲的一些话,都会在他的小说中看到。当然,这是我个人的想法。人家能够冲出来,肯定是有他的长处的。《大奉打更人》还是写得很好的,它应该是那年最大的黑马了,破了很多纪录,把《诡秘之主》的纪录都打破了,非常不错。

周志雄:《商藏》会不会拍电视剧?

庹政:我是把全版权签给他们的,但我觉得咪咕的影视运作能力不太强。

卢书曼:你在访谈中说过,商业写作很多时候并不是出于兴趣,而是出于对市场的把握,但是我看你好像对这些现实题材的创作特别感兴趣。我想问,你有过对下一部小说的构思吗?

庹政:要说下面创作的话,我有很多的想法。但是,商业写作首先要有人给我们钱才行,因为我们有很多种选择。再者,有的时候有人给了钱,还有人给了更多钱,所以写作任务经常被打乱。

现在我正在做的就是"三星堆密码"的一个影视作品写作,于正团队制作,上个月我还发了个朋友圈,在成都我们开了一个会,开了一下午。三星堆现在太热了,直接做剧,不写小说。大纲梗概我们已经传来传去几次了,视频会议也开了几次了。

我想写一个建设者,房地产行业是绕不过的,就是写一个建筑工地上的事。我想写一个工地版的许三多,一个天天在工地上吃苦的人物,虽然说看起来不太聪明,但因为坚持,最后成功了。

比如说叫我去写一个成都大飞机,或者写成都的一个电子行业,因为成都现在电子市场好像是万亿的规模,我必须了解很多,这个是采风。你必须真的去了解,你不了解这个行业,你写出来会完全不像。现在的行业剧很多都是披着行业剧外衣的言情故事。比如说讲一个设计师,其实把设计师的标签去掉,可以被任何故事替代。这就是编剧没有深入社会,没有深入实践,没有深入工作,对这个行业是不了解的。像我现在这个年龄,我想写剧就要认真写,已经不再追求数量,而要追求质量。

周志雄:回到你刚才那个问题,你说你其实不应该算网络作家。有很多网络写手,宅在家里,在网上查些资料,然后靠幻想、融梗这样的方式写一些小白文。而你是有扎扎实实的生活基础,跟人、跟时代密切相关的,这都是干货,只有接触这个行业,或者入世很深的人,才能够写出这种味道。

庹政:有的写手很聪明,哪怕是学习人家,在家里学习,通过网络知道很多知识,也可以写

## 大神的肖像

得很好。

周志雄：我知道你对网络文学有很多话想说，比如对我们目前的网络文学管理、整体环境，包括网文目前的整体质量，有很多不满意的地方。

庹政：我觉得现在我们的电影，比如说《速度与激情》，它的一个方向是更快，为了更刺激。我们网络小说也是为了更好地迎合读者，有的时候变成了绝对的迎合和一味迎合。我在讨论系统流的论文里说，我们以前不管是"废柴"流还是退婚流，主人公有一个奋斗过程，有很强的主动性，我们的主角方向是明确的，我要逆天改命等等。系统流现在有一点变本加厉，已经非常泛滥了。系统流肯定有它的优势，让读者看起来很爽，我们的写手写起来也很简单了，比起以前要设计什么情节，现在不需要方向。我觉得写系统流的话，大纲都可以不需要，反正到时系统流给个任务就够了。我们说十年种田文，系统流一波到，现在系统流可以给你解决任何问题。以前我还经常跟我那些学生讲，比如说卡文怎么办，讲很多很多，现在不需要，大家看系统流都看得很爽。目前这种状态，系统流占了半壁江山，很可能会产生审美疲劳，我觉得以后系统流可能不会像现在这样流行了。系统流带来的一个坏处就是让我们变得更白痴、更直接、更粗暴，甚至可以说更庸俗了。为什么会出现系统流？我觉得是为了迎合大家现在的这种心理，无论是躺平还是躺赢。多年成功学的泛滥让我们每一个年轻人都想着要做出一番事业，但是现实一看，拿的薪水仅仅能维持自己的生活，升职遥遥无期，没有出路，买套房要20年，社会地位、话语权，什么都没有。年轻人感到绝望或者是颓丧，是非常正常的。作为一种消极的反抗，他们可能就会希望自己躺赢，如果躺不赢，那至少要躺平。我有的时候在想这个跟我们二战后说的"垮掉的一代"有没有相似之处，回头想，没有，完全没有，是两回事。虽然躺平不是代表主流，但是代表了一部分年轻人的想法。我只是说这种现象不太好。

回到网文，我感觉现在的网文创新越来越少，你看安迪斯晨风今天发的微博说最近看了几篇网文，但都不想推荐出来，网文雷同的越来越多了。你用我，我用你，这是一种严重的内卷，我们网文应该有更多的视角。我觉得网络作家来得太快了，出现个什么东西他马上就想写出来，马上变现。我觉得至少应该回到像我们以前学习数学、物理、化学一样，学习美学原理，学习哲学，或者学习传统作家的小说。我们应该把自己的知识面扩大或者提升自己的素养，因为现在是自己这块田的水深度不够，还要马上就抽出去，让更多的人去看，我觉得这也是一种严重的内卷。网络作家应该拓展自己的眼光和境界，这是我的想法。

现在我每天在网上找小说看，我最喜欢看的就是青春、军事类，虽然我没写军事小说，但是我喜欢看军事的。现在真的很难看见一部让人耳目一新、有一定创意的小说。《大奉打更人》

突然像一匹黑马冲出来，我觉得并不是因为他写得有多强，是因为其他的小说没有很强的。《诡秘之主》已经完结这么久了，乌贼的新书都要完本了，《诡秘之主》都还有这么高的热度，这个证明没有其他新的书出来。

我觉得这个可以上溯到网站，比如说阅文的战略调整，是要做大文娱。以前冲出来的作家我觉得还可以，反正至少现在不断学习、不断前进。但是如果网站不推这种文，没有推荐还是很难冲出来。是不是以前的传统网文很难发现精品或者发现新作了呢？我们大家都一窝蜂地去跟现在的甜宠或者其他类别的风，我觉得这个是网站的战略。你要去说的话，你就是外行了，人家可以给你举大数据、举成绩，人家的论证更有利，是吧？但是现在很多人认为掌握了大数据就掌握了天下，其实不是的。我觉得有时候文学创作有它的独特的方式和独特的评判。你们这次开会的主题就在于建构一个评价体系，我们是不是有一个什么样的结合，或者是一个更精确、更好的评价体系，到底要建构一个什么样的体系，我觉得这个工作很难，你们做了一个很了不起的工作。

周志雄：我提交会议的论文，就是谈这个问题。北京电影学院的副院长搞了一个网络小说影视潜力排行榜，年初发布的。就是根据大数据，研究已有的网上小说改编的影视剧，各项数据比较好的，然后进行分解，把这个小说在热播的时候网上的各种评论数据全部收集起来，用计算机进行处理，然后搞出指标来。比如说价值观，比如说故事好看程度，分成多级指标，然后看看4000条评价中故事好看占了多少条，价值观正确占多少条，总结出一套配方来，接着拿这个配方去套我们现有的网络小说，看哪些符合这个标准，排出一个名单来。

庹政：我们讲网络小说、类型小说或者讲商业电影，学套路是要反套路，再用套路套套路，我觉得至少是不完全科学的。

周志雄：像你这样的作家，其实是更有条件的。因为已经超越了为了赢利，超越了很紧急地等米下锅去赚热钱，已经超越了这个阶段。

庹政：我们写作还有一个取向，比如说它能够代表一个类型。

周志雄：是的。我们现在的评价体系难在哪个地方？网络小说首先有基本的数据榜，比如说起点推榜，它有数据支撑这个。它还有读者评价，大家都觉得这个好，读者口碑里面其实也有潜在的这样一个榜。而现在作品那么多，真正做研究的人，像我们在大学里面要教书，要带学生，真正用于读小说的时间其实是很有限的。我读什么？我这些年参加各种评选、评奖，然后读推给我的那些小说，因为我已经没有时间读别的东西了。

现在评榜，首先推榜的小说肯定是在各个网站已经有很好的数据了，然后文笔结构的漏洞

## 大神的肖像

比较少,相对来讲是比较成熟的。我们在相对比较成熟的作品里面筛选,这个时候作为一个大学老师去评,肯定是看作品的文学性、整体的格调以及它的意义层。细节的问题,逻辑的问题,是不是在读得爽的同时也有点深度,这些都很重要。除了这些,国家还对网络文学有要求,要求正能量,要求网络小说"走出去",去宣传中国文化、中国精神,跟世界接轨。还有商业集团、网站、娱乐方改编作品需要有商业价值。现在的问题是,到底怎么把这种多方的、不同的价值维度捏合成一个东西。

庹政:这个工作太难了。

周志雄:这个东西是不好搞的,但是我觉得它最后肯定是要建立一个大的文学观。在古今中外文学的历史长河当中,网络小说正如你今天总结的那一点,它是以穿越、玄幻为主要内容,我觉得在这个基础上其实还可以再扩大一点,就是以这种类型化的题材为主。既然是这样的话,我们中国的网络文学,它的代表性的形态就是商业网站上的各种类型化的小说,通过连载获得收入的一种创作。在人类历史长河当中,网络小说类似中国古代的通俗小说和国外的大众文化,与我们当今时代的发展要求相匹配。各种网络小说类型比如言情、侦探、都市,从来不是什么新东西,在古今中外的文学史的脉络当中是有传承的。这种文化的传承与我们这个时代相结合,产生了一些新的东西。

你刚才讲的创新的问题,网络小说的艺术创新很少。但是所有的通俗文学从来都是微微地往前进,没有一个革命性的变化,不像"五四"时期的白话新诗一下子跟古典格律诗分开了,白话小说和古典小说一下子分开了。那种决然的20世纪80年代先锋小说对以前线性故事那种革命的改变在网络小说中不可能有,因为它本身是大众读物。大众普遍能接受的变化是微小的,网络文学里其实很重要的东西就是网文气质,就是网络性方面的特质。比如宠文、爽、违和感、融梗,这些如何与文学理论的概念对应起来?这些东西其实是需要通过大量的案例进行深入的分析,对它进行提升总结。我们目前对这些理论方面的问题,还缺少深入的研究。

庹政:融梗在文学理论上是什么?我以后要加强这方面的学习,我就缺少这方面的知识,因为以前没有做过这方面的工作。

周志雄:我们今天做的工作是听你讲,我们前面也做过很多网络作家的专访,这是一个很基础性的工作。比如说程光炜教授有一本书《文化的转轨——"鲁郭茅巴老曹"在中国(1949—1981)》。中国现代文学史上六把交椅就是"鲁郭茅巴老曹",现代文学那么多作家,"鲁郭茅巴老曹"这六个人的排位是怎么来的?肯定是有一个评价机制把他们推出来的,这本书专门研究这个问题。

庾政：对，可以借鉴这本书的研究。

周志雄：我们现在网络作家那么多，哪些作家的作品20年之后还有人读，50年之后还有人读？现在拍的哪些影视剧，在20年之后、50年之后、100年之后还有人看？

庾政：对。因为网络淘汰太快了，有的因为个人的原因不写了，有的是确实换得太快了。网络作家最担心的是这部书成绩可以，下部书马上就扑了。网络文学也可能是一个阶层的固化。像起点每个星期推2本，一年104本，那么多大神排队都排不过来，新人到起点是很难出来的，所以有的时候新人都混小网站。

周志雄：所有的行业都是这样，在学术圈里面年轻人出头也很难，但是慢慢地总有一批年轻人起来。

庾政：对，就是说要坚持，还有一些机遇。比如说像你写评论文章，你要发好多评论文章，慢慢地大家知道了，再看看内容，觉得可以，有一定的功夫，然后才出来。这是没有办法的，我们都这样过来的。我们这个国家，每个行业都是这样的，编剧行业也是一样的。2012年开始的时候，有大批网络写手，资方直接让他们写剧本，有一些老编剧认为动了他们的奶酪，因为从前他们都是要从枪手开始慢慢一步步前进的。

周志雄：这个没有办法，时代发展到这一步。

庾政：对，这个是进步，所以年轻人的机遇也是我们技术进步带来的。网络文学现在的这种繁荣，到底是文学的胜利还是技术的胜利，有的时候我在想这个问题，这肯定是有技术平台的前提和基础在里面。以前一个人写的东西怎么可以同时被那么多人看到？但拥有网络之后，它加快了速度，比如说以前要投稿的话，寄一封信一来一去要两个星期，两个星期是编辑最快的速度，等他看了给你回复要等很久，有的时候编辑甚至不回复了，你很难跟编辑交流意见。现在在网上交流就很快了，我们和编辑很早就建立了联系。这也是我们网络上写手的幸运吧。

周志雄：你的人生十分精彩，对创作也有自己的见解，今天的访谈有很多的干货。感谢你的精彩分享。

# "我的职业操守是不断地推陈出新"

## ——流浪的蛤蟆访谈录

**访谈人：**

  流浪的蛤蟆，著名网络作家

  周志雄，山东师范大学教授

**参与人：** 山东师范大学在校生30余人

**访谈时间：** 2015年6月27日

**访谈地点：** 山东师范大学千佛山校区教学三楼3141

### 一、"写作从起点中文网开始"

周志雄：同学们好，让我们欢迎著名的网络文学大神流浪的蛤蟆来山师开讲座！首先我简单介绍一下蛤蟆老师。蛤蟆老师从2000年开始在网上写作，是第一代通过网络收费机制获得收入的作家。这个收费机制就是2003年由起点中文网开创的VIP付费阅读模式，这个机制造就了我们今天网络文学庞大的作者群和读者群。2003年起点一度陷入读者危机时，他以小说《天鹏纵横》为起点挣得了人气，网上的说法是"流浪的蛤蟆'一支笔拯救了起点'"。2006年，起点推出首批白金作家签约制度，蛤蟆老师是首批签约的起点白金作家之一。蛤蟆老师还曾是《今古传奇》的玄武写作小组的导师，他在《今古传奇》上指导别人如何写武侠小说。闲话就不多讲了，下面我们欢迎蛤蟆老师开讲。讲座采用问答的方式，有100多位同学阅读了蛤蟆老师的作品，我对同学们写的读书笔记和提出的问题进行了整理，我挑一部分重要的问题先进行提问，然后留一部分时间让大家和蛤蟆老师互动。

  有文章介绍说，你大学学的是环艺设计专业，毕业后进工厂当工人，在装修公司做过设计师，后来进入一家动画公司。2000年，你辞去工作，开始在家写作。你是怎么想到要去写作的？

  流浪的蛤蟆：那个时候是动画寒冰期，好多公司的动画做出来了，但是不给放。那个公司制作了一个国产动画《红色的骆驼》，但是因为国家政策不能放。不能放就拿不到钱，拿不到钱就很难办，只能偶尔接一点插画，收入很低，但时间就这样空出来了。没有工作了，加上在网上读到的我比较喜欢的那部书的作者不写了,自己就狗尾续貂替人家写了个续文,写了之后就被人骂。那个时候的人相对单纯,对同人作品不是很认可,现在是觉得无所谓了,而且对原作是一种推广嘛。写了一半我就想,那我就写自己的东西好了,正好自己工作也闲,然后开始在网上写自己的东西。

周志雄:我觉得想写作的关键还是你有这方面的爱好,而且你能写。

流浪的蛤蟆:那个时候,市面上找不到这么多幻想类的小说,大家就是处于这种阅读的饥渴期。那个时候能找到的除了几本武侠小说外,就是外国传来的少量幻想类小说,如《魔戒》,基本没有幻想类的书可以看。

周志雄:网上有一个你的简介,不知道是谁写的,说"由于俺好逸恶劳,终于还是脱离了劳动人民的行列"。

流浪的蛤蟆:那个是我自己写的。起点有一个板块让作者写介绍,然后我随便写了一下,后来被转到网上去了。

周志雄:后边还有一段:"干脆辞职回家,吃老娘,过起了游手好闲的浪荡子生活。"这都是你自己写的?

流浪的蛤蟆:对,也就是半开玩笑。实际上,当初我妈一定要让我去工厂工作,然后我进工厂待了两天,觉得这个不适合我,就自己出来找工作,在动画公司上班。正赶上动画的寒冬期,我就开始网上写作,一段时间之后,其实动画的行情已开始恢复了,但是我觉得,写作比画幅画要轻松,就再也没有去找工作。

周志雄:那实际上就是,你2000年辞去工作,在家写作,这个也有一定的被动的成分,不是完全主动的,是吧?

流浪的蛤蟆:对,主要是因为工作不怎么赚钱。

周志雄:有篇文章里介绍说,你2003年10月份收到第一笔稿费1290元。

流浪的蛤蟆:对,那是真的。起点那个时候做VIP,它一开始是让大家充值,充50块钱,就能拿高级VIP。我的《天鹏纵横》是最早的VIP作品,这本书开始连载的时候,几个月时间,高级VIP读者从300一直涨到了1600,这是起点的第一批订阅阅读的顾客。那个时候订阅是2分钱看1000字,所有的VIP读者都会跟《天鹏纵横》。那时2分钱全给作者,现在是2分钱给作者1分钱。

周志雄:对,为了培育作者,网站有意这么做。

流浪的蛤蟆:一个月更新也就是几万字吧,第一个月收入拿了1290元,这个我记得很清楚,第二个月拿到了 2000 多元,第三个月是 2300 元,我那本书连载了 3 个月。

**周志雄**:2005 年的时候,你是起点的白金签约作家,是吧?

**流浪的蛤蟆**:那批签约作者一共是 8 个人,我、血红、流浪的军刀,还有碧落黄泉、周行文、开玩笑、肥鸭和云天空,现在只剩下 4 个人还在写了。

**周志雄**:现在血红还在写,是吧?

**流浪的蛤蟆**:血红、周行文、流浪的军刀在写。碧落黄泉去做编辑了,剩下几个就不太好找了。

**周志雄**:你怎么看待国内的网络文学富豪榜?

**流浪的蛤蟆**:网络文学富豪榜大体是作家真实收入的反映,反正上下浮动不会差太多吧。

**周志雄**:我注意到 2013 年之前,富豪榜上作家收入都是几百万,后来好像一下子排在前面的大神的收入都翻到了 1000 万以上。

**流浪的蛤蟆**:就是因为去年有些版权忽然一下子爆发,主要在首轮版权上,我们以前是没有手机上的收入的,这次也是一下子爆发,以前大家网上订阅的话,最高的收入也就是一个月 7 万元,但是有移动方面的阅读,一个月就多了几十万。

**周志雄**:这就是智能手机带来的效应。那你 2014 年富豪榜上的收入情况是你自己报上去的吗?

**流浪的蛤蟆**:是网站报的。

**周志雄**:那是给你报高了还是报低了?

**流浪的蛤蟆**:实际相差不大。

**周志雄**:2014 年你参加鲁院首届网络作家高研班,在此之前你有没有参加过类似的作协举办的研修班?

**流浪的蛤蟆**:以前没有。

**周志雄**:那你觉得这个高研班对你的写作有影响吗?

**流浪的蛤蟆**:有的,其实是很开阔眼界的,讲课的很多内容是我们平常接触不到的,给我们讲课的老师也是我们平常接触不到的。

**周志雄**:在听课的过程中有印象比较深的内容吗?

**流浪的蛤蟆**:老师给我们介绍我们上学时候学的散文什么的,介绍这些名家写作的心路历程,当时听了就觉得"哦,当时他是这么想的",比如有一个是关于音乐考试的。

**周志雄**:何为的《第二次考试》?

流浪的蛤蟆:对。那个老师就跟我们讲,何为老师写这些东西的时候,开始是把第一次也写上的,后来说要压缩字数,压缩了差不多一半。老师还介绍了后来何为老师采用什么手法,怎么构思的,最后变成了一篇很经典的散文。当时听了确实开阔了眼界,他们的创作方式、想法之类的,是我们平常接触不到的。

周志雄:那这个讲座在哪一点上启发了你呢?

流浪的蛤蟆:它告诉我还有另外一个世界,具体来说的话,我们不会写很短的东西,但肯定是很正面的影响。

周志雄:有没有文学评论家给你们讲课?

流浪的蛤蟆:有一个导演讲外国电影一类的,那个老师放映了外国的先锋歌舞。当时就想,啊,还有这种文化,就是纯粹的舞蹈。这些东西都是很开阔眼界的,具体到现在有什么收获一时半会儿还不好说,但影响肯定是深远的。

周志雄:蔡骏在起步之初学卡夫卡,写存在、孤独这样一些主题,都是中短篇,写得确实不错,后来在网上跟人家聊天,有网友建议他可以写点故事情节更曲折的作品,如写心理小说。那个网友好像是一个女性,蔡骏就跟人家吹,说这些他可以写啊,后来就真的开始写了,写了一系列的心理悬疑小说,也成大神了,现在他的书卖得非常好。你在网上写作中也会遇到很多人,像读者、网友等各种各样的人。你觉得在这当中遇到的最大的机遇是什么?有没有改变你以前的写作路子的事件?

流浪的蛤蟆:这个还真没遇到过,也就是写《天鹏纵横》的时候,当时网上没有仙侠类的东西,而我是比较喜欢《西游记》,在写这个之前我还写了一些其他的东西,但是感觉一般。别人写,我也写,成绩也不见得比别人好,故事也不见得比别人好看,别人也不是特别愿意看。写《天鹏纵横》时发现大家都愿意看,才发现不一定要跟着别人写,写自己的东西就挺好。你自己喜欢的东西一定也有人喜欢,而且你又会比较喜欢写你喜欢的东西。

周志雄:《西游记》你看了几遍?

流浪的蛤蟆:五十遍总有吧。

周志雄:五十遍?那第一次看是什么时候呢?

流浪的蛤蟆:小学三年级。

周志雄:你是看连环画,还是看原著?

流浪的蛤蟆:看原著。小学一二年级的时候,看的是那种四四方方的连环画,但是那套书好像就出了两本,所以就很难熬,我想看后面的内容但没法看。三年级的时候,书店里有原著,

大神的肖像

我妈给我买了一套,那套书都被我翻烂了。

周志雄:《西游记》是有一点文言的,小学三四年级的学生看还是有一定障碍的。

流浪的蛤蟆:反正遇到不认识的字可以查字典,那个时候,一年肯定要看两三遍甚至四五遍,等到年纪稍微大一点了,一年看一遍,再就是看《三国演义》《水浒传》,反而是《红楼梦》看得少。

周志雄:那你喜欢《西游记》里面的什么内容呢?

流浪的蛤蟆:喜欢故事本身啊。那个时候基本上找不到跟《西游记》故事相近的小说,就像这种古典玄幻的小说其实也没有几本。还有《封神榜》,但我觉得《封神榜》的故事性比《西游记》要差很多。

周志雄:《西游记》简单啊。

流浪的蛤蟆:其实那个时候总想,应该把《封神榜》写成像《三国演义》那样的,《三国演义》的故事就很好看。

周志雄:《西游记》到现在对小孩还是很有吸引力的,像暑假期间还在不断地放电视剧,而且还是以前的版本。

流浪的蛤蟆:《西游记》是一个故事接一个故事的,《水浒传》也是一个故事接一个故事的。

周志雄:这是中国故事的一个基本特点,像羊肉串和糖葫芦,它串起来是一个整体,小单元相对完整。丁园同学提问:"你在《赤城》那部作品后面列了很多支持你作品的网友的名字,那什么样的网友可以被你写到书里面去?"

流浪的蛤蟆:那个其实是我们圈里的习俗,就是有些作者对那些打赏的读者表示感激,所以那个时候我跟风感谢过一阵子,但是后来没有继续。

周志雄:给你打赏的最高的打了多少钱呢?

流浪的蛤蟆:打了几千块吧。

周志雄:很疯狂啊。给你打赏几千块的那个人是干什么的?

流浪的蛤蟆:真不知道。有些读者愿意跟作者交流,有的不交流。我知道有一个人是开药厂的。

周志雄:开药厂的,他有多大年纪了呢?

流浪的蛤蟆:跟我们岁数差不多,30多岁吧。

周志雄:他既然打赏,那他肯定是经常在网上。

流浪的蛤蟆:别的书他其实也打赏,他跟大部分作家都蛮熟的。这种打赏的比较讨作者的欢心,他只要愿意的话,大部分的作者还是蛮愿意去交流的,当然,普通的读者,作者也愿意交流。比如说你经常针对小说写一些有意思的评论什么的,作者也愿意跟你交流,这个其实主要看读者愿不愿意、读者愿意,作者肯定是愿意交流的。

周志雄:读者要跟你交流,多数情况下对你的作品是要指手画脚啊,就是你写得好还是不好。

流浪的蛤蟆:确实会有指手画脚的读者,这种读者我们是欢迎的,这个我看得很爽,那个我看得不爽。还有些比较高能的读者,他们本身有美术功底,也有写作的功底,他们会将你书中的情节画出来,或者写一段评论,这些都是相当受欢迎的读者。

周志雄:你怎么看打赏?

流浪的蛤蟆:对于那些已经订阅的读者,我们觉得让读者额外掏钱不太好,但是经过一段时间的运行之后,我们发现其实一些读者很愿意掏钱。那么既然读者愿意,我们作者也就没什么顾虑了。作者的表现欲望、读者的表现欲望,都得到了实现。我写的东西你用绘画表现一下,这个算是比较正面的。

周志雄:打赏的读者会给作者提一些意见,那会不会有一些对作品写作上的具体要求?

流浪的蛤蟆:这种肯定是有的,但是极少极少,那些愿意给你打赏的是喜欢你的作品的,而那些给你提出各种各样的要求的是不喜欢你的作品的,他们觉得你应该按照他们的想法写,如果觉得你写得不好,这种读者是极少去打赏的。

周志雄:这个打赏好像是从2013年开始的,现在这个风气似乎淡化了一些。

流浪的蛤蟆:是的,也就是几年的时间,现在开始稳定了,每个作者获得的打赏其实是往上走的。

周志雄:那么你的写作是否受到网络读者的影响呢?

流浪的蛤蟆:这么说吧,其实一开始的时候,我想一定不能让读者猜中结局,后来我为了不让读者猜中故事结局便写得过于离奇了,但是我觉得这样的创作思路是不对的,所以再去写新的东西时就不会想是否让读者猜中的问题,这时候读者就很容易猜中我心里在想什么,然后大家会有共鸣,会一起来猜想故事发展的过程。现在我不会再去刻意追求离奇了,读者猜中了也无所谓,故事安排得好看一些,不要落入俗套就好了。

周志雄:魏雪慧同学提问:"你的作品多充满男性荷尔蒙(打怪升级、地图寻宝、荒蛮世界),我猜想喜欢你小说的应该多为理工男,以女性的阅读偏好而言,很难被吸引。你是否想过要'笼络'一些女性读者呢?"

## 大神的肖像

**流浪的蛤蟆**:怎么说呢？之前有一些作品也是比较讨女性读者喜欢的,比如说《蜀山》。不是说讨不讨女性读者欢喜,而是我的创作是按照自己喜欢的方向走,因为我的性别就是男的,我有自己创作的喜好。我日常接触的女性不多,我也不知道女性喜欢什么。而在创作《蜀山》的时候不在于主角是不是男性,而在于这个作品的架构。打个比方吧,很多女作家创作的小说的主角也是男的。

**周志雄**:潘燕同学分析说:"蛤蟆笔下的女主人公,几乎都是花瓶。蛤蟆的主人公,几乎都是孤独的。主人公总有一些心事,不会对任何人说。《天地战魂》中女性角色不够突出,作者以纯男性的视角写小说必然导致女性角色的黯淡,小说中每个女性角色都是浮光掠影地出现,唯一让人印象深刻的是小狐狸顾九薇,但她又不是一个完全意义上的女性角色。"你怎么看这种分析？

**流浪的蛤蟆**:实话实说,主要是我从小到大接触的女孩子不多,所以对女性角色的把握真的是一个相当大的弱点。

**周志雄**:你看苏童的小说就会发觉,他写女人之间的争风吃醋、斗狠等各种微妙的心理,写得惟妙惟肖,你会感觉苏童比女人还了解女人。毕飞宇也是这样的作家,特别擅长写女性。

**流浪的蛤蟆**:比如说《推拿》。

**周志雄**:《推拿》还不是代表性的写女性的作品,代表性的作品如《玉米》《玉秀》。

**流浪的蛤蟆**:像这方面我不擅长,这个没办法。

**周志雄**:这也没什么,苏童在讲座中提到福楼拜写《包法利夫人》写得很好,但福楼拜在感情方面是非常失败的,他是一个老光棍儿,感情上很不顺,受了很多挫折。《包法利夫人》为什么能把女性形象写得这么好呢？福楼拜说:"包法利夫人就是我。"实际上这是通过性别转换来表达,曹雪芹也是,他是个男的,他写得好的人物多是女性。

**流浪的蛤蟆**:比方说我本身也算是艺术生,但是写《赤城》的时候我有个想法,可以用编程的方式来写书。有些读者会觉得我是程序员出身,我当然不是啊,这只是一种创意而已。

**周志雄**:你觉得《赤城》的主要读者是什么年龄？

**流浪的蛤蟆**:我觉得应该还是20岁到30岁这个年龄段的男性吧,因为我看过网上的数据,跟我想的差不多。

**周志雄**:我在给学生开网络文学研究课的时候,发现大学生中真正喜欢网络文学的人其实很少,一个班上找出几个就不错了。

**流浪的蛤蟆**:我以前觉得每个人都喜欢看小说,因为小说真的很好看,但是我发现其实看传统小说的人也没有想象中的多。

周志雄：对。

流浪的蛤蟆：比方说，我上学的时候可能全班40个同学里真正喜欢看小说的只有一两个。

周志雄：也很正常。

流浪的蛤蟆：还有一个原因就是，比方说你想去看传统小说，你很容易列个书单出来，因为大家都看这几本。网络小说太多了，口味很杂，如果你不是很熟悉的话，你很难说要找你喜欢看的类型，你会说，我不怎么喜欢看网络小说。然后我会跟你聊，我问你平时喜欢看什么样的书，我说那我可以给你推荐几本书，你看了之后说，哎，这个很好看啊。

周志雄：你刚才说看你小说的读者大多是20岁到30岁的人，这个还是让我比较吃惊的。我总觉得网络小说的读者，应是那些初、高中生。

流浪的蛤蟆：初中生看得很少，网络小说毕竟是要通过电脑和手机来传播的，初中生拥有自己的电脑、手机吗？

周志雄：对，学校、家长管制。

流浪的蛤蟆：高中生也受管制，因为他们毕竟要面临考大学，到了大学，就彻底撒开了。另外一个主要的阅读群体就是那些上班的白领，比方说上班途中，从住的地方到公司可能坐地铁要一个小时，这个时间段玩游戏也玩不好，就在路上看书，所以白领和大学生比较主动一些，而初中生、高中生还有小学生主要阅读的还是实体书，像唐家三少的《斗罗大陆》出成漫画书就比较受欢迎。

周志雄：这是一个关于网络游戏的问题。有的读者读了《蜀山》以后，觉得蛤蟆老师应该是一个非常喜欢网络游戏的作家。刘以心同学说，"在《蜀山》中，作者匠心独运，以游戏为铺垫，描写了玩家之间的对决，对决过程中能量也因事情的好坏成败或增或减，游戏所串联起来的玩家之间的关系具有超强的真实感。《蜀山》显示了作者高度的创意能力和想象力，作者显然谙熟游戏里的各种网络规则，因此写起来显得游刃有余，这个游戏里所串联的玩家之间的关系都有较强的真实感"。他的提问是："你非常喜欢玩游戏吗？《蜀山》是你在游戏中得到的灵感吗？你对现在的孩子玩网游有什么看法？"陆玮玮同学看到读者对你的评论是："披着马甲写下剑侠类网游《蜀山》，开创了一个全新的网游流派，你觉得这个说法对吗？"侯欣同学说："我在阅读《鬼神无双》的过程中能感觉到这部小说与游戏中的打怪升级有很大的联系，或者说这部小说是改编游戏经典中的打怪升级最终完胜的过程，如唐旋在一次又一次的组队战斗中击杀神兽获得新的命魂，又如会遇到各种NPC似的人物给主人公提供能力帮助，提供一些基本的武

大神的肖像

器装备,这与游戏的情节发展极为相似。我想请你谈一谈对网游小说的看法。"还有一个同学提问:"《天问》是不是一部根据网游设定的小说?"

流浪的蛤蟆:我觉得游戏这个东西是一个很不错的人生体验,不管喜不喜欢都可以玩一玩,喜欢的话多玩一玩,不喜欢的话少玩一玩,只要不耽误学习和工作,就挺好的。当初写《蜀山》是因为玩了《魔兽》,我相信很多人都玩过《魔兽》,我是玩了十几级就退出来了。当时玩《魔兽》的时候就觉得这个世界架构非常之完美,完全可以拿来写小说,只不过我把那种西方的风格变成了东方的风格,当然不可能去全盘照抄,而是加入了自己的一些想法以后做成《蜀山》的架构,它也算是玩游戏的产物,但我本人真的不是特别爱玩游戏。再有就是,《天问》那本书的确是给游戏公司做的,它是给宗室网缘公司做的一个游戏脚本,当时发生了"非典",整个游戏项目就停下来了,项目组跳槽之后这个游戏就再也没能做下去。像那个同学说的,《鬼神》有游戏的感觉,因为网络小说阅读的这种畅快点跟打游戏的那种畅快点是高度重合的,所以几乎所有的小说都带有游戏的那种感觉,但是很少有小说是专门为了游戏去写,或者说从游戏中弄个什么模板来写小说。这种小说和玩游戏给大家的那种心理感觉是高度重合的,大部分小说中都会有游戏的影子,尽管实际创作的时候可能跟游戏是没有关系的。

周志雄:对于网络游戏和小说之间的这种重叠,读者在阅读这样的故事的时候,其阅读价值主要体现在哪里呢?

流浪的蛤蟆:我觉得就是一种很简单的获取感,像打游戏的话就能在虚拟中得到一些东西。我记得好像有个日本的游戏,制作游戏的人说游戏的特点:第一是那些宝物,第二是等级的提升,第三是在游戏中玩家的互动。写小说差不多也是这个样子,小说中肯定要有人物,不管是传统小说还是网络小说,这个都是很关键的,然后人物逐渐成长。等级这种东西算是网文中比较特有的东西,它也是一种获取的感觉,一个能力的提升。我能获取一个很特殊的东西,尽管这种获取的感觉是很虚幻的,带不到现实中来,但还是会让人比较迷恋。

周志雄:盛讯游戏旗下的首款3D页游戏《仙葫》,是根据你的同名网络小说改编的,你自己玩过吗?

流浪的蛤蟆:没有。我把游戏版权卖出去,后期的事情就不管了。

周志雄:你这里谈到版权的问题,实际上网络作家的版税收入是有多方面的,其中有电子版权、实体书出版版税,还有一些游戏改编的收入。那么在你的版税收入里面,这个游戏改编的收入是个什么情况?

流浪的蛤蟆:大概占版税总收入的一半吧。

周志雄：能把你的版税收入的整体构成情况给我们详细地介绍一下吗？

流浪的蛤蟆：大多数的网络写手包括我在内，都是网络上的订阅是主要的收入，有可能比例不是那么大，但主要还是靠网上订阅以及像手机的 App 阅读或者一些订阅的收购。至于版权的话，现在除了个别作者像唐家三少有点例外，大家的简繁体版税都有一些，但是这一块收入不算特别高，几乎占不到什么比例。至于游戏的比例占得会高一些，但是这个方面的收入是有就有，没有就没有。

周志雄：你有没有作品被影视公司买过版权或者即将被改编成影视剧的情况？

流浪的蛤蟆：没有。

周志雄：《恶魔岛》这个作品是不是被改编成漫画了？

流浪的蛤蟆：应该没有。

周志雄：王兴霞同学提问："在手机 App 上看《龙神决》的时候，它上面出现这样的文字：'作者后台权限不足，《龙神决》章节乱得一塌糊涂，但是实在没有办法修改。'这是怎么回事呢？"

流浪的蛤蟆：这是因为我是纵横的作者，纵横跟起点有个合作，也会把章节同步过去，但是那个同步的程序有问题，所以过去的章节都是乱的。因为我不是起点的作者，没有那边的账号，所以我没有办法去修改，只能去跟那边编辑协商。因为是程序的问题，所以协商了几次之后还是乱的。

周志雄：那我们现在读《龙神决》的话只能去纵横上读了？

流浪的蛤蟆：嗯。

周志雄：纵横上有完本？

流浪的蛤蟆：对。

周志雄：现在《龙神决》正在更新，更到什么时候能结束呢？

流浪的蛤蟆：2015 年年底吧。

## 二、"网络文学像是古代的评书"

周志雄：下面是一些宏观一点的问题。网络上说你是元老级的网络文学大神，你非常熟悉中国网络文学是怎么走过来的，请你谈一谈对网络文学的看法。

流浪的蛤蟆：我觉得网络文学更像是古代的评书，是一种茶余饭后让大家娱乐的东西。至于现在很多人讨论它是不是文学，其实我觉得没有讨论的必要，因为网络文学肯定是这样的：绝大部分的书质量不会特别好，只有一小部分书的质量会上去，可能经过时间的检验之后，会

## 大神的肖像

把它当作文学,而大部分的作品不会被当作文学,所以整体来讨论网络文学是不是文学没什么意义。我觉得网络文学是一种很廉价的平民阅读方式,而且非常之方便。比方说同学们课间或者坐公共交通工具的时候,都可以随时随地地去看一看,而其他的娱乐很难在这么短的时间内让大家产生娱乐的感觉。

周志雄:你说网络文学整体的质量不是特别好,那在你的印象当中哪些人的作品的质量是好的?

流浪的蛤蟆:这个基本上在网上排前几十名的都不会太差,因为读者的网络阅读是一个很强大的筛选机制,质量不好的肯定会被筛选下去。再一个就是时间,比方说这本书短时间内受到很多热捧,但是一段时间后读者不会再看了,这本书质量可能不会太高,经过读者筛选又经过时间的筛选,留下来的就一定是好看的书。

周志雄:能不能举几个例子来说说你觉得特别好的作品?

流浪的蛤蟆:比方说《诛仙》,比方说番茄的一些书,还有土豆的《斗破苍穹》等。

周志雄:说网络小说质量不好,问题主要在哪些方面呢?

流浪的蛤蟆:应该说网上写小说的这些人,几乎没有受过什么特别专业的训练,像我本身是学艺术出身的,刚上网写作的时候,我对怎么去写一本小说是完全没有概念的。当时我就是觉得自己心里有一个好玩的故事,想要分享给大家,这样的故事好看不好看不说,但是写的时候一定是很随心所欲的,所以写出来很粗糙。有一些作者天生文字感会比较强。有一些作者的本职工作也是跟文字相关的,比如说烟雨江南,他是新华社的记者出身,他的文字感就比较强,像猫腻从小就是那种文青嘛,他很喜欢看,很喜欢去写,文字感也会稍微强一些。但大多数的作者没有这方面的专业训练,写出来的东西肯定会有各种各样的弱点或者缺点。

周志雄:你这里讲的是作者自身的问题,那么从外在的情况来看,制约网络文学发展的因素有哪些?

流浪的蛤蟆:应该说网络文学是直面读者的,我们写出来,读者就能看得到。那些评价性的言论,比方说这个书好不好,我们也会直接看到,所以受整个阅读环境的影响还是很大的。现在大家都在玩游戏,所以阅读口味就会往游戏方面偏,而作者们写东西也会往这个方面偏。就像我自己写了很多这种东西,我写出来之后觉得很有趣,但是我觉得再有趣,我也不会把它放在网上,因为我知道网上的读者口味是无法接受的。

周志雄:还有网站的因素,比如说起点的 VIP 制度,你怎么评价?

流浪的蛤蟆:起点的 VIP 制度是 2003 年推出来的,在此之前所有的网络小说都是免费给大家看的,大家也是免费写,属于一种纯粹的爱好,没有任何经济利益在内。那个时候网络文学已经发展几年了,大家写的时候可能还是无忧无虑的学生,但是等写了几年之后就要面临工作的问题,所以很多人写了一本后就不会再出现在网络写作世界里了。像《天魔神谭》的作者手枪,他的那部小说很火,甚至上过百度搜索前几名,但是他这部小说写完后他就再也没有出现在网络写作这个世界里。那个时候起点的几个站长就觉得应该让作者有一定的收入,因为有收入的话他们才能坚持写下去,毕竟写小说不是一件玄幻的事情,然后他们就想到了那个VIP制度,有了这个制度之后网文确实出现了一个大爆发,很多人发现可以靠这个东西坚持下去了,经过这么多年的检验,我觉得VIP制度还是很好的。

周志雄:这是它积极的方面,但是它应该也有消极的方面,因为写网络小说可以卖钱,那么怎么能够卖更多的钱,我就怎么写,是不是有这个问题呢?

流浪的蛤蟆:应该说网络文学自我净化的能力是非常强的,比如说涉黄、涉黑、涉赌这些东西,是一定会被网站自我清理下去的,当然,有些擦边球是没办法的,但想要为了钱什么都去写是不可能的。像我们这样的作者开书,第一就是问编辑:"国家现在有什么政策,什么可以写,什么不可以写?"比方说我写了个小的段子,编辑就直接跟我说:"涉嫌校园暴力。"实际上就是两个同学因为口角打了一架,但因涉嫌校园暴力就不能写。不过VIP制度也有一个不太好的地方,就是很多人并不喜欢网络小说,他们也不看网络小说,更不喜欢去写它,但是他们觉得自己的生活很惨,而且看到好多大神说一年收入百万,自己也要写,也要发财,是一种像赌和买彩票的那种感觉,然后他们就杀进来了。

我曾经见到一个很可惜的例子,那个作者写了一部叫《沥青时代》的小说,他是北京的应届大学生,他的女朋友对他非常非常好,他的女朋友应该是家里条件比他家好很多倍的。他也很有出息,在大学毕业之后找到了一个公务员的工作。如果是按照正常轨迹的话,他找到了一个很好的工作,他女朋友又对他很好,他们在北京生活下去应该是非常美满的,但是他觉得他有一个文学的梦想,他要靠写小说来赚钱,他不喜欢那种公务员的生活。但是他写的那部小说我看了一眼就知道它在网络上面是无法获得利润的。我们都知道应届大学生是一个很珍贵的身份,你如果过了应届毕业生的时机,想在北京再拿到一个公务员这种工作是很难的。当时我就很不客气地说:"你不应该去写,你至少先把工作稳定住再来写,作为一个业余爱好,两边都不耽误。"但是他这个人就认定了:"我不要去工作,我就要去写。"当时我跟起点的主编方士吵了起来,我说:"不要跟这种人签约,签约你是在害他。"但是方士说:"我也有一个文学梦。"我说:"你有一个文学梦我不管。"当时跟他吵得很激烈,但是最终还是没有能够阻止这个人杀进来写

## 大神的肖像

网文,我不知道他以后会怎么样。他的女朋友家里对他的选择应该不会特别支持,就算没有家里的反对,我觉得他们的实际情况也不是那么好。所以我觉得VIP制度对一些完全不了解这个行业,一定要杀进来捞金的人会造成不太好的影响。

**周志雄:** 有这样一种说法,网文是按照章节,按照字数来收费,那你写得越长获得的收入就越多,写作者就会想方设法往作品里面"注水",拉长作品,就出现随意编造情节的情况。

**流浪的蛤蟆:** 这种情况肯定是有的,但是网文它并不是完全靠字数来赚钱,它是靠故事情节。比方说我这一章写得非常好看,有一千个读者愿意订阅。而那个作者它"注水"了,他只有十个读者订阅,就算他写得比我的长,他赚的也比我少。他要写比之前的文字多上十倍,而且可能写到十倍的时候前面那一百个订阅的读者会走掉很多,所以因为赚钱把情节拉得很长,加了很多不好看的东西,这种情况肯定是有的。成绩越好的作者会越介意这种创作手法,因为它损失的其实更多,读者不爱看了,不去订阅这本书了,他们损失的会更多一些。

**周志雄:** 作为一个有15年写作经历的网络作家,请你谈一谈我们中国网络文学发展的脉络。

**流浪的蛤蟆:** 中国网络文学一开始出现了像痞子蔡那样的作者,但是大家现在默认的网络文学还不是那一批人的类型。最初是在论坛,大家做的一些很私人的论坛,一些小网站,我有印象的还是奔腾133(早期CPU产品)的那个时代,才开始兴起像我们大家说的这种网络文学。一开始大家都不觉得自己写的是网络文学,因为那个时候没有网络这个概念,都觉得自己是幻想类文学,还出了一些以幻想类为卖点的杂志,类似《飞奇幻》还有《幻想世界》之类的,这些杂志后来都"夭折"了。但是那个时候网上网下没有什么隔阂,大家都觉得自己写的是幻想类的题材。那个时候几乎所有的实体出版权都"夭折"掉了,所以变成了这种幻想类的题材,也基本在网上发,就渐渐地被大家称作网络文学。网络文学起源于西陆,还有一些我已经不太记得的网站,后来出现在一些BBS上面,像现在的起点、龙空,还有最老的幻剑,都是在西陆这种论坛上,这种自己很容易就申请的论坛。然后几个论坛合并,找一些懂技术的网友大家坐在一起做一个网站。当时做个人网站也比较容易,起点、幻剑都是这么出来的。最早是三大网站:龙空、幻剑、起点,还有像天鹰、爬爬这样的私人网站。

一直到2003年起点开始做网络VIP制度。其他网站对此反应不一样,龙空认为网上收费是没有前途的,它盯的是实体出版,但是后来它出版的书也基本"夭折"了,幻剑和天鹰就跟着起点走,但是幻剑有一种天生的文青底气,它收书卡得非常严,一些比较有争议的书,它会直接从书库里删掉,导致它损失了很多人气,渐渐地被淘汰掉了,最后变成了起点的一枝独秀。自从有了 VIP 制度以后,起点就一直领导着网络文学。后来起点分裂,一部分出走到了 17K,再后来出现了纵横这样的网站,主要还是手机阅读开始兴起之后,其他的网站在电脑端都没有办法跟起点叫板,甚至连起点的创始人也去了腾讯,他们制作的创世也没法跟起点在电脑端叫板。我觉得从 2003 年到 2006 年网络文学不能叫作一个行业,因为只有这么一个网站。一直到智能手机兴起了,各种网站像雨后春笋一样出现,勉强可以叫作一个行业了,因为它不是只有一个网站,而是有很多网站。

最早的网络文学的题材基本上都是西方的奇幻,比如说仿《龙枪》啊、游戏啊,那时候网络小说 90%以上的题材都是什么什么大陆,然后是一个主角开始争霸天下,那种争霸天下的题材很流行。差不多到了 2003 年,萧鼎写了《诛仙》,萧潜写了《飘邈之旅》,才开始有仙侠题材。等到 2004 年左右,撒冷写了一本叫《YY 之王》的作品,在那之前,大家都是写幻想类小说,从那个时候开始,都市小说又开始流行了。在 2004、2005 年,有一批历史功底比较好的作者,开始写历史类的题材。一直到现在,历史都是一个比较大的类别。再到 2007、2008 年,又开始出现了官场小说,网络小说的题材和网站都是在不断变化的。

周志雄:在 2010 年到 2012 年期间,从起点上出走到纵横的,有你,还有梦入神机、烽火戏诸侯、乱世狂刀这些大神,这应该可以称为一个事件。你怎么看这个事件?

流浪的蛤蟆:我觉得这个主要还是跟盛大全版权运营的政策有关,盛大的经营理念是陈天桥所说的他想做网络迪士尼吧,但他是全版权运作的。

周志雄:我们知道有一些网络作家,他们的书除了在网上阅读之外,实体书出得很多,可是我在网上搜你的实体书,也就有限的几本,是不是也和网站全版权运营有关?是不是你的作品的出版权被网站掌控了?

流浪的蛤蟆:前一段时间在北京跟长江文艺出版社负责儿童图书出版的副社长吃饭,他跟我说:"我觉得你的书很适合我们出版社,但是盛大从来不给我推荐你的书。"就是这个全版权运营确实是让作者很反感的一件事情。所以作者们跟 17K 走了一批,跟纵横又走了一批,再后来像创世分裂之类的都跟全版权运营有关。

周志雄:那现在的创世或纵横就不全版权运营吗?

流浪的蛤蟆:准确地说,这个全版权运营企业是一定要做的,因为这个对它来说利益是最大的,但是具体执行上,现在已经都明白无法完全执行了,都会给出一定的让步。

周志雄:这个让步主要有些什么措施?

流浪的蛤蟆:比方说纵横是一样一样谈,这个版权是给我还是你留下;创世的做法是,版权

## 大神的肖像

我是一定要的,但是利益我们可以一人一半,五五分。

周志雄:你刚才谈到的,早期网络上热卖的都是幻想类的作品,确实我也注意到现在的网络作家富豪榜上那些排在前面的,基本上也都是写幻想类的作品。在你来山师之前,我临时想了个你讲座的题目《网络文学的想象力和阅读价值》,我想请你谈谈这个问题。

流浪的蛤蟆:我是比较喜欢设定一个比较庞大的世界,然后设定各种各样的武器、武功。我觉得自己是很有想象力的,但是写过一段时间之后,这种想象力对小说的创作来说是一个锦上添花的东西,如果你的小说本身不好看,这些东西看起来只会让你被读者厌烦,而不会让人觉得愉悦。网络小说毕竟也是小说,我觉得它归根结底还是需要故事写得好看、人物写得丰满,而幻想是跟传统文学分开的这么一个标志性的东西,就比方说在网络小说出现之前我们很难找得到那种幻想类小说,像古典名著里也只有《西游记》算得上是幻想类小说。

周志雄:这种幻想类的作品,它的阅读价值体现在哪些方面呢?

流浪的蛤蟆:应该说我们每个人都会有一些这种幻想,刚开始的时候,网络小说会被人们称为"YY"小说,比方说我没有钱,可能大部分人都会去幻想买张彩票中个500万。虽然我们不可能真的是随便买买就能中大奖,但是我想象我能中的这种过程,就会让人感觉到心里很愉悦。再比方说我们某个男同学喜欢上某个女同学,他可能没有追上,但是他在心里已经追上了这个女同学,她今天会答应跟他一起吃饭,这个想象的过程会让他感觉心情好一些。而我们的传统文学就是不让大家高兴,比方说毕飞宇老师给我们讲过两次课,一次是起点做的一个培训班,一次是鲁院做的一个培训班,他说他的《推拿》里充斥着社会上一些无奈的东西,所以才会出现像网络小说这种完全反其道而行的故事,就是为了让大家心情愉悦。其阅读价值可能就是让我们在学习中很累的时候,有一个短暂的放松,类似那种精神上的避风港。

周志雄:嗯,这个问题你已经讲得很透彻了。我念几个同学在阅读你的作品时的阅读体验,也代替你补充一下刚才这个问题。你的小说《天问》中有这样的一段:"一个男孩子很可能努力了好几年,也无法获得一个女孩子的芳心,却在某一瞬间让对方感动,这并不是水到渠成、量变到质变的关系,因为爱与不爱从来都只有一瞬间的间隔,不管你是认识了多少年还是只熟识了不过一时,也不管你对她有多么深的眷恋,又或者辛辛苦苦追了多少年,决定爱与不爱其实只有那么一刹那。如果这一瞬间没有来到,你之前的所有努力,所花费的时间,统统都只是镜花水月,不能在女孩子心目中留下半点痕迹。"有个同学读了这一段特别感动,这一段显然是打中了他心里某个柔软的部分。

李婷婷从《天问》里读出了正能量,《天问》里有这么一段:"这么小年纪的女孩子都知道努力,相比之下,那些在心辰殿高谈阔论的家伙,真的可以死去了,我也要努力一些……"她分析说:"这个小说中,无论正邪都是通过自己的努力来追求更高的境界,懒惰与投机取巧是被看不起的,例如武三一开始就是靠着自己的小聪明投机取巧和靠哥哥生活,不肯踏实奋斗,老想偷懒,后来现实教育了他,让他懂得了努力,他学会了努力,这就传达出很好的价值观,努力才能成功。"徐业奇同学在读《母皇》《天问》时,读出了作品对现实的讽刺,对人性的思考。还有同学从你的作品里摘出了好多警句,如:"只要能有捷径可走,就不必非要去绕远路,最终只要到达目的地便算是成功,一路上多一些或者是少一些什么风景,都是不重要的。""学生阶段最根本的不是去学习那些枯燥的知识,而是掌握一种行之有效、最有效率的学习方法。"他们在读到这些句子时会停顿、会思考。

接下来的一个问题是,网络大神和普通作者的差距体现在哪些方面呢?

流浪的蛤蟆:我觉得网络作者写作能力虽然有高有低,但差不多都在同一个层次上,除了特别差和特别好的。大家主要的差别就在于观念,这个我觉得更像那种人跟人之间交朋友的感觉,很多人因为性格很好,所以朋友就很多,很多人性格比较怪异,朋友就会很少。而写小说也是这种感觉,他写的东西其实未必文字有多好,也未必故事有多好,因为网文还是有一些套路的,但是他写的东西很符合读者心中预期的那个故事,那么他的读者就会多一些。而有一些作者他们写作的方向是错误的,觉得自己写这个东西读者会爱看,就拼命去写,越拼命读者越不爱看。作者跟作者之间,尤其是在网络上面,写作能力差别不是很大,主要差别就是在这种观念上。我们要写一个自己喜欢、读者也喜欢的故事。有些人并不喜欢这个故事,就觉得它能赚钱,但是如果读者喜欢也无所谓;有些人的故事只是自己喜欢,但是读者不喜欢,那成绩就会很差,主要还是看接不接地气吧。

周志雄:这是赵溪熹同学的问题:"为什么唐家三少的小说比你的小说卖得好?"

流浪的蛤蟆:这个就是我刚才说的,我有很多地方不怎么接地气。三少是很明确地写一个大家爱看的故事,我是很明确地要写一个我自己喜欢的故事,读者喜不喜欢我不管。我那个时候有一种很取巧的想法,我可以写一本大家喜欢的故事,成绩也不差,然后剩下的几本我可以都写自己喜欢的故事,我不需要去管读者,反正差就差呗,等到成绩差到不能再差的时候,我再写一本大家喜欢的故事,然后这个名气就可以让我再撑两本只写自己喜欢的故事。

周志雄:你是一个有追求的作者,更希望写自己想写的作品而不是写读者喜欢看的作品。

流浪的蛤蟆:是的。我一直觉得读者喜欢和我自己喜欢是一张纸的正反两面,只有一面是走不下去的。

大神的肖像

  周志雄：这是陆玮玮同学的提问："现在越来越多的人很少去看主流文学，也有越来越多的人认为，主流文学圈就是一群老头子互相吹捧，今年你颁奖给我，明年我颁奖给你，论资排辈。而四大名著都来自民间，很多文学作品都来自手抄本，来自说书的。你认为网络文学会逐渐将主流文学淘汰吗？"

  流浪的蛤蟆：我觉得未来的事情，谁也说不准，毕竟我们没有人能看到未来。我觉得创作的方式一定是越来越往网络贴近的，毕竟用电脑打字比用手写要方便得多，而且，电脑的普及是从根源上，从年轻一代往上普及的。现在二十多岁的年轻人，完全不会电脑、不会打字，这是没法想象的。这种科技的淘汰是肯定会有的，至于创作的方向是什么样的，我认为谁也说不好。

  周志雄：我在贴吧上读到这样一段文字："为什么大神只要去了纵横，都变得那样呢？神机（梦入神机）是这样，流浪（流浪的蛤蟆）是这样，纵横简直是白痴文的发源地，终究只有起点才是少林寺啊。流浪的新书不如从前也是正常的，萧潜、萧鼎、说不得大师都在出新书，《缥缈之旅》《诛仙》《佣兵天下》哪个不是大名鼎鼎，开创一类先河？但是他们的新书也就是寥寥了。相对于一般读者，尤其是没读过几年书，初中没毕业的还是能看进去，但是相对于以前的水准或者给人的震撼是远远不如了，退步得非常厉害。这不只是作者的原因，也有读者的原因。"对于这一段议论，你怎么看？

  流浪的蛤蟆：基本上说的也算是现实。纵横有一个问题，就是平台比较小，它是有天花板的，所以读者会相对少一些。而他说的大家的创作水准是在往下降，有两种原因吧。一种呢，读者的口味是不断在提升的，而作者的创作水平是追不上读者口味提升的，今天我看网络小说，明天我就可以看世界名著，而我们是不可能今天写网络小说，明天去写一本世界名著的，它是肯定追不上的。另一种，我觉得现在整个网络小说写作还是陷入了一些瓶颈的，它需要一些东西来打破它。其实我都在看起点的小说、纵横的小说，就这些年来的小说来看，我觉得起点跟纵横差不多，都是处于相对的平淡期，而之所以读者会有这种感觉，觉得起点好一些，纵横差一点，是因为现在的小说由原来的读者支撑变成了由粉丝来支持，粉丝是只要屁股坐得住就行了。就像我的小说也有很多读者喜欢，他们会拼命地夸奖，但是这种夸奖你看了心里偷着高兴可以，如果你真的高兴了，觉得自己真的写得这么好，那就完蛋了。

  周志雄：在你的《天地战魂》的后面，你写了这样一段话："第六本是《蜀山》，当时《时空妖灵》写得一塌糊涂，我非常怀疑自己的写作能力，就披上马甲，拒绝了三次不明真相的编辑的签约，拒绝了知道真相的编辑的推荐，没有跟任何作者提起这书，没有要一个广告，靠无推荐、无广告、无速度，2K 党冲上了点推双榜。"当时你已经很有名气了，但是突然披上一个马甲，换一个别人不知道的名字，连载《蜀山》，结果《蜀山》一样冲到了榜上，这是非常了不起的行为，你当时为什么会有勇气这么做？

流浪的蛤蟆：当时是真的怀疑自己有没有创作的能力，因为我毕竟不是专业写小说的，也没有学过文学。虽然看过一些书，但是对自己写的东西没有那么自信。一开始成绩好的时候，读者说"啊，你写得真好"，创作起来是没有心理压力的。当写的东西不是那么好的时候，读者反馈回来，自己这种反思是难以避免的。当时我就想，如果我继续往下写的话，肯定是有收入的，但是我也不敢保证这个成绩会是什么样子。那时候很惶恐，很惶恐的结果就是我披了马甲去写了很多东西，不光是《蜀山》，但是最终只有《蜀山》出来了。因为那个时候我也差不多验证出来，我能写好看的小说，但不知道写的哪一本小说读者会喜欢。

周志雄：这也算是一种积极的尝试。关于前面说的"一支笔拯救起点"，有个题为《颠覆从起点开始》的新闻报道：2003 年 10 月份的转签风波可以说是起点建站以来最严重的一次危机。在起点的 VIP 之路陷入绝境的时候，刚到起点的网络作家"流浪的蛤蟆"挽救了起点，其新推出的《天鹏纵横》的热卖，为起点带来了大批会员，让起点渡过了难关。其间，VIP 章节的提前泄露，一度导致起点十分被动，好在"流浪的蛤蟆"迅速修改了剧情，同时发布与泄露章节不同的版本，及时消除了不利影响。请你谈谈当时的情况。

流浪的蛤蟆：当时起点拉了三四十本书，要做第一批 VIP 阅读。这时候有个起点的资深编辑，他比较活跃，有很多作者都是他拉过去的，但他跟起点闹分裂，跳到了天下书盟。天下书盟本身是做实体出版，他把这些书的大部分作者拉过去，起点只剩下两三本书，可以想象那个时候的起点可能真的支撑不下去了。《天鹏纵横》出来之前没人尝试微支付，起点首先提出微支付。总有人说中国人不懂创新，其实好多创新是没有人在乎的，就说这个微支付，苹果公司也参考过微支付，还特意跑到盛大去学习。当时起点两个站长都说继续写吧，估计一个月能拿二三十块钱，请女孩子吃饭没问题，当时预期就是那么低，结果《天鹏纵横》上线时有 300 多个会员订阅，第二个月开始收费，我们觉得读者肯定会锐减，结果订阅用户到了 1600，读者是愿意为想看的小说付钱的。接下来是血红的书，他的书很快就破万了，大家发现这个制度可以进行下去了。《天鹏纵横》更新的时候为起点撑了两三个月，第二批 VIP 作品上线困境才缓解。这算是一批朋友在吹捧，也不算什么拯救起点。

周志雄：这是徐业奇同学的提问："《天问》中有这样一段话：'今天起开通一项业务，凡是有喜欢的女生却不好意思告白的宅男，可以留下女朋友的名字，我可以代人求爱，你们尽量向

大神的肖像

女孩子推荐我的书吧.'作家与读者的互动有趣而幽默,一下子拉近了距离,请问:你经常与读者互动,你怎么看待你的读者?有没有与读者的小故事可以分享?"

流浪的蛤蟆:我是比较懒惰的人,别说读者,跟其他的作者也很少接触,所以跟读者还真没有小故事可以说。我刚写小说时,是写着玩的,还没想赚钱。有个读者叫金哥,他在网上主动加我,说我写得很好,并介绍我认识其他作者。他是很老的读者,跟其他作者熟,他把我介绍给老作者魏岳等人,他们加了我 QQ 后,问我:"你的小说出版了吗?"我说:"没有。"他们就帮我出版了,我的前两部小说就是这样出版的。

周志雄:2008 年有个事件,三十个作协主席、副主席在网上搞擂台赛,想验证传统作家的作品放到网上有什么效应,结果效果很差。网友们戏称:三十个作协主席、副主席不敌一个郭敬明。我在你的博客上读到一段对这件事的评述文字:"我们这一代无法从主流文学中看到平时感兴趣的那些事儿,无法看到周围这个现实的痕迹。如果这次擂台赛能够让这些主流文学工作者从象牙塔到田间地头来,知道人们需要什么样子的文字、什么样子的文学,我相信,不管经济、商业利益如何,在文学上就是成功的。"这涉及一个问题,网络文学是不是也有和现实脱节的问题呢?

流浪的蛤蟆:当时我跟一个叫撒冷的人讨论这件事,他说:"你到一个情色的论坛去跟人讨论世界名著,肯定一堆人骂你傻;你要到一个正经的文学论坛跟人讨论小黄文,人家一定骂你是流氓。"而当时起点从幻想小说起家,已经形成了这种风格,这些老作家的书并不是不适合网络,而是不适合起点。打个比方说,好多女同学应该都看过张嘉佳的小说,张嘉佳的小说在起点、纵横这些网站上是不受欢迎的。有一回他跟我说他也想去起点发稿,结果我把所有编辑问了一遍,没有人愿意要他的书,但是他在新浪微博上连载《从你的全世界路过》,有很多人阅读。但是反过来,在新浪微博那种地方,也有很多网络作者在那里更新说:"大家来看,我的小说更新了。"但是,转发的量很少。这个不是说那些老作家的书不适合网络,而是没有一个适合他们的平台。至于网络跟现实脱节的问题,很明显就是我们这些网络上写的小说,拿出去在一些主流的媒体平台上发表,是没有那么多的读者的。就像我也原创一些段子,自己觉得还可以,但我发现我拼不过那些微博上的段子手。

**三、"我可以写一本《一千零一夜》"**

周志雄:我在《青年博览》上读到一篇文章,题目是《网络写手的"非一般"生活》,里面有一段是描述你的:"自由大路附近有一间位于五楼的民房,那是王超的工作室。他的生活规律得有些悠闲:每天两到三小时在电脑前敲字,两到三小时陪妻子逛街,两到三小时监督大女儿写作业,两到三小时哄小女儿玩耍。"这个描述就是你的实际生活吗?除了这些以外,你的日常生活中还有没有其他的爱好?

流浪的蛤蟆:我是一个很无趣、很枯燥的人,基本上没有什么爱好,不抽烟、不喝酒、不玩游戏,除了看小说之外,偶尔看看电影。动漫的话,学生时代很喜欢,但是随着年龄的增长也不看了。我就属于宅在家什么都不想干的。所以,我写小说是有规律的工作,每天一两个小时足够了,剩下的时间你愿意干什么都行。虽然我没有像说的那样,两个小时干什么,但生活差不多也就是那个样子。

周志雄:那你平时看报纸吗?经常上网看新闻吗?

流浪的蛤蟆:准确地说,我上微博不是为了发表观点,我想知道这帮网民究竟是怎么想的。我有时候会发一些东西,有一群人在骂;有时候发一些东西,有人在夸。但是我真的很难分清这个言论为什么被骂,为什么被夸。我知道,这个是被骂的,那个是被夸的,但是为什么我不是很搞得懂。所以我会偶尔发一些这种东西,尽量在三观不太偏的状态下看一看网友是怎么反应的,因为网友的反应比读者的反应更直接。

周志雄:在《赤城》中有这样一段话:"这还是白胜当年做驴友的习惯,身边必备饮水,至于其余的讲究,那是因为他有了法宝囊这样能携带甚多东西的宝贝,在穿越到了阎浮提世界后新近养成。出门旅游的人,不管是背包客,还是自驾游的,多半都要准备食物、饮水,还有其他各种东西,只有那些只乘坐飞机、火车,去人来人往的景点随大流的人,才不会准备这些,但那些人也看不到真正的好景色,只能看一些庸俗和铜臭堆垒成的浮躁和喧嚣。"有个同学摘抄了这一段,他想问:"有这样一种人,他旅游的时候专找那种别人没去过的地方,然后回来就跟人吹,觉得这才叫旅游,你平常出去旅游喜欢到哪里玩?"

流浪的蛤蟆:我肯定挑一些大城市,一些方便的地方,爬山的话是有缆车我就上,没缆车我就不上。

周志雄:在访谈高楼大厦的时候,他说他在读中专的时候把从租书店里能借到的书全部都看了。我觉得在十几岁的时候喜欢看武侠小说,为日后写作打下了基础。

流浪的蛤蟆:我觉得写得好的大多数是看这些传统的作品。

周志雄:你也是从小就爱看这些通俗小说吗?

流浪的蛤蟆:咱们都喜欢看这些小说的,网文写得好的,找不到一个不喜欢这些的。

周志雄:我们生活的年代差不多,那时候我们班上有人看金庸、琼瑶的书,还有人写。我们班上有个男生数学成绩特别好,他甚至上课的时候都看,他是到租书店里去借的书。他的书被

## 大神的肖像

老师收缴,收缴之后就批这些书啊。我那时候是被老师表扬惯了的那种学生,老师一批金庸,我就不看了,我那时候就没读这些作品。我接触金庸是从电视剧开始的。

流浪的蛤蟆:我觉得网络写手大多是偏爱文史,所以才会有历史题材小说的兴起,像月关、奥斯卡他们都是写这类题材。我到过奥斯卡家里,他有一张半间屋子大的床,完全是书摞起来的。

周志雄:他都有些什么书呢?

流浪的蛤蟆:里面我是没办法看到,外面都是文史类的书,有一套古代地图册。他说他的书都是历史类的,几乎没有多少小说类的书。

周志雄:你家的书多吗?

流浪的蛤蟆:有个几千册吧。

周志雄:主要也是文史方面的?

流浪的蛤蟆:呃,我的书有一半是美术类的。

周志雄:美术是你的专业啊。

流浪的蛤蟆:五分之一到三分之一是美术鉴赏类的,漫画有几百本,剩下的是小说,再剩下的就是杂七杂八的书,属于猎奇类的,就算这本书没听说过,后来听别人说,都要去买来看看。

周志雄:漫画都是哪些?

流浪的蛤蟆:主要是那些主流的漫画,《龙珠》《圣斗士星矢》这些。

周志雄:下面这个问题是很多同学都提到的问题。在读你的作品的时候他们都发现你对金庸是非常推崇的,作品很明显受到金庸的影响。我读到你写的文章里面有这样一段话:"《四海》就在金庸等武侠小说前辈所开辟的道路上,这个工作(开拓创造的工作)要留待其他更天才的武侠小说作者来完成,或者等我的下一个武侠故事吧。"有同学读到《天地战魂》中亢明玉的经历和《倚天屠龙记》中主角的经历是非常类似的。还有你的博客上有我觉得非常好玩的一段:"金庸的小说发在起点上会如何?这是一个常被人提起的问题,偶然和一个朋友聊天,发现金庸的小说改改名字还是很符合起点的。"这是你调侃金庸,我觉得这一段写得非常好玩。李晓萌同学的提问是:"《乔峰大兄》与金庸的《天龙八部》之间有千丝万缕的联系,你怎么看待自己小说与金庸小说的联系?"综上,你如何评价金庸的作品?你平时的阅读情况是什么样的?

流浪的蛤蟆:金庸是开启了武侠新世纪的人。我认为在所有写武侠小说的人中,金庸取得的成就最大,他的故事,抛开武侠这个外皮,也是很好看的,只不过他和那个题材结合在一起,就成为一代宗师。我在网上发过的《葵花大师兄》《乔峰大兄》其实不是为了在网上写的,而是看了金庸的小说之后模仿金庸的练笔之作。写《葵花大师兄》时，央视也在放《笑傲江湖》，我跟另外几个作者聊天，当时想到一个很好玩的桥段是：令狐冲和林平之在一起做官方 CP，然后岳灵珊去找林平之的时候，林平之跟她说，就是他，让你吃醋，但是林平之就跟她说，你不要吃醋啦，你去打个酱油吧。就是因为这么个梗才去写这个作品。它本来就是一个练笔的作品，写完之后自己觉得好玩，而且可以提升一下自己写故事的能力。我平时看书的话，基本上是能找到的小说都会去看，包括各种名著、言情小说。我看书的时候，是没有网络小说那种东西的，而我们能找到的小说也很多。

周志雄：那么你比较喜欢的，我一提你就会反应出来的是哪些书、哪些作者啊？

流浪的蛤蟆：肯定是四大文学名著，《蜀山剑侠传》《三保太监下西洋》，还有一些偏神话类的。外国的我比较喜欢像马克·吐温这一类的，再就是有一个跟《魔戒》同名的、差不多齐名的，它有第一部，拍了电影，就是武装熊的故事，那一个我也蛮喜欢，还有《黑暗物质之魔法小刀》，类似这样的。

周志雄：这是陆玮玮同学的问题："你对国外一些富有新活力的文学形态了解吗？比如说日本的轻小说、西方的奇幻和西方的一些网络文学？"

流浪的蛤蟆：我觉得西方奇幻其实不算是新的题材吧，好像很久以前就有这样的题材，它们跟中国的小说其实没有本质的区别，区别就在于我们的国情不一样，我们的文化传承不一样，所以最后出来的小说内容形态不一样。它们本质都是那种幻想类，包含了每个国家的人的社会思维，比如说西方比较重视人文的思考，中国还是相信白手起家这种概念。

周志雄：有这样一个问题，"金古温梁黄"，这几大通俗小说大师，对我们现在写网络小说，既是可借鉴的资源，又是一种焦虑，在文学上有一个这样的命题，就是如何超越前人的问题。我有一次看到沧月有一篇谈创作的文章说，如果从个人的学养、修养、功力上想超过金庸，她觉得在她这个年纪是无法做到的，但是她说她遇到不懂的问题可以在网上搜，这是金庸比不了她的，当然，这只是一种说法。我的问题是，如何去超越这些通俗文学大师，你有没有一些思考？

流浪的蛤蟆：我觉得一些大师是无法超越的，就比方说金庸的创作功底，大家是没法超越的，但是有些东西很容易就能超越过去，比如说题材，金庸只会去写武侠，像"金古温梁黄"他们只会去写武侠，他们的思想已经固化了，他们不会再去写新的东西了。而像一些网络小说很容易在题材这方面超越过去，但是要说创作故事这些根本的东西，是要看个人的天分，而不是看其他的，也许在网络文学领域从来没有出现比肩金庸的人，这是完全没有办法的。

周志雄：这是魏雪慧同学的提问："在《魔导武装》的第九回'李克李的传家宝'中，你似乎

大神的肖像

对'炼金术'了解颇深(如'钢铁岩石''高纯能量水晶')。这些是你想象的,还是你细心查阅过资料的结果呢?"还有一个相关的问题,是张国宁同学提问的:"《大猿王》中所描写的各种兵器、各种异兽,你是怎么发挥无尽的想象力想到了那么多不同的称呼为它们命名的?是对古代的兵器有过研究吗?"

流浪的蛤蟆:写幻想小说肯定是要找些资料的,比方说,写小说,很多作者都会遇到怎么给书里的角色起一个大家都喜欢的名字的问题,我曾经也很困惑,怎么会有这么多好听的名字呢?有一天我忽然明白了。当时网上突然有一个征集钓鱼岛保护的网络签名,我就跑过去看,看了一会儿我想,我干吗自己去想?每个孩子的父母给他起名字的时候,都是起得很精彩的,当时我收集了几千个名字。我就想,我不用再收集了,这个东西唾手可得。像一些兵器啊,功法啊,我试了一下,在网上找一些像道藏、佛藏的东西,随便在网上找,满地都是的,完全不用去想。

周志雄:这跟蔡骏写小说是一样的,蔡骏每写一部小说时,他就泡在图书馆,大量地搜集资料,然后通过语言转化写进小说。他的悬疑小说是知识悬疑,从他的小说里可以读到很多知识,这个知识经过他的提炼,也很吸引读者。我在你的微博上读到这样一段话:"忽然发现已写过的小说超过20部了,不知道有生之年能不能超过100部小说?"你未来有什么样的写作计划?

流浪的蛤蟆:我的写作没有一个一以贯之的计划,平常写东西也都是有一个想法就记录下来,再有其他的想法也添加进去,所以写了很多开头,就是我们说的挖坑嘛,有各种各样的想法。不适合现有的就再开一个头,如果合适就再往里边添,这样的话,只要有一段时间积累,手里一定会有一堆可以写的故事,至于哪一本小说会拿出来写,这个是完全不确定的事情。我小时候看过一个童话故事叫《365夜》,当时就很想每个开头开一本小说,一个开头更新一章,我要凑足365夜,写了多年之后,我发现我可以写一本《一千零一夜》。

周志雄:赵溪熹提问:"有很多早期在网上写作的人,早就被淘汰了,为什么你还能坚持到现在?"

流浪的蛤蟆:第一点,我觉得这是一个很实际的问题。我写的第一部小说是类似于同人的,被淘汰了。没写多久,我第二本小说就出来了,第三本小说《天鹏纵横》也接着出来了,《天鹏纵横》还是起点的第一批VIP小说,所以我刚写小说就赚到了钱,这是一个很实际的东西。因为我赚到了钱,所以我可以往下写。第二点就是,我真的觉得写网络小说实在太好玩了。有一段时间,我觉得不想写了,要去找个工作,就跑到南京找了一个编辑的工作,上班时就是自己在那儿打字。坐在我对面的一个同事说:"你一定写了一个很好玩的情节,因为我看到你整个人眉飞色舞。"我说:"是的。"我当时写东西确实心里很高兴,写作很好玩,很愉悦,它不但能愉悦读者,也能愉悦自己。反正我能坚持下来,主要就是因为这两点。

周志雄:有一次,我在北京参加一个网络文学的活动,那次有沧月、蔡骏、南派三叔,还有一些年轻的刚刚入行的作者。我跟他们交流时,在下面坐着的年轻作者指着台上的作者说,他们都是前辈。其实沧月、蔡骏他们年纪也不是特别大,这说明在网络文学群体中,更新换代非常快,可能几年就是一代,那么按照你这个创作年龄,也是网络文学前辈了。有个同学提了这样一个问题:"你有没有觉得,你有跟不上当今年轻人的潮流这个困境?"

流浪的蛤蟆:肯定有。

周志雄:那你怎么克服啊?

流浪的蛤蟆:这种代沟问题是完全没有办法去克服的。我只有一个比较取巧的办法,就是我不知道读者需要什么,因为年轻的读者跟我的想法真的是不一样的,我也无法深入那个世界,但是我可以尝试。比方说,我开一本新的小说,我可以写五个不同的开头,然后披了马甲,不用自己的笔名去发,可能我非常看好的开头,觉得读者应该会喜欢,结果读者完全不喜欢,而我随手扔上去一个,当时就是为了凑数的,随便打了几百个字就扔上去了,结果读者非常喜欢,我只能通过这种取巧的办法来知道读者喜欢什么。比方说我开《仙葫》的时候,我扔了五个开头,我自己想写的三个故事全军覆没了。有时,我随便码了一些字,但是我觉得,这个故事应该不适合网络,我当时的判断是它不适合网络小说,但是随手扔上去之后,结果读者很喜欢,这种代沟我觉得完全没办法缓解。

周志雄:这个问题是关于作品修改的问题,像金庸的书,他后来不再写新的作品了,但是他会对他原来的作品进行修订。对于网络作品来说,因为要连载,一次成型,有各种外在条件的限制,写完后总觉得留有遗憾,但是这个网络作家一旦成了大神之后,他已经获得了很高的收入,或者有一天他突然有闲情逸致的时候,不再创作新的作品,会不会去修改那些原来没有写好的作品?

流浪的蛤蟆:我个人觉得,这种可能会有,但很小很小。因为网文跟金庸的小说有一个最大的区别就是字数太多了,比方说,金庸说要修改《射雕英雄传》,那也就是100多万字的事,修改个一两年就差不多了,而如《凡人修仙》,我忘了是600万字还是700万字的书,他写了差不多5年,修改的话恐怕要10年以上。就是说我们的寿命是有限的,修改多部几百万字的小说,几乎是在有生之年很难做到的事情。

**四、"我终于不用靠'拐棍'走路了"**

周志雄：《魔幻星际》的后记中有这样的一段："《魔幻星际》的构思实在过于庞大了，我写出了自己梦想中的故事，却驾驭不来这个虚构的世界。"这对很多作者来说都是很难受的事情吧？你觉得自己哪些地方没有驾驭好？以你现在的笔力，如果重写，你会怎么写？

流浪的蛤蟆：《魔幻星际》那时候还是有这种风潮的，就是一本小说要写几年的时间，很长。如果我现在去选的话，我可能不会再去碰《魔幻星际》这个类型了。

周志雄：你说当时没有很好地驾驭这个故事，你在写作当中也会遇到很多的困境，最大的困境是什么呢？

流浪的蛤蟆：其实最大的困境还是，我虽然有很多想法想要写，但我真的太懒了，一个字都不想去敲。

周志雄：下面这个问题涉及你的作品中怎么写人的问题。在《金寻者VS流浪的蛤蟆》一文中，你说："我喜欢不同的东西，希望写一些比较有特色的角色，就算脱离故事，也能独立存在，这个应该是每个作者对笔下角色的期许吧。就如很多人没看过《西游记》，但也知道孙悟空和猪八戒；没看过《三国演义》的人，也都知道关羽、赵云、诸葛亮。"你在小说中塑造人物形象的理念是什么？

流浪的蛤蟆：在很久以前我跟我的一个朋友争论过，小说究竟是应该以人物为主还是以故事为主。我那个时候是很坚持以故事为主的。但是经过一段时间之后发现确实是如我那个朋友说的，故事你看一遍很精彩，看两遍还不错，看三遍、四遍、五遍之后这个故事就索然无味了。而故事中的人物，你看一遍觉得这个人很棒，看两遍觉得他更棒，看个七八遍之后，这个人物就会成为你记忆的一部分，他的光彩不会黯淡下去。所以我还是觉得想要让读者记住更久，经得起时间的检验，还是要看人物的。

周志雄：这是贴吧上的一段话："蛤蟆的书，最重要的不是结局，不是结果，而是主角追求结果的过程，以及主角在追求结果的过程中，遇到的各种各样的人、那些感动人心的事。看别的小说，你会发现，那些比较厉害的人，其实智商、眼界、品行和一般人是一样的。但看蛤蟆大大的书中的高人，你真的会生出一种仰视之心。蛤蟆的书，里面的牛人就是真正的牛人，他们的见识、手笔、眼界都让人高山仰止！"这种感觉，我在读你的作品时也有，你跟一般的网络文学作者不同的地方是，你会塑造一些有点仙风道骨、超越于实际功利之上的人物，我想"流浪的蛤蟆"这个名字是不是有一种隐隐的对自由的追求的意思在里面？但是你说这个名字就是随便取的。

流浪的蛤蟆:哈哈。当时是玩联众游戏,发现自己想到的所有的比较好听的名字都被人注册了,然后我想到几个特别难听的名字。我想的第一个名字是流浪的蛤蟆,一下子就注册上了,幸亏这个名字没人注册,不然接下去的名字可能会更难听一些。

周志雄:这是徐兴子同学的提问:"《天鹏纵横》中的岳鹏是一个能力非凡的英雄人物,然而强大到无缺的人物总是缺少吸引力,你是如何看待这种人物的呢?"

流浪的蛤蟆:岳鹏这个角色嘛,是因为当时《西游记》里头有七大圣结拜这个情节嘛,我是从《西游记》里头抽了一个人物出来,就是七大圣之一。岳鹏本身就是混天大圣嘛,以这个妖怪的角色来写,又把七大圣的能力扩大化了。其实像《西游记》里孙悟空、牛魔王这些人物,并不是很无敌的人物,但是我写的时候把他的能力夸大了。这并没有什么特别深的含义,就是我们喜欢这样的英雄人物,所以我想把他打造得更英雄无敌一些。当时写小说的时候也就是二十几岁,刚毕业没多久,是没有那么深的想法的。

周志雄:李笑然同学问了一个相似的问题:"一般的玄幻小说都是主人公从菜鸟慢慢地一步步修炼为大神,而《天鹏纵横》打破常规,主人公一开始就是'金翅大鹏鸟'修炼为人形,几乎打遍天下无敌手。如果一个人从头到尾都是不会被打败的'大神',会不会给读者造成审美疲劳?"

流浪的蛤蟆:应该说"升级流"的出现比《天鹏纵横》要晚。在《天鹏纵横》那个时代还没有所谓一定要一点一点地往上升级的那种概念。那个时候"无敌流"还是挺流行的,再加上《天鹏纵横》的篇幅很短,只有30万字,在网络小说里算是极短的了,读者还没来得及有什么反应这本书就已经结束了。《天鹏纵横》应该是当时很少的有结尾的小说。因为那个时候大家都是一生就写一本的那种感觉,没有人会写完一本再写一本,很多作者开了书以后一直就没有结尾。《天鹏纵横》在当时就算不是第一本,至少也是头五本之内有结尾的小说。

周志雄:还是关于塑造人物的问题,罗宇宇同学提问:"为什么你在人物塑造时没有多对人物邪恶一面进行描写呢?"

流浪的蛤蟆:这是我在人物创作方面的弱点。

周志雄:这是李蒙同学的阅读感想:"我觉得《时空妖灵》没有必要写那么多的情节为主人公增加力量,太过啰唆了,有些地方也太过曲折离奇。一直都在打打杀杀,柔软的地方很少,没能把方林空这个人物形象塑造得更加丰满。对于方林空的情感方面写得少了一些,若有一些平淡的地方或许效果会更好一些。"他的这个评判你怎么看?

流浪的蛤蟆:网文中间有一个说法叫作"新手墙",很多人写第一篇小说纯凭爱好,所以会

## 大神的肖像

超水平发挥。当时我写《天鹏纵横》和《魔幻星际》的时候,就是完全凭着自己的感觉在写,到了《时空妖灵》的时候,我就撞上了这个"新手墙",完全不知道该怎么操纵这个情节。而且我头两部小说都很短,《魔幻星际》也只有50万字,第一次要写接近百万字的长篇,其实当时完全是蒙掉了。然后开了四五个头,用了一个自作聪明而且很笨的方法,我把这四五个开头都融合到一本小说里,所以这本书写得很杂,当时觉得很糟糕。

周志雄:这是贴吧上一段对你的批评:"最早开始看蛤蟆的作品,觉得蛤蟆最大的优点是天马行空的想象力,不参照其他游戏小说的设定,世界也能完美而丰富。像《大猿王》《恶魔岛》《母皇》中都有一个丰富而完美的世界。《蜀山》虽然以蜀山为背景,但是不像其他小说那样斤斤计较于原作品有多少法宝、功法多么威猛,亮点反而在于许多蛤蟆自己设定的东西。蛤蟆的缺点在于能放不能收,好的东西太多了,写着写着主线就失控了,最后'烂尾'了。从《焚天》《仙葫》《赤诚》三部曲开始,蛤蟆有一些节省的感觉,以前一书一册都是完全不搭边的,而这次开始省着用设定了,三本书可以说是一个框架下的微调。不过这其实是好事,以前蛤蟆贪多,最终主线失控,这次终于有完本了,可《赤诚》最后还是太烂了。归根结底,《赤城》爽过头了,又一次出现崩溃。《仙葫》三部曲以后的鬼神系列就是彻底江郎才尽了,设定粗暴,文笔干枯,实在是看不下去。"你怎么看待这个批评?

流浪的蛤蟆:有时我就想去写一些自己喜欢的小说,不管其他的东西。不管是《鬼神》还是《仙葫》三部曲,当时想的就是我架构一个自己喜欢的世界,我把这个世界架构得非常完美,至于这个世界上发生的故事,我就没有那么多精力去照顾了。不过还好,接下来会写一本大家都喜欢看的就好。

周志雄:那也就是说你基本上还是认可他的看法,对不对?

流浪的蛤蟆:对对,确实写得不尽如人意。

周志雄:贴吧上还有一个批评意见:"真心感觉,现在的《龙神决》并不是蛤蟆写的了。蛤蟆的作品,最大的风格'醉酒青牛'现在已经完全看不到了,让敌人甚至自己哭笑不得的故事没有了。还有,如果是蛤蟆写的书的话,我感觉宁越完全会脱离帝都这个旋涡,但宁越留了下来。我就感觉特别不像是蛤蟆写的。可能是大纲被蛤蟆给卖了,然后游戏公司找了一个代笔,不然,无论怎么样,'醉酒青牛'这种风格都应该留下来的。蛤蟆的小说一直是我认为最严谨、设定最合理、情节发展最棒的小说,可是现在这本《龙神决》简直是换了个人写的。我宁愿相信是蛤蟆累了,想试试不用想那么严谨的情节,也不愿蛤蟆落入俗套,去写小白文。"对这个分析,你是怎么看的?

**流浪的蛤蟆：**这真的是一个不太好说的问题。因为《龙神决》是先跟游戏公司签约后才写的，我没想到游戏公司那边很强势。我觉得一开始我做了一个很好玩的设定，就是主角有一个很好玩的表弟，也就是《鬼神》的那个主角，拿了主角的手机，向他班上所有的女同学告白，第二天他上学的时候，女同学们反馈回的消息直接就让他崩溃掉了。这是一个很好玩的东西，但是游戏公司说不行，要叫停，然后我又改了七八个开头，最后游戏公司跟我商量说，你到我们公司来，我们一起协商做一个大纲。我确实是不太适合这种命题作文，所以实在是写得有点崩溃了。

**周志雄：**但是《龙神决》还要更到年底啊。

**流浪的蛤蟆：**对。我当时是想让《龙神决》更好看一点，还做了一些弥补，比方说把一些练笔写的东西像《葵花大师兄》和《乔峰大兄》穿插进去，让这本书好看一些，我设定了12个这样的小故事，我觉得每个故事写得还可以，但是被叫停了。所以现在《龙神决》已经变成了自己不是特别喜欢，读者也不是特别喜欢的一个故事。

**周志雄：**在网上，网友们戏称蛤蟆是"烂尾蛤"。贴吧上有一段话："蛤蟆最大的特点就是想象力非常丰富，看他的作品，各种风格类型都有，构思也非常不错，总体结构也还好，就是感觉掌控力有所不足，或者说掌控力也是足够的，就是欠缺耐心罢了！其大部分作品的开头非常棒，展开得也很好，就是后段非常糟，给人的感觉是书写了大半以后突然没有写下去的心情和动力了，然后匆忙结束。所以看蛤蟆的书，通常结束得很突兀，刚到高潮就突然一下没了，这个感觉真不好。"你怎么看待这个读者的意见呢？

**流浪的蛤蟆：**其实包括传统小说在内，这种几百万字的大长篇是很罕见的，像《天龙八部》才150万字吧。而网络一开始对字数是没有那么严格的要求的，现在网络小说写到五六百万字是很常见的。作为我自己来说，我并不觉得自己有驾驭那么长篇幅的能力，我觉得一本小说写到四五十万字，读者很满足了，我自己也写得很满足了，故事也相对完整就行了。但是四五十万字也还没有到订阅的时候，结束了就完全没有收入，只能逼着自己去写那种长篇。所以当篇幅越拉越长时，不光是我，我相信其他所有的作者都会崩溃的。少数作者不崩溃的秘诀就是，他们不需要写特别长的情节，他们可以写循环的情节。比如说有一本很有名的小说叫《凡人修仙传》，我相信大家都看过。它的第一个情节就是，有一个秘宝要出世了，然后所有的门派都要去抢这个秘宝，主角也被卷入其中了。在抢夺秘宝的过程中，主角凭借自己的智慧勇气和战斗力，把其他所有抢夺秘宝的人都干掉，最后这个秘宝就归他了。第二个情节就是又有一个秘宝要出世了，然后这么一个循环情节四五十万字，又这么一个循环情节四五十万字，它可以

大神的肖像

无限地循环下去。还有一本书叫作《武极天下》，它的主角要拜入一个门派，拜入这个门派要达到一个条件，比如修炼到一定境界，然后发生了一些事情，最后达到了，拜入了这个门派。拜进去之后他发现这是一个很小的门派的旁支，他要从旁支进入主支还要再来一个这样拜师的过程，要进行一些擂台赛，要进行一些修炼。拜进去之后他发现这只是一个小门派，他还要进入中等门派，然后再来一个循环。这个中等门派后面还有一个大门派，大门派再来一个循环，我们要进入另外一个大陆，有一个更庞大的门派。只有这样才不会写崩溃，但是这样子的话，对创作的热情来说是不好的，没办法去想象我反反复复去写一些完全不算故事的故事。

周志雄：上一次和曹毅聊天的时候，他说他写小说有一个严格设定的提纲，写400万字的小说，提纲要有20万字，很详细。那你在写一个大的架构的故事之前会不会也有提纲呢？

流浪的蛤蟆：我写小说不是拿过来就写，而是提前几年就开始准备。比方说我有一个想法，我会反复往里添东西，添到足够丰满以后，遇到合适的时机就拿来写。我开始写的时候，准备的内容也有了10来万字，包括故事的大概架构、世界的架构、人物的设定等等。

周志雄：提纲如果很完整，那烂尾的问题就能好一点啊。

流浪的蛤蟆：我觉得很难把大纲一条线走到底，中间肯定会觉得我有一个很好的故事要加进去，加进去以后整个大纲就要改，改过几次这个大纲基本就用不了了。但是你不加这个情节的话，可能就会没那么好看。

周志雄：就是写作运程中遇到这种思维旁逸斜出的问题。

流浪的蛤蟆：还有一个问题，开新书的时候，我和曹毅都会反复修改开头，少的话十几遍，多的话四五十遍，所以开头会相对精练一些。而更新的时候需要每天更新，几千字几千字地更，是没有时间去反复琢磨这个故事的，有些就是写到这个地方，写完发现不应该这样写，但是已经没有时间改了。

周志雄：你的博客上有一篇题为《写手的职业操守》的文章，2008年4月份写的。看完这篇文章以后，我对你肃然起敬。你说："我的职业操守是不断地推陈出新，变换花样，总有一天我会让每个人都说，'成仙'还是蛤蟆派，总有一天我会让我的读者在二三十年后还记得我的书。"在文学研究领域，这是一个常见的问题，一个作家他会有早期作品、中期作品、晚期作品，他在写作过程中要不断变化，从什么时候到什么时候是一个阶段，他追求的是一个什么境界。你写作的过程是不是也可以分成不同的阶段？你在各个阶段的艺术追求方面有什么变化？如何考虑突破自己创作的局限？

流浪的蛤蟆：要硬分的话可以分成三个阶段吧。第一个阶段是《天鹏纵横》《魔幻星际》的时候，是由着自己的性子写，想怎么写就怎么写。第二个阶段是《时空妖灵》，因为这本书写得不好看，成绩也不好，自己产生一种反思，我是不是有擅长的地方，有不擅长的地方。然后就挖了几个坑，《蜀山》出来后，我觉得这应该是比较适合我的文风，按照《蜀山》的风格往下写，写了《恶魔岛》《大猿王》《母皇》，写完以后我发现这种轻松幽默的风格对于作者来说是很难坚持写下来的，可能写十几章出现一个很幽默、很逗趣的地方，但是整本书都是这种风格就很难，有灵感的时候没问题，没灵感的时候真的是写不出来。到了《天问》的时候，我觉得我可能比较适合写仙侠。第三个阶段从《仙葫》开始，比较偏仙侠。写完《仙葫》《焚天》《赤诚》这三个一脉相承的小说之后，我觉得我应该尝试一下新的东西，包括《鬼神》和《龙神》都是一个体系的。有些人认为网络小说是一个等级一个等级慢慢往上升，就像升级打怪一样，应该可以做出一些突破，但这个尝试不是很成功，毕竟我也不能保证自己每次的尝试都很成功。我应该摸到了一些脉络，可以在原有的基础上有一些变化，抛弃掉网络小说总是升级打怪这种印象。大概就是这么几个阶段吧。

周志雄：刚才你说到灵感，在跟曹毅聊的时候，他说你的电脑里有上千个创意，你这些创意是从哪里来的呢？

流浪的蛤蟆：从哪里都可以来啊，比方说主要是看其他人的作品，觉得这个地方还可以加深一些，比如旅游的时候突然冒出一些想法，更多的是和朋友聊天的时候。我跟梦入神机聊天，他说他要写一本小说，我说我要看一下，他当时写的是《阳神》，他把他的那些东西拿过来以后，我说可以加一些东西，他说可以，我们讨论之后，他的《阳神》的体系就比较丰满了。我从他那儿也借鉴了一些东西，我的《仙葫》的体系也就丰满了。这两部小说是同时期的，但是看设定的话是看不出有任何关系，实际上是两个人交流的结果，你有你的想法，我有我的想法，最后以你的想法为主是一个体系，以我的想法为主是另一个体系。作者的交流很容易产生想法。

周志雄：这是缪晓岚同学的提问："《魔幻星际》中写到生体寄生兽、光棱指、瞬间位移，这些有现实依据还是变相借鉴？"

流浪的蛤蟆：肯定有啊，凯普啊，《星球大战》的痕迹很重啊。

周志雄：这是吴霞同学的提问："在小说《天鹏纵横》中，第一回是第一人称叙述，第二回是第三人称叙述，你为什么要这么写呢？"

流浪的蛤蟆：我一直觉得第一人称小说是很容易阐发自己想法的，以"我"为中心，小说可以写得很顺，但是网文的读者对网文中第一人称的接受相对较弱。写的时候什么都没想，写完以后发现这个小说很好看，但是有读者说不喜欢看第一人称，所以就改了。这个人称的变化是很任性的改变，没有任何意义。

周志雄：还是吴霞同学的问题："在《天鹏纵横》这部小说中，'天使'这一形象被分出了堕落天使的形象，而金翅大鹏鸟以龙为食，这种一改我们对'龙'和'天使'的固有角色的写法可以说是一种挑战。你这样一反常态的描写有没有遭遇读者的批评呢？"

流浪的蛤蟆：在刚写的那段时间这不能算是挑战吧，而应该算是随大流，网络小说中，这种想法反而是常态。因为网络小说兴起于中国嘛，所以对西方是相对抵触的，到现在为止，如果你是用西方的体系来压东方的体系，这种小说就很不受待见。一般来说我们觉得武功肯定比魔法要弱的，但是这种穿越题材很受欢迎，代表作如《张三丰在异界》《少林武僧在异界》。所以像这种颠覆经典形象的小说，不管对于作者还是读者来说，都是很司空见惯的东西。

周志雄：陈晨同学在阅读时发现，你的小说全书充满"无意"和"路过"。例如《天地战魂》中道观被毁后主人公到处游荡，"无意"中遇到两个正在对决的高手，然后"无意"中掺和了进去，接着"无意"中得到了很高的功力。两个高手打完后，他又开始游荡，"无意"中闯进一家饭馆，遇到一群高手在开会，因为身怀绝世功力引起注意，于是"无意"中成为其中一个高手的徒弟，接着他跟着师父一群人跑去对付恶人。你怎么看他的这个阅读感受？

流浪的蛤蟆：应该说早期创作肯定是缺乏写作的内在逻辑的，所以只能是故事不够然后用奇遇来凑嘛，只不过当时实在太嫩了，所以写得很生硬。

周志雄：陈淑娜同学的提问："你说《大猿王》是你写得最过瘾的小说，那你认为它最大的魅力在哪？"

流浪的蛤蟆：《大猿王》是我第一本完全跳出了现有体系的作品。此前，我所有的设定都是有痕迹的，像《蜀山》中的游戏体系我借鉴了《魔兽》，故事借鉴了《蜀山剑侠传》，再往前像《魔幻星际》，有很重的《星球大战》的痕迹，但是到《大猿王》，这种借鉴的痕迹几乎没有了，它是我独创的，从开天辟地的神话开始，到整个世界的架构，包括各种武功的设定几乎都是原创的，所以写得特别过瘾。从那个时候开始，我感到自己终于不用靠"拐棍"走路了。

周志雄：这是于宁同学的提问："我习惯将当下的网络文学和晚清时期在报纸上连载的小说进行比较，毕竟晚清小说的创作环境相对来说是很宽松的，而晚清四大类型小说当中就有科幻奇谭类，而晚清的很多相关作品如《荡寇志》《月球殖民地小说》《新中国未来记》等都各有各的寓意，有为历史作传的，有反讽黑暗乌托邦的，也有描绘中国未来神话的，所以我想知道，《恶魔岛》这部小说的创作背后有无寓意？其他作品是不是也有这种寓意？"

流浪的蛤蟆：《恶魔岛》当时的创作是有一种恶趣味的成分，我们知道这个兴趣爱好很糟糕,但是它真的很有趣,让大家忍不住想要去尝试一下。《恶魔岛》当时就是一个恶趣味的尝试,它的主线是想要把所有的神话,把我能想象和能找到的神话体系全加进去,包括希腊的、埃及的、巴比伦的,还有中国古代的,然后以一种全新的方式演绎出来。当时我比较犹豫,想写一写恶趣味,又想偷着一点,要不然读者看了之后会有很大反感的,尤其是女孩子看了之后会觉得,这个作者实在是太不正经了,但是又真的忍不住去写,就在这种矛盾的心态下去创作这个作品。所以作品中会有很多恶趣味的东西,比方说美女召唤卡,我写完了之后就觉得好有趣,但是在网上一发就有一堆女读者骂。

周志雄:陆玮玮同学提问:"你能不能从你的角度上来讲一讲九州系列小说?"我上一次和曹毅也探讨过这个问题,就是关于魔幻世界体系设定的问题。

流浪的蛤蟆:实话实说,我觉得九州的七天神他们的创作能力是非常强的,但是自从他们开始进行九州题材的创作之后,就再也没有出现过让人惊艳的作品。其实今何在的《悟空传》是多好的小说啊,江南的《此间的少年》也很棒,潘海天是成名很久的科幻作者,但是他们跑到九州这个圈子里之后,就像是戴了枷锁一样,完全没有玩出什么新的东西来。现在江南跳出了九州这个框,去写《龙族》,他的小说又变得非常好看了,所以我对九州其实是比较反感的,就我自己的创作来说,我也觉得设定这个东西是为故事服务的,当故事反过来为设定服务的话,这部小说就不会特别好看,我真的希望九州七天神不要再写九州了,去写一些更好的故事。

周志雄:这是陆玮玮同学的提问:"唐家三少曾经在一次采访中说'我的故事设定比《魔戒》要细致多了',你怎么看待他这一言论呢?"

流浪的蛤蟆:就设定来说,很多作者都可以做到三少所写的那样,很细致、很庞大,但是作者本身的写作能力是很难跟《魔戒》的作者匹敌的。尽管我们也有一些不错的设定,我觉得读者很难认可三少的设定比《魔戒》好,这个差距不在设定上,而在写故事的能力上。

周志雄:李娜同学提问:"《恶魔岛》这部小说的主题是什么?"

流浪的蛤蟆:就是人生中各种各样的恶趣味嘛。

周志雄:这是李婷婷同学的提问:"看到《天问》的书名的时候,首先想到的就是屈原的《天问》,通过阅读竟然发现其中带有屈原《天问》中的雄浑气势与不受约束、追问苍天的激情,表现出了追求的永无止境。主角月城武的身上有一种不甘平庸、渴望强大、睥睨天地的气势,整部作品结构宏大且充满奋斗不止的力量,让人读后热血沸腾、跃跃欲试,也想到书中的那个世界去闯荡一番。你在创作这部小说的时候,是不是受到屈原《天问》的影响?《天问》到底问的是什么?"

流浪的蛤蟆：那是给游戏公司做的，所以从设定到名字都是游戏公司定的。

周志雄："阴风惨怵，沉雷滚滚，月城武沉默地跟在一群飘飘荡荡的人身后……"这是《天问》的开头，就是制造情境，快速地把读者带入故事中的一种写法。你对《天问》的这个开头满意吗？如果让你再写你会不会修改？你觉得一个好的故事开头应该具备哪些要素？

流浪的蛤蟆：对《天问》的开头基本还算满意吧，如果重新写的话我也不确定会写成什么样子，因为每时每刻人的想法都是在变化的。至于一个好的开头，我觉得就是要有一个很棒的切入点，大家看到的时候会有期待，然后想，还有这样的一个故事，我要看。所以我的开头尽可能追求新奇。

周志雄：这是李海丽同学的提问："读完《魔导武装》可以看出这是一部鲜明的玄幻类小说，当然，作品流露出很多对西方玄幻魔法灵异色彩的借鉴。那么请问你认为你的小说与西方这类题材小说的区别在哪？"

流浪的蛤蟆：《魔导武装》其实是一个相对完整和独立的世界，它的设定虽然也有魔法，但跟西方的奇幻是完全不一样的，它是一种典型的中式的魔幻。要说区别的话就是，它的世界更为开放一些，没有那么多的规则，所有的设定其实都是为故事服务的。当时有一种，其实是一直都有的认识，我做一个世界，随便弄几个人物，这个世界就可以发生一个故事，再设一个人物就还能发生一个故事。这个设定和框架是一个稳固的东西，这个故事是随便发生的，那个时候的创作思路就是那样子。

周志雄：魏雪慧同学提问："你认为中国的玄幻小说是否摆脱了西方已有的玄幻小说的影响？"

流浪的蛤蟆：我觉得中国的网络幻想小说跟世界上任何已有的题材都不一样，它本身可以用网络小说这个说法来囊括，但它内部细分的题材至少有几十种，这几十种题材可能对世界上已有的文学来说都是新鲜的东西。

周志雄：张妍同学问："在《赤城》中，对如此繁杂的人物设定，你是如何厘清这些人物关系的？"

流浪的蛤蟆：有一个人物表、技能表、门派表，所有的东西都设定好，写的时候会去翻这个表。

**五、"网络作家是一个有偶然性的行业"**

周志雄：在座的同学如果想写网络小说，你对他们写作上有什么好的建议？

流浪的蛤蟆：这是一个老生常谈的问题。每个要写网络小说的人，老作者都会劝他先有一份稳定的工作,然后作为业余来写。什么时候你写小说的收入超过你本职工作收入的几倍之后,你就可以按照自己的喜好,愿意业余写或是专职写都无所谓了。因为网络小说有很大的不确定性,可能有一些文笔非常好的,比方说,一些省的作协主席,他们的写作能力一定强过很多的网络作者,但他们就是无法在网络这方面获得足够的收入。这是一个有偶然性的行业,我不建议任何一个同学毕业之后直接把这个当职业。

周志雄:这是苏婧同学的提问,这个跟你刚才讲的"恶趣味"有相关之处。她说:"在你的作品当中,有一个重要的情节设置就是道兵。在修真的世界里可以把人和妖修炼成道兵,道兵也可以修炼,但和正经的修道不同,几乎就等于人形的法器。道兵是不可能反抗主人的,在修炼的世界中,修炼者可以在对方自愿的情况下使用一些魔法,使他人、妖怪修炼成道兵,把对方修炼成道兵之后再和这个道兵一起制服下一个人,以此类推,把法力更强的也练成道兵,然后使其对实力次他一级的对手弱肉强食。"她觉得道兵的这种修炼里面有一个价值观的问题,这个价值观就是大鱼吃小鱼,弱肉强食,她觉得这个价值观是反动的,是缺乏真善美的,她想问问你怎么看这个问题。

流浪的蛤蟆:一些宗教不都是通过这个方式发展的吗?发展了一个会员,然后靠这个会员再发展一个下线,逐渐形成一个庞大的宗教团体,每一个团体不都是这样子发展的吗?只不过在玄幻小说里更赤裸一些、更直白一些。

周志雄:这是一个关于构思的问题,是肖瑶同学的提问:"《仙葫》第二章有一段文字:'焦飞最喜的《禹鼎志》便是南方第一大家吴承恩编撰,北方名声最盛的,就是自号狐中才子的蒲松龄。此人所著的《聊斋》一书,也不知写了多少才子和妖狐、花精、艳鬼相恋的故事,每每催人泪下,只是焦飞还年幼,不喜这些香艳文章,更喜欢乱世英雄,翻天覆地的斗法。'大唐焦飞喜欢读明清的书,我当然知道这不可能是随便一写,在朝代上看是有明显的错漏的,一定是有意为之,只是你为什么要有意这样写?"

流浪的蛤蟆:虽然《仙葫》的年代叫作大唐,但是我觉得读开头第一句大部分人就该反应过来,大唐是没有"天宝九年"的,开头告诉大家大唐是奇幻的大唐,跟现实历史朝代根本没有关系,只不过好多人忽略了这条信息。

周志雄:王兴霞同学提问:"在《龙神决》这部作品的开头有这样一段话:'父母为求平安,以家中排行为名,自小呼我小七。三岁时随长辈学文,五岁神童之名遐迩,名传郡县,贯通史今。八岁得师尊收入门下学武,博通百家,精通诸般击技,十八岁感悟先天,创出十方幻灭法,超脱武学窠臼,寻找天道之极。二十岁方行走江湖,连败天下高手。'这段话是对作者的介绍还是内容的介绍？用意何在？读完小说，发现这段话貌似与文章内容没有多大关系。"

  流浪的蛤蟆：忘了第一版还是第二版的《龙神决》被游戏公司叫停，这应该是在起点的介绍，因为我权限不足，没有去改，实际上在纵横的介绍早已换了新版。

  周志雄：有个同学问了一个很怪的问题："你在很多作品中都提到猴子和猿，你为什么对这两种动物这么有好感呢？"

  流浪的蛤蟆：是啊，还有好多读者问我是不是属猴的，其实我本人是属兔的。这是看《西游记》留下的后遗症，我相信每个看了《西游记》并且喜欢它的读者，都会对猴子有好感，只不过我更深一些！

  周志雄：我觉得同学们提出的一些比较重要的问题，我都已经替大家问完了，下面再留点时间给大家互动一下，请大家抓紧时间提问。

  学生：我想问一个比较现实的问题，上次高楼大厦老师来的时候，他说能把自己的兴趣当作职业是一件很幸福的事，他是因为非常热爱，所以才会写作，但是，你说你不太支持那个北京的公务员放弃他的工作去写作，你很鼓励我们有一个稳定的工作以后再来从事专门的写作。我想问你，支持你创作的最大的动机是谋生，还是你的爱好呢？你如何看待爱好与职业之间的这种关系？

  流浪的蛤蟆：我真的不建议任何人把网文写作当作第一职业。因为，我们都知道的，写网文的作者，现在想要找，能随便找出个几十万人来，但真正在这一行赚到钱的，恐怕也只有几百个人，甚至只有一两百人。就是说这一两百个人可以靠赚到的钱养家糊口，剩下赚到钱的人很多，但是他们无法靠这个东西养家糊口，而且，他们很多人在写作上是看不到前途和希望的。他不可能说，这个月凭它赚一千，下个月凭它赚两千，十年之后我们凭它赚多少？而甚至有可能这个月凭它赚一千，下个月就没有收入，明年的话依旧没有收入，所以我不建议任何人把它当作一个首选职业。至于你说将兴趣和爱好作为职业，每个人可能想法都不一样，没办法，只是给出一个笼统的答案。我写的第一本练笔的小说不说，第二本就出版了，第三本小说就是起点 VIP 的第一批小说，刚开始写就有收入。我真的很喜欢写小说，这只能说我正好踩到这个点了。但是如果我一直没有赚到钱，那现在一定是去干别的了。

  学生：如你所说，你对自己的作品其实没有那么满意，但也没有那么大的精力去修改。那你会不会有一个想法，写一本从开头到结尾你自己很满意，用全力去认真完成的作品？

  流浪的蛤蟆：网文刚开始出现的时候，就有这种潜伏的潮流，就是要写那种很经典的东西，可能并非每个作者都有这个意识，但都是奔着这个方向去努力的。我也问过一些作者，所以，开始框架非常大。几乎所有网文框架都很大，但是这么大的框架并不是每个人都驾驭得了，所以像"烂尾"这种事情，就目前的创作环境来说很难避免。比方说我们要写一本很经典的小说，像我们知道曹雪芹写《红楼梦》用了十年，而网络小说很难给你十几年的时间来创造一部作品。每个人都会去想自己写一部完美的小说，但是能力以及网上的这种潮流让大家很难做成这件事情，这其实是件很遗憾的事情。

学生：你有这个遗憾，你会想办法去弥补吗？你现在是大神级的人物了，所以收入方面不用很担心，你会不会给自己一点时间去用心地创作呢？

流浪的蛤蟆：我原先写过的小说已经结尾了，但我都会抽空从头慢慢地翻修，但是限于时间的原因，翻修的进度非常慢，一年时间里我只能翻修个几十章的样子。按照目前这个进度，我很难说我能在有生之年翻修到我很满意的地步，所以真是人生苦短。

学生：我这个问题是关于创作过程中具体操作方面的。我现在读唐家三少的《斗罗大陆》，我发现他在每一次更新的时候只写一个场景，给人的那种画面感非常强，你就像在看一个镜头似的，他是这样控制节奏的。你在写的时候是怎样控制节奏的？

流浪的蛤蟆：控制节奏的问题我觉得是一个熟能生巧的过程，有很多网络写手告诉新手说，你用哪种办法来控制节奏，怎么拉仇恨，怎么让你的配角讨厌你，或者是去欺负你，但是这不是一个可以教导的东西。在写作的时候，因为每个作家面对的读者都不一样，比方说奥斯卡他写的是历史类的小说，他写的每一章之间没有像三少那样有很强烈的画面感，他是靠一个很大很长的情节，最后推出一个高潮来。比如说他现在写的《宋时归》，是女真攻打宋朝，他一直在施加环境的压力，说女真兵只要打到那个城市整个就崩溃了，但他一直没有打到，而通过各种各样的外围的东西来描写怎么去堵这个窟窿，他就是通过这几十万字来把这个情节推出来。所以这是一个熟能生巧的问题，每个人遇到的情况、每个人遇到的读者都不一样。

学生：我在想我们未来的各行各业的精英，他们在成长的过程中肯定会不知不觉地受到网络文学的影响，会接触网络文学作品，我就看到了网络文学无限的可能性。怎么能够在网络文学里面出现像金庸一样能够在文学史上留下一定地位的作家？如果要写出一部经典的作品应该要怎么去做？

流浪的蛤蟆：我觉得出现一部很经典的小说是很偶然的事情，有可能整个网文发展史都不可能有。就比方说我们都知道《堂吉诃德》这部小说，西方曾经很流行骑士文学，但是一直到现在我们也不知道骑士小说有什么经典的作品。网文也有可能出现这种情况，可能一直发展到网文消失了，也没有出现一部经典的作品。给我印象很深的就是现在比较热谈游戏的版权，每

大神的肖像

次去游戏公司，那边就说看看我的书怎么样，还是很容易在商界精英中找到自己的读者的。至于更高层次的，因为也接触不到，就不好说了。

学生：网络文学确实给文学的想象力提供了一个特别广阔的空间，使得文学的想象力得到了张扬，但是以我这种阅读体验来说，我觉得网络小说描写的尺度过大，比如说情色描写和暴力描写。我想问的就是，网络小说的想象力也应该有底线吧？我关注过一些读者的评论，他们对这种意淫色彩还是比较反感的。

流浪的蛤蟆：一个很熟悉我们的读者，很容易找到自己爱看的书。但是一个不熟悉我们的读者是纯粹凭概率去挑的，他很有可能挑到自己非常不喜欢的书，而且他很有可能连挑十本他都不喜欢，这就会给人一种网文真的不怎么样的印象。现在没有一个非常完善的推书机制，比方说我们想看一些古典文学或者一些经典的文学，因为这些书一共就那么多本，每挑一本拿出来都非常精彩，而网文现在就缺乏一种给读者推荐的机制。网文肯定是有底线的，因为每个网站都会设定这种底线，很多作者没有一个很好的故事，他们就需要以踩底线的模式来吸引读者。也有一些就像我刚才说的有一种"恶趣味"，我知道这个东西不是很高尚，但是我觉得它很有趣，就是忍不住想写。我觉得这种"恶趣味"每个人都难以避免。至于这个怎么能在大家的底线之上，大家能接受还觉得有趣，应是一种过程，慢慢地大家会淘汰那些底线以下的东西，留下底线以上的。这个问题相对复杂一些，但是我觉得你的想法是对的，应该有底线。

学生：我要问的第一个问题是，你怎么看待网络作家线下的写作？就是原来是网上创作的作家，现在在线下写作，甚至不再承认自己是网络作家。第二个问题是，近几年来，随着网络文学的发展，网络文学参评茅盾文学奖，你对此怎么看？你想不想写一部不用来赚钱的纯文学作品？

流浪的蛤蟆：这个平台并不是适合每一个写小说的人，有些人觉得网络上的写作对他们是一种束缚，他们反而更愿意线下去写实体小说。实体小说有一个很大的好处就是，不用每天赶更新，他们可以每天去翻修自己的故事，让自己的故事更完美。他们选择了更适合自己的写作方式，也是一种很正确的选择。

说到文学评奖，传统文学很希望能把网络文学纳入其中，只要网络文学有真正的优秀作品，不管评不评上奖，它都会让大家接受，进入主流就是顺其自然嘛。我曾经写过这样的一本书，但不是你说的纯文学。我女儿读小学三年级时，她的同学会看一些杨红樱的书。有一次我女儿让我给她买一套书，我说我给她写一本，我就单独写了一本《封魔士》，还给她的同学每人送了一本，是纯粹给小孩看的。故事就是有一个气温界，每年这个气温花开的时候，就会有一些世界之外的妖魔进来,这个世界有一个职业叫封魔士,能把这些妖魔封印,利用妖魔的力量去斩杀妖魔。这个故事是很轻松的小冒险。

周志雄:这本书我看过,故事很精致、很利落,读起来非常流畅,可以作为叙事学分析的例证。

流浪的蛤蟆:如果不写网文,我更愿意去做一个儿童文学作家。

学生:高楼老师会在小说中把自己设定为角色,你是否也这样写?你的小说中有很多打斗的场面,也有很浓的道家色彩,你在写的时候是如何把这二者统一的?

流浪的蛤蟆:我个人没有这种习惯,我不喜欢把自己写进小说。就你说的道家色彩,我确实是一个比较懒散的人,不喜欢争名夺利。网络小说中的道家色彩,是因为一开始像打斗的场面,很偏西方化,很偏游戏化。你如果想要给读者一个更新奇的感受,就一定要加入一些境界之类的,就像黄易写武侠小说打斗就跟金庸写的完全不一样。你要推陈出新,最方便的路子就是往道家或佛家上靠,这个跟个人偏好有点关系,但还是为了让小说更好看。

学生:你会不会写短一些的作品?你对网络小说进入文学史有什么看法?

流浪的蛤蟆:网络小说的字数,其实有一个发展的过程,像我写的小说,一开始一般是30万字到50万字,读者需要更长的小说,就慢慢写到100万字。再后来,网络读者可能有几千、几万人,你写几十万字,在这里面很可能就传不开了,你要写到差不多100万字才能传开,但当这个读者群更庞大的时候,你可能要写300万字甚至更长,才能在读者群里都传开,因为编辑们是会看那些数据的。在很早的时候,一本书写到100万字人气走到顶了,再写更长的话,人气也不会往上走了,而现在是一本书写到300万字,人气仍然往上走,写到500万字,也会往上走。但是也有这样的,一本书到了500万字,人气已经到了极限,再写更多的字数,人气也不会往上走,甚至会下滑,所以作品的写作字数是市场直接的反映。我也写了一些不怎么在乎稿费的短篇,像《封魔士》,还有《四海》《一剑下昆仑》,纯粹是自己的兴趣。比如说写完一个完整的小故事后,我就知道这些东西在网上是没法发的,我手里存了好些这样的东西,有杂志愿意要的话,有机会就会陆陆续续地发掉。对于未来网络文学会变成什么样子,我是不愿意做预测的。

周志雄:对话已经进行了三个多小时,蛤蟆老师讲得很精彩,我觉得收获非常大,相信大家也会有同感。我们的课堂是活的,就是鲜活的作家谈他们生动的创作经验,介绍一线的文学发展现场以及相关思考。我觉得这是研究中国当代文学非常重要的方面,就是和作家交朋友,了解作家创作的甘苦和文学的发展现状。网络文学发展到现在,从海外的中文网络文学算起,已经有20多年的历史,在中国几千年的文学历史上,20多年只是短短的一瞬,但网络文学的空间

### 大神的肖像

非常大,它代表了一种未来的文学趋势。通过与作家的见面对话,通过作家对写作经验的讲解、交流,我们会更深入地理解网络文学。我觉得网络文学研究有非常广阔的空间供大家施展才华,这次活动有更多的同学参与进来了,同学们交给我的作业有20万字,我把它打印出来,有厚厚的一摞,大家的作业都做得很用心。今天早晨蛤蟆老师向我要了一份大家的作业,大家的意见作家都会看到,讲座后大家还可以上线进一步和作家交流。网络文学充满了争议,在大家的作业里,我看到有同学很喜欢网络文学,也有把网络文学贬得一钱不值的,这种矛盾和争议正是网络文学研究的魅力。网络文学研究对研究者本身的智力充满了挑战,我自己读网文遇到了一些问题,也会有读不下去的时候,研究者需要有非常开阔的学术视野,比如说你是不是一个通俗文学的爱好者,你对中外的幻想文学了解多少,你对网络文学的创作机制了解多少,你对作家了解多少。其实很多人仅仅凭一点印象,然后开始下判断,大量的网络文学研究文章不接地气,很多都是从资料到资料,不见人,不了解文学现场和机制,所以研究难以深入。感谢流浪的蛤蟆老师的精彩报告,谢谢!

# "我希望我的每一本书都跟以往的书不一样"
## ——沧海明珠访谈录

**访谈人:**

  沧海明珠,潇湘书院金牌作家

  周志雄,山东师范大学文学院教授

**参与人:** 山东师范大学本科生 100 余人

**访谈时间:** 2016 年 6 月 4 日

**访谈地点:** 山东师范大学长清湖校区文渊楼 B242

### 一、"我是靠稿费养活自己的人"

周志雄:大家好!今天我们很荣幸请到潇湘书院的金牌作家沧海明珠来和大家对话,让我们以热烈的掌声欢迎明珠老师!首先我们请明珠老师演讲。

沧海明珠:我是沧海明珠,大家可以叫我明珠,更亲昵一些,也可叫我大珠。

今天能够有这个机会坐在这里跟大家一起讨论网络文学这个话题,我非常高兴,也非常忐忑。今天我想说的主题是网络作家也有文人情怀。我的语文水平只能勉强算是高中水平,我在诸位面前谈"文人情怀"显得有些狂妄,但这的确是我从小的梦想。

关于"文人"的定义,我借用张修林先生在《谈文人》一文中对"文人"下的定义。张先生说:"并非写文章的人都算文人。文人是指人文方面的、有着创造性的、富含思想的文章写作者。文人是追求独立人格与独立价值,更多地描述、研究社会和人性的人。"文人情怀,在我看来就是一种栖息于文字、寄情于笔墨的浪漫情怀。以笔墨书写人生,以文字激扬人性,或嬉笑怒骂,或高歌低吟,挥洒真我性情便是文人情怀。

我知道,有很多人看待"网络作者"这个行业的目光多有怀疑。有人批评网络文学作品一味迎合市场,取悦读者,难有高风亮节,网络文学作品程式化、套路化,借鉴抄袭之风盛行,充斥历史错误拼接、不合理想象,片面追求商业化,有低俗、庸俗、媚俗的嫌疑,甚至扭曲爱情观、价值观、世界观,等等。当然,这话有理有据,作为一个从零起点走到现在的网络作者,我也无可反驳。

记得网络文学兴起之初，有朋友向我推荐一个作者，说这个作者很前卫、很大胆，写的东西点击量超高。我怀着好奇的心理去点开看了一下，说实话，看完之后我觉得恶心，在那之后很长一段时间，我对网络上的一些小说都抱着极度排斥的心理。

随着此后慢慢地了解，我发现，其实网上也不仅仅是那些不好的东西，还有网易、腾讯、新浪等门户网站读书频道的美文，还有《第一次的亲密接触》《悟空传》等许多优秀的文学作品。2004年至2005年我几乎每天都去榕树下转转，看看里面的诗歌、散文以及都市、武侠、修仙、灵异等小说。

我想，除去从中文系走出来的少数网络作家之外，那些草根出身的网络作家开始鼓起勇气动笔写出自己的第一篇作品，我敢断定那肯定是因为喜欢文学，因为自己有一个不曾也不甘心放下的文学梦想。

如果大家只是为了赚钱，真的大可不必走这一条路，这条路艰难而寂寞，一路伴随着嘲讽、置疑，甚至拼尽全力也不一定能赚到多少钱，绝非发家致富的好路子。网络文学不是金沙，网络作家也不是淘金者，网络作家也应该有文人的风骨和情怀。马季老师说："网络作家也要有历史使命感。"对这句话我深以为然。文学，曾经是我的梦想，只是在求学的路上我与文学失之交臂。然而短暂人生幸不辜负，感谢文学网站这个平台给了我一个重温旧梦的机会，让我在它的舞台上自由演绎我的文人梦想。我会好好珍惜，加倍努力，争取做一个有文人风骨的网络作家，方不负生活在这个大网络时代。

付晓菲：您是如何走上网络文学创作这条道路的？

沧海明珠：我是一个美术生，上学的时候有三分之二的课程都在学画画，学习国画、油画、素描、水彩画以及视觉传达设计等课程。毕业后我先去了一家酒店做美工，给他们画一些装饰用的油画，之后辞职去了一家公司专门给婚纱影楼做平面设计的工作。从2000年到2006年，我从一个最底层的电脑修片工做到一家有100多名员工的图片公司总经理。老板只每天接收我的手机短信看营业数字，一个月也来不了公司一趟，2000元以下的报销由我直接签字就可以。那一年我28岁。

28岁的大龄女青年必须面对的事情是结婚生子，而我们公司的业务是照片冲印，冲洗照片的药水、机器以及几十台电脑的工作间都会对孕妇造成极其不好的影响，万般无奈之下我向老板交了辞职报告。从怀孕到孩子十个月我一直待在家里，这期间除了带孩子就是读书，读大量的网络小说，到处搜自己感兴趣的题材，近乎痴迷。孩子十个月后我去朋友的公司上班，因为公司业务不好，一个月也只有三四天在工作，其他时间依然是上网看小说。看到后来，我开始不满意，因为有些小说写得实在太烂了，这样的小说竟然还要付费阅读。当时我想如果连这种小说都可以收费的话，那我可以写得比这些强。本着这样的一种心理，我开始写《迷迭香》这部以身边的同学、朋友为原型的都市小说。然而，理想很丰满，现实很骨感，我写到十来万字的时候竟然不知所措了，于是停了下来。

后来我发现其实自己更喜欢红楼同人文，当时潇湘书院有几个红楼同人文的作者写得都很不错。于是我也尝试着写，后来忽然发现我可以写得很好，有很多读者喜欢看，编辑开始关注我，催我签约。这样，我在写完了一篇现在看来什么都不是的红楼同人文后跟潇湘书院签约，开始了正常意义上的网络写手生涯。

作为一个网络写手，我能够走到今天，一如既往坚持下去的原因有两个：一个是对文学的热爱，另一个是我们这一批草根作者引起的社会关注以及写作的光明前景。

前两年刚开始创作，家里亲戚问我在忙什么的时候，我通常会说在家带孩子，只有很亲近的人我才会告诉他我在网上写小说。即便这样，也还是有人会用那种嘲讽的口气叫我一声"坐家"，然后生怕我听不懂，再补上一句，天天坐在家里不出门啊！

在外人看来，这似乎是一个无伤大雅的玩笑，而我也只能把它当成一个玩笑，那种受伤应该也只有我自己能懂。自从2014年《侯门医女》这本书取得一定的成绩之后，我才真正释怀，面对身边的亲友团或友善或嘲讽或不以为然的玩笑和目光，我都能坦然一笑。到今年，从鲁迅文学院学习回来之后，我才能理直气壮地告诉人家，我是职业作家，是靠稿费养活自己的人。走到这一步极其艰难，以前困难的时候我都没放弃，以后更没有理由放弃。

郑虹睿：当上网络作家，您有什么得失、体会？

沧海明珠：因为当了妈妈，之前的工作无法继续又不甘寂寞，加上从小喜欢读书，喜欢写点小随笔之类的，所以一念之间就走上了写作这条路。至于得失嘛，我得到了一定的物质报酬，交到了很多好朋友，走到哪儿都能找到我的读者，但就是不能像其他妈妈一样每天都陪在孩子身边，我的孩子上寄宿学校，主要还是因为我没有更多的时间照顾他。

左兴芬：您发表第一篇网络小说是什么时候？网上写作是不是您的主要经济收入来源？

沧海明珠：2007年8月我生下我的宝宝，2008年12月开始试着写第一个故事。2009年6月份《红楼惊梦之黛灵》上架，这是我第一本有资格上架、可以拿到稿费的作品。我拿第一份稿费的那个月，我弟弟的儿子出生，我陪在医院三天三夜，当时还带着笔记本在产妇病房里码字。从那个月开始，稿费就成了我的主要经济来源，也是从那时开始我成了一个专门坐在家里写网

大神的肖像

络小说的人，直到今天。

  李雪晴：您的笔名是化用李商隐的《锦瑟》中的名句"沧海月明珠有泪，蓝田日暖玉生烟"吗？《吾家小妻初养成》中女主角名字为锦瑟，是因为您喜欢李商隐的这首诗吗？

  沧海明珠：我的笔名的确是出自这首诗。因为我姓朱，以前工作的时候总被上司或者长辈叫朱朱，后来取笔名就觉得一定要有这个字，然后结合我最喜欢的诗句，于是就非这个名字不可了。

  我曾经觉得自己是个非常有才华的少女，而锦瑟就是我期待的少女时代的我。然而，人往往最期待的东西是自己没有的，我刚好理科很不好，所以锦瑟就是个理科天才少女。

  周志雄：您还有一个笔名叫琉璃纹，这个网名是不是您的另一个马甲？为什么取这样一个网名？

  沧海明珠：我的名字是朱文丽，我丈夫姓刘，我的名字倒过来，组合一下就是刘丽文（琉璃纹），没有特别的意思。这是我当年写一本都市异能小说时用的笔名。这本书也发在潇湘书院，写这本书时我是要转型的。那时我写了七八本红楼同人文小说，很疲惫，感觉再也没有什么可写的了，再也写不下去了。那时候潇湘书院在推玄幻和异能这类书，我也很喜欢。《鬼吹灯》我全部都看完了，《盗墓笔记》我也看了，我也想写，但是我不敢用我的笔名，我怕我写不好，写不好的话可能就把以前积攒的那点儿人气都糟蹋了，而且它的读者群也不一样。穿越言情和都市异能的读者没有重合，用不用原来的笔名都无所谓，所以我就换了一个笔名写，买断卖到潇湘书院好像是千字几十元，我很失望，后来自己也实在是写不下去了，因为写异能小说需要掌握很多的知识，还得去学。

  李雪晴：能详细介绍一下您的日常生活吗？除了写作，您平时还有什么爱好吗？

  沧海明珠：我的生活很简单，我的孩子上寄宿学校，两周才回来一次，回到家里待四天，孩子在家的时候我尽量陪他写作业或者出去逛，孩子不在家的时候大部分时间我放着音乐码字，碰到卡文或者码字累了就收拾一下家里，打扫一下卫生。如果写公众文，连载时更新压力小，我就画画，积攒一些好的作品，准备在今年年底或者明年办一个个人水墨画画展。

  秦凤杰：从2008年到现在2016年，您在潇湘书院待了8年，能描述一下您的创作历程吗？

  沧海明珠：2008年开始写网络小说的时候，我说过的话自己还记得很清楚，就是我希望每天能有上千的点击量。只要每天有1000个人来点我的书，我就非常知足。因为我那时还在上班，孩子还不到1周岁，需要随时请假，所以找了个非常清闲的工作，一个月2000多元的工资，而且借口孩子小我需要带孩子，觉得写小说就是一种精神追求。只要有人看，我就写下去。

后来在编辑的鼓动下签约,第一次拿稿费是半个月的时间拿了不到 2000 元,算算账,觉得应该回家好好干这个,完全没必要在一个不到 10 人的小公司里,接受拖欠工资并且还要看人家脸色,所以我毅然辞职。然后我开始追求作品的订阅量,一路狂奔。直到写《小妻大妾》这本书,我忽然觉得钱的事情可以先放在第二位,我要写一本能代表自己水平的书。写完《小妻大妾》之后,我又回去把《水润珠华点绛心》修改了一遍,把 60 万字的书修成不到 30 万字,同时开了《吾家小妻初长成》这本书。

然而,我对《吾家小妻初长成》这本书非常不满意,原本设定的东西实在没有心情去写完。当时周教授向我要作品的时候我根本没把这本选进来,却没想到大家竟然能把这本书找来看,真的非常感动。

《吾家小妻初长成》遭到挫败后,我消沉了一阵子。当然,我的消沉跟订阅毫无关系,这本书的订阅状况比《小妻大妾》好很多,记得连载期间订阅量是《小妻大妾》的两倍。然而我写的时候心里很不舒服,所以原定的四兄弟的爱情故事只写了两兄弟,小四的番外也是很久以后补上的,补上也仅仅是因为读者一直在催更。

这本书之后接下来的几本不管是从选题还是故事设定上,我都有些任性,我自负地抛了潇湘书院的大环境,尝试了一篇以魏晋乱世为背景的重生文,之后又去尝试现代都市婚姻题材,一路碰壁之后,我的情绪也有些压抑,因为写了这么多年,一直都没有一本能让自己满意的书,对自己也没有一个像样的交代。于是我把自己之前写的书都打开看一遍,思来想去决定再挑战一篇古风文,这就有了《侯门医女》。

《侯门医女》这本书让我一举封神——当然,是在我们潇湘书院封神,这个成绩拿到外边还是不够的。当时《侯门医女》上架第一周就上了价值榜,第一个月上月票榜和订阅榜,一直到完结后两个月一直在订阅榜前三位。2014 年全国开展"净网行动"的时候,整个网文都低迷,《侯门医女》的订阅却一路上升,写到后面订阅量实现 24 小时破万。

这个时候,按说我应该激情四射,按我们内容部总监的建议,应趁着这个势头修改大纲,把整篇小说拉到 300 万字,因为只有这样才能赚更多的钱,但我拒绝了。不是说我不喜欢钱,大家辛辛苦苦地做事,不都是为了过得更好一点吗?明明能赚 100 万,为什么要赚 50 万就收手?但我这个人就是这么奇怪,我到现在也不明白我当时怎么就那么冷静地拒绝了内容部总监,甚至不怕得罪她,直接说我做不到,我的大纲设定的是 160 万字,我撑死天写到 200 万字。最后我也没写到 200 万字,我把大结局仔仔细细地捋了一遍,写到了 178 万字。

这么看来,我这 8 年之中,心境算是比较平和的,并没有太大的起伏,就是在爱好和金钱之

大神的肖像

间摇摆了一段时间,最终还是对文学的热爱稍微占了一点上风。

汤云珊:您在现实生活中的性格是什么样的呢?与您作品中的女主人公有共通之处吗?

沧海明珠:我除了写作之外还画画。都说文如其人,其实我书中的女主角多少都有一点像我,或者是我理想中的样子,就是我想成为却一直没达到的那一种人。

汤云珊:您是潇湘书院的金牌作家,写作出名之后,您的生活有什么变化?您的写作收入怎么样?

沧海明珠:潇湘书院作者的等级划分是根据稿费收入来的,晋级之后也直接跟稿费分成挂钩,可以说非常现实。给我的生活带来的变化就是私房钱多一点和少一点的区别,没钱的时候可以带孩子在济南周边或者省内逛逛,有钱了可以满足他更多的要求或去更远的地方,其他就没什么了。虽然是金牌作家,但年收入也并不稳定,今年比较少,因为进修期间没有连载书,到现在新书字数还少,也不够上架的,所以2016年上半年我只有旧作的收入。

周志雄:潇湘书院的金牌作家享受什么样的待遇?

沧海明珠:金牌作家无非就是拿的稿费达到了一个标准。其实只要坚持努力,潇湘书院的每个姑娘都会成为金牌作家。这对我没什么影响,因为我是第一批跟书院签约十年的作者,当初网站就承诺我将来不管怎么变化,我们这一批作者跟网站的分成都不会变。金牌作家现在的分成比例就是当初我们既定的比例,作者拿二,网站拿一。这好像是在同类网站里分成最高的了,现在大多是五五分。

左兴芬:我发现您对中国的古代文学很有研究,当初为什么不像传统意义上的作家一样从事纯文学的创作,而选择写网络小说呢?是因为网络小说更容易写、经济效益更好吗?

沧海明珠:我也想从事纯文学创作,但也要有那个条件,首先我是美术系毕业生,我的语文水平只能勉强跟高中生相比。如果没有网络小说,我这辈子都不可能有机会去写小说,更不可能成为一个以稿费为生的人。

网络小说的收益在大家看来是很好,尤其是跟传统作家比,排行榜上的网络作家简直让人妒忌得要死。但是一分耕耘一分收获,这世上从来没有天上掉馅饼的事情。唐家三少那么厉害,但你知道十年不断更是什么滋味吗?你知道他因为常年伏案写作脊椎变形,根本不能扭头,往后看的时候脖子扭不动,只能靠挪动腰和脚步转身是什么滋味吗?

说到这个,我又想起我最不容易的一件事情,那是2014年我写《侯门医女》结局的时候,早上六点半我母亲打来电话说我父亲出了车祸,让我赶紧回去一趟。当天我飞速赶回去,用县医院的救护车把我父亲送到了济南军区总医院,进了加护病房。我父亲当时的情况是肋骨、脊椎骨骨折骨裂,肺挫伤出血,心衰竭,抽血都抽不出来,从大腿动脉上抽都费劲。

那种情况下我只能请假停更,一边在医院跑,一边还要照顾我母亲。我母亲亲眼看见车从我父亲身上轧过去,当时如果不好好疏导她,我觉得她的精神也会出问题。

《侯门医女》最后3万字的结局就是我在军区医院的停车场上写出来的。加护病房只能留一个人,我父亲度过危险期之后,我和我母亲开始轮流守在病房里。她守着的时候,我就抱着笔记本去停车场的车里码字,8月份的天气,停车场上车里的温度能到多少我想大家都知道。我说这个,并不是要告诉大家我有多敬业,我只是想说每个人的每一分钱都来之不易,都是前期努力的积累和后期的疯狂爆发,没有谁会轻而易举地从别人的口袋里拿一毛钱。

周志雄:您写了十几部小说,实体书出版情况如何?

沧海明珠:实体书的出版真的是很心酸。小说在连载的时候,有很多的书商一直都在盯着,他们每天都在找那种人气高的书。书商和工作室就是为了赚钱,只有人气高的、订阅量大的,他们才会主动找上去。反过来说,你主动去找人家,人家理都不会理你。

前一段时间,一个游戏工作室的主编找我,让我把大纲给他,说他们拿去审一审。过一段时间,我们网站负责出版的编辑找我,让我把大纲给他,他去报一下出版。一共有三四个人跟我联系过。忽然有一天,北京一个编辑联系我,说我的小说初审过了,他又给了我一个他们的表格让我填一下,填完后我发过去给他。第二天有人跟我说:"你这样不对,你不应该填他的表格。"我说:"我跟好几个人谈过,我真的不清楚这样的事情,还是让我们网站的出版编辑去谈吧。"给我出版的价格,现在看来还是不错的,一册5000元,我的书是100多万字,可以出四册。后来又说只能出三册,一册30万字,改成90万字,我直接就头大,这怎么可能啊?看过我的书的同学可能知道,很多东西没法删,删了就连贯不起来了。我说不行,三册真的不行,首先我不能改,改不出来我怎么出啊?对方说:"你这个人怎么这样?你知道吗?你们这些人很多都愿意拿钱出书,给你出书,你怎么还这样?"我很生气,我说:"对不起,我可不可以不出?"所以这个事当时就搁置下来了。后来重庆一个编辑找到我,我当时就全权委托给网站的出版编辑,我说不管多少钱我不改稿子,我写我的,你们出你们的。他就去找网站编辑,网站编辑就问我:"出版社愿意以版税的方式出你这本书,你愿意吗?"我一听,不管怎么样,这是尊严啊,好歹是版税啊,我问他可以给多少版税,他说能给7%到8%。我咨询了一下,这个价格还是可以的。我说我没有时间修改稿子,他说没有时间修改稿子也可以,可以找专业的人来帮我修,但是我要让一个点的版税。我说也行,一个点的版税我算了算也就几千块钱,对于我来说,你让我去改一本书还不如让我去写一本书呢。不过后来我发现不应该这样,因为自己的修改很重要,我对他们的修改版并不是太满意。我出的修改大纲,他不能修改情节,情节都是一环一环扣下来的,只能删角色,有的配角就删了,这个配角直接没出现,所有有关的戏份全卡掉。小说被改得很烂,把原本穿越的西医博士改成了从尼姑庵里修出医术,其实是说不过去的,包括书名,"侯门"两个字不能用,要改。我也搞不懂为什么"侯门"两个字不能用,然后就改成现在这个样子了。虽然很辛苦,但总算有一本实体书能拿出来给大家看了。出了一本实体书以后也不再想出了,太心酸了。

孙海翔:我们今天谈论的是人文情怀也好,文人情怀也罢,这两种情怀其实更多的是出现在传统文学中。我认为,传统文学像咖啡,像茶,也许初入口不是那么美味,但回味或醇厚或清香,而网络文学就像可乐、果汁这类饮料,属于一种快餐文学。您说网络作家要具有情怀,那么您在作品中表现的情怀和传统文学的情怀是一样的吗?

沧海明珠:情怀是每一个人的情怀,跟网络和传统没有太大的关系。很多传统作家不一定有情怀,很多网络作家也不一定没有情怀。情怀是个人的事情,是一个人的修养,我觉得我的作品带有我自己对社会、人生的看法和理解。

孙海翔:网络文学是一种快餐文化,您的作品变得沉重了,大家会不会不喜欢看?

沧海明珠:你知道网络小说读者最喜欢说的一句话是什么吗?生活太累了,我看看书休息一下,我想在这本书里、在这个故事里好好放松一下。我有一个读者是红楼迷,今年60多岁了,是北京的一位妇科大夫。她和我聊过,她作为一名妇科大夫,一天最少做四个手术,一天下来,晚上睡觉闭上眼是什么场景你能想象吗?全是血淋淋的场景。这个时候让她去看那些严肃文学,她真的受不了的。她说:"每天晚上看看你写的,尤其是红楼同人文那种的,很治愈的,看看就可以睡着了。"什么叫正能量呢?能消除负能量的就是正能量。其实有些网络小说消除了你的疲惫、烦恼,让你快乐地去工作、生活,不也很好吗?

孙海翔:您走上网络文学创作这条路,兴趣是一个很重要的因素,前面也说了您在金钱和爱好之间徘徊,最后还是爱好多一点。有人说:"兴趣成为自己的事业是最幸福的一件事,可也有人说这是最痛苦的一件事。"我当时不太明白为什么是痛苦的,那个人说:"像我喜欢旅游,有一天我成为一名旅游体验师,管吃住还管玩。当时我觉得太好了,我就去了,到了目的地还没坐稳,就有电话催你去吃饭、去景点,还要写评价,这样兴趣就没了。"那么您觉得您属于哪一种情况?

沧海明珠:其实你这个问题我也很纠结,我在很小的时候就想,等我长大了,40岁的时候我要写作和画画,我这一生就这么两个爱好。我上学的时候是我们学校校刊的主编,但是人这一辈子一定要有一个生存的技能。我本来想以画画为生的，所以考了美院，我想我这一辈子可能就画个画，给人做个设计来赚点钱，至于读读书、写点东西什么的作为爱好就很好。但是没想到我后来命运反转，写作反而成了谋生方式，画画成了兴趣。现在有人指着一幅画说："明珠，你这幅画多少钱？"我会感觉很痛苦，这个不能说是值多少钱，这是兴趣。我高兴可能一分钱不要就送你，不高兴多少钱也不卖，但是人在这个社会不能这样啊。我能保住这一个喜欢，就保不住那一个喜欢，如果这两个喜欢我都保住了，也许我就去做别的事情了，不管怎么说，我是要吃饭的啊。就是痛并快乐着，我一边写着我喜欢的作品，能在社会上立足，也能给自己一定的保障，一边还可以画画，这就是最好的结果。

孙宇：您可以给我们透露一下接下来的写作计划或打算吗？

沧海明珠：今年要好好地写完《毒媚嫡公子》，这本书我倾注了很多的心血，不管数据如何，一定要按照原计划认真写完。

吴琼：想过尝试新的写作方向吗？

沧海明珠：我努力让自己的作品有更好的质量，不管是选题还是文风，都想要一个突破，为了这个突破我在努力。

**二、"网络小说不狗血，真的就没人看"**

周志雄：您的写作过程中有哪些关键的节点？就您自己来看，可以把自己的创作分成几个时期？

沧海明珠：初期写《迷迭香》的时候我还在上班，那个时候我不满意在网上看到的那些作品，就决定自己开始写，写着写着觉得自己的能力是很有限的，尤其是心里想写的东西根本写不出来，修改两三次以后还是没有达到我想要的感觉，就是词不达意的那种感觉。那个时候，我觉得是在学习。那个时候的作品，我觉得应该叫"习作"。为什么我在给周教授提供作品的时候，红楼同人文的这些书，我只给了一本《水润珠华点绛心》，前面的没给？因为我觉得那些都算不上什么作品。虽然《水怜黛心玉娇溶》那本书人气很高，当时的订阅在我们潇湘书院是前20名的，但是，那个时候我觉得自己还是蛮跩的，因为我始终把它当作我的"习作"，就像是小学生在写作文一样，整个写红楼同人文小说时期的作品都是"习作"。

到后来，我写《小妻大妾》这本书的时候，是自己正式以网络作者的身份迎合网络读者，完全不考虑自己想写什么，就是想写一本在网上能够畅销的书。《小妻大妾》写了一年多，因为以前没写过这一类的书，遇到很多困难，一开始的时候数据很差，数据差到什么程度呢？一天只有三四百人看，三四百人花钱看，盗版不算啊，我就觉得很绝望。这个数据对我来说很失败，整

## 大神的肖像

个人很失落。后来编辑鼓励我说，其实这个数据还可以的，你要好好写啊。写到80多万字的时候，每天追新章节的有1000来人，加上重复追的有三四千人了。那个时候，最直观的效果是有钱了，也有一定的信心了。我有始有终地写完了《小妻大妾》，写完了觉得自己挺棒，然后就写下一本。下一本好像是《吾家小妻初养成》，那一本遇到了很多困难，人正好是在浮躁的心态上，可能是前一本做得还不错吧，所以整个人就有点飘，大纲啊，人设啊，做得都不够精致。当时想要4个男主、4个女主，那个空间实在是太大了，到现在我觉得可能都不好写，主线交叉什么的也不好写，所以就烂尾了。烂尾以后，整个人心情都散下来了，又向尘埃里去了，那种感觉真的不好。参加了一次潇湘的年会，也没有拿奖，给人家做了一次绿叶，鼓掌鼓了一晚上，好失落啊。

那个时候我就在想，是不是要迎合读者，做个读者调查啊，看看他们喜欢什么东西，我想过，但是我没做。我接着写了《庶女媵妾》。潇湘书院的读者很两极化，老的很老，小的很小，"媵"那个字很少有人认识，况且这本书在潇湘没有读者、没有市场，那本书我一共写了60多万字，就是为了自己喜欢。我喜欢魏晋时代的那些名士，我就要写一部这个感觉的书，先不管订阅了，读者爱看不看，就这种状态，你不认识那个字也无所谓，我也懒得解释。这本书在潇湘是作者看得最多的一本书，我遇到每一个作者，他们都会对我说："明珠，你这本书写得不错哦。"我终于明白为什么这本书没人看，作者们喜欢看的书往往读者不喜欢看。这本书没赚到钱，60多万字可能也就一两万块钱的样子。当时，60万字的作品在潇湘是比较失败的，80万字以下的作品在潇湘没人看。

到《侯门医女》这本书，我找了一个朋友，也是我们书院的金牌作者，我说我要写一本书，并把我的设定拿给她看，她问我是不是按照网络的红文、火文来设定，我说不是，我就是想写这个女主角从零到一品这个奋斗史。她说："西医博士穿越到过去，真的很狗血啊。预感这个作品会很火啊，网络小说不狗血，真的就没人看。"然后我们俩讨论了两三个晚上，她给了我很多很好的建议。所以说，朋友是很重要的。一开始写的时候，这本书的数据一般，不是很突出，但是一上架，就碰上了"净网行动"。我们潇湘的很多书直接屏蔽了，而我这本能打开，数据就呼呼地往上翻。其实，可以说挺意外的，这本书是我第三阶段创作中比较成熟的作品，让我学到了很多。

《侯门医女》后面的几部作品，基本上都有一个比较成熟的大纲，主线什么的都有。《神偷长公主》虽然人气不好，不太符合我们潇湘书院读者的口味，但不能说它不是个好故事。

孙宇：《迷迭香》的结局是开放式的，如果现在让您续写第二部，您心里最希望看到的结局是什么样子的呢？

沧海明珠：这部小说里的人在我的生活中都有原型，当初我写这部小说的时候这些原型都跟我处于失联的状态中，我不知道他们都是什么状况，他们只是我的中学同学。我2009年写这部小说，2015年因为微信跟这些人全部联系上了，大家的生活跟我书中写的有一半相似。所以，后面的结局应该再等两年或许能有定论，其实我觉得这种状况作为结局也挺好的，所以续写的可能性并不大。

孙宇：小说《迷迭香》结尾，郭梓楠坐在北京的一个名叫"樱花如雪"的茶馆里，品着迷迭草茶。这是否象征着郭梓楠对白樱雪的继续等待？若是，白樱雪与他并非爱人关系，这般等待也似乎不能显示出爱人间的忠诚。请问这样设计结局除了凸显女主人公的个人魅力之外，就主题而言，有何意义？

沧海明珠：其实这跟女主人公的魅力没有关系，这只是郭梓楠自己的爱情观的体现。对方不是自己最想要的那个人，那他宁可等。其实有时候单身也是一种正确的选择。我记得前阵子看到一篇文章，题目是：《如果你结婚，我希望那是因为爱情》。其实我对郭梓楠这个角色的设置就是这样一种出发点。

当然，因为这是我的第一部小说，所以虽然后来修改过一次，但还是有很多瑕疵，写得不到位，让大家感觉不出来这个最初设定的意义。所以这本书我可能不会续写，但应该还会做第三次修改。

周志雄：《迷迭香》有一种趣味很吸引读者，就是女主角白樱雪有一种个人魅力，她会做生意，也很重感情，有一种现代人格在里面。我想问，您在写这个故事的时候是想写给哪些读者看呢？

沧海明珠：我当时做大纲的时候，在最后写了一句话：谨以此书献给70年代出生的女子。因为我觉得70年代出生的女性，像我这么大的，真的很不容易，遇到各种各样的障碍，必须以很多的精力去学习，如果要事业有成、家庭美满，真的很难很难。在写这本书的时候，女主已经事业有成了，她要不停地回忆往事。这是我的第一部小说，技巧不够，只是单纯地想着这么一个很现实的故事，后面还会再做修改。

李雪晴：一般的穿越文中，都是个人穿越，在《吾家小妻初养成》中，锦瑟的父亲同她一起穿越到了过去，这样的情节设置您是如何考虑的？

沧海明珠：我写这个故事的时候，恰好那年我们的动车出了大事故。我不知道那年大家的反应是怎么样的，但我好几天都没睡着觉，给所有能联系上的同学、朋友都打了一遍电话，确定他们还都好好地活着。关于锦瑟的穿越,我虽然是一笔带过,其实根源就是那场灾难。在那种情形下,一个失去女儿的父亲会是何等疯狂,可想而知。所以我思来想去,安排她的父亲也穿越过去寻找她,也是想用我的方式给在那一场灾难里失去亲人的人一点安慰,虽然他们多数不会看到这个故事。

郑虹睿:您喜欢笔下锦瑟和叶逸风这两个人物形象吗?

沧海明珠:蛮喜欢的,人家不是说女主都是作者的女儿嘛。其实有时候我还真是这个感觉。而男主呢,如果是女婿的话,那也是丈母娘看女婿。

郑虹睿:哪一本小说让您觉得自己的文笔得到很大的历练,在完结之后还会常常想对它进行修补和润色?

沧海明珠:《水润珠华点绛心》那本,现在已经修改过三遍,从最初的60万字修到了不到30万字,不知道以后会被我修成什么样子。

高晴:《爱在1300度》里女主人公是一名陶瓷设计师,所以在情节上有一些专业领域的知识,这也在一定程度上丰富了文本内容。在我看来,这种情节写起来更有难度,毕竟需要某领域专业知识的储备,您是怎么做此类创作准备的?

沧海明珠:《爱在1300度》这本书也算是我不擅长的领域,因为是现代都市类别,所以语言上是我的弱项,但我写这部小说是基于我对陶瓷的热爱。如果说除了文学和画画之外我还对什么念念不忘的话,那就是陶瓷。我曾经跑到陶瓷厂住着,尝试在瓷器上画画。我有个同学是一家陶瓷厂的设计总监,我就跟着她,连吃饭都去她们厂里的食堂。写这个故事我是抱着极大的热情的,这是我完全抛开订阅数据去写的一部小说,只求写得痛快。当然,最后也很苦恼,好像我做出如此大的牺牲,仍然没有更大的进步,在写到后面的时候就觉得不行,肯定要重新修改,但当时因为要去鲁院进修,只回头粗略地修改了一下。大家在网上看到的是最初的版本,修改之后的还放在我的电脑里,过段时间等我闲下来,还会重修这篇小说。跟《迷迭香》一样,这两部小说对于我来说都是短篇,我会修改到自己满意为止。

秦凤杰:为什么会想到要写一部关于医女的小说呢?我记得您现在新开了一部《毒媚嫡公子》,在写的时候会不会卡文?毕竟写医毒之类的内容需要查阅很多资料,在面对这些时有没有觉得头疼?

沧海明珠:我的确查了很多资料。不仅前期准备的时候查了一些,后面也在一边写一边查,随时都需要查,哪怕仅仅是为了确定一下读者并不在意的医学知识,依然要去查一下,连一些杜撰的内容都尽量去寻找一个相符的根源。这样做很累,但也的确长知识。《侯门医女》

写完后,我有次去北京,一位医生找我聊天的时候说了一句话让我很欣慰。她说:"珠珠,你那些医学知识我看了都觉得佩服,你到底查了多少资料啊?"说起来,查了多少资料,其实连我自己也不记得了。

秦凤杰:《侯门医女》为什么要给女主设定庶女的身份呢?我看其他很多小说都有开金手指之类的,而这篇小说里却没有这样的设定,女主穿越后煞费苦心习得一身医术,需要自己一步一步走,这个设定有什么含义吗?

沧海明珠:其实一开始我设定女主是一个丫鬟,身份低一点才好一步步升级。但后来发现男频也是这样,因为在古代英雄不问出身。女频不行,姑娘一出生就决定了命运,一个丫鬟再强也没办法冲破封建世俗的目光去做一品夫人,所以想了想还是给她个庶女的身份吧。另外,如果是嫡女,是不好给姐姐做继室的,而且《侯门医女》讲述的是一个奋斗的故事,一开始就决定金手指不能开太大,穿越者的身份已经是一个大大的金手指了。后来实体书出版的时候,这个身份也让我煞费苦心,修改了两次,总觉得还是有些牵强。

秦凤杰:塑造一个典型的人物形象需要很强的笔力,在像《侯门医女》这么鸿篇巨制的作品里把握住那么多人物的性格,您感觉难度大吗?

沧海明珠:还好,毕竟前面失败过那么多次了,摔得也够疼了。这篇小说在首发的时候,我虽然还没有做最完全的准备,但很多东西在心里早就成熟了。在写到三四万字的时候,我已经把大纲设定等全部做完了。尤其是人物设定、人物关系表、人物性格、出场顺序、出场年龄等都做好了设定,其实《侯门医女》写得很畅快,比后面的那几篇还要得心应手,所以说充足的准备还是非常必要的。

王娇:我一直关注您的微博,发现上面大部分都是偏古典和文艺的内容,可见您很喜欢偏古风的事物,您的大部分小说也是古代言情。《上校的涩涩小妻》是现代言情,请问您创作这部小说的初衷是什么?

沧海明珠:其实我也是一个军迷。每个人都有一个英雄梦,我也有。《上校的涩涩小妻》这本书是满足我个人的梦想而写的,所以设定女主是一个网络写手。我设定她是一个豪门千金小姐却过平民生活,自己租一个小公寓住在外面,这跟她的豪门身份一点都不冲突。她父亲是因为黑帮恩怨而死,她从心底里向往的是平民百姓的生活,她排斥豪门,想要摆脱。她用自己的稿费买车,自己做羹汤,不想做饭时也是叫外卖。她卡里的那些钱也只是在救闺密的时候拿出来晃了一下,最终也没用上。

男主的设定则完全按照网络小说的套路,全面迎合姑娘们包括我个人的心思去塑造这么个人出来。写这本书就是想着把自己从古风的框架里突破出来，用不一样的语言风格写另一种感觉的故事。虽然这个故事对于网络小说来说没有什么新意，但对于我个人来说是一次挑战。

我不知道大家有没有发现，很多网络作者只写某一种风格的书，包括我们网站的大咖天下归元，她的书基本是女强男强、古风穿越，再没有其他类型。我想这也是她成功的原因，只写自己擅长的，把自己的长处发挥到极致。还有的作者更有趣，写七八本书连题目都极其相似，我不知道他们是怎么做到的，但我真心做不到。我希望我的每一本书都跟以往的书不一样，所以我的作品就这般良莠不齐。

周志雄：现在我来读一下同学们对您作品的评价，很多同学读了您的作品很感动。毛亚群读的作品是《小妻大妾》，她说："在我国古代的某些时期女子是没有地位可言的，作者借此赋予女主叛逆精神，是作者也是广大女性的愿望，真正意义上提高了女性的地位。小说中有真实性和趣味性，笔触细腻，颇有红楼遗风。"秦凤杰同学说："看《侯门医女》感觉像在看一部电视剧，一环扣一环，画面感特别强，我最佩服作者的地方在于作者在创作中能保持较为平稳的基调，笔调充实，不急不躁。"王潇潇同学读的是《侯门医女》，她认为："作者塑造的人物形象透露出感恩向上的价值取向，姚燕语是一个有善心的人。这部作品想象奇特、文字绮丽，其中夹杂着异域民族之间的交往，与政治挂钩，有多重元素。一波三折的情节发展，越来越复杂的人物关系，对情节的层层铺垫，对读者都有很强的吸引。"王真同学读了《吃货皇后》后认为："作品给人一种很轻松的入戏感。一部好的网络小说不在于它是否有很大的教育意义，而是有没有让读者着迷的力量，《吃货皇后》就有这种让人着迷的力量，让人感到作品中的人都是自己身边的人。这是一篇良心小说，值得读者点32个赞。"周雪莲同学认为"《上校的涩涩小妻》这部小说语言非常高明"。高晴同学读《爱在1300度》，她认为"作者的语言流畅，故事性很强"。马慧同学读了您的小说之后，觉得自己的人生理想更明确了，她说："我读了《神偷长公主》以后喜欢到根本停不下来，读罢掩卷立志也要做一个真性情的姑娘，自由活泼，随性洒脱，此生无憾！"对大家以上评价做一个简要的总结就是，您的小说非常具有吸引力，能够抓人，问题是，您是如何通过故事把读者抓住的？

沧海明珠：这个问题好难啊。就从《神偷长公主》来说吧，我们大家都有一种情怀，都是爱国的，都是喜欢我们的文化的。我为什么要写这样一个故事呢？因为我一直很认同的一句话就是，明朝以后的读书人都是奴才，明朝的读书人才是士大夫。读书人应该都有一种风骨，但是到了清朝，这种精神文化的阉割真的让人很愤怒。我觉得如果真的可以穿越到那个时代的话,我不敢写明朝,因为我的历史知识有限,我不敢随意去涉足它。我选择了一个架空的时代,所以长公主就像是李闯王的女儿的概念,其周围角色的设定都是围绕着她展开,必须做成这件事,做不成的话我也要开金手指让她做成！大家喜欢这个故事可能也是因为这个。因为这是最抓人的地方,要找着能够让大家产生共鸣的一个点,把它写出来,写不出来就掉粉了。

周志雄:下面是同学们的一些批评意见,有同学说您的小说有的故事前后发展、人物性格发展不是正常的逻辑,性格前后会出现反差,比如说《吾家小妻初养成》就有这种感觉,您怎么看这个批评呢?

沧海明珠:一开始的时候我对《吾家小妻初养成》这本书是非常满意的,后面写到结局的时候非常仓促,有些地方我自己都忘了,还将一个配角的名字给弄错了,其实我那个时候是不在状态的。那个时候先是我妈妈生病,我在医院陪了她半个月,接着是我自己生病,吃了半年的药。我是在这种状态下写的,写结局的时候心情真的很烦躁。其实这本书到现在我都没有回过头去看,有好多读者给我留言说,你这个小说没写完啊。这本书最初设定是四个男主角、四个女主角,但后面好像都没有按照一开始的设定写下去,这也是一个很大的问题。我的能力是有限的,在当时那个状态下根本驾驭不了,包括后面出现的各种问题,我也在努力地学习去改变这种情况。

周志雄:网上有读者评论说,他对《侯门医女》的人物设法非常肯定。他说:"《侯门医女》这个女主角面对爱人,愿意至死相爱,生死相随;面对亲人细心体贴,不自傲;面对朋友真心真意,没有一丝一毫虚情假意;面对权贵,虽无傲气,却有铮铮傲骨;面对伤患,一视同仁,颇有慈悲之心。这样的燕语,怎能不让人喜欢？如何能不着迷？"还有读者留言说:"燕语的性格在我的印象里就是知性与小女儿状并存,理性与随性并存,豪放与低调并存,大智慧与小糊涂并存。"但也有读者认为这部小说过于注重故事情节而忽视了人物形象的塑造,虽然大体描述了主要人物的性格特点,但形象太过单薄,对人的描写在外貌上着墨较多,展现性格上往往三言两语一笔带过。有读者认为"《侯门医女》中描写言情的部分毫无吸引力,少一些细微的情感体现,俩人凑在一起就是亲热,除此之外,表达真实情感的地方却很突兀"。这里有两个问题,第一个是网络小说如何塑造人物形象的问题,第二个是如何写言情的问题。请您谈谈。

沧海明珠:我觉得潇湘书院的小说,女主是最关键的,女主的形象起来了,其他的问题就不大了。至于后面那个同学说爱情故事好像不多,这个是不好说的,因为这个是古代的言情,不能像现在这样谈恋爱,拉拉小手之类的。其实有很多人这样写的,古代两人出去约个会比较亲热的。《侯门医女》这本书里面没有这样写,因为女主是大家闺秀,她虽然不被程朱理学约束得

## 大神的肖像

那么深,但也不可能随随便便地去见外边的男人,所以不会有这样的情节。如果有的话就是自己家的哥哥陪着,由自己本家的男人带着才能去见别的男人,在古代这个礼教上应该是这样的。所以你看古风言情小说,不能和现代言情小说相比。我也想他俩每天都在一块,见个面卿卿我我,我也知道读者都喜欢这个,但是不能那样写,那样写就不对头了,如同你不能看贾宝玉混在女人堆里,就让所有的男人都混在女人堆里。

周志雄:网络小说中常见玛丽苏设置,女主的光环很强,读起来确实很爽,但仔细一想会觉得有些虚假,感觉都一个样,缺少新鲜感。您对此怎么看?

沧海明珠:作为一个故事的女主角,她一定要有闪光点,一定要有和别人不一样的地方,她如果平平常常的话,根本没有资格去做女主角。其实不光是网络小说,林黛玉的才情也是很少有人能达到的,她也是一个文学形象,现实生活中也没有人那么美,那么有才华。前段时间我和我儿子聊天,他和我讲三毛的那个动画片,给我讲遇到什么什么样的困难。我问他:"三毛死了吗?"他说:"没有啊?"我说:"这还没死啊?"他说:"这能死吗?这是主角,不能死。"你看现在的小孩都知道主角必须有主角光环,没有光环他就成不了一号,这个故事就没法讲下去,所以在设置的时候,主角必须"高大上"。

周志雄:有同学认为"《迷迭香》中龚宇娜和刘新杰这两个反面的人物较为扁平化",您怎么看呢?

沧海明珠:实际上,我这本书里每个人都是有生活原型的,这两个人在现实生活中也是很硌硬人的。你不能排除生活中有这么一些人,总是让人家不高兴,总是让人家心里烦。我是真的遇到过这样的人,他只要一出现,你整个感觉都不好了。不过小说里写得好像有点过,他们没做一件好事,文学形象还得稍微提炼一下。

周志雄:其实文学理论也是相互冲突的,福斯特的"扁形人物"和"圆形人物"理论与典型环境中的典型人物理论就是矛盾的。

王至:《红楼之逆天纵情》是一部娱乐性质的商业化网络小说,没有必要那么较真,但是,我还是想说,无论生活在哪个时代,我们都需要对经典有着敬畏之心,什么都可以恶搞,唯独经典不可以,因为它涉及我们民族的尊严。纵观我国的四大名著,《三国演义》《水浒传》《西游记》的改编,都是无可厚非的,因为这三本书本身就带有极强的娱乐性质。古代历史在说书人口中改编,现在在网游与小说中改编。然而《红楼梦》真的不一样,因为它是我国古典名著的最高峰,它的意义已经不仅仅是一本书了,它被称为"中国封建社会的百科全书",它具体、细致、生动、真实地展现了作者所处的时代环境中的各种物质文化与精神文化,诸如建筑、园林、服饰、器用、饮食、医药、礼仪典制、岁时习俗、哲理宗教、音乐美术、戏曲游艺，无不头头是道，都有极其精彩的描述，甚至还需要有本专门的《红楼梦大辞典》去记录、解释这些文化。可以毫不夸张地说，《红楼梦》一字一句，都值得我们尊重。您在写红楼同人文的时候，是怎么考虑的？

沧海明珠：之前有个潇湘书院的作者群，大家在一块开玩笑，有人说，"你把老曹这样搞，他非得跳出来抽你"。其实我这样写，同学们也可以这样写，如果有机会，希望大家跟像我这样写红楼同人文的作者聊一下。你甚至可以随便找其中的一段或是一段情节让他们来复述后面的走向，你发现那些作者都不比你读得少，甚至读了上百上千遍的，如果读不到这个程度，根本写不出来。而且所有看红楼同人文的读者都是《红楼梦》迷，不迷的话是不看这些东西的。他们有时也骂啊，有时你写错一个字、一个人名，他们就在下面长篇大论地骂，骂得很难听的。同学们这样说都算客气的了。其实说句心里话，我们借《红楼梦》赚一点稿费是有点心虚的，但是我对《红楼梦》的喜欢和研究绝对不比在座的任何一个人少。

周志雄：同人小说在出版的时候会遇到一些问题，有抄袭的嫌疑，您有没有遇到这样的问题呢？

沧海明珠：没有，因为我没有出版。我也认为出版是有问题的，因为你用的构架完全是人家的。前一段时间我听说，好像有人写琼瑶同人小说被告了。《红楼梦》已过了产权保护期，只要是过了产权保护期，大家进行非盈利性的写作应该还是允许的，但在版权期内要是这样干的话是不允许的。

马慧：关于言情小说能否写出深度，是否应该有深度，您是如何考虑的？

沧海明珠：好的言情小说应该有深度，网络小说也应该追求深度，只是网络作者的能力有限，眼高手低还是好的，更多的是眼不高，手也不高，所以写出来的东西有欠缺。但网络作者成长也挺快的，毕竟是业余的，就像我，在写《迷迭香》之前从没写过小说，任何短篇、长篇小说都没写过，更没有研究过主线、主角、背景设置，在这种情况下，凭着一股冲劲就开始写，你还能期待多高？要给一点时间让我们自学成才嘛。

马慧：您的作品中有很多穿越、高智商、高地位的现象，其实这些虚构的现象在现实生活中并不常见，但作品能牢牢抓住普通读者。您对虚构有什么技巧吗？您认为虚构对作品的价值在哪里？

沧海明珠：其实没什么技巧，若一定要找出一点技巧的话，那就是真正的感情投入。《神偷长公主》这部小说，人物是虚构的，故事是虚构的，历史背景虽然延续了《侯门医女》，借鉴了明末的一点历史，可说到底一切都是虚构的，只有感情是真实的。李钰的真性情其实是每个姑娘都压在心底的那份渴望,只是我们被生活所困,被规矩所困,无法释放而已,那么我替大家释放出来,也释放一下我自己。

说到网络小说的真正价值,我一直认为网络小说的真正价值就是让读者爽,现实生活太压抑,生存太难,这个社会不管是有钱的没钱的、有权的没权的,都"压力山大",工作之余更愿意躺在沙发上或蜷在被窝里看一篇爽到极点的网络小说。

马慧:很多网络言情小说会长篇累牍地写爱情,甚至出现接连不断的情色描写,读多了容易让人生腻。但我读了《神偷长公主》这本言情小说,觉得爱情反而没有占多大比例,您把很多笔墨放在了政治斗争、友情、亲情等方面,爱情成了一个吊着读者胃口的元素,少而精,稀为贵,正好克服了读者的腻烦心理。您对网络小说中写爱情是如何看的?

沧海明珠:我写网络小说一开始是奔着言情去的,像《迷迭香》,但真正成了网络写手,尤其成了潇湘书院的写手,发现一本书只写爱情是不行的,因为一本言情小说 30 万字就足够长了,甚至 20 万字也挺长的,七八万字或许更好。但是网络小说中,30 万字以内的书基本都没什么稿费收入,因为网站的推荐是轮流的,你一天写三五千字,一个月把一个故事写完了,网站却还没给你推荐,稿费何来?尤其是网站,没钱赚网站就要倒闭了。所以编辑会鼓励作者写长篇。2012 年的时候,我们网站的负责人在年会上告诉我们,100 万字以上的小说比五六十万字的小说整体价值翻倍,而 200 万字的小说比 100 万字的小说整体价值又会翻倍。所以想要赚钱,大家都要写长文,最好跟起点的男作者一样写个三五百万字。但是言情小说写三五百万字,那岂不是江水成了汪洋大海?于是只能从情节、任务上去做文章,给女主、男主设定更多的任务、更大的胸怀、更广的天地,把一部言情小说写成女主的成长史甚至写她一生。

到今天,净网活动如此严苛,很多网络小说已经从言情小说里蜕变出来了。除了榕树下以及一些优秀的作者自己打理的微信公众平台,我已经很少看见哪个网站还有 20 万字以内的言情小说了,连晋江文学城的书都越来越长了。这表面上看是大家追逐金钱利益的需要,其实也是大环境的需要。

### 三、"对我影响最大的是《红楼梦》"

汤云珊:您在走上写作道路之前,是如何读书的呢?喜欢读什么类型的书?

沧海明珠:上学的时候什么书都看。我们学校是艺术类学校,美术生多是些不爱看书的孩子,所以学校图书馆里的藏书也有限,我就有些饥不择食的感觉,每个借书日我都拿着同学的借书证借好几本抱出来看。到现在我回我母校,当年在图书馆工作的老师还记得我,虽然我已毕业 18 年了。

参加工作之后经典名著只有《红楼梦》一直陪着我，我走到哪儿都带着。其他就是一些时尚杂志，比如早期的《女友》《读者》《青年文摘》等。我在2008年开始读网络小说，读得很多、很杂，当时看小说甚至连题目都不看，搜到差不多是这个题材的就会接着看完，现在只记得《绾青丝》《朱颜改》以及天下霸唱的《鬼吹灯》。

陈宁：我看到您曾经回复您的粉丝说，您从10岁起就开始读《红楼梦》，至今床边仍不离此书。请问您第一次读《红楼梦》的机缘是什么？您为什么一直对《红楼梦》爱不释手？

沧海明珠：我是一个出生在农村家庭的孩子，我爸爸虽然是高中生，但是家里基本没有什么藏书，那时候家里除了从我曾外祖父那里拿来的一本残破的《红楼梦》之外，还有一些连环画如《霍元甲》，再就是我爸爸的一些书，比如《野火春风斗古城》。《野火春风斗古城》这本书我看了三遍，我甚至偷偷翻到了我爸爸上学时候的日记，还能看两遍，可想而知我那时候有多可怜。

家里实在是没什么书可看，而《红楼梦》又太符合我的阅读口味。我那时候读《红楼梦》其实并没有读懂其中的情节，因为残本是从六十一回开始的，前六十回我根本没机会读到。我喜欢读并反反复复地读，是因为喜欢里面的诗词。柳絮词、菊花诗曾是我的最爱，我把它们抄写在日记本上天天看，觉得这些诗词比课本上的那些要好千百倍。后来我喜欢书中的人物外貌、衣着的描写，也会抄写到本子上。

初中毕业之后我就来济南读书了，那年我16岁。到了济南之后，我可以读的书多了，因为学校有图书馆。于是学校图书馆的《红楼梦》就成了我的书，我的借书证就为这本书而存在，长年压在图书管理老师那里，而我也把那本《红楼梦》霸占了一年多，看其他的书都是拿同学的借书证去借。

所以我每次看到有好的课外书时，都会毫不犹豫地买回来给我儿子，我宁可让买回来的书一次也没被他翻过，也不想让他过我小时候的那种日子。

余燕：您创作这么多部红楼同人文作品的初衷是什么？这种模式在我看来其实挑战性很大，您不觉得经典角色的形象会限制您的创作吗？

沧海明珠：初衷是对《红楼梦》的深爱，这种深爱可以说矢志不渝，现在我给9岁的儿子看连环画版的《红楼梦》，虽然他对《水浒传》更感兴趣。

经典角色对于创作来说是一种限制，但同样经典原著的故事背景、人物设定也给我这种毫无基础的作者提供了一定的便捷，写这一类的故事至少我不用自己费尽心思去做人物设定，原著中的人物设定拿过来就可以用，故事地图、故事历史背景都可以直接拿来用，并且拥有相当

## 大神的肖像

大的一部分基础读者。

当然,这样写,会被原著忠实粉丝骂得很惨。但我说一个我跟读者之间的故事,你就会理解这样的同人文为什么会在网络小说中占据这么大的分量。当时一个广州的读者,她在读我的一本红楼同人文《水怜黛心玉娇溶》的时候已经患了重病,每天躺在病床上,意志消沉。她的姐姐在网上看到了这部小说,就拿去给她看。因为黛玉的悲剧命运已经成为一个经典,不知让多少人为之落泪,这个读者也是。但她看了《水怜黛心玉娇溶》这个故事后,心情变得开朗了很多,她觉得连那么悲苦的黛玉都可以通过自己的努力去过上另一种生活,自己总比黛玉强多了吧。因为她的改变,她姐姐从广州飞来济南要求见见我,跟我合个影,然后拿一份我给她打印出来的纸质版《水怜黛心玉娇溶》带回去给她妹妹。作为作者,能给读者带去希望和快乐,我觉得很幸福。

王娇:您平时的阅读习惯是什么?对于同类型或同平台作家的作品会阅读吗?

沧海明珠:我的阅读内容分两类,一类是纯娱乐的,因为这类故事不会对我的创作有影响,不会左右我的思路,是纯粹的娱乐放松。另一类是史料类,除了混迹一些论坛、关注一些名家博客以及一些专业知识的微信公众平台之外,我会买一些魏晋文化、古代服饰、古代器皿、古代家具方面的书,睡前翻翻,或者陪孩子写作业、阅读的时候看,一来丰富自己的知识;二来给孩子制造阅读气氛,让他安心阅读。潇湘书院的书我一本都不看,就算是我自己的作品,我也很少回头去翻,除非有特别的需要。

孙宇:哪些书对您的写作影响最大呢?

沧海明珠:对我影响最大的是《红楼梦》,再就是早年间的《女友》杂志,我几乎每期都买。我一直很奇怪大家为什么都在问我对我写作影响最大的是哪本书而不是哪个人,这会儿我实在忍不住了,所以站出来讲一个真相吧。

我有一个出生在书香门第的外祖母。至于她究竟出身何等的大户人家我也说不上来,我只知道她的父亲娶了三房太太,她和我外祖父在"文革"期间被批斗得非常厉害,而且这层身份影响了我母亲的一生。

我小时候经常跟我外祖母待在一起,我非常喜欢跟她待在一起,因为她会给我讲很多故事。当时不知道故事的出处,只知道好听,后来才知道她给我讲的是《二十四孝》里面的故事,她讲故事的时候并不是用我们寻常白话,而是像背书一样,句句七言,一溜儿通顺着念叨下来,我听得入迷。她嘴里形容大家闺秀的穿着打扮就跟古代小说里的描写差不多,什么珠什么翠,什么袄什么裙,简直出口成章。她还在我10岁的时候教我绣花,当然我没学好,只学会了简单的针线活。她对我进行的完全是那种闺秀式的教育。我想这应该是我偏爱古风的最重要的原因,也是我喜欢古诗词、古典小说和画画的最重要的原因,因为我上学之前就是被这样开蒙的。只可惜她去世得太早,我不能从她那里学到更多。

周志雄:您的小说主要是言情,您读琼瑶的小说吗?您对琼瑶的小说怎么看?

沧海明珠:读。琼瑶的小说其实挺好的,如果是单纯地想写二三十万字的言情小说的话,我建议把每一本琼瑶的书都看一看。虽然她被人批得很厉害,但是我还是很喜欢她的一些作品。她的电视剧我都看过,台湾的那种风格和我们这边的风格可能有些差别,但是琼瑶的书,我还是给她打80分以上,我觉得还是要读的。

周志雄:我看您发在微信上的一些诗的时候,我会想到席慕蓉的诗,您是不是喜欢席慕蓉的诗?

沧海明珠:喜欢,我喜欢席慕蓉,喜欢三毛,也喜欢张爱玲,这些女作家我都很喜欢的。

周志雄:您对席慕蓉怎么看呢?

沧海明珠:我对她这个人没有什么大的看法。我这个人很奇怪,比如说,我喜欢一首歌,我可能就只喜欢一首歌,至于是谁唱的,我不会去追究。比如,王菲的很多歌我都喜欢,但不一定我喜欢王菲这个人。我就是这样的人,我喜欢某部作品,但并不一定是这个人的所有作品我都喜欢。所以,我喜欢席慕蓉的诗,我就喜欢席慕蓉的诗;我喜欢徐志摩的诗,我就喜欢徐志摩的诗;我非常喜欢陆小曼的画,我手机里有很多陆小曼的画,但是仅仅喜欢她的画。

周志雄:您怎么评价席慕蓉的诗?

沧海明珠:可能现在我是有点老了,我觉得她的诗应该是年轻一点的女孩子的心里的向往。我上学的时候是非常非常喜欢写这种小诗歌的,后来好长时间不写了。我觉得人在上学的时候,像是一首诗,一旦结婚了或者参加工作了,更像是一部小说,里面乱七八糟,什么都有。但是诗还是很美好的,上学的时光是很美好的。

周志雄:您刚才讲到网络作家应该有文人情怀,作家首先要做一个文人,就是通晓各种艺术门类。刚才您的演讲中提到您以前是学画画的,在文学史上画家同时是作家的例子很多,我可以举出很多,像王维、雨果、泰戈尔、纪伯伦、艾青、贾平凹、冯骥才等等。那么绘画对您的创作有哪些影响?

沧海明珠:我上学的时候,我的国画老师给我讲写作要有起承转合,画画也要有起承转合,你看一幅画的时候,它也有起笔、走势、转折、收笔的一个过程,这是画画必须具备的,写文章也一样,这是相通的。"文学是艺术之母",所有艺术都是从文字里面转化来的。比如说书法,最

## 大神的肖像

早的甲骨文还有篆书都是从文字慢慢转化过来的,画画也是一样,不管是通过绘画,还是通过文字,其实都是为了表达一种感情。

**周志雄**:同学们在您的作品中也读出了这种感觉,即您的作品的画面感特别强,可能也是受绘画的影响。您也讲到您的作品受《红楼梦》影响很大,您是怎样看《红楼梦》的?

**沧海明珠**:以前工作的时候,我经常出差,那时数码摄像刚刚普及,我在山东省的各个婚纱影楼给人家做指导,我只带一个行李箱,里面就有一本《红楼梦》,我每天睡觉前都会随手翻开看一看。《红楼梦》对我来说有多重要已经没法说了,现在有很多新的写手问我:"明珠,你写宫斗、宅斗的经验是什么?"我说,你回去把《红楼梦》读一百遍,就不用问我了。《红楼梦》里什么都有,它可以说是个范本,你想了解什么宅斗啊,嫡庶之间、正房和小妾之间的关系,或是场景、园林的描写,或是诗词,都可以在这里面找到,而且非常经典。鲁迅文学院有一节课就专门给我们讲《红楼梦》中人物的服饰描写,是王斌老师讲的,讲了一个上午,他讲赏雪时薛宝钗和李纨的斗篷不是同一个红,就是那一个字预示着人物不同的命运,那是一字千金,真的要好好读。很多人说读不进去,我不知道为什么读不进去。你随便翻开《红楼梦》一个地方往后读,它都是很有意思的,要是读不进去的话会很遗憾的。

**王之秀**:您有没有写过关于《红楼梦》的研究文章?

**沧海明珠**:我有这个想法,但是我觉得现在关于《红楼梦》的研究真的是太多了。比如在《百家讲坛》讲《红楼梦》的刘心武先生,他把有关曹雪芹家族史,包括当时的社会历史都深入挖掘出来了。我个人认为研究一部作品,研究到刘心武先生的那个程度,真的很深了。我只会作为丰富我自己的知识去研究《红楼梦》,但是我肯定不会写相关的学术文章,作品在心里就好了。

**陈宁**:您的小说《红楼之黛色倾城》中,尤其是后半部分,插入了一些武侠、玄幻的描写,请问您平时也会读一些武侠、玄幻小说吗?

**沧海明珠**:会读,金庸的书我基本看过,"三言二拍"、《狄公案》等这一类的书前些年在写网络小说之前也看,玄幻系列也看了不少,另外还有《源氏物语》《安娜·卡列尼娜》《简·爱》《傲慢与偏见》等也是我以前喜欢的书,但近几年都不去翻了。一来时间有限,阅读已经变成了查资料;二来是经典名著太烧脑了,不查资料的时候我需要一些轻松搞笑的"小白文"来调节自己。

**孙宇**:可以与我们分享一下您写作方面的经验或者技巧吗?

**沧海明珠**:经验和技巧其实谈不上,因为我一直也在摸索。有朋友劝我说《侯门医女》这本书火了,让我就按照这个模式写下去就好了。但是我做不到,所以要我说经验的话,那就是不要犹豫,更不要怕,就算是写坏了,也不过是一部小说、一个故事而已。巧妙构思,精心设定,大胆尝试,就算不是火文,不成精品,但至少不会太差。"知行合一"最重要,有一句话说得很好:少走一步都不行,每一步都不会白走。还有一点,写了这么多年,如果说经验的话,那就是多读,旁学杂收,勤能补拙。

孙文敏:网络作家大多是多产的,您也如此,这无疑与源源不断的灵感以及较快的写作速度分不开,能谈谈您创作的灵感缘起以及写作速度的情况吗?

沧海明珠:我在开新文的时候首先要想的是我要塑造一个什么样的女主,然后根据女主再做男主的设定。人家说女人如花,这世上的花有千万种,所以女人也有千万种。身为女性,身为女频网站的作者,就是要塑造一个有不同性格、不同闪光点的女主角。所以说性格不一、魅力各异的姑娘是我的灵感源泉。

我在最高峰的时候一小时可以写 3000 多字,但是必须倒回去检查,因为错字会很多。现在错字不多了,但一小时能写 1000 字就算是快的了,通常一整天只能写出三四千字。

王曦:您在创作中是否会遇到灵感枯竭、身体疲劳、工作负荷过大的情况?对于作家的职业病,您如何调节?

沧海明珠:有过。第一是身体上的调节,就是放下电脑,来一场说走就走的旅行。转一圈儿回来,发现读者在催更,而自己一点存货都没有,那时候什么都不重要了,打开电脑努力码字,不管三七二十一先搞定 3000 字再说。第二就是心理上的自我调节,把眼光放得远一点,为了能多写几年,不要计较跟前的这些不舒服、不愉快。总之,我觉得"作家"是一个非常强大的职业,要旁学杂收,虽然不能什么都精通,但什么都要懂一点。最近我除了研究历史之外,还研究心理学。

郑虹睿:在日更或周更时,如何做到不仅保持更新速度(不卡文),还要力求满足读者的期待?

沧海明珠:更新速度嘛,潇湘一直都是要求很高的,前几年始终是日更 1 万字起步,少于 6000 字作品的推荐就会受影响,所以更新必须跟上。这也是大多数网络作者不能克服的毛病,作品不能断更,但谁也不可能 365 天都在码字,所以方法只有两个,一是开文之前囤积大量的稿子,以应付一两天的突变;二是随时携带笔记本电脑,像我,笔记本电脑对我来说比手机重要,走哪儿带哪儿。

付晓菲:您是随性地想到什么就写什么,还是对自己有比较严苛的写作计划呢?

大神的肖像

沧海明珠：前几年的时候比较随性，但是从《吾家小妻初长成》这本书尝到挫败感之后，我坚持新书要提前准备，以前是脑子里有个主线大纲和大致的人物设定，然后找个本子随便写写，弄个简介什么的就开始写正文。从《侯门医女》开始，我开新文之前必须有完整的大纲、完整的人物设定、家族设定、历史背景设定以及地图、故事分卷，甚至高潮部分和铺设部分的划分等。

有人曾问我，天天写，怎么会有那么多灵感。其实写小说尤其是写长篇小说，我觉得灵感不是第一位，逻辑才是第一位。可能在创作的过程中灵光一现会有一个精彩的故事情节，但也只能是这一个故事里的两点，能写100万字以上的长篇，靠的还是严谨的逻辑、设定以及宽广的知识面。

周志雄：您今年参加鲁院的学习，能不能跟大家分享一下在鲁院学习的收获？

沧海明珠：我的收获就是，当一个作家，真的是要博学，就是你什么都要学，不仅仅是坐在这里研究别人写的书。我们上的那堂社会病态心理课，北师大的教授给我们上的，我觉得对我影响特别大。那个教授真的很厉害，他把社会上这种人格的心理、人格的解码，同我们名著里的文学人物联系起来，包括这种人格分析，李逵、林冲、孙悟空、林黛玉，各种系列的人。那堂课上完以后，我回来把我新书的大纲重新调整了一遍。当时大家都是这样低着头听的，因为那节课大家听得太沉重了，教授讲的都是杀人啊，病态啊，反正当时是很沉重的，但是对我的影响很大。

还有一点就是都说网络文学的春天来了，黄金时代来了，从大的环境来说，的确是这样吧。之前没有感觉到这种关怀，现在确实能感觉到这种自上而下的关怀了。我觉得今年真的是很好，鲁院的每一堂课都值得用心去听。这些课程真的很珍贵，是要经常拿出来好好地想一想的，就是上课的时间太短了。

周志雄：刚才讲到朋友讨论的重要性。在您的写作过程中，除了朋友的交流，您的灵感来自哪里？您平常是怎么做的？

沧海明珠：一般我跟别人讨论这个问题的时候，其实我这个主角的形象已经差不多成型了，我只是在和她们讨论一下可行不可行。就算他们再否定，可能我还会坚持去写。我的灵感主要来自我身边见过的、我从书中读过的每一个好姑娘，我想把各种各样的好姑娘写出来。这种好，是不一样的，闪光点都不一样。我现在写的是女扮男装的，有她们的不如意、不得已无奈、挣扎向上，等等。每个人都有她们各自的性情，有像《神偷长公主》里面那种真性情的姑娘，也有像《侯门医女》中一开始忍辱负重、自强自立，到最后做真正自己的那种姑娘。其实很多人都很坚强,也都很不容易。生活呢,好像又不是那么宽容,所以,我就在我的书中,写出她们通过自己的努力最后获得幸福。

李腾腾:作为一个男生,我会去阅读一些男性网络作家的热血网文,他们在写作过程中通常男性意识较浓,有些女性读者对此非常不满,因为在这些小说中,女性往往是以一种从属的身份出现,甚至出现一个男主角拥有许多美女老婆的小说。而一些女性作家在小说中,通常也会将女主角的魅力提升到一种相当高的层次,以至于把各种优秀的男性迷得神魂颠倒,甘心受女主摆布。我有一种设想,假如您和一位创作实力与您相类似的男性作家合作写一部小说,他写男主部分,你写女主部分,你们俩之间会不会出现冲突?就是男作家写男性征服女性的各种优秀表现,而您会写女性各种聪慧,用来吸引甚至操纵男性的情节,如果这样的话会产生怎样的效果?另外,您作为一位经验丰富的作家,创作了很多的作品,但作品中写的一些女主角可能跟现实中有一些出入,比如在心态的把握上,尤其是您随着人生阅历的增长,逐渐变得成熟了之后,如何把握少女心态和异性的心理状态呢?

沧海明珠:第一个问题,你是说有一个跟我旗鼓相当的男性作者,跟我一块去写这本书的话,他的男主角会不会跟我的女主角碰撞吧?其实这段时间我也一直在想,一定要找几个旗鼓相当的男性作家与我进行合作创作与竞赛,这个事我已经和潇湘书院的老板说过了。我的设想是,要有这样一个大的系列,男生主导他们那一部分,女生写女生这一部分,整体是一个世界观。因为这个世界是多彩的,不是一个女主角就能撑起来的,她也需要众多的男性撑起来。我不是一个女权主义者,我的书里面,一个故事撑不起一个世界,它只是一部分,一个女主角有自己的成长史,是围绕着她在写,如果按照你的观点去写的话,其实女性在这里面的地位是很弱的。我的《侯门医女》中医女身为女主角,其实在很多时候是她的父亲、哥哥等男性角色来为她做很多的事情,没有这些男性的支撑的话,她是没有幸福生活的,甚至一事无成。她也是在一步一步争取父兄以及丈夫的支持,并不是说我书中的女主角要碾压世界上的一切男性,唯我独尊,我的书里没有一个角色是"武则天"。

第二个你说的是这种角色的转变,我现在已经快40岁了,关于我如何去写一个小姑娘的心态,是这样的,比如我要是写一个五六岁的角色的时候,我心里每天都在琢磨,假设我就是个小孩,我要如何跟大人说话,我会观察我的孩子是怎么跟我说话的。我如果是个孩子,怎样去要我想要的东西。总而言之,就是自己代入自己假想的"多重人格"。

付晓菲:现在很多作家都在强调纯粹的写作,就是所谓的写出来开心就好,不管写作收到的反响,这种情况真的存在吗?像您在潇湘书院的网站上写作的时候,您能从后台看到大家的阅读量,包括大家的打赏情况。我在做自己的微信公众号,有时候会写一些随笔,虽然说写的时候很随意,抱着别人爱看不看的想法,但是写出来以后还是会经常地去看到底有多少个人阅读过,有多少个人在后台给我留言。您在平常的写作当中能保持一颗平常心吗?

沧海明珠:我也会写一些小诗放在人家哪个公众号上,我也会把它发到朋友圈让大家都来看一看,我还会看看哪个点击量高一点、哪个低一点,心情也会不大一样。但是,你看完之后也就那样了,没有人看也就没有人看,也不会说因为这个没有人看而怎么样,或者因为有人看而怎么样,因为你那个公众号除了打赏之外也没有什么收入,都是免费的。

付晓菲:我没有开打赏功能。

沧海明珠:可能你只是想看看有多少人能发现你的存在,有多少人知道你在写,有多少人能看进去你写的东西。你要的是那种共鸣的感觉,而不是利益。每一个人都渴望得到别人的共鸣,我也会这样,这是人之常情。

付晓菲:大家平常写作有灵感的时候,基本会随身带一个小本子或者其他东西记下来,您也会这么做吗?

沧海明珠:我有灵感的时候经常是半夜。我躺在床上睡不着的时候,就会有各种各样的想法,所以我床边有一个本子,如果觉得这个想法不容错过,就一定要把它记下来,因为我明天睡醒了可能就忘了。如果我觉得这个想法可有可无,只是想一想,对自己的创作没有什么用,那就算了。因为我每天想的东西实在是太多了。我手机里面也有一个笔记本功能的 App,我在里面也记了好多东西。不是光写自己的,如果发现别人好的东西,我也会把它放在里面,无聊的时候就会去翻一翻。好的句子我也会背,努力地去把自己各方面知识丰富一下,这其实是有好处的,日积月累嘛。

**四、"网络文学如轻狂少年"**

亓炜:随着互联网的进一步普及,网络文学蓬勃发展,关于网络文学众说纷纭,有些人认为网络文学难登大雅之堂,对它嗤之以鼻,您怎样评价这种说法?

沧海明珠:对于这个问题,我今年听到的次数比之前写网络小说的 8 年加起来都多。以前,网络小说对于我来说,就是一本小说、一个故事,幼稚或者成熟,乏味或者精彩,说白了就是一个让读者去消遣的故事。生活本来就很艰辛了,如果读者能在我的故事里开心一笑,就足够了。

然而进了鲁迅文学院的大门,第一堂课开始就听见网络文学和传统文学的尖锐对话。让我印象最深的是南开大学的那个论坛,在那次论坛会上,陈崎嵘老师说,"网络文学开创了全民写作、全民阅读的盛举,这在中国历史上任何一个朝代、任何一个时期都不曾有过,这是历史盛事"。马季老师说,"网络作家与传统作家一样肩负着历史使命,同样可以载入文学史"。数字出版总局的一位处长说,"网络文学作品虽然有一部分很优秀,但大多数作者的作品仍然为了迎合读者的口味而写,这些作品低俗、庸俗、媚俗,涉黄涉暴,血腥不堪,必须严格监管"。还有一个教授说,"网络文学是一种精神涂鸦,是当今社会压力下的人们的一种挣扎反抗,一种自我发泄"。北大的邵燕君教授说,"学院派有责任做一个引渡人",他们有一个口号叫:引渡文学传统。还有大牌的编剧、网络文学研究者和经营者站出来或褒或贬,众说纷纭。

有一段时间我一直在想,这么多有成就、有地位的人为什么对这个问题揪着死死不放,难道一定要把传统文学和网络文学争出个高低上下来才肯罢休?以至于鲁迅文学院的院长当时问我们:是否有一天,网络文学会替代传统文学?当时我们七八个同学面对这个问题,除了我之外,所有人都说不会代替,都说纸书是无可替代的,有的说好书还是应该收藏的,有人说他的父亲依然坚持看纸书,等等。只有我说了一句不合时宜的话:如果把这个问题放到30年后来回答的话,大家还会不会这样说?

在我看来,网络只是一种工具,就像原始社会人们用石器狩猎一样,我们这些人利用电脑和网络在这个社会中生存并发挥着自己的价值。至于网络文学会不会替代传统文学,网媒会不会替代纸媒,这都是社会发展的问题,我无力评说。但是我有生之年见证了两件事情:第一,数码摄影代替了胶卷;第二,微电影和网络大电影替代了20世纪七八十年代的录影带。胶卷和录影带这两种东西现在基本不好找了,如果有,恐怕也都是收藏品了。

所以关于这个问题的争议现在未必有一个结果,但30年后,或者更晚,或者更早,结果自然会摆在我们的面前。

李雪晴:纵观当代网络文学作家的创作经历,文学不再仅仅是梦想和追求,更多的是一种谋生的手段,敲字劳作代替了字斟句酌的锤炼,您对这种现象怎么看?

沧海明珠:键盘和毛笔,只是生产工具的进步,如果曹雪芹生在现在这个时代,至少《红楼梦》一定会写完。而且,他也不至于活得那么辛苦。网络把文学的门槛降低,给了更多文学爱好者一个机会,但网络文学依然是一个优胜劣汰的竞技场,甚至很多人连痕迹都留不下。只有少数人会留下来,坚持到最后,成名成家。

张艺斐:您怎样看待当今网络小说为了迎合大众心态而趋向低俗化的现象?

沧海明珠:其实谁都不喜欢低俗,写网络小说的这些作者很少是因为单纯想赚钱而选择这个职业,十有八九都是因为有一颗热爱文学的心。文学是崇高的,喜欢文学的人肯定不会低俗，但他们的作品出现低俗的现象有很大程度是被形势所迫，数据、订阅、稿费、读者娱乐至死的心态以及编辑的引导，都会导致作品的低俗、庸俗、媚俗。然而我认为随着作者一天天成长，一天天提高自己的追求和素质，再加上新生力量，比如眼前诸位的加入，我想这种现象在不久的将来一定能得到改善。

孙文敏：众所周知，现在很多知名网络作家往往以较快的写作速度创作出许多人气作品，并获得极高的收入，这与苦心经营、数年磨一剑、作品往往束之高阁的严肃文学作家迥异。对此您如何看？

沧海明珠：我个人的感觉这是两条道，追求不一样，付出的也不一样，得到的自然就不一样。这就像是经典名作《清明上河图》和一幅现代青年画家的印象油画，或者说是阳春白雪和下里巴人的区别。

高晴：网络文学市场具有多样化的特点，各种题材的文学作品层出不穷，网络作家水平参差不齐，导致作品在质量上也不可避免地良莠掺杂。对此您怎么看？

沧海明珠：我希望大家一起努力。现在一些网络作品的质量的确存在着很大的问题，这一点谁都不能忽视，不过庆幸的是国家加大了对网络作品的监管力度，作家协会更是抛出友好的橄榄枝。都说2016年是培训之年，我真诚地希望更多的网络作者加入作协以及网络作家协会，用各种方式提高自己的写作水平，拓宽自己的视野，从而在这条路上走得更远。

吴琼：您认为网络小说最大的弊端是什么？

沧海明珠：最大的弊端是绝大多数的网络作者没有任何生活保障，从而让他们在追逐订阅稿费的道路上盲目狂奔。追求订阅稿费的结果就是跟风，甚至大量的抄袭，这些现象会让高层次的读者厌弃。

付晓菲：网络上经常有关于网络文学和严肃文学的比较，您如何看网络文学的发展趋势？

沧海明珠：我个人认为，严肃文学好比是一个儒雅睿智的长者，网络文学则如轻狂少年。这个少年是有才华、有抱负的，但也因为年轻，所以轻狂。他需要一位严师良友来教导他、关怀他，督促他健康成长，最终成为栋梁之材。我希望网络文学能够在社会各界的关注下健康成长，终有一天可以在中国文学史乃至世界文学史中有自己相应的位置。

亓炜：网络文学方兴未艾，但任何事物的发展不可能是一帆风顺的，您认为当前制约网络文学发展的因素主要有哪些？

沧海明珠：网络作者的生存问题是第一重要的，很多网络文学作者都是指望稿费吃饭的，他们没有工作，也没有其他收入，为了生存，绝大多数人都会去迎合读者，会去跟风，甚至抄袭，你看网上的那些关于抄袭的帖子简直层出不穷。抄袭就不说了,就说跟风,可以说这就是大家说的程式化、套路化、题材单一等问题的根源。但是我鲁院的同学风圣大鹏说过一句很经典的话,可以从另一面来反证一下程式化和套路化的问题。他说:"人人都会谈恋爱,可每个人的爱情故事都不一样,谈恋爱就好比程式化,这是个单一的题材,但古今中外那么多关于爱情的故事却各不相同,所以是程式化题材单一还是在程式化中写出个性,就得看作者的本事了。"

优胜劣汰,写得好,读者就看,作者写得也有动力;写得不好,读者放弃,作者回去好好反思,或者另寻生路,跟网络小说说拜拜。迄今为止我已经有好几个聊得来的作者朋友退出了,她们中有一个是雅思英语的老师,有一个是会计,有一个开了个美甲店,还有其他的就不一一说了。所以说,网络文学圈也并不是大家想象得那么宽容,那么好混。

马慧:您觉得网络文学与传统文学的读者群有什么区别吗?

沧海明珠:网络文学读者群和传统文学读者群有太大的区别了,可以说是完全不同的两类人。我是一个网络作者,也认识几个颇有名气的传统作家,也在他们的朋友圈里混。我发现传统作家清高是有道理的,因为人家都不是靠稿费吃饭,人家有工作,甚至大部分都在国家编制内,人家有条件不去看读者的脸色,作品以自己为中心,所以传统文学吸引的是不为生计所愁的人,文学在他们心里是神圣的,犹如灵魂,不能亵渎,不能侵犯。

而网络文学的读者却更多是奔着娱乐来的,他们就是普通的老百姓,在他们的心里,只要是好故事,能让人感动、开心就行,那些教条主义或者说心灵鸡汤都靠边站,这里不是课堂,我们也不是来谈人生、谈理想接受再教育的,所以他们喜欢就看,不喜欢就走,再不喜欢还能骂几句,一切随心所欲,没有任何约束。

王曦:您如何看待如今网络小说产业化、商业化(改编成电视剧、电影、漫画、游戏等)的现象?如果您的作品在拍成电视剧时被大幅度删改,您会如何应对这种情况?

沧海明珠:网络小说产业化、商业化对于网络作者来说,我觉得利大于弊,别人我不知道,至少我在今年的创作中做了很大的努力,通过各种学习去努力提高自己,达到一个标准,为自己的将来争取一个机会。

至于大幅度删改,其实本心当然是不高兴的,如《寂寞空庭春欲晚》改得简直面目全非。这部小说是我很喜欢的小说。匪我思存的书我只喜欢两本,一本是这个,另一本是《冷月如霜》。当时看电视剧预告的时候我非常期待,然而我看了第一集就把它给"毙"了,完全没有看下去的心情了。

但我知道,很多影视剧签约卖的就是版权改编权。人家给了钱,这本书拿去怎么改那是人家的事情了，与原创作者没有一点关系。当然，除非原创作者很强，他的参与与否能够影响整个剧的人气，比如天下归元的《凰权》，她就是自己的编剧顾问，剧中一些框架设定她依然要把控一下，不能改得太过。

其实在改编权这件事情上，也存在着原创作者和编剧的较量。我不知道大家有没有听说编剧宋方金老师和几个科班出身的大牌编剧组织的一次论剑活动。他们的每一篇文章我都看，无非是在呼吁编剧是一个专业的事情，编剧不仅仅是二次创作，更是原创，一定不能商业化、利益化，不能被资本控制，更不能让那些三流四流甚至不入流的人毁了这道文化风景线。

而现在有实力的网络作家都开始纷纷争取改编权，即便争取不到，也在为自己争取参与其中的机会，一来是想走得更远，二来也是为了保护自己作品的原创性。只要出好剧本，给老百姓讲好故事，不管是原创网络作者还是大牌编剧，我都看好。

周志雄：近几年，很多网络小说被改编成影视剧，大家很熟知的一些像《甄嬛传》《花千骨》《芈月传》《琅琊榜》《欢乐颂》《失恋33天》等等，您平常看这些改编的影视剧吗？对这些影视剧有什么看法？

沧海明珠：只要网络小说改编过来的我都会看。这些改编的作品需要看团队，我最喜欢的改编剧是《琅琊榜》。《琅琊榜》的编剧和原创都是一个人，都是海宴，她基本上保持了原作的感觉。还有就是《欢乐颂》，我也看了书，但是我感觉阿耐真的是很幸运地遇到了山东影视集团那些人，原著给我的感觉并不是很好，我觉得影视作品反而出彩了很多。因此，我觉得你要是想改编一部网络小说的话，应该首先看重的是这部网络小说原有的人气，如果它本身不是一个大IP，本身不热的话，可能就不具备什么改编价值。你既然是看中了这部书的人气，你就要尊重原创，就要尊重原来读者的感觉。虽然说到现在我还没有书被改编，但是将来可能被改编的话，我真的希望千万不要弄成那样。

马慧：如果您的小说被改编成影视剧，您会自己做编剧还是另请专业编剧呢？您有没有转行去当影视剧编剧的想法呢？

沧海明珠：这个问题真的很难啊，并不是我想做就能去做的。因为一本书要去做影视的话，中间要有很多的环节，包括我们公司要去运作，要把它卖给影视公司。跟人家签合约的时候，上来就是要买断它的改编权。现在很少有网络作家能把改编权攥在自己手里，不卖改编权人家整个都不买。但是，如果我们够强大的话，像天下归元的《凰权》在改编的过程中，她是编剧顾问，大框架她不同意就不能改。你要是弱的话，你就直接拿给人家好了。你如果够强大，全国各地的粉丝团都支持你，你如果不参与编剧的话，这个剧可能就没那么火。从上映的角度来看,肯定也会把这个因素加进去。因为编剧是要很专业的,一个很好的网络作家也不一定能做得了编剧。我现在能做的就是把自己变得更强大一点,有一个更好的谈判的筹码。

亓炜:如果我们去写网络小说,您对我们这些初涉网络文坛的"菜鸟"有什么建议吗?

沧海明珠:我一路走来的经验教训是要遵从本心,不要为了一些自己并不想要的东西迷失了方向。其实我对大家能来网上发小说还是非常期待。今年在北大中文系座谈时听说他们几个同学一起创作了一篇网络小说发在了云起书院,还得到了一笔稿费,这真的很好。说实话,现在的网络小说良莠不齐,也急需一批文学价值高的作品进来,对读者负责,对社会负责,对文学负责。

亓炜:俗话说,万事开头难,您创作初期遇到的最大的困难是什么?有没有动摇过?

沧海明珠:万事开头难这句话对我来说是时刻存在着,因为每一本书都是一个新的开始,每一个新的开始都很难。不过我算是非常幸运的,因为从一开始写小说,家里人就非常支持我,不管稿费多少,他们都力挺到底。正是因为这样,我的作品有点任性,什么都想写,什么都想尝试。我写每一本书都像是个新手,不过我从未动摇过。

前阵子我很忙,因为要去鲁院学习,所以要把手上的书完结掉,日夜赶稿。正好是过年期间,我妈见我这样很心疼,就问我:"你这么累是图个什么?"我细想想,累吗?的确是不轻松。但也真的很快乐,有那么一句话说:喜欢就不会觉得累,如果喜欢,付出再多都值得。

写不下去的时候很少。从现实角度来讲,能够让我写不下去的无非是没有读者、没有订阅、没有钱,但像我这个年纪的人,出去找一份工作又能拿多少钱呢?另外,即便我有一阵子遇到创作上的困难,那我也只是暂时把这件事情放一下,出去旅游或者埋头画画,等调整过来还是会继续写的。等再老一些,过了50岁,这种长篇写不动的时候,可能我会写点短篇,写些诗歌、散文之类的,或者专门给我先生的画去配诗,或者去写一些书画评论等。总之,我只要身体还行就应该不会停笔。

张芳:在写网络小说的时候,您会根据所谓的网络小说模式设置情节吗?

沧海明珠:以前会根据网络小说的模式去设置剧情,因为网络作者的自我价值主要是体现在点击量和订阅量上。一本书没有点击、没有订阅,网站就会给你"毙"了,不给你推荐,让你自生自灭是好的,更多时候是编辑直接出面告诉你,赶紧结文开新书,这本不行了。在你写到三四万字的时候或者更早就告诉你,这种书不要发网络,推荐也是浪费资源。潇湘书院早期的一个作者是我的朋友,她当初就是因为写了一部叫《千工床》的中篇小说跟网站编辑闹翻了,之后干脆解约,把之前的书全部删了,转去了杭州一家论坛网站去发表,再后来干脆直接跟出版社

## 大神的肖像

联系,不再混迹网络。其实这是网络文学的悲哀,也是文学界的悲哀。那部《千工床》后来还获奖了。

她因祸得福,但并不代表其他的作者也可以因祸得福,九成九的作者都会为人气而折腰,为了能在网络这片天地里混下去而去做一些自己不喜欢的事情。但当你的成绩达到一定程度之后就无须无条件退让了。就像我在开《毒媚嫡公子》这本新书之前我的东家跟我聊天,一再叮嘱我,新文不要只追求订阅了,要扩大格局,往影视剧上靠一靠。而现在我们网站对金牌作者的推荐安排也基本不再看开篇的人气,其中跟作者的原始积累有很大的关系,当然也是为了网站本身长期的发展,所以按不按模式设置情节都得根据具体情况来定。

陈宁:您觉得自己所写的作品最大的价值在哪里?

沧海明珠:最大的价值是我喜欢,同时读者也喜欢。我写得开心,读者看得开心,这就足够了。

毕文琦:《小妻大妾》中像柳雪涛这样的"上得厅堂,下得厨房"的女性是您心目中理想的女性形象吗?

沧海明珠:我心目中理想的女性形象是我母亲那样的人,母亲从小教育我一句话叫"艺不压身",所以我从小学做饭、学针线,甚至学拆洗棉被、棉衣。当然,我母亲唯一没教我的是怎么去种庄稼,因为她说我这辈子不会跟庄稼打交道了,这个就不用学了。这也是我到现在不善于养花的原因,好好的花到我的手里多半都是被养死的结局。

温斯忻:您觉得我们女大学生应该怎样做才能不辜负自己的青春和一生?

沧海明珠:女孩子首先要多读书,腹有诗书气自华,30岁之前的相貌是父母给的,30岁之后的相貌是自己修的。多读书,自然能修得好相貌、好气质。然后要有一颗自立的心,不是不依靠亲人和爱人,该依靠的时候还是要依靠一下的,我不倡导大女子主义,适当地撒个娇,做小鸟依人的女人是有智慧的表现,但不要做缠着别人不放的藤萝,更不能做离开亲人、爱人就不能活的菟丝子。

周志雄:写网络小说的时候其实是有矛盾的,一方面要吸引读者,另一方面呢,按照自己的想法和自己的趣味去写,有时候能够统一,有时候是矛盾的。您如何处理吸引读者和个人的文学情怀之间的这种矛盾?

沧海明珠:可能我这个人还是比较任性,我几乎会忽视读者的要求。但是我知道很多人会把读者的想法加进去,因为觉得会对书好,但是我觉得每个读者都有他的想法,如果按照他们的想法去写,这本书就真的没法写了。我记得我写了一个配角,《水怜黛心玉娇溶》里的一个小孩,被她母亲偏执的性格教养得不像样子,当时,有个读者骂我骂得很难听,说我怎么可以这样写一个孩子。但是,生活中确实有一些孩子真的是不像话啊,并不是所有的孩子都是乖巧的,有些孩子就是从小被大人教唆,从小缺少教养,就是不像话。还有一个读者曾经骂我,是因为我写一个强奸的情节,他跑到我的读者群里骂:"明珠,你是女人吗?你就是那种……"我当时哭得很伤心,现在想起来好像是无所谓了,当时,感觉真的是太难受了,你辛辛苦苦写作,他看完后跑来这样骂。你说,读者的想法,你怎么去听啊?没办法听!所以,到后来的时候,对一些好的读者建议,也会去考虑一下,但是,跟着读者的想法走,我从来没有过。你可以不看我的书,我的写作初衷并不是为了每个人高兴。所以,只能坚持做自己好了。

付晓菲:在我高考结束那一年,我暑假里追了一部叫《新闺蜜时代》的电视剧。它里面有一个女主人公叫周小北,是一名自由作家。里面有一个情节,就是一个出版社的编辑找她谈话,说,我们挺喜欢你这部作品,可以给你出版,但是条件是作品一定要署上别人的名字,也就是让她做一个枪手。当时周小北心气很高,也不缺钱,她觉得这是在侮辱她,直截了当地拒绝了。但当时她的朋友就劝她说,"你现在默默无闻,借那个人的名气先把作品推出去最重要"。最后她很纠结地答应了这件事。您对枪手这种职业是怎么看的?在您周围有没有这种现象?借着那些名望大的作家把自己的作品推出去,算不算是违背了写作的初衷?

沧海明珠:反正我不会这样做。我知道有人会去找别人写,因为他太忙了,这段时间没办法更新了,就会把大纲拿去,从网上找人代写,被找的人根据大纲把这个故事顺下去就好了。如果作者大纲做得细的话,别人也是可以写的,《红楼梦》后面不就是续写的嘛。但是我觉得这样很难达到自己想要的那种目的。对于我来说,除非哪一天我不在了,但我的作品还没有写完,我允许后面有人去帮我写。除了这种情况,我绝对不允许有人碰我的东西。我可以没有名气,我可以通过别的方式去生存,没有必要一定要通过这本书去吃饭。写作这件事在我的心里还是比较神圣的。

付晓菲:但那种无名小卒的作品迟迟推不出去,就像您刚才说有的作家平常也写得很辛苦,每天写很多,但是就是因为很多人不知道他的名字,他的作品就一直在排行榜的下面。

沧海明珠:这样的人太多了。你想,能够站出来的人太少了,估计连千分之一都不到。像我们网站,金牌作者三十几个。我问我们老板,我们网站一共有多少签约作者,老板也不知道。我们开年会的时候,金牌作者和银牌作者在一起有一百个人,但是下面还有铜牌签约驻站的这些作者,都是没办法统计的。一个编辑手里有几百个作者很正常。而且这些作者也都在流动,今天在这儿写,明天在那儿写,不太好统计。我身边有好多天天写很多字,但拿不到多少钱的

**大神的肖像**

人,有的就会把作品卖给人家,直接连版权什么都不要。因为赚不到钱,连署名权都不要。可是那还写什么啊?我觉得干脆就不用写了,好歹买断还有个署名权,我不能理解连署名权都没有了,这种事情,我觉得是侮辱。

马慧:网络文学很突出的一个特点就是分为男频和女频,您觉得这种划分方法是一种优点呢,还是缺点呢?作为一个女频小说作家,您有没有想过拉拢一些男性读者呢?

沧海明珠:有啊,我有男性读者。我的男性读者给我管着读者群啊。我们潇湘书院也有男作者,但是少,为什么呢?我原来读过一本书,说是我们女性和自己同性在一起的时候才有安全感。我不知道你们会不会有这种感觉,就是出差到一个陌生地方,如果身边都是男性的话,可能没有安全感,如果身边有几个女性,同样是陌生人,可能更有安全感一些。所以阅读可能也有这么一种心态在里面,男的和男的在一块儿,女的和女的在一块儿,但这样就会很单一。我们目前的困惑是越来越单一的读者要求也很难应对,我觉得这主要靠作者来引导,不要一味去附和读者的趣味,可能这与社会的分工也是有关系的。

# 以网络文学趣味重写民国历史
## ——金蝉访谈录

访谈人：

  金蝉，著名网络作家

  周志雄，山东师范大学教授

  孙敏、姚婷婷，山东师范大学文学院硕士研究生

访谈时间：2016 年 10 月 9 日

访谈地点：山东省烟台市栖霞市亭口镇解家口村

### 一、"我就是个地地道道的农民"

周志雄：您是从什么时候开始写作的？

金蝉：高中毕业之后。在读高中时，我的多篇作文被老师当作范文在各个班级进行传阅，但是此后我的文学道路不是太平坦。当作品在报纸上发表后，拿到稿费时，文学对我还有一丝丝的诱惑力，但是这种情况并不多。

周志雄：您拿到第一笔稿费是什么时候？

金蝉：大概是在 1987 年，在《烟台日报》上发表《赶集》，500 字左右，写农村里赶集的场景。当时的稿费是 4 元钱，那时 4 元钱大约能买 10 斤肉。

姚婷婷：您现在写作的收入怎么样？

金蝉：最多的一个月不过 2500 元左右，最少的在 1800 元左右。网络作家的收入悬殊，比如一些写女频的网络作家，她们的收入都很高，因为她们的受众群体是中小学生，中小学生花钱不大节制。但是在铁血读书上的读者基本上都在四五十岁，普遍比较理智，打赏几万块钱的事情基本上不可能有，另一方面，想糊弄读者这是根本不可能的，如果作品中所写的某些事件与历史事实出现偏差，他们就马上在评论中吐槽你。

姚婷婷：据报道，《世代枪王》写完以后，北京有人出 32 万元买版权，请您做第二编剧。

金蝉：电视剧拍出来后，画面上必须写上根据我的小说改编，有这个署名权，再就是付给我

影视版权的钱。《世代枪王》影视版权的收入对我来说是个大的补贴,这样下来平均一个月有上万块钱,但如果没有影视版权收入,只靠网上的普通稿费收入就觉得很低很低。我写《喋血先遣营》时,最初收入也不多,但获奖后感觉在面子和收入上有点安慰。一开始也没想到自己会获得这么大的成功,但成功来临后,觉得也没什么特别的。当时让我当编剧,说一个月给四五千,我认为这个钱还是少点。我可以继续往下写,如果再成功的话,还能有写作上的收入。但有很多人最后就变成编剧,自己把自己毁了。

周志雄:1987年您在做什么工作?

金蝉:我那时就是个地地道道的农民,现在我还是个农民。

周志雄:在您周围,有没有和您一样从事写作的人?

金蝉:很少,可以说几乎没有。有的人曾经写过,但是后来为生活所迫放弃了,尤其是写网络小说,首先要把生活过好,才能干此营生。

姚婷婷:刚才谈到您的受教育经历,您接受的是高中教育,对于您这一辈人来讲,高中已经算是很高的教育水平了。当时,您的家庭环境支持您上学吗?

金蝉:家庭环境不允许,社会环境也不支持。因为在当时,一般的年轻人都是倾向于出去打工,一天的收入在10元至20元钱。但是在冥冥之中,我有这种感觉,我现在不去挣这20元钱,以后我或者可以去赚30元、40元,甚至更多。对于文学,我始终都没有放弃。在我的家庭中,除了我的老婆支持我,其他人包括我的父母都不支持我,因为我写的这些东西对于他们来说没有什么实质性的帮助,我不能帮他们干活。

周志雄:为什么您的夫人一直支持您?

金蝉:她是我的知己啊。

姚婷婷:您认为接受教育水平的高低对文学创作而言是决定性因素吗?

金蝉:对于大多数人来说,接受教育对写作是有好处的,但是就我个人而言,我的写作主要取决于个人生活。我的写作素材都来源于生活,比如民间传说,或者是20世纪三四十年代发生的很多事情,这些事情我都有很深的印象。我觉得生活还是第一的,如果总写空洞的内容,读者也不是傻子,没那么容易被人牵着鼻子走。

周志雄:最开始的文学写作是出于爱好,在网络文学创作这条道路上您开始赚到钱是什么时候?

金蝉:我在网上写作,开始赚到的是每个月200元钱。当我赚到这200元钱时,我觉得我有更大的潜能,我要继续写作。大概在2008年,在好心情网站上,我曾经发过一篇《母亲》的文章,感动了很多人,人气异常火爆。在2009年后,我着手写长篇小说,我写的第一部长篇小说是《世代枪王》。当编辑问我可以写到多少字的时候,我大胆地说30万字,因为对于一位传统作家来说,30万字已经是很多了,但是编辑并不认可。编辑说:"如果要成为一部长篇小说的话,不能少于50万字。"我说那就写50万字吧。最终这部《世代枪王》写了300多万字。如果不是编辑催着截稿,估计我可以写到500万字。这就是网络文学的一种特点吧。

周志雄:这让我觉得网络小说就像拉面一样,您可以把它拉长,也可以把它压短。

金蝉:对。《喋血先遣营》我写了不到100万字,但我也可以把它写成200万字或者300万字。这部作品属于获奖性的作品,获奖性的作品太长了也不好。

姚婷婷:您当时为什么会想到要创作网络小说?

金蝉:虽然我是个农民,但我一直有一个文学梦。有了网络,我的文学梦才变成现实。

姚婷婷:在网上写作,您一般是个什么精神状态?

金蝉:在好心情网站上,或者是在铁血读书上,今天的故事写完之后,明天的故事如何展开,我没有一个大体的构想,但是到了这一步之后,我把它写出来了。再次回看自己写的故事,感觉写得挺好的,貌似这个故事不是自己写的。广大读者的欣赏力是很高的,不能随便地去迎合,写作者必须有自己的脊梁。

姚婷婷:您作品的第一个读者是谁?

金蝉:具体我不知道第一个读者是谁,当我看到点击量上来了之后,自己有一种莫名的高兴感。

姚婷婷:您的家人看您写的作品吗?

金蝉:很少。因为在平常我都已经将书中的故事跟她们说过了。我念大学的女儿有时候会看我的作品,她在空闲的时候看过我的作品,感觉写得不错,这也是对我的一种鼓励吧。

孙敏:您的写作对您女儿有什么影响吗?

金蝉:我的作品不写她们的生活,因为人与人不一样,在生活方面感受不一样,我的作品对我女儿应该影响不大。

孙敏:在您的写作历程中,有没有对您影响很大的人?

金蝉:基本上没有。有的读者会针对我的作品提出不一样的看法,但是我会依然按照自己的逻辑写下来。如果按照别人的逻辑写下去,适应了一部分人的口味,那么另一些人不一定喜欢。

姚婷婷:您觉得鲜花、红包与评论的多少会对您的创作心态有影响吗?

金蝉：鲜花和红包对我的创作心态一般是构不成什么影响的。我主要关心的还是点击率，点击率直接和我的收入相关。

孙敏：您平常喜欢阅读哪一类的书？

金蝉：说实话，如果说看书，四大名著我一遍都没有读到底，我会挑其中的开头和结尾进行阅读，但从来没有完整地看完一遍。我曾经自费订阅过十多年的《小说月刊》，这对我写作的语言风格的形成有很大的作用。

孙敏：您日常生活中如何安排时间？

金蝉：我一般早晨用来干些力所能及的农活，中午和下午用来写作，晚上再对自己写的作品进行修改、上传更新。我认为农村劳动与我的写作有一种相辅相成的关系。人要做到脑力劳动和体力劳动相协调，无论是写作还是从事其他的工作，首先得学会生活，一般我会利用下地劳动来调节生活节奏。我每天写作的时间是3到4个小时，有时需要借助一些历史事实来进行故事加工，需要对其中的年份进行查阅，不能将基本的事实搞混了。以前在新浪网上写1500字左右就很辛苦，但是后来在铁血读书上，每天更新3000至4000字，觉得很轻松，人还是需要一些压力的。

周志雄：有些作家有留存稿的习惯，您留存稿吗？

金蝉：我不喜欢存稿，我喜欢边写边上传。因为上传完之后，读者肯定会有反应，如果没有反应，也可以通过点击率来看一下读者是否喜欢这一段故事。如果读者喜欢，可以按照这个路子继续写下去；如果读者不喜欢，也可以在接下来的故事中进行相应的调整。很多作家在写作时都会准备相应的大纲，但是我在写作时，不喜欢准备大纲，我随时进行调整。

孙敏：您成为网络作家之后，生活上有什么变化吗？

金蝉：在生活上，首先就是经济上没有那么拮据了，其他的还是以一颗平常心去对待吧。

孙敏：除了写作，您还有其他的爱好吗？

金蝉：如果说爱好，我唯一的爱好应该是写作吧。

姚婷婷：您为什么选择"金蝉"作为您的笔名？

金蝉："金蝉"就是我们口中经常说的知了，这是一种季节性的物种，但是它的叫声很响亮。我认为哪怕我只写一天的小说，我也要写出自己的声音来，不同于别人。

姚婷婷：您写出《世代枪王》之后，读者对它的反应如何？

金蝉：很多读者都说，不知道今生能不能看完这一部作品，可能我这部作品写得有点长。

周志雄：您了解您的读者都有哪些人吗？

金蝉：有一些在岗的工人，也有一些学者和研究历史的人，他们都想在我的作品中得到自己需要的东西吧。他们的具体情况我不是很了解，但是我可以从他们的会话中猜出他们的身份。比如说我去革命烈士陵园，我一说我是谁，他们就说看过我写的书，并给我提出相应的意见。

周志雄：有没有读者提出来要为您建一个读者群？

金蝉：有，但是我没有答应，我并不认可这种东西。如果建立了读者群，可能现在的影响会大一些。

孙敏：您写作的灵感一般来源于哪里？

金蝉：当你看到一件事情时，会产生一些灵感，这些灵感会在你的脑海中挥之不去，甚至有可能保持一两年之久，直到你把它写出来。

孙敏：您在写作中有没有遭遇什么挫折？

金蝉：没有吧。因为有了一种写下去的信念，就会一直把它做到底，并不是说一定要从写作中获得什么东西，关键在于自己是不是想写。

周志雄：从中学时代作文受到好评到如今的网文创作，在这期间，您处于一种怎样的状态？

金蝉：作品完成之后没有地方发表，这对自己的打击也很大。中间也有五六年时间，在思考这条道路能不能进行下去，就把这段时间荒废了，所以我的写作并不是一帆风顺的。

周志雄：这期间您一直在家种地吗？

金蝉：高中毕业之后，我也并不想当一名头顶青天、面朝黄土的农民。我在造纸厂当一名化验员，但是后来辞职了，辞职之后就开始写文章了。

孙敏：您平常对传统文艺关注得多吗？

金蝉：我很喜欢传统文艺，比如说刘兰芳的评书《岳飞传》《杨家将》等。我的作品中曾经写到很多的人物，可能他们不识字，但是他们具有传统文化中的人格，这种人格很大程度上来源于评书。

孙敏：您认为长篇容易写，还是短篇容易写？

金蝉：短篇小说创作对于我来说一点都不费劲，但是对于网络作家来讲，写短篇没有收入，必须写一些长篇作品。

孙敏：您对自己的作品有怎样的评价？

金蝉：这个还没想过，我认为自己写的作品必须对社会有一种责任感，不能欺骗读者。

周志雄：您讲的这种作家的社会责任感，如何体现在写作中？

金蝉：这是一种以人民为导向的写作，为大多数人负责。以人民为导向的道路，是永远不会错的。人民的利益，是作家最大的导向。

## 二、"网络小说的最大特点是以故事见长"

姚婷婷：您写《血色桃花》时是如何构思这部作品的？是真有其事吗？

金蝉：人物是虚构的，但是故事是真实的。我的父母有个邻居，是一个村里的老太太，她是一名共产党员。当时的"还乡团"很凶残，你要是共产党，或者你帮着共产党说过一句好话，就可能被"还乡团"用镐头打死。那时的共产党员必须是不怕死的，"还乡团"让共产党员站出来，面对"还乡团"的威迫，那个老太太懦弱了。"还乡团"离开后，共产党的队伍回来了，她被迫脱党了，因为她没有共产党员的骨气。后来老太太回忆起这件事时，失声痛哭。这件事是我亲身经历的，对我的印象很深。

姚婷婷：为什么小说名字叫作《血色桃花》，是因为小说的主人公叫桃花吗？

金蝉：有两个原因，一个是主人公就叫作桃花，另一个是说当时的"还乡团"特别凶残。

姚婷婷：在小说开篇有对漫山遍野血红的桃花的描写，桃花在您心中是怎样一种形象？

金蝉：在我的心目中，桃花代表着胶东女儿的朴实和善良，代表着一种精神，这里边要表达很多的东西。

姚婷婷：桃花这样一个人应该是糅合了您对美好女性的想象，但是在真正的战争中，女人往往处在一种弱势地位。您怎么看您作品中的女性形象？

金蝉：我现在总结自己的作品，感觉我作品中写的女性是很不够的。我曾经很想改变这样一种状态，但还是力不从心，从心里感觉女性形象不好刻画。

周志雄：《传奇炮王》里的感情线索没怎么展开，描写女性的笔墨很少。其实框架都有了，炮王身边的几个女孩都很喜欢他，包括日本的那个女孩也投奔过来了，但是故事并不是很多。

金蝉：在《传奇炮王》里，我也想展开感情线索，但还是有很多顾虑和拘谨。这个故事的感情线索明明是连贯的，写到最后就有点自然消失的意思，不能有个始终。我现在写的故事一般场面很大，不会局限在几个人物或几件事上，我总是先看大致的角度，把它总结出来，人的性格就包含在其中。我写这些东西，希望作品能经得起历史的检验，我不想写一些完全想象、没有根据的东西。

周志雄：您在写作前是如何积累资料的？有些资料非常珍贵，您是如何得到的？

金蝉：很多资料并不是我在写作前就已经掌握了的，而是根据自己写作的需要去寻找的。小说大体的框架是清楚的，开始写什么，最后写什么，但其中的细节就需一边写作一边寻找。

我写的这些内容都是有来源的,而非自己幻想的,不像穿越类小说是凭空想象。

周志雄:我知道您做过很多实地调研。除此之外,您是去图书馆查资料,还是通过其他渠道来获得这些资料?

金蝉:一般是通过百度搜索了解得比较多,写的内容要让人相信,还必须有一些实地的考察。比如我写《烽火红军旗》,我就去了昆仑山考察。你必须接触实地环境,了解当地的风土人情。如果没有这些,写出来的东西就都是千篇一律的了。

周志雄:莫言也写抗战历史,他会去查县志,查当地的资料记载,您会去查县志吗?

金蝉:我和他们得到资料的渠道是不一样的,他们得到的资料很珍贵,我则主要从民间故事、民间传说中搜集,很多是一些细节上的材料。

周志雄:《烽火红军旗》在历史考证方面比《传奇炮王》《世代枪王》分量更加重了。

金蝉:是的,历史感比较厚重。《烽火红军旗》写得比较真实,经过了实地考察。照我现在的收入来说,大部分还是来自《传奇炮王》和《世代枪王》。

周志雄:从一个专业读者的角度看,《烽火红军旗》要比前面的作品写得好,您确实下力气了,但是在故事的畅快感方面不如《传奇炝王》和《世代枪王》。《烽火红军旗》的趣味性要弱一点,前面的作品收入好,可能是因为读者在消费故事。您谈到的历史史料您觉得很好,但可能读者觉得有一点就行了,当史料很多时,作品显得过于严肃,他们或许就会觉得作品不好看了,这就会影响作品的点击率。

金蝉:这方面我想过,可能是我写的内容在角度选择或叙事方法上需要改进。我昨天还和编辑说,红色革命题材的作品点击率让人提不起兴致来,收入让人脸红。铁血读书的编辑让我把三大战役中胶东支前的历史写下来,这个题材的历史厚重感是有了,但是我不敢写,因为这个题材的点击率和带来的收入很低。

周志雄:您已经在向专业作家靠拢了,这些作品写出来很有价值,但它需要有政府的扶持。如果政府每月给您发工资,您可以无顾虑地写。但现在,您要把作品拿到网上发表,以此获得收入养家糊口,写作就会受到限制。

金蝉:作为一个网络作家,你的作品如果在网络上点击率很低,就没法写下去。

姚婷婷:《血色桃花》写到了第76章,情节、人物都很引人入胜,最后却说"由于各种原因,此书就不再更新了"。为什么会停更?

金蝉:没有写完就是因为当时的网站找各种借口不给稿费,我一生气,就停更了。实际上《血色桃花》里边有《血色记忆》的情节,《血色记忆》也就是《血色桃花》的继续。

大神的肖像

  孙敏：您的《爱情鬼话》给我们一种《聊斋志异》的感觉，比如说结尾主人公秀的坟前死了两只狼。作品《烽火红军旗》也带有魔幻色彩，比如张静源的儿子啼哭这件事。我觉得这让您的作品显得很神秘，也很有意思，您对此怎么看呢？

  金蝉：我们在鲁迅文学院学习时提倡生活体验，我去过山东省的蒲松龄故居。蒲松龄是山东的一个大作家，我加一点《聊斋志异》的感觉进去就是希望作品有点多彩的意思，至于加得好不好，自己不能评价。

  孙敏：有读者认为《爱情鬼话》的中心思想不是很明确，您想借助这一短篇向读者表达怎样的思想？

  金蝉：《爱情鬼话》是一个探索性的短篇作品，我想以一种新奇的方式引起读者注意，但效果没有达到。我的写作不是一成不变的，而是处于不断调整之中。

  孙敏：《传奇炮王》第一卷开头几章回忆了放牛娃鱼头和放羊妹二丫合力斗恶狼的往事，您把两人斗狼的过程描写得栩栩如生，让读者身临其境。您对狼非常了解，比如，"打狼打它的脑袋是不行的，只有攻击狼的腿，狼的腿脆如秫秸，一打就断……"，这些关于狼的知识，您是如何得来的？

  金蝉：对狼的了解多是从老人们讲的故事中知道的。在我们这一带是有狼的，狼很狡猾，这些都是老人们总结的东西，我不过是把它写到作品里。

  孙敏：同样是描写抗日战争，莫言的作品如《红高粱》《丰乳肥臀》的描写显得很血腥，而您的小说《传奇炮王》让人读起来感觉很轻松。您如何看待莫言的作品？

  金蝉：与个人的风格有关，不一样的人写出的东西绝对是不一样的口味。

  姚婷婷：能谈谈您创作《世代枪王》这部作品最初的想法吗？

  金蝉：最初的想法就是写我们当地的故事。我们当地打猎的人很多，而且这些打猎的多是当地的抗日骨干，这可以说是来自实地生活。

  周志雄：在当地是不是还有一些当年上过战场且至今仍在的老人？

  金蝉：已经没有了，我的父亲差不多是我们村活得最长的人，他活到 97 岁，在他去世时，同龄人已没有了。

  姚婷婷：《世代枪王》电视剧改编进展如何？

  金蝉：编剧把改编的第一稿、第二稿都拿给我看了，但我很不满意，因为很多细节脱离了生活实际。

  周志雄：这个编剧是哪里的？

金蝉：这个编剧好像是刚出校园的,几个编剧写的东西我都不满意。

周志雄：您把影视版权卖出去了吗?

金蝉：是的,但出版权还在我手里。

周志雄：您还没有出书?

金蝉：是的。

周志雄：电视剧大约什么时候出来?

金蝉：一开始是北京的一家影视公司买下了版权,然后被卖给了另外一家公司。这家公司前两年改编一个抗美援朝的作品赔了,现在把我的作品卖给了广东的一家公司,现在处于挑选演员的阶段。

周志雄：电视剧对您的作品有宣传作用,电视剧播出后,通过出版社出书,书的发行量就会上去。

金蝉：铁血读书就是这么运作的。

姚婷婷：《世代枪王》受到了电视剧市场的青睐,您觉得它和您以前的作品之间的最大区别是什么?

金蝉：我觉得没什么区别,因为我之前都没写过长篇,这是我写的第一部长篇小说。

孙敏：请问《烽火红军旗》的写作构想是什么?

金蝉：我准备把它写成上下两集。第一集就是把红军旗竖起来,第二集就是抗日。根据我小说开头的介绍,就是写胶东走出三个抗日将军这段历史。

孙敏：我觉得《烽火红军旗》的语言特别像说书,娓娓道来,特别是每一章最后都有种"欲知后事如何,且听下回分解"的味道。

周志雄：其实不光这部作品,您别的作品也都有这个特点,情节的连贯性很强,前面的故事刚结束还不容读者喘息,马上紧张的故事接着又来了。您的小说中还有对战争形势和整体历史的描述,接着就像放电影一样,一开始是俯瞰的长镜头,然后镜头慢慢推进到某个村庄的某个屋子里,最后落实到某个人物身上。

金蝉：也是一种手法吧。如果没有这种手法,读者不可能跟着你一步步读下来。现在的读者不是那么好骗的,所以在故事上应尽量精彩,吸引人一点,尤其在故事的关键时刻设置很重要,吸引读者想知道故事接下来的走向,就是一种手法。

孙敏：《烽火红军旗》的叙事是按照时间顺序,并且时间跨越很长,作品总体上并没有固定的主人公,时间向前延伸,主要人物和主要事件也随之更迭。我觉得这样会使人物与故事叙述

大神的肖像

都不够充分,您是怎么考虑的?

金蝉:网络小说并不像传统小说那样以刻画人物为主,网络小说的最大特点是以故事见长,人物可以写得有特点些,但不一定要太丰满。如果故事不精彩,就会"掉粉",人物就算再丰满也吸引不住读者。

孙敏:《烽火红军旗》这部小说的人物很多且很杂,您是如何厘清这些人物关系的?

金蝉:人物很多,但有些人物可以随时出现、随时消失,因为生活本身就是如此,可能今天这个人出现了,第二天这个人就不存在了。这个故事时间跨度大,所以就不可能局限在几个人身上,毕竟时间是不允许的。

孙敏:作为一名女性读者,我觉得《烽火红军旗》还要加进一些儿女情长的情感纠葛,那样会更感人,但男性读者可能又会觉得这样有些婆婆妈妈。您怎么看待这个问题的呢?

金蝉:这和作品发表的网站有关系,铁血读书的男性读者较多,如果儿女情长太多了,它就不合适了。

周志雄:您看过金庸的小说吗?

金蝉:我基本上没看过金庸的小说,《封神榜》什么的我也没看过,我很少看书。

周志雄:金庸的小说在这方面分寸把握得很好,像《射雕英雄传》《神雕侠侣》,在武侠中言情,就写得很好。

金蝉:是的,到现在也没人写武侠小说能超过金庸。唐家三少的玄幻小说影响也很大,我曾经在网上搜索他的作品阅读,但有隔行如隔山的感觉。

周志雄:是的,完全不是一个套路。

金蝉:但他的收入很高,大概是全国最高的。

周志雄:是的,现在已经上亿了,他现在有公司运作。他的读者群主要是中小学生,群体大。唐家三少的定位很清晰,作品写得很干净,满满的都是正能量,可以给任何人看,作品的故事性也很强。

金蝉:我和他的套路不一样,看起来就格格不入。

孙敏:您作品的女性读者多吗?

金蝉:有女性读者,多不多我不知道。因为我不建群,和读者也没什么交流。我觉得建群的话会有很多人发表意见,说这个情节应该怎么写、不应该怎么写,如果太关注读者的话,写作就会失去自我。

孙敏:《烽火红军旗》前十几章中一些人物介绍很烦琐,这是在"灌水"吗?

金蝉：有些内容写起来字数有些多，可能也有一些这方面的考虑吧。

姚婷婷：您的作品《喋血先遣营》中有李延年、董万财、解仁贵等人物，这些人物形象在生活中有原型吗？

金蝉：根据我的调查来说，这些人物都是可以找出几个原型来的。1947年地主"还乡团"回来杀人，这是真的。就比如说在我老婆的村庄，她们村很小，现在也不过百户，但她们村的地主当时就准备回来杀几户人家，幸好最后没有回来。

姚婷婷：在作品中，董万财这个人物很偏激，您如何看待这个人物形象？

金蝉：就现在社会来说，偏激有可能是好事，也有可能是坏事。就说我们村的一个地主，有个大院，这个院子有四座炮楼，当年有四个家丁在大门站岗，不过现在大门都塌了。

姚婷婷：炮楼现在还有吗？

金蝉：应该拆了吧，约莫还能看出些遗迹，从炮楼的洞口还能掏出子弹壳来。

姚婷婷：一般军事题材的作品，主题通常是反映革命战争、军人责任之类的。您在《喋血先遣营》这部作品中将主题深化为人性与家的回归，您是如何考虑的？

金蝉：其实我在这部作品里想表达的内容还没有表达充分。不管你是国民党还是共产党，最后还是得回到人性上。为什么最后结尾说国民党军人也回到了家乡？你年轻时可能会因为一时心情做一些事，但最后你老了的时候，回归到人性方面，你可能就会对以前做的事有所反思。最后结尾还是反映人性，但我觉得自己表达得还不是十分充分。

### 三、"以现代人的眼光重写历史"

姚婷婷：您在一次访谈中的回答让我特别感动。您说："我觉得作为我们这一代的人，在自己有能力的情况下，应该把那一段特殊的历史记录下来。我希望后代子孙，都能多了解一些过去的故事，能更多体会到现在幸福生活的来之不易。"所以您就想以自己的笔、自己的心、自己的理解，把这段历史尽可能地真实地记录下来。

金蝉：就是不想让年轻人面临像一些国家那样，国家处于混乱之中的状况。

孙敏：您有没有比较喜欢的作家，包括网络作家和传统作家？

金蝉：传统作家我比较喜欢莫言，但不太认可他后期的作品，我喜欢他的语言，喜欢其情节、故事，但对其作品中的一些价值观还是有些看法的。我没太看过其他网络作家的作品。

孙敏：您跟其他网络作家有过交流吗？跟他们在交往过程中有没有一些新的收获？

金蝉：有交流，但交流只限于人际交流，在创作上没有交流，因为我们写的都不是一样的东西。我认识济南的一个作家，他写的是历史小说，交流中多多少少有一些收获。

大神的肖像

孙敏：您在2012年4月参加了鲁迅文学院第五期网络文学作家培训班，时隔4年，您觉得这个培训班对您近几年的写作有影响吗？

金蝉：参加鲁院的培训班，对我来说至少是提高了知名度，如果没参加培训班，也没有后来的知名度。

孙敏：您觉得比起4年前的自己，现在有什么进步？

金蝉：具体什么进步，自己也说不清楚，现在起码能把作品写得更好些。要对得起自己，要越写越好，只能往上升，不能往下掉。

孙敏：网络作家来自各行各业，大部分是兼职写作，收入悬殊也很大，您所了解的大部分网络作家的写作境况是什么样的？

金蝉：据我所知，收入上一个月在10万、20万的比较多，但两三万的也说得过去。像我这样，刚刚能糊口的还是绝大多数。完全能靠网络写作吃饭的全国有3000多人，他们可以不工作，靠网络写作吃饭，所以很多人想靠网络写作生存是不现实的。

孙敏：您如何看网络作家排行榜？

金蝉：心向往之，但还是离得很遥远。

周志雄：铁血读书上作家的收入状况整体上怎么样？

金蝉：在铁血读书上像我这样就是高收入了，很多都是写作的收入不及工作的收入。铁血读书的作者大部分是四五十岁的，三四十岁的就是很年轻的。年轻的作者写的作品遭吐槽太严重了，他们本身的生活阅历就少，写出的东西特别不能让人接受。

周志雄：就是历史了解得太少，写不了这类作品。

金蝉：对啊。写穿越作品的作者就对历史了解得少，就是这条路走不通，就走另外一条路。

姚婷婷：很多网络作家都是兼职写作、业余写作，您如何看待爱好与职业的关系？

金蝉：这个因人而异，因为很多作家都是从兼职写作走出来的，写好了就把工作辞了。

姚婷婷：为什么选择铁血读书来连载您的作品？就因为它是个军事类题材的文学网站吗？

金蝉：我一开始并没想这些，刚开始是在好心情网站，我还去过起点、新浪。在新浪上我写了《血色记忆》，这部作品从建网到2012年在排行榜上排到22名。但当我要稿费时，他们什么反应也没有，就是白白地给他们增加点击率，所以我第二部作品就不在那写了。其实我是先去了铁血读书，因为我是个新作者，铁血读书不太关注我，我就去新浪了，去新浪后特别火，在新浪上写《血色记忆》时，作品一发就马上被标为红色。新浪网当时有两篇作品标为红色，其中一篇就是我的。我在新浪网写火了以后，铁血读书就特别关心我，所以我就去铁血读书写第二部作品了。铁血读书的编辑说,金蝉可算回来了,回来是件值得庆贺的事。我就开始在铁血读书上写《世代枪王》,现在我和铁血读书建立了很铁的关系,桌子上的那个小飞机就是他们送的。

姚婷婷:您对当下的文学网站是如何看的?

金蝉:我对其他网站不太了解,但我认为铁血读书还是比较负责的。

周志雄:您现在是铁血读书的签约作家,您在和他们签约时有没有约定实体书的出版权在您手里还是在网站?

金蝉:实体书的版权都在网站那边,他们和我说,电视剧一出来实体书就会出来,实体书借助电视剧的形势去运作。

周志雄:您这就相当于全版权运营,电视的改编权、实体书的出版权、游戏的改编权都给了他们吗?

金蝉:是的。这属于A级签约,B级签约的话你可以留下个影视改编权或实体书出版权,关键是运作和写作没有关系,我没有时间弄这些。

孙敏:您觉得网络文学的优点和缺点是什么?

金蝉:关于批评的声音,我听到的并不多,但也不是没有。我觉得有些人说的话就完全是恶意的,一开始就排斥,他就来攻击你。

周志雄:您的作品有多重元素,包括抗战历史、民间故事、英雄传奇、当代视角、民间智慧、知识介绍等等,您的小说有《铁道游击队》《敌后武工队》《苦菜花》等作品的意味,但又有新的变化,简单概括就是您用当代视角、网络文学趣味重写民国历史,重写抗战史。那么在艺术旨趣上您是如何考虑的?

金蝉:我在这方面的考虑就是,以现代人的眼光重写历史,有时我会插上一句,现在看怎么样怎么样,完全就是从现代人的视角来重新审视历史。比如《烽火红军旗》,不是遵照历史书的定型,而是用咱自己的眼光来重新看这段历史。

孙敏:与同类作品相比,您认为自己的独特之处在哪里?

金蝉:我认为关键是真实。

周志雄:您的作品,像《传奇炮王》《世代枪王》,主角有指挥才能,是无师自通的,如炮王本来是个放牛娃,但很有头脑,善于观察形势,也知道怎么去应对各种困境。主角很聪明,故事读起来很有趣,我认为有种民间智慧在里面,这就是小说的趣味。故事为什么好看呢?就是主人公很聪明,阅读时读者能学习主人公的智慧。这可能和您喜欢评书和民间故事有关,因为评书、民间故事总是讲一些聪明人的故事。加上您的当代视角,重新审视抗战历史,将一些已经解秘的资料写到故事中,让大家在读故事的过程中不自觉重新认识历史。以此来看,您的小说是有高度的,这完全是以一种新的网络小说的方式对抗战历史进行重新书写,这和《红旗谱》《红高粱》《白鹿原》不一样,我觉得这个是很重要的。

金蝉:这就是一代人有一代人的视角,有可能下一代人在重新写这段历史时又能看出新的东西,我认为这就是文学的生命力。

孙敏:我觉得您的作品还有一些比较明显的网文元素,就比如刚才老师提到的《传奇炮王》中炮王从一个放牛娃成长起来,这是典型的主角光环。

金蝉:是的。我尽量把所写的内容打磨得很光滑,尽量有故事性,让故事更有趣味性。网文最大的特点就是故事性,没有故事性,趣味性太高的话就有点滑稽。

孙敏:您读过当代军事题材的作品吗,比如《林海雪原》《高山下的花环》等?您认为网络军事文学作品和传统军事文学作品有什么不同之处?

金蝉:我看过《高山下的花环》,当时很火,如果现在放在网上可能不会这样。我认为那时的军事文学作品和现在的军事文学作品还是有差别的,因为那时他们写的作品可能并不一定是他们真正想表达的,但我们现在写的网文作品,并不是你让我写什么我就写什么,现在写什么都是自由的,现在的写作是我不说这个心里就不痛快。

周志雄:您的作品是积极、主流、正面的。

金蝉:因为历史事件就和人一样,有一句话不是说,"人的一半是天使,另一半是魔鬼"。如果只看负面,就没有一个好人。有些东西可以说,有些能不说还是尽量不说。

周志雄:这可能也是网文的一个特点,不能把作品写得太复杂,不能把光明面和黑暗面交织在一起。

金蝉:有些内容只可意会。

姚婷婷:您最喜欢和推崇的军事题材的电视剧是哪一部?

金蝉:我喜欢表现历史事件的电视剧,比如描写台儿庄大战或者描写红军腊子口战役的,我能认认真真地把每个事件都研究清楚,但如果是穿越题材的,只会让我越来越混乱,所以我几乎不看穿越题材的影视剧。

姚婷婷:针对读书和写作,您对大学生有什么建议?

金蝉:我的建议就是读书要读真实的书、历史的书,不要去读那些经过加工的书。

周志雄:我读您的小说《传奇炮王》,里面有一段用了网络语言:"猪毛老大见得多了,猪毛老大都跟他们打过交道,总的一句话——没有一个好东西。他们背信弃义,对外卑躬屈膝,对内强权压制,你跟他讲道理,他跟你耍流氓;你跟他耍流氓,他跟你讲法制;你跟他讲法制,他跟你讲政治;你跟他讲政治,他跟你讲国情;你跟他讲国情,他跟你讲接轨;你跟他讲接轨,他跟你讲文化;你跟他讲文化,他跟你讲老子;你跟他讲老子,他跟你装孙子!你跟他装孙子,他跟你讲道理。"这其实是个网络段子,您的语言其实是有多种风格的,总体上叙述的语言是比较平直的,但也有很幽默的语言。在您的理解中,网络小说的语言应该是怎样的?

金蝉:我的理解就是不能太古板,比如写抗战小说不能完全以当时的眼光、当时的判断,必须在其中加入一些现代人的思想。比如刚才这个段子,就能起到吸引读者的作用。

周志雄:我在其他地方也看到过类似的段子,这是您自己编的还是引用他人的?

金蝉:这是我引用过来的,自己也没有时间编这么长的段子。

周志雄:您的一些作品中也有些很文气的语言,如在您的短篇作品里,语言还是很精致的,常引用古诗词,能从中看出您的文学情怀,我觉得您的短篇作品跟长篇小说还有点不一样。

金蝉:短篇就是你写1000字就几个事件,你把它反复锤炼,甚至思考每一个标点符号,这是短篇作品的语言打磨,但是网络长篇小说需要每天更新,不可能把每句话都拿出来锤炼几遍。

周志雄:您在写作过程中是如何调整自己的写作的?

金蝉:我的写作自始至终都是根据点击率来调整,如果这部作品的点击率达到1万的话,说明这部作品还行,如果连续几天都是这个点击率的话,可以照这样继续写下去,如果是今天1万,明后天只有几千,或者就掉到了几百、几十,就得考虑考虑了。

周志雄:您对点击率有没有一个规律性的总结,比如写到什么情况下点击率较高,写到什么情况下点击率会下降?

金蝉:在写到10万字之前,点击率有可能很高;开始收费了,点击率可能达到顶峰;再之后就比较平稳。如果能一直平稳地到最后,就说明这个作品写得很成功了。

孙敏:您的小说都是按照时间顺序,一个故事一个故事地叙述,您对小说结构如何理解?

金蝉:我写小说一般都是根据时间的走向,比如我想把这个小说从1937年写到1945年,我就根据时间往下写,这样读者读起来不至于混乱。

孙敏:到目前为止,您觉得您比较成功的作品是哪部,是《世代枪王》吗?

金蝉:《世代枪王》的收入比较好,但我觉得最成功的还是手上在写的这部《烽火红军旗》吧。

大神的肖像

孙敏：有没有成功的写作经验可以和我们分享？

金蝉：我写网络作品可能跟别人不一样，有人把大纲很详细地写出来，我不会这样做，一般我都是想好开头、结尾、人物的结局，就开始写了，其中的故事要靠自己的生活经历或想象去展开。

孙敏：到目前为止，您有没有自己感到不满意的作品？

金蝉：怎么说呢？自己写出来的东西就像自己的孩子，看看这个不错，看看那个也挺好，就是这种感觉。

孙敏：您觉得写好一个故事最重要的是构思、写作技巧还是语言或其他的什么？

金蝉：我觉得最重要的是构思，网络作品关键在构思。空洞无物的只靠语言堆砌的作品，我想就没人看了。

孙敏：您有没有什么特别的写作技巧？

金蝉：我没有刻意追求什么特别的技巧，可能有一点，就是你们刚才提到的"欲知后事如何，且听下回分解"吧，就这么一点技巧。

姚婷婷：您刚才说到您写作时都是先想开头、结尾、人物的结局，有没有这种情况，就是写着写着人物的性格不受控制了，有了自己的发展，还是您会继续把他往预想的方向写？

金蝉：我一般不会让人物牵着鼻子走，一般是在框架之内。写作首先有个大的框架，在这个大的空间里自由地构思、想象，这就是宽度和强度的关系。

姚婷婷：您的作品中许多栩栩如生的胶东儿女的角色都给广大读者留下了很深的印象，农村生活或者本土文化对您的写作有什么影响？

金蝉：农村生活和本土文化在我的作品中体现出来就是一个脚踏实地吧。这个东西不是空中楼阁，我写这个故事如果没有事实来支撑的话，自己就觉得心很虚，好像自己是一个撒谎的人，那样的语言、行为都不是真实的。

姚婷婷：您的作品《传奇炮王》《烽火红军旗》《喋血先遣营》都是军事类作品，以后的创作会不会转变写作方向，尝试创作其他题材？

金蝉：也有可能吧，因为写红色题材的作品点击率比较低，收入也不怎么样。可能我写完《烽火红军旗》后会再写一部抗日的，但这部抗日的作品肯定不会再和《世代枪王》《传奇炮王》一样，会在叙事的角度、人物刻画方面有些突破。

姚婷婷：莫言把家乡高密东北地区当作故事的根据地，您会继续写胶东地区的生活史吗？

金蝉：对。我原计划写完《烽火红军旗》后就写胶东支前，但《烽火红军旗》的收入又让我对这个计划有些犹豫。如果找不到一个好的角度、好的方法,有可能就放弃。桌子上那本书是我去考察时别人送给我的内部资料,有了这个资料,写起来就容易些。

大神的肖像

# "我想把重口味小说发扬光大"
## ——蜘蛛访谈录

**访谈人：**

  蜘蛛，著名网络作家

  周志雄，山东师范大学文学院教授

  孙敏、姚婷婷、韩晓、刘振玲、江秀廷等，山东师范大学文学院硕士研究生

**访谈时间：** 2016 年 4 月 28 日

**访谈地点：** 山东师范大学千佛山校区教学三楼 3317

### 一、"我小时候特别爱读书"

**周志雄：** 你是如何走上文学创作这条路的？

**蜘蛛：** 我 1978 年出生，那时候没有什么娱乐活动。小时候特别爱读书，我常爬到树上去读书，读《儿童文学》《少年文艺》，到了初中以后就读金庸、古龙、琼瑶等人的小说。我把这些书读完以后就开始读地摊上那些盗版的世界名著。大概在初中的时候，因为追一个女孩儿，我给那个女孩儿写情书。我那时候写情书，跟现在在网络上写连载小说一样，今天写一段，明天写一段。因为看的书比较多，我也知道改头换面把莎士比亚的一些句子放在情书里面。我记得特别清楚，有时候会故意地弹上那么一点儿烟灰，有时候还会洒上几滴水，那些被水打湿的字迹让那个女孩儿误以为我已经哭过了。我不知道为什么会这样做，但这是我自己的真实经历。我最初的创作就是从写情书开始的，我认为写情书就是最初的、最原始的创作动力，因为想通过自己的文字来感动读者。当然，这个读者是一个人。

  后来从哪一年开始的我想不起来了，在我朋友家的葡萄树下面，我突然想到我要当一个作家，于是开始给一些纯文学刊物投稿。那时候还流行退稿信，一个老编辑给我的回信最后两个字是：变态！因为我写的是个变态的故事。他还对我个人提出批评："变态的人、变态的内心写出了变态的故事。"这对我打击挺大的，从此以后我也不再投稿了。有一天我路过一个网吧，我走了进去，那时候上网就是聊天，有网易聊天室。聊天得先起个名字啊，我就在键盘上随便敲，

然后弹出来"蜘蛛"两个字,这是我的第一个网名,从此我没有换过网名,这也是我现在的笔名。

周志雄:你的两篇作品中都有这么一段话:"我是一只蜘蛛,在这网络文学里我和几只苍蝇打架,你不要走开,也别来帮我,我喜欢你,想为你做件事。看,我已经掐住了他的脖子,我多么勇敢,要把这么大份礼物献给你。"这段话解释了"蜘蛛"这个笔名的意味,就是你要做网上的主人。

蜘蛛:其实呢,我真的就是随意地敲了这个名字,没有什么特别的、深刻的含义,可能就是一种天意,正好叫蜘蛛,喜欢上网,在网上写作,这是天意不可违,这是天命。

周志雄:你的《备忘录》中的"我"(姚远)高二就辍学了,开始在社会上混,玩游戏、追女孩、打架,到北京打工、当司机、抓坏人,这篇小说中有哪些来自你的生活实际?

蜘蛛:我那时候确实就是一个"愤青",这段经历在书里都写了,书里有关我童年、少年的东西差不多都是真实的。后来就开始虚构了,包括那些职业啊,婚姻啊,都是虚构的。

周志雄:你拿到第一笔稿费是什么时候?

蜘蛛:拿第一笔稿费应该就是榕树下发短篇《这个杂种》,入选了榕树下图书工作室选编的《2000中国年度最佳网络文学》,有两三百元。

周志雄:网上介绍你的《十宗罪》有泰国版和越南版,《罪全书》和《秦书》在台湾也出了繁体版,可以说说你的作品版税情况吗?

蜘蛛:我一直从事专职写作,有长达十几年收入寥寥,我常给杂志、报纸写稿,给《女友》《少男少女》都写过,不时有几十块的稿费,那根本不算收入,而我写这些东西的目的就是赚稿费。当然,有些杂志像《百花》《知音》的稿费会比较高。我这种状态一直持续了十年,一直到2008年出版《罪全书》,那是我收到的第一大笔稿费,大概有5万块。到了2010年开始写《十宗罪》,一直到现在,写到了《十宗罪5》,因为这本书,我的生活有较大的改变。到现在为止,按照出版社给我发稿费的情况,《十宗罪》系列销量破100万册,200多万册的稿费至少是400万,影视版权卖了三四百万吧。还有电子版权、动漫版权,反正所有能卖的版权我都把它给卖了。这算是一个财产公示。

周志雄:谢谢你把你的"秘密"都跟大家分享了。你的书在泰国、越南的版权是什么情况?

蜘蛛:这一块儿版税并不是很高,因为这些国家太小了,它们的书能够卖到1万册都属于畅销书,所以版税不多。尽管版税不多,但要用美元结算。我记得泰国的版税陆陆续续有1000美元左右。台湾地区的繁体版到现在也在销售,也在台湾的畅销书榜上面。有一个老导演在书店里的畅销书榜上看到了这本书,他挺喜欢我的书,于是让他的助理联系到了我。他现在正

大神的肖像

在拍我的《十宗罪》里的一个故事，叫《娃脸老太》。他还花了20万买了《十宗罪》中一个故事的电影版权。

周志雄：你刚才说有十几年你基本没有收入，在这期间你做什么工作？

蜘蛛：我打过工，做过图书馆管理员，也摆过地摊儿。当然，这些都不是我想干的，只是刚开始步入社会，必须经历这些磨难。

周志雄：我知道你一开始在天涯论坛上写作，后来做天涯论坛的一个版主，2012年参加过天涯的年会。网络文学早期有三个重要的网站：榕树下、天涯、起点。请你谈一谈对天涯这个网站的看法，讲讲你在天涯上写作以及与网友之间交往的趣事。

蜘蛛：我上网是从最早的聊天开始的，聊来聊去总有烦的时候，然后自己开始有意识地去一些文学性的论坛，当时有网易小说、清韵书院、天涯等。刚开始去天涯的感觉挺好。有人发一首小诗，底下有评论写得好的，也有评论写得烂的，然后双方就互相掐架，互相"拍砖"，之后很多人就开始吵架。最初天涯是有自由讨论的氛围，它没有拍马屁，没有故意地不喜欢你，你的作品好我就来欣赏你。我从2000年注册天涯账号到现在一直在那儿，人到中年也比较怀旧，当然也发生了一些比较有趣的事情。2002年是我最怀念的一个具有文学交流氛围的年代，我和江南、安妮宝贝、俞白眉、宁肯等在一个论坛里面玩儿，我们当时互相掐架，互相喜欢，互相欣赏。我当时主要攻击的对手是安妮宝贝，我也不知道为什么就那么讨厌她的作品，不喜欢她那种颓废的风格。王朔也去过天涯论坛，上海的陈村老师也在那儿混。我当时就喜欢"欺负"安妮宝贝，至于其他的趣事儿，比如几天几夜不睡觉和人掐架。我自己有一个"部队"，我注册了几十个"马甲"，这一批"马甲"是我的支持者，另一批"马甲"是我的反对者，当然还有中立的，且不能让别人看出来这些人是我的"马甲"，还得让这些"马甲"维护我这个主人的利益。反正网络上别人干过的那些事儿我都干过。

周志雄：读到一篇你"欺负"安妮宝贝的文章，题目是《网络文学简史》，文中写道："总之小资最大的特点就是虚假，安妮按自己的方式漂泊、流浪，安妮是不是应该想想给这大河形成宽广流长的源头——生活，哪怕用一袋烟的工夫思考一下，尝试着把以下闪光的词语加到你的小说中去：柴米油盐、吃喝拉撒、男耕女织、婚丧嫁娶……安妮宝贝的写作视野狭隘，看得见风花雪月，看不见苦难的芸芸众生，她可以收留一只流浪的小狗，却对墙角哆嗦的乞丐视而不见。"确实写得有点意思。接着刚才的问题，请你谈谈在天涯做版主的情况。

蜘蛛：天涯的版主是义务的，不会给你发工资。天涯之所以有今天，是因为天涯让版主来管理作者和读者，版主从作者和读者中产生。如果你想当版主，你就发一个帖子说一下你将来当版主的规划策略,怎么把这一块发展壮大,怎么吸引出版商到我们这儿来挑选自己的书,有点儿像竞选演讲。有时候好几个人争一个版主的位置,有的读者会给你顶帖,他会说,我支持你,你干吧!天涯方面也会进行一个考核,看你是否适合担任版主。像"天涯杂谈"的版主,他不亚于一个厂办主任,有很多人给他钱让他去删帖子,或者是给他钱让他给自己的帖子打一个红脸。那些帖子都涉及民生、企业,甚至涉及某个官员,因为"天涯杂谈"是一个爆料的版块。"舞文弄墨吧"是一个文学版块,当然也有一些出版商让我们推一下他们出版的书,给我们钱,但是那点儿钱咱们还真看不到眼里,所以推荐的一些精品帖子都是自己喜欢的。现在我也有点儿厌倦了当版主,我说我不干了,天涯还不同意,你不干谁干?就在那儿挂着。

周志雄:我看到有一个攻击你的帖子,这个帖子是这样写的:"《罪全书》里通篇都是百度搜索出来的罪行汇编,但没有你生活的经历,你完全是坐在家里胡编乱造。"你怎么看这个帖子?

蜘蛛:那时候版主还有一个作用,就是给论坛里的那些网友提供一个谩骂的目标。一个没有被人骂过的版主,他一定不是一个好版主。你想,有的人之所以骂你,就是因为你是版主,没有别的原因。像刚才那个帖子吧,我也不知道是怎么回事,既然他批评我、指责我,他肯定会寻找一些对他有利的东西,该捡砖头就捡砖头,然后往我头上招呼,就是一种网络娱乐方式。

周志雄:在天涯上当版主没有报酬,如果你在起点上写,情况就会完全不同了,你怎么没有想过到起点上去发文章?

蜘蛛:我去过起点,那时候起点上也不是发上去就有钱,我也尝试过写那种几百万字的长篇小说,我发现自己干不了这活儿,然后就落荒而逃。也是从那时候开始,我琢磨自己应该写点什么,琢磨来琢磨去,就写成了《十宗罪》这种短篇集。

周志雄:你曾经在鲁迅文学院学习过,请你谈谈学习的收获。

蜘蛛:就是认识了一些朋友和老师,扩大了自己的人脉关系。对我来说,需要加强的就是文艺理论方面的知识,有的课我认认真真地去听了,我发现我是一个写小说的,我也不当评论家,加强理论修养需要经过很多年的学习和积累,所以我就放弃了,就好好写小说得了。

周志雄:你刚才讲认识了很多朋友,你来往比较密切的作家朋友有哪些?

蜘蛛:我和悬疑圈的所有作家差不多都交往过,就说在一起喝过酒的吧,有天下霸唱、南派三叔、蔡骏等。

周志雄:你怎么看待天下霸唱、南派三叔、蔡骏的写作?

蜘蛛:我的性格还真不适合表扬,说实话南派三叔的书我看了一些,《盗墓笔记》写得挺好,蔡骏最早的书我觉得写得挺好。

周志雄：你的《秦书》在天涯上做宣传时，留了很多的 QQ 群号，这些群是你自己打理吗？

蜘蛛：我建立了几十个 QQ 群，我没有精力管理，就让我的铁杆粉丝来管理那些不是我的铁杆粉丝的人，然后把这些铁杆粉丝放到一个管理群里，就是类似金字塔的一个结构。

周志雄：你在写作之余有什么爱好吗？

蜘蛛：爱好就是看书，每天不看书就难受，还喜欢钓鱼、下棋，有时会开车自驾游，然后就是喝酒，也算是一个爱好吧。

## 二、"我找到了自己擅长写的内容"

周志雄：从你的创作道路可以看到，你在写作过程中，慢慢找到了适合自己的方向，请你谈一谈你在写作过程中关键性的突破。

蜘蛛：第一个突破是从上网开始的那一刻看到网络小说，看到网络这么一个平台，那一刻拓展了我的写作视野，因为在这之前我也有写在稿纸上投稿的这种阶段。第二个突破是来自生活和家庭的压力，写了好多年纯文学的作品，自己已结婚生子，还要继续写下去，并且已经树立了要写一辈子的目标。你看到自己的孩子、老婆的时候就会产生一个想法，怎么样能够通过自己的写作来使自己的家人生活得更好？这种转变对我来说是绕了十几年的弯路才绕过来的。

周志雄：你来山师前准备了一个演讲题目——《网络作家的生存之道》，请就这个题目跟大家谈谈。

蜘蛛：所谓生存，用最接地气的说法就是赚钱，这个命题就是网络写手怎么赚钱。我的经验就是你想要赚钱，就得写出畅销书。你写网文，就得吸引读者，让自己的订阅数量越来越多。比如你写了爱情小说，能够让人感动到掉泪，你写了幽默小说，能够让人看了捧腹大笑，那么就差不多接近生存之道了。

周志雄：我读到你早期的一篇网文，题目是《拉拉手就到高潮》。这是一篇写网恋的作品，是痞子蔡的《第一次亲密接触》那个年代的写作风格。语言很唯美，有些语言还很俏皮。那个故事写得有点意思，结局是女孩儿要出国了，她留下一封信，就是《我的野蛮女友》那个套路，把它装在一个瓶子里面，埋到一棵树下，然后这个男孩儿没等那个女孩儿走就把这个瓶子取出来了，信上说"你要等着我，等着我回来"。你对这篇作品还有印象吧？

蜘蛛：有印象。这篇作品足以证明我自己差点儿写了青春文学。写这篇作品的时候就是想写一个网恋的故事，我觉得好像很多上网的人都经历过网恋这么一个阶段，也有我的生活的影子在里面，当然，虚构的成分比较大。

周志雄：你刚才谈到你的小说《这个杂种》，这部小说有点莫言的小说《红高粱》的味道，小说讲述"我"爷爷那一辈的故事，由"我"来叙述，故事的时间延伸到当下。它写"我"爷爷抗日杀鬼子，捡了一个日本的婴儿，这个婴儿后来慢慢地养大了，跟"我"的父亲结婚了，也就是说，"我"的母亲是一个日本人，"我"是个杂种，这个小说题目就叫《这个杂种》。后来"我"姥爷从日本到中国来了，寻找他的女儿，他原来是日本的一个指挥官，在他的指挥下，杀掉了当地"我"爷爷那一辈的一些乡亲，其中有个人叫黑子。"我"姥爷来了之后，"我"奶奶就拄着拐杖去打他。她说："你这个坏家伙，就是你杀掉了黑子，我要给黑子报仇。"这里面的故事其实还是有点复杂的，后面情节又有转折，就是这个时候"我"要恋爱结婚了，但是"我"家很穷，女方要彩礼，于是"我"姥爷给了"我"一大笔钱，解决了彩礼的问题。这个小说的构思还是很精彩的，也包含了复杂的历史况味。请谈谈这篇小说创作时的情况。

蜘蛛：当时我处在想成为一个纯文学作家的阶段，还在纯文学的死胡同里，在那种状态下写了这部作品，这部作品发表在一个杂志上面。当时写的时候觉得这个作品特别主旋律，也做过多次修改，写完后最早发表在网络上，之所以发在网络上，是想听一下读者的意见。当时很多读者的评价也是很高的。后来呢，我就继续写这种传统意义上的小说，结果我发现自己走不通这条路。《这个杂种》应该是我创作摸索阶段的一个代表作。

周志雄：你的《秦书》在网络上发的时候叫《尘封之书》。这篇小说写的是探险、盗墓。你写这部小说的时候有蔡骏、李西闽、莲蓬等上百个作家联手向读者推荐这部小说。这个小说当时卖得也挺火，在你的创作里，这部小说还是很成功的作品，你后来为什么没沿着这个路子去写？

蜘蛛：说实话，《秦书》是一部我自己不太满意的作品，因为这部作品并不是我自己想要写的，而是一个出版社的命题写作。因为当时流行盗墓小说，出版社找一些悬疑作家来写一些关于盗墓的书。我认为《秦书》并不是一个很成熟的作品，不过也是我当时对网络小说的一个尝试。

周志雄：《罪全书》前言中有一段话："这篇小说写了一些什么样的人呢？写的是：小偷、乞丐、捡垃圾的、抢劫犯、杀人犯、强奸犯、毒贩子、警察、黑社会老大、越狱者、杀手、和尚、盗墓者、赌徒、畸形人、侏儒、一天到晚吃白菜的人……这是一群被遗忘的人。有时我们的眼睛可以看见宇宙，却看不见社会底层最悲惨的世界。"你是否受到《悲惨世界》的影响？为什么偏爱这样的题材？《悲惨世界》指出了当时社会的三个问题："贫穷使男子潦倒，饥饿使妇女堕落，黑暗使儿童羸弱。"你的小说中是否也有这样的主题？你创作《十宗罪》的出发点是什么？

大神的肖像

蜘蛛：我写《十宗罪》的出发点，就是为了赚钱，这是我的第一要求和最基本的需求，我想通过写作让我们家过上好的生活。对我来说，当时只想写一本畅销书。2010年我走在书店里，我问自己，我要写一本什么样的书？首先，我找到了自己擅长写的内容，这个答案就是：罪案小说。接着我开始想如何往里面补充各种元素。如果说把罪案小说写成推理小说，我也超越不了那些推理大师。如果仅仅把《十宗罪》写成恐怖小说，那么还是处于浅层的。所以，我的书里面要有很多元素，比如惊悚、恐怖，还有批判，这都是《十宗罪》的重要组成部分。批判在我最早的作品里面也有，只是写《十宗罪》时是我个人思想比较成熟的阶段，已形成了自己独特的三观，在写任何故事的时候都会体现出这种三观来。我觉得现在应有那么一点批判的声音，这也是我创作的动机，当然，这些批判还得在审查的范围之内。

周志雄：你的作品让我们感到你是一个有社会责任感的作家。《十宗罪》里对社会阴暗面的揭露有文学报告的味道，比如这一段对广州火车站场景的描绘："出站口……数以千计的小偷在人群中操控宰客的幕后黑手。"2001年我去广州，在广州火车站我遇到有人拿着刀直接问我要钱，当时的广州火车站确实比较乱。你的作品如实展示了这些社会乱象，表达的立场很清晰："他偷盗，不是因为贫穷，而是无法改变贫穷的生活。""一个儿童跪在地上，承受的是全人类的罪恶。"当时你写的时候是怎么考虑的？

蜘蛛：我在写《罪全书》的时候有一个写作习惯，就是先建立一个文件夹，然后往文件夹里填补各种各样的素材，思考怎样才能打动读者，怎样才能感动读者，如何设置悬念，在怎样打动读者的文档里面，说出自己的一些疑问。我平时特别关注乞丐、儿童，《罪全书》里有一段"莲花落"，是我请一个老乞丐吃饭，从他那儿得到的创作思路。我小说中的角色大多数都是来自社会底层，而我就一直生活在社会底层。我也不是说为社会底层代言，我就是把我所看到的、所想到的通过自己的作品表现出来，并且极力地想突破别人的尺度，让自己的作品与众不同。

周志雄：你在网上发过一个帖子，其中说："生活迫使我改变，我用很长时间来研究开卷的全国畅销书榜，包括当当、卓越、京东等网络书店的畅销榜。我暗下决心，别人能做到的，我也能。这种研究使我了解了图书市场，从纯文学的死胡同里走出来，改写通俗小说，老老实实讲一个精彩的故事。我明白了作品就是商品，读者就是上帝，就是衣食父母。"你研究过哪些书？除了刚才你谈到的，如何打动读者、如何设置悬念以外，还有没有其他的研究心得？

蜘蛛：开卷的畅销书榜不是免费的，开卷是一个网站，是一个以调查图书销量数据来赢利的网站，或者说是一个公司。我当时花了几百块钱，买了他们的一个关于所有悬疑小说的销量数据，内容包括哪部悬疑小说最畅销，前十名有谁，前一百名有谁，哪些小说销量比较低，在前几名的畅销小说为什么畅销。当当、京东还有卓越的畅销榜是有水分的,因为每一个出版公司,它出版了一本书以后,放在网上卖,会给这本书进行打榜,所谓的打榜,就是出版商自己买自己的书,制造一个畅销的假象。而开卷的数据是调查全国各地的新华书店,包括一些民营书店,所以开卷的销量排行榜是比较真实的。再结合当当的畅销榜,你会发现哪些题材比较畅销。那个时候我已经确定自己要写悬疑小说,悬疑里面有惊悚、灵异、推理还有罪案,盗墓也属于悬疑小说的范畴。我确定的写作方向就是悬疑罪案小说,我比较了一下同行的销量数据,问自己的优势在哪里,我写的这本书需要加入什么东西,需要剪掉什么东西,才能比他们的书更加畅销。这些是我在寻找数据时所思考的问题,并且也找到了自己的答案,才形成了现在这么一个《十宗罪》系列。

周志雄:对你的《十宗罪》,我读读同学们的阅读心得。丁美华同学在她的读书报告中说:"作者在他的前言中表示文章中的案件来源于现实生活中的真实案例,我在《十宗罪》中看到了柯南的影子,其中红裙少女的影子像极了福克纳的一篇短篇小说《献给爱米丽的一朵玫瑰花》。"陶新远同学认为:"作家蜘蛛阅读经验十分丰富,国内外的书籍、电影以及相关报道他都有所涉猎,在《十宗罪》这部书中多次出现他对国内外案例的引证分析,例如著名的《开膛手杰克》、《沉默的羔羊》里的精神病医生,以及《德州电锯杀人狂》……他的作品里有很多借鉴了外国的案例和手法,例如密室杀人、精神病杀人……作品的语言组织和描述也有着欧美恐怖电影中的血腥感和镜头感。在'肢体雪人'一案中,作者用了戏仿手法,将艾青的诗《雪落在中国的土地上》进行了一番改编和创作,将中国山区的贫苦大众形象地表现出来。"在你的一篇网文里有这样一段话:"贾平凹、王小波的书千万别看,看了也别承认;王朔、金庸的书要批判地看,张爱玲、沈从文、林语堂、白先勇的书可以照看不误;最低限度是余秋雨,就是说不能比他再次了;罗素的哲学一定要看,虽然看不懂;村上春树的书要摆在客厅显著位置上,朋友们来了,看着窗外喃喃自语,直子死了三年了……"一个好的作家首先是一个好的读者,从上面的分析来看,你的阅读面还是很广的,你最喜欢读的书有哪些?喜欢看的电影有哪些?

蜘蛛:对我影响比较深的是几个国外的作家,雨果的《悲惨世界》、马尔克斯的《百年孤独》我读过很多遍。《悲惨世界》这本书对我的影响比较大,《十宗罪》的写作存在对它的模仿。我并没有看过太多推理小说,推理是我的弱项,我也没想将自己的作品写成推理小说。以前我喜欢读一些文学杂志。金庸、古龙、梁羽生、卧龙生的所有武侠小说我都读过,琼瑶的言情作品我也读过。当时并没有太多的书看,我会到地摊上去淘世界名著看。现在我基本上是一种碎片式的阅读,不像以前那样可以抱着一本书孜孜不倦地看下去。现在我更喜欢看斯蒂芬·埃德

## 大神的肖像

温·金、帕拉尼克等人的小说,似乎每到一个年龄段就会喜欢上某一本书。我非常喜欢帕拉尼克的《肠子》,这本书非常重口味。我看过大量的恐怖电影,最喜欢看的是《七宗罪》,《十宗罪》便得名于此,《十宗罪》的写作在很大程度上也受这部电影的影响。与罪案有关的外国剧,如《犯罪心理》《无声的见证》《识骨寻踪》等,我也一直在追。我非常爱看希区柯克的悬疑电影。以前看电影的时候会关注豆瓣的评分,北美票房排行榜当中近十年排行前十的电影我基本上都看过。

周志雄:微博上有一名读者说:"昨天打了一下午的游戏,晚上到新华文轩淘了两本悬疑小说《十宗罪2》,打着电筒躺在被子里看到大半夜,刺激哟。"很简短的一个留言。你怎么看读者对你作品的评价呢?

蜘蛛:《十宗罪》不是真正的惊悚小说,惊悚与恐怖只是书中的构成元素。有的女生很胆小,看了我的书会有阅读后遗症:不敢坐电梯,因为我的小说当中有相关的恐怖场景——人头从电梯当中滚了出来;不敢走楼梯,因为"掏肠恶魔"当中的凶杀案发生在楼梯上;不敢上厕所,因为我的作品当中有厕所变态偷窥狂的故事。后遗症最严重的一个女孩,出门以后会返回家中对门、柜子等进行检查,如果见到有动物就会尖叫,这对她的生活造成了困扰。我劝她别看了,我书里不是写了嘛,"胆小者勿入"。但《十宗罪》还是很吸引她,越害怕她越要看。

周志雄:莫言出《檀香刑》时,腰封上有句话"莫言劝优雅女士勿读此书"。

蜘蛛:也许正是因为这句话,很多优雅女士才去读。

周志雄:我读到你的一个帖子,标题是《你了解山东人吗》,是2003年写的,你写到山东人有几个特点:粗犷、刚烈、正直、勤俭、忠孝,把这几个特点加在一起就是山东人。山东文化对你的写作风格是否有影响?

蜘蛛:怎么说呢?我有时候也想过离开山东,离开济宁,离开我所生活的那个小县城,去别的地方定居,但发现一切都已根深蒂固,你所有的记忆、交往的圈子都在这里,你离不开。山东是比较重礼仪的,在我们那儿,如果家里有丧事儿的时候,你还得正儿八经地在那里磕头,过年的时候回到家,不管你是多大的官,有多大的成就,还是要老老实实地给你叔叔、大爷们磕头。有人说,晚辈给长辈磕头拜年是个陋俗,但是随着我年龄越来越大,我觉得这很好地体现了我们山东对礼仪的重视。这对我的性格,还有我的作品都有一些潜移默化的影响。

周志雄:这种文化的影响在你的写作中表现在什么方面呢?

蜘蛛:比如山东人的心直口快在我的作品中就有表现,有什么问题都是第一时间告诉人家或者写在书里。

### 三、"读者的趣味就是我写作的方向"

周志雄:这是你的《罪全书》中的人物:贪污73万元的教育局局长马觉明长年资助几个贫困大学生,人贩子赵桂芹救过落水儿童,杀人犯包金龙为村里修桥,强奸犯甄洪给乡里种树。《十宗罪》里的罪犯都是一些可怜的人:小油锤想回家见自己的儿子却死在回去的路上;丘八的女儿得了白血病,他想回去救她,但他自己是通缉犯,所以没有办法。实际上很多罪犯都是很有钱的,但在你的作品中这些罪犯都是一些非常苦命的人。你怎样看待人性?怎样看待你作品中的人物?

蜘蛛:我觉得没有一个纯粹的好人,也没有一个纯粹的坏人。我记得我在书里写过一句比较悲观的话,这句话就是:"哪有什么好人,只不过是坏的程度不多罢了。"人性和生活的环境有一个很大的关系,我觉得人性本恶,通过好的环境,通过父母所给予的宠爱,然后把恶的种子压抑在了自己的心里。人性是很复杂的,你不能说谁是一个纯粹的好人,没有一点坏的倾向。但是你也不能说,哪个坏人没有做过好事儿。这都是我们人类正常的情感。

姚婷婷:曾经有一部展现女性犯罪的电影,里边也有碎尸、囚禁的场景再现。为什么《十宗罪》里的受害者都是女性呢?

蜘蛛:《十宗罪》里受害的女性居多,但也不是说全部是女性。为什么女性受害者居多呢?因为我的女性读者居多。女读者多,她看到书里死的女性较多,胆小的会更加感到害怕,然后她会对我的书产生一种传播的效果,她会告诉她的室友、她的同学,甚至她的前男友,说这本书实在是太恐怖了,把她吓到了,这里边的女孩死得特别惨。

周志雄:《罪全书》中罪犯被抓捕时的细节是各有不同的:刘朝阳被捕时泪流满面,铁嘴被捕时大声喊"疼",丁老头被捕时大小便失禁,库尔班被捕时挥刀自残,屠老野被捕时咬伤警察的胳膊。这些细节是如何写出的,有生活基础吗?

蜘蛛:关于被捕时的反应,首先我们可以肯定,罪犯各种各样,犯罪嫌疑人各种各样,在被捕的时候就会有各种各样的反应。我长期关注各种凶杀案例,对这个领域就会比其他人知道得更多一些。

周志雄:《罪全书》的结局是周欣欣采用自杀的方式,先把自己打死,当子弹穿过自己的身体之后再杀死罪犯。这个桥段是借鉴的,还是想象的?

蜘蛛:这是借鉴了《虎胆龙威》里的一个情节。

郑雪君:《十宗罪》中,每一个故事的开头都有一句格言,为什么要用一种充满诗意的句子去讲述一个恐怖的故事呢?

大神的肖像

蜘蛛：为什么这本书叫《十宗罪》？最初的时候，我的小说题目是《中国十大恐怖凶杀案》，我是按照这个来写的。交给出版社的时候，编辑说这个书名有点长，得改成一个短点的，然后我们俩商议了一下，就叫《十宗罪》。因为这个和《七宗罪》还是有点类似的，而且我挺喜欢《七宗罪》这部电影，然后把"十大恐怖凶杀案"作为一个副标题。至于书的前半部分引用一首小诗，也是模仿《犯罪心理》，只要看过这部美剧的同学就会发现，每一集电影出现之前，先出现一首小诗或者名人名言，和这个故事可能会产生那么一点联系。在我的书里，小诗之后，就是关于故事最精彩的，能够在前三段吸引读者，让读者看下去的这么一个内容。这是一种关于创作形式的经验，写网文也好，写传统小说也好，开头吸引读者特别重要。那首小诗是为了概括一下我这个故事，我平时在读书的时候有做笔记的习惯，看到优美的句子，我会把它摘抄下来。最早的时候是记在本子上面，现在是记在电脑的一个文档里面，这个已经有了十几万字。既然有这么一个摘抄，我为什么不把它用上呢？

周志雄：从《十宗罪1》到《十宗罪5》，在写作中有什么变化吗？

蜘蛛：我在写《十宗罪》之前，已经做好了写系列书的准备，我的计划是不能仅仅写一本，而是要写一个系列，所以从《十宗罪1》到《十宗罪5》并没有什么大的改变。

丁美华：《十宗罪》中虽然都是凶杀案件，但程度有所不同，有极其残忍、恐怖的案件，如"肢体雪人""精神病院"等，也有比较温和的，如"蔷薇杀手"。但若让读者们选出自己喜欢的篇章，即使是胆小的读者也会选择那些血腥残忍的章节。读者从血腥的文字中汲取感官的刺激，虽然一面阅读一面抱怨"太恐怖，太残忍"，但正是这些残忍血腥的文字，才会让读者愿意为它买单。《十宗罪》的畅销让我有一个可怕的疑惑：作者在创作时，读者在阅读时，是否在享受着一种杀人的快感？

蜘蛛：没有，没有这种快感。我不觉得杀人是一件有快感的事。作家在写作的时候，考虑比较多的是怎么合情合理地把故事的逻辑说清楚，怎么让这个故事更离奇一些，至于杀人的快感真没有感到。

丁美华：为了吸引和留住读者，你的创作是否很少考虑自我的表现，而是一切以读者的趣味为准？你如何处理二者的关系？

蜘蛛：也不能一切以读者的趣味为准，但是必须把读者的意见、阅读倾向当成自己的一个目标。我记得当时一个出版社编辑对我说："这本书是为读者而写的，不是你自己喜欢写什么就写什么，而是读者喜欢看什么就写什么。你可以加入自己的一点点东西，但还是以读者的趣味为标准来征服读者。"然后我想，我可以加点自己的东西，我加点啥？写《十宗罪》是在2010

年,"重口味"这个词那时刚刚兴起,我在看各种畅销书榜的时候发现没有这么一本重口味的书,然后我就加了这么一点重口味的内容,这么一点风格,其他的都是以读者的趣味为准。因为我需要读者来买我的书,读者的趣味就是我写作的方向。

韩晓云:《十宗罪》中特案组四个成员的设置让我不禁想起幼年时期看过的电视剧《少年包青天》。心思缜密、掌控全局的梁教授正如包青天,英勇果敢的画龙可对应展昭,聪明过人又有些羞涩的包斩正像公孙策,而美丽的电脑高手苏眉正如凌楚楚。不同之处是梁教授比少年包青天更为年长一些,且腿有疾病,美丽的苏眉不但技术高超,且散发着女性的魅力。请问特案组四人的原型来自哪里?

蜘蛛:特案组四个人参考的是《犯罪心理》这部美剧。《犯罪心理》写的是美国的一个探案小组侦破各地发生的各种变态离奇的凶杀案的故事。《十宗罪》的人物设置模仿了《犯罪心理》,每一个故事都是根据真实的案例改编而成,只是有的故事改编的力度比较大,有的故事还原度比较高,但是每个故事多多少少都是以真实案例为基础的。

张伟:这四个人是不是太理想化了?

蜘蛛:确实有点理想化。当时写的时候走入了一个误区,很多读者也给我指出了这个不足,这四个人物刚开始看上去牛哄哄的,结果在刑侦破案的时候并没有真正地发挥出他们的作用。这是我作品的一个很大的不足,但是现在又没有办法回过头去改,在以后的创作中我也会多加注意。

韩晓:《十宗罪4》里出现了一个叫秦明的法医,但他是《尸语者》的作者,为什么要将秦明作为角色写到你的书中?《尸语者》中也出现你书中的四个主人公,你们俩私下里是不是有交流,还是说为了借助对方的名气取得商业利益?

蜘蛛:秦明是我朋友,"尸语者"这三个字是我帮他起的,那本书最早的名字叫《鬼手佛心》,也是发表在天涯网站上。在出版的时候,出版社的编辑和他征求我的意见,我给他几个名字,其中一个是《尸语者》,结果被他采用。之所以要把老秦写进书里,是因为我书里的很多人物的名字有的来自我的朋友,有的来自我的读者。《十宗罪5》里的李青、赵信,所有玩过《英雄联盟》游戏的都知道这些名字是谁,还有韩梅梅,学英语的也知道这个名字是谁。如果说哪个同学希望自己的名字出现在我书里,也是可以的。

孙敏:正如一千个读者心中有一千个哈姆雷特,在不同的读者心中《十宗罪》也是不一样的。有人认为小说非常恐怖、变态,有人认为非常刺激、精彩,有人认为这是一本认识社会阴暗面的书。在你的心目中,《十宗罪》属于哪一种?你希望它被如何解读?

大神的肖像

蜘蛛：我希望大家把它当作纯文学来解读，但无论是网络作家，还是传统的评论家，都不把我的书当纯文学。

周志雄：《罪全书》的序言里有一段话："就我所知，还没有人能够利用空气来给我们的生活指示方向，提供动机的各种元素，只有杀人狂或者一个作家似乎从生活中可以重新汲取一定量的他们早先投入生活中的东西。"作家和杀人狂如何统一在一起？

蜘蛛：我觉得，一个杀人狂在杀人之前，他成长的环境、心理的扭曲都像是蒲公英的种子，已经落地生根发芽，并且已经生长在他的心里。他之所以杀人，并不是说从他杀人的那一刻才开始，而是在很久以前就开始。作家写一本小说，也不是打开电脑就可以写，他要做很多的准备工作。当然，我之所以把两者放在一起来进行比较，是因为一种自己语言的风格，我的语言就是这样的一种风格。

周志雄：我发现你的小说经常使用"反转"的手法，美国小说家欧·亨利经常采用这种手法，因此也被称为"欧·亨利笔法"。比如在《柳营》的结局，伊马（"我"）和叶子结婚了，却生下了一个畸形的孩子，隐喻了残疾人的命运还会继续。本来看到了生活的亮色，但还是被打回了原形。《罪全书》中的小马和阿媚的职业很不光彩，两人产生了感情，准备"从良"，当时他们在旅馆里住到了一起，接着警察查房："你们有结婚证吗？""没有。"然后他们就被警察带走了。你怎么看这种手法的运用？

蜘蛛：我觉得小说之所以吸引读者，不外乎两种：一是让读者关注人物的命运，二是让读者关注故事的发展。你关注一个人物的话，如果说他一直挺好，一直养尊处优，啥事都没有发生，没有遇到任何危险，那么作为悬疑小说来说，它是失败的。按照重口味的写法，先写出一个穿白裙子的女孩，她是多么青春、可爱，她的裙子像百合花一样，然后再一转折，她掉进了一个粪坑，就会给读者造成强烈的画面感。

周志雄：下面探讨一下你作品的语言问题。《柳营》中有这样的话："枯枝败叶落了一地，多么好的肥料，这是秋天的大便。"还有这样一句话："我蹲在那里，像在大便，那一刻我很想把大便塞到土豆嘴里。"《十宗罪》里也有这样的话："他把拉了大便的塑料袋拽出车窗，青春的稀屎在风中飘荡。"这是一些带"大便"的语言。但是你的作品里还有一些比较优美的语言，如："脚是路的梦，留下一条干净的公路，等待着大雨的来临。秋天的太阳像是一个蛋，忏悔是一对翅膀，认得回家的路，爱是地球转动，是太阳生长，是万物生长。"我看到有一个句子迷网站选了你的200多个句子，这些句子都很美。你如何理解小说的语言？

蜘蛛：关于语言的问题，刚才我提到了"重口味"三个字，因为我在做一些调查数据研究的时候发现，中国没有一本重口味的书，所以呢，我就想填补一下这个空白。所谓的重口味小说，就是里面有一些不太雅观的关于屎尿屁的描写，然后就像你刚才提到的，也有一些特别优美浪漫、小清新的句子，和那些重口味的语言互为映衬。

周志雄：你刚才谈到，你的《十宗罪》都是根据真实的案例改编的，这些真实案例的资料你是从哪里收集到的？

蜘蛛：收集的途径、来源有以下几个：第一是网络新闻；第二是纪实性的电影、电视剧；第三是从事刑侦工作的朋友，从他们那儿得到了一部分内容。我十几年来关注凶杀案，觉得比较适合改编成小说的东西，哪怕是一个作案的细节，我也会摘抄下来放到我的文档里。

周志雄：你有没有到法院去看过那些案卷？

蜘蛛：法院没去过。不过朋友会给我提供一些帮助，这些帮助能够让我比别人多了解一些新闻上看不到的内容。比如说一摞刑侦案卷，你会看到警察怎么审讯犯罪嫌疑人的，法医在工作时比较血腥的图片，所有这些会让你增长见识。

周志雄：《十宗罪》由收集资料到变成小说，经历了一个什么样的流程？

蜘蛛：首先，如果你想写《十宗罪6》，或者想写《十宗罪6》的第一个故事，无论怎么搜集素材，不管是网上各种凶杀案还是自己凭空想象的，应该想出一个与众不同的作案细节，必须要离奇、与众不同，让所有人看了以后感到很惊讶。现在我也在做《十宗罪6》的一个构思，其中一个故事就是来自一段警方内部的视频。然后我加上自己的想象又将故事补充完整：两个人分别是谁，应该是男人还是女人，两人之间发生过什么故事，发生的地点是小县城还是大城市，周围环境中有哪些东西，通过这样一些小细节，一个故事就树立了起来。故事树立起来以后，还要按命案的发生、特案组的介入这样的一个流程，现在我还没有勇气改变这个模式，因为改变以后，读者会觉得这不是《十宗罪》了。就这样，材料从一个点变成一个面，再到一个立体的故事。

周志雄：有人认为，"网络作家是拒绝进步的，因为固定的写作套路已经形成了，留住已有的粉丝读者是最保险的做法"。你怎么看这个问题？

蜘蛛：我也不愿意特意做出改变，除非这本书没人看、没人买了，那我肯定是要去改变一下。通过长时间的摸索，我发现自己写罪案犯罪小说比较合适，以后也会在这个类型里面进行摸索，就算《十宗罪》不写了，也会写别的凶杀案故事。将来我可能会尝试用一本书的篇幅写一个长篇故事。

## 四、"你的目的是征服读者"

周志雄：有同学提出你的作品存在模式化问题，都是先描写恐怖离奇的案发场景，揭开案

大神的肖像

件谜底,最后留一个发人深省的尾巴。逻辑上作者干预的色彩过重,凶杀案本身客观发展的节奏被作者刻意设置的线索所掩盖。

蜘蛛:就像你刚才说的,很多网络作者一旦形成了自己的模式以后,不大敢轻易地去改变。靠一个模式获得了成功,你让他去改变这个模式对他来说有风险,他可能会丧失自己的读者群。现在来看,只要我的书销量不下滑,我就不会做大的调整。如果我的书没人看了,我肯定也到转变的时候了。《西游记》也是一个固有的模式,先是翻山越岭,然后遇到妖怪,妖怪把唐僧抓走,孙悟空又把他救出来,然后遇到下一个,又被抓走,又被救回来。

刘振玲:写作悬疑侦探类小说的时候,思维必须严谨缜密,如何处理其中设置的线索或者伏笔?

蜘蛛:这其实一直是我的弱项。我在写故事的时候,常采用上帝视角,埋下的伏笔和线索也不是很多,推理只是书里一个很弱的元素。如果要正儿八经地写一个本源推理,那肯定得遵循一种模式:在哪儿埋下伏笔,留下线索,通过叙述来制造一种轨迹,留下一个谜团,最终谜底揭开。但是我没有下力气写推理,也没有埋下伏笔,我就是按思路发展的固有模式,很自然地让故事进行下去,当然也会设置一些悬念。

徐俊徇:你的作品中总会出现一些灵异事件,如"肢体雪人"中最后写小妖无意识地大哭,"刁爱青分尸案"中在笔仙的指引下找到路线,"恋臀癖"案件中在微博上发布照片,等等,你怎么看待灵异事件? 是相信灵异事件还是单纯为吸引读者?

蜘蛛:我看了读者的评论,我发现很多人对故事中的人物小妖有疑问。其实我在故事中写灵异事件是为了营造一种恐怖氛围,吸引读者看下去。关于"肢体雪人"中的小妖,她那三分钟都做了什么,为什么哭,我写完这个故事以后,有很多人做过分析,我在留下这样一个结尾的时候是这样想的:让读者展开自己的想象,或者让他们自己去讨论,因为毕竟是书里的第一个故事。如果它没有想象空间,没有讨论,那么这本书可能就会失败。关于小妖这个人物,在书中已经对她进行过描写,她是一个特别贪财的女孩,她可以为了一万块钱的赏金去做很多事儿。她有一个潜在的身份,她是一个小偷,在凶杀案宿舍中,有财物丢失,最终特案组也没有找到,这其实是被小妖偷走了。小妖在当天晚上进行盗窃时,恰好来到凶杀现场,她知道自己有梦游的习惯,那三分钟实际上就是小妖在盗窃。破案组也了解到小妖有这种盗窃的行为,但是最终也没有将其逮捕。因为在这起案件的侦办过程中,破案组并没有发挥很大的作用,反而小妖起到很大的作用,所以他们就原谅了小妖,留下了一个想象的空间。

周志雄:你对网剧《十宗罪》有什么期待?

蜘蛛：说实话，我对这部网剧有点失望，因为它所选择的人物形象和原著不是很相符，尽管也是重金邀约的演员。我书中的画龙是壮汉，并不是张翰这种形象。但是也没有办法，作家把版权卖给制作方，也就失去了相应的话语权。制作公司选择演员来演，基于网络剧播放平台是优酷网，不会在电视台进行播放，如何吸引订阅会员来观看是第一考虑。

周志雄：阿瑟·柯南·道尔的《福尔摩斯探案集》中，存在着许多的戏剧性、巧合性。你认为戏剧巧合和合理的逻辑推理在小说中应该如何平衡？

蜘蛛：所有的侦探小说都有一定的巧合性，在现实的案件中，这种巧合性也依然存在。我写不了逻辑推理，案件本身的推理，这个不是我所考虑的东西。所谓的逻辑，包括一个犯罪小说，一个罪案小说，能够自圆其说，我觉得就可以了。

孙琦：悬疑文学很容易使读者的兴趣只在情节的发展上，我们应该怎样去评价一部悬疑小说？悬疑小说的文学价值体现在哪些方面？

蜘蛛：一部恐怖小说，让你感到害怕，你害怕了，感到恐惧了，那么这本书你就可以评价它写得挺好；一部悬疑小说，它只要充满了悬疑性，能够让你从头看到尾，也不是说这部悬疑小说能够给你带来什么样的知识，能有多大的社会价值，它至少是丰富了你的业余时间，就像看电影一样。你看美国大片，能够学习到什么呢？就是一种娱乐，我觉得悬疑小说更多的是娱乐价值，鲜有说教的意义。

刘絮：你如何评价自己的创作？

蜘蛛：我觉得我自己写得挺好的。

周志雄：现在有些同学对网络文学创作很有兴趣，你有什么好的建议吗？

蜘蛛：从事网文创作，你首先要找到自己擅长写什么，无论你想写什么，总有人和你写一样的题材，同样的类型，那么你就得分析自己与他们不同的地方在哪儿，这样才可以。如果说千篇一律，读者看别人的也可以，那为什么看你的，对不对？然后就是我刚才说的，从一个点到一个面再组合成一个故事，要清楚自己靠什么来吸引读者。我始终认为，要不断地去吸引读者，把读者放在第一位，你不管写啥，不是为自己而写，而是为读者而写的，你的目的是征服读者。

姚婷婷：对于未来的创作你有什么构想？写完了《十宗罪6》，还会有《十宗罪7》和《十宗罪8》吗？

蜘蛛：还会有。只要这本书还有读者，我就会一直写下去。因为写别的题材也是写，我写别的书也是为了赚稿费。我是一个专职作家，就像上班一样，是一种工作，啥时候写烦了可能突然就放弃了,当然,目前来看会一直写下去。

  姚婷婷:你曾经十多年都过着窘迫的生活,对底层生活深有体会,也了解什么是真正的底层,所以才能写出这样的作品。在你的生活条件越来越好时,如何保持与底层的联系呢?

  蜘蛛:我现在还在社会底层,我生活在一个县城,县城就是城市和农村接壤的地方,也是社会底层,而且我也不打算定居到别的地方。

  刘振玲:贴吧里有网友说,"看过这本书(《十宗罪》)的人意志不坚定的话很可能会被误导犯错事,这是一种精神上的摧残"。对网友的这种担心你怎么看?

  蜘蛛:《十宗罪》的封面上写下了"未成年人勿看"这句话,也可能造成一些未成年人故意去看这么一个心理,我在考虑要不要把这句话删掉。这本书也确实不太适合小孩去看,但是我发现我的读者的年龄段越来越小,有很多是初一、初二的孩子,我觉得这个年龄的孩子内心还是应该充满阳光,不太适合过早地了解这么多社会的阴暗面。

  我这本书遇到过模仿犯罪,大家可以上网搜索"河南""打工""囚禁""十宗罪"几个关键词。有个河南的打工人,在他自己的出租屋里挖了一个地窖,囚禁了两个失足妇女,警察把他逮起来以后,他说:"我之所以这么干,是因为模仿《十宗罪》里的一个故事情节。"当时这件事对我影响特别大,我的手机被打爆了,很多记者要对我进行采访。还有一个高中生为了逃避高考,模仿我书里的情节自导自演了一起绑架案。这是我所知的两起模仿案件,我自己也做了一个反省,我写这些东西对社会来说是不是造成的负面影响要大于正面影响?我觉得这个人之所以这么做,并不是因为看了我的书,因为我这个"地窖囚奴"是改编于河南洛阳的一个案件,新闻都报道过。

  秦洋:"地窖囚奴"中,有段富家女写的网络日志,你是以自己对富家子弟的惯有印象来写了这篇日志,这篇日志显得和全文很不协调。我想任何一个出身优渥、有良好教养的女孩子都不会写出这样幼稚卖弄的日志,这不太符合常理,有点夸张。虽然这位富家女只是个次要角色,但对她的形象塑造未免有点太过片面和偏激了,可以说,小说在细节方面的处理不够认真细腻。你觉得呢?

  蜘蛛:这一点确实如此,因为我不太了解这个富家女孩,不太了解她的生活。

  刘武洋:《十宗罪》的题材很吸引人,但是并没有利用好,许多故事读来让人感觉是"案情陈述"——平铺直叙地交代案件发生的来龙去脉,从发现尸体到最终破案,作者以上帝视角草草介绍了事。恐怖的事写得没那么恐怖,变态的事写得也没那么变态,作者没有对每个案件进行精雕细琢。若是将这些题材给柯南·道尔、阿加莎·克里斯蒂、东野圭吾等推理悬疑小说大家,同样的"食材"可能会做出不同的风味。

蜘蛛：关于题材的处理,有时候我也觉得挺可惜的,这么好的一个故事,被我写成了短篇,而且一本书还是十个故事。如果按流行网络小说的写法,《十宗罪1》的素材可以写成十部长篇小说,在起点上发。但是作为实体书,我还是喜欢这种短篇,哪怕对题材有点浪费。据一个心理学家说,人在阅读的时候看3000字左右就会产生一次阅读疲劳。我的每一章节就是3000多字,在产生第一次疲劳时就结束这一章,然后留下一个有悬念的结尾,下一章也是3000多字,一个故事大约五章,就是15000字左右。一本书十七八万字,虽然一本书字数很少,却是浓缩的内容。

江秀廷：你怎么看待自己的作品,是侦探小说还是悬疑小说？你如何看待网络侦探犯罪小说？有没有阅读外国的侦探推理小说并受它们的影响？

蜘蛛：我比较喜欢秦明的作品,秦明关于法医的专业知识是我所欠缺的,我经常向他请教怎么解剖一具尸体。我的《十宗罪》可以算侦探小说,开始是命案,警察侦查然后破案,最后是说案,大体是柯南·道尔的路子。推理小说对我的影响并不是很大,对我影响比较大的国产电视剧有《中国刑侦一号案》《西安大追捕》以及孙红雷出演的《征服》等。《十宗罪》的纪实风格是不会改变的,我觉得推理和纪实是相互矛盾的,一部小说不可能既纪实又推理,它必须进行取舍。我觉得中国推理小说目前来说还是比较小众的,而悬疑小说是面向大众的。据我了解,有一个"推理小十诫",就是说你的推理小说中不可以有双胞胎,不可以有巧合,等等。我认为推理小说有一群高智商的读者,他们比我要聪明得多,他们的乐趣就是在阅读的时候觉得你傻,指出你书中的漏洞,所以我不敢写推理小说,"推理"只是我书里的一个元素。

马文：很多著名的小说以及电视剧的第二部不如第一部精彩,你就一个题材一直往下写,会不会也出现这个问题？你怎么去面对这个问题？

蜘蛛：这个问题就是说,你老这么写下去,你自己不累吗？读者看了不累吗？我不知道你有没有看过美剧《犯罪心理》《犯罪现场调查》,这都多少季了,还有很多人在追,是不是？所谓的阅读疲劳感,看你怎么衡量。比方说《犯罪心理》和《犯罪现场调查》,如果观众产生了阅读疲劳感,它们的收视率就会降低,收视率降低对于美剧来说可以直接下架。而对于我来说,如果读者有阅读疲劳感,作品的销量就会反映出来。这时候要做出调整,做出改变。

周志雄：我没有写过网络小说,在座的同学可能有写过网络小说的,但是没有像蜘蛛老师写得这么好。我们研究网络文学,要真正地进入网络文学,要懂网络文学,需要和网络作家多交流。今天的对话我觉得收获非常大,有很多问题,我觉得大家还可以进一步探讨,比如,网络

**大神的肖像**

文学中的现实主义的问题,文学情怀和商业畅销之间的关系问题,网络作家的生存之道和写作策略问题,网络文学的语言问题,网络小说的模式化问题,等等。我觉得最重要的是蜘蛛老师毫无保留地与我们分享他创作的秘密,带我们走进网络文学世界。

# 网络作家的情怀与风骨
## ——飞天访谈录

**访谈人：**

飞天，著名网络作家

周志雄，山东师范大学文学院教授

林淑玉，山东师范大学历史与社会发展学院辅导员

江秀廷、范传兴、孙敏、姚婷婷 20 余人等，山东师范大学学生

**活动嘉宾：**

杨存昌，山东师范大学文学院院长

沧海明珠，潇湘书院金牌作家

**访谈时间：** 2016 年 1 月 2 日

**访谈地点：** 山东师范大学千佛山校区教学三楼 3141 会议室

## 一、"从传统作家身上汲取营养"

**周志雄：** 我先给大家简单地介绍一下著名网络作家飞天。飞天原名徐清源，是历下区、济南市、山东省、中国作协的四级作协会员，2006 年飞天因创作《盗墓之王》成为当红网络作家，后来出版了系列作品，现在已经写了 1000 多万字。作品在台湾有繁体版，还有越南语版，是 2008 年中文在线旗下 17K 小说网年收入在 50 万以上的金领作家，在 2014—2015 赛季中文在线网络文学联赛中担任写作导师。飞天的作品有长篇小说、短篇小说、散文、诗歌还有影视剧本，是一个写作多面手。飞天属于比较早地向传统文学转型的网络作家，他写了很多深受读者喜爱的网络小说，同时写了一些非常精致的有文学情怀的文学作品。我们今天非常荣幸请来飞天老师与大家对话，我们先请飞天老师演讲，然后我们再对他进行提问。

**杨存昌：** 今天是 2016 年第 2 天，也是国家法定假日，飞天老师、明珠女士能够在这一天与大家谈创作，谈文学，非常感谢！志雄老师这几年一直致力于网络文学的研究，尤其是和网络文学作家直接接触，开创了很好的网络文学研究势头。在座的同学们，能够牺牲回家度假的时间

大神的肖像

来讨论文学,非常令人感动。我在此对飞天老师、明珠女士以及同学们的到来表示欢迎!

飞天:我此刻见到杨院长心情有些紧张,去年在锦绣山庄杨院长给我们网络作家讲课,讲得特别好,让我们感到心悦诚服,希望我讲得不当的地方杨院长多多指教。我每年 12 月 31 日的晚上都习惯性地不睡觉,因为我要总结一年的成绩,安排好第二年的工作。2015 年我的工作分几个阶段:春天的时候我在给中文在线做网络文学的导师;夏天的时候我领着剧组拍宣传片,在高密、聊城跑;冬天的时候我在参加山东省网络文学培训班的学习,当时志雄教授也给我们讲课。我的作品《盗墓之王》影视版权已经卖出去了,凑了一部分钱,明年我想拉剧组拍自己的电影,这是我的梦想。我出了 14 本书,之前,我在潍坊公路局工作,我在学校里学的是公路与桥梁建设,我并没有学好专业,我从小就想当一个作家,所以每天待在学校的图书馆里,四年间我基本把图书馆里的书都读了一遍,不管是四大名著还是外国文学,我都读。上班之后,我的空闲时间比较多,一直坚持写作。2000 年我开始模仿温瑞安写武侠小说,到 2006、2007 年我模仿的是倪匡的软科幻,这种转变其实代表了我兴趣的转变。

我特别想跟同学们说说小时候的事,回想起来的都是与读书有关的事,调皮捣蛋的事都忘了。七八岁的时候,我认识的字还不多,在我姥爷家看《封神演义》,看完之后我就跟同伴讲《封神演义》,讲到杨任被纣王剜掉了眼睛,眼睛里面长出了两只手来,手里又长出眼睛,这样有透视功能,觉得非常神奇。那时候看《红楼梦》,里面有一段说,有一天下大雨,贾宝玉气冲冲地回到怡红院敲门,门不开,踹门的时候袭人给他开门,他一脚就踹到袭人的肚子上,袭人就吐血了,之后袭人说年少的时候吐血,肯定没有好的命运。这个细节,我的印象非常深。我想读书对于我来说特别重要,年轻时候读的书,能影响自己一生的写作。我现在开始写剧本,以前我姑姑是市宣传部门的干部,她家有很多剧本之类的书,我读了很多剧本。多年来,我的爱好变了好多次,但对写作、读书的痴迷一直没有变。

我是较早地从传统作家转变为网络作家的。以前我看的书都是传统作家写的,我有七八个版本的四大名著,我喜欢的作家三毛、倪匡、亦舒、琼瑶以及"金古温梁黄"(金庸、古龙、温瑞安、梁羽生、黄易)等人的书在我家里有好几个版本,国外作家有马克·吐温和日本的一些作家。因为对书的热爱、对作家的热爱,我走上写作这条路是非常自然的事。兴趣爱好是最重要的,很多网络作家被淘汰掉了,不写了,因为没挣到钱就不写了,去做能挣更多钱的事,非常可悲。我想,我们为了一个目光短浅的目标去写并不热爱的题材,改变自己的兴趣,这完全是错误的。其实不在于写什么题材更好,你的兴趣和你擅长的东西才能让你成功。我写了 12 年的探险悬疑小说,从《盗墓之王》到最近的《伏藏》,今年我要开新书《奇术之王》。我喜欢这类题材,喜欢钻研这类题材,所以才能取得这样的成绩。我对那些新入行的网络作家说,大家尽量寻找自己感兴趣的内容写,不要为了钱写作,其实写作非常辛苦,很多工作都比写作赚钱多。我想对同学们说的是,一个人要是将文学研究或者文学创作作为毕生的职业,是非常幸运的一件事。这要有一个前提,那就是天赋、兴趣和勤奋,缺一不可。在去年的培训班上,杨院长在台上给我们讲中国文学之美,我们感觉收获非常大,当时我们想这堂课来得太晚了。

我常想,网络作家每天都在忙着生产各种各样的小说,大家的根到底在哪里,就像一棵树一样,如果没有根,就不会有长久的生命力。我加入济南作协后,看到很多老作家写作很慢,他们写散文、诗歌、小说,他们没有写网络小说的,他们往往会为了一篇小文章一起研究、讨论,这个好、那个不好,我从中了解到了一种文人的风骨。作为一个作家,如果没有这种精益求精去雕琢作品的态度就不算一个真正的作家,要有自发的学习态度,要吸取传统作品的营养,这才是正确的路。我2015年加入中国作协,在北京见到一些老作家,他们的作品经常出现在我们的课本上,出现在书店里的书架上,出现在大图书馆里。我对他们的作品非常熟悉,我从他们的作品里学习怎么写作,真正见到他们以后对自己的提高是非常有帮助的。去年9月份在网络作家培训班上,我发言说,我们是网络作家,我希望大家尽快加入作协,从传统作家身上汲取营养。当时山东省作协创联部领导说,"飞天你说得太对了,网络作家属于野生的,必须经过培育和科学的扶持才能获得更大的成功"。如果今年或者明年山东省作协能成立网络作家协会,我希望我和志雄教授能为这件事多做点贡献,毕竟网络作家是传统作家里面的一个分支。如果我们不能传承老作家身上那些好的东西,在我们这里断了代,那么网络作家就是中国文学的罪人,我们希望网络作家清楚地看到以后的方向,能为中国文学做点贡献。我们都有自己的孩子,我们的孩子以后也会接触中国文化,我们要从传统文学那里学习,不能浮在空中,要按照文学的发展规律来学习。

一个网络作家,会面临很多的诱惑和困惑。如果能与时俱进,对社会潮流有明确的认知,就能不断提高自己,让自己成为一个热爱生活、奋斗不止的好作家,既能出世,又能入世,在自己喜爱的文学领域里游刃有余地写作,在当下中国快乐地生活。

我想用一句话来结束发言,希望大家能"找到真我,学有所成"。谢谢大家!

周志雄:很敬佩您凭着自己的兴趣写出这么有影响力的作品,有这么高的追求!在2006年写《盗墓之王》之前,您的文学准备是怎么样的?

飞天:1987年到1991年我在烟台学习,我从1987年离开家到烟台去,就想找一个安静的地方,在家里被父母管够了,想自己独立出去。1991年毕业后我被分配到潍坊公路局工作,一直到2005年。虽然这期间我也写作，但都是写一些短小的散文、诗歌投稿给报纸。我知道在一个好单位里有医疗保险，一直到退休都会衣食无忧，可是我想，自己的人生不应该是这样的。在公路局系统里，有很多老专家、高级工程师都是从小人物一步步熬上来的，看到他们，我就能看到自己的未来。人的一生都要拴在一个地方、一个岗位上，这是非常可怕的，就像是大机器上的一颗小螺丝钉，找不到自我。我从小就想当一个作家，一个男人只有实现自己的理想才是最幸福的。我2005年4月辞职以后，从2005年到2007年，短短两年就写完了《盗墓之王》和《佛医古墓》。我读了很多书，出手比较快，对作品写得好坏也有自己的判断。直到现在，我也是一边写作，一边尽可能地抓紧时间多读书。现在很多心理学家都提倡"快乐工作"，只有把兴趣和工作结合在一起，才有可能"快乐工作"。辞职之后，我才感觉到真正的放松和自由，每天都是为自己活着，活得非常精彩。

作者是终生不能离开阅读的，这是成长的基础和动力。以前很少读外国翻译作品，自从加入了作协，跟着很多前辈学习，我逐渐意识到，广泛阅读非常重要，不能对喜欢的和不喜欢的书厚此薄彼。这就像咱们吃饭不能挑食一样，要想健康成长，就要营养综合搭配。我虽然不会写诗，但也看了很多诗集，个人喜欢的是泰戈尔和席慕蓉的作品。

周志雄：您是怎么想到去17K小说网发表作品的？

飞天：当时最大的文学网站是起点中文网，17K小说网成立的时候，网站领导说了很多热血沸腾的话，观点就是男人为了理想而活，为了理想而战斗，非常符合我的人生态度，这应该就是我选择17K小说网的初衷。

周志雄：您从什么时候开始用"飞天"这个笔名？用"飞天"这个笔名有什么寓意吗？

飞天：2006年，我起了很多笔名，有四个字的，还有五个字的。后来我说"飞天"这个名字无论从笔画到寓意都可以帮助你成功，我们很容易就想到一飞冲天、飞龙在天，非常顺口。2007年在北京见到中文在线网的一个领导，他说，就这俩字肯定能成功，你看人家金庸、古龙都是俩字，都特别成功，你也一定会成功，就是这样来的。

姚婷婷：您在济南创作，济南这个城市给您带来了什么灵感？

飞天：这个问题问得好！因为我本名是"徐清源"，后面两个字都是带水的，之所以定居济南，就是因为济南是泉城。我的老家是青州，那里其实也是有很多水的，像古井啊之类的，所以我觉得自己能成功的地方，就是有水的地方。因为济南这个地方有利于我发展，所以我才留在了济南。我非常喜欢济南，我现在在老东门那边住，每天晚上都会去逛一下大明湖和护城河，特别是夏天的时候，每天一次，这也是灵感的来源。咱们济南现在发展得特别快，我觉得能生活在这样一个有生命力的大城市里,对自己的写作和成长都非常有帮助。我会在这里住一辈子,汲取泉水带来的灵感,让自己的作品永远都不缺乏灵性。

陆玮玮:刘慈欣在采访中说:"传统科幻作者的写作模式很难适应网络文学每日定量更新的要求。网络每日更新要求作者天天大量书写,难免出现'灌水'现象。"您对此如何看待?

飞天:我这几年写了9部小说,除了《伏藏》是天天更新外,其余的都是写完后先在出版社出版,并没有更新的压力,所以很少去碰"灌水"的红线。我相信,没有一个网络作家愿意去"灌水",那样会造成读者大量流失,而自己的写作水平也会不知不觉地下降。我想很多"灌水"作品的出现,都不是作者的初衷。

周志雄:讲个比较好玩的事,网上有篇文章叫《小说文章掺水十六法》,有一次我教孩子写作文的时候,给孩子看了这篇文章,她看了这篇文章后就觉得很受启发,因为以前觉得作文写不长,看后就觉得文章太好写了。张艺谋讲,"文学就是有话不好好说,明明两句话就能说清的道理,却要搞出几十万、上百万字来"。古代的"文章"中的"文"字有个绞丝旁的,意思是这是个装饰的东西,就是华而不实的。

飞天:对,文似看山,喜曲不喜直啊!

周志雄:像汉赋中,那些华丽的辞藻不就是装饰的吗?而实质的东西并没有多少。一个人会说话,意思就是说话说得漂亮和婉转。

飞天:对啊,可是我们大家还是喜欢汉赋,辞藻华丽优美,优点盖过了缺点。我觉得,纯粹的"灌水"就像那篇文章里面说的"掺水十六法"那样,那才是纯粹的"灌水",像刚才您说的汉赋都是华丽的、很好的东西,我感觉是这样的。

周志雄:实体书要经过很多修改,金庸的作品也在修订。您以后会不会去修改自己以前的作品?

飞天:其实我一直在想出一个大全集,找个出版社重新做,因为以前书的版面大小都不一样,有32开的,也有大32开的。修订方面,现在再去看十年前的书,肯定会觉得好多方面需要修改。这是一个漫长的工作,要出全集的话,会简单修订,情节不会改动,会修改语言上一些比较差的地方,这是我的一个构想,等所有的版权收回来后再去做这个工作。我想"大全集"的问题是很多网络作家共同面临的,只不过版权太分散,单纯要把版权收拢起来,就已经很费力了,再说要逐一修订,耗时耗力至极。金庸先生是一代文学奇才,能写出来又能一一修订,这种魄力和精力,非常值得网络作家学习。

## 二、"每一本书都要写出自己的思想"

周志雄:您对自己的创作有没有一个阶段性的划分?有没有关键性变化的节点?

大神的肖像

飞天：我一开始是写盗墓小说出名的，《盗墓之王》《佛医古墓》《法老王之咒》是前三套书，这几套书共十六本，这是一个阶段。我当时算是盗墓文学的先锋，也是跟风。小说都是第一人称，但情节跟我个人没什么关系。主人公往往是嚣张的、高傲的、不近人情的，花花公子之类的，主人公不是我自己，小说没有思想性。《盗墓之王》卖得还可以，总共九册。后来写了《大炼蛊师》《蚩尤的面具》和《伏藏》，到了《伏藏》我就很注意加入自己对人生的观察和思考了。我明白只有写自己才能长久地写下去，最近看了什么书、什么资料，会在我写的作品里体现出来，我觉得这才是一个作家正常的写作思路。写完《蚩尤的面具》后，我遇到了一个令我很愤怒的事情。我有一个朋友是做商业的，因为一些事情被人设计陷害，最后一贫如洗，其实这个朋友是非常正直的一个人，当时我对这件事有一种强烈的愤怒，于是就写了《噬魂藤》。我做编剧以后，懂得了剧本的要求。我在想，在写原创作品的时候也可以无限地贴近影视剧，让编剧、导演、制片人容易接受，这是我的一个转变。最大的转变发生在写《奇术之王》的大纲时，我对《奇术之王》抱有很大的信心，对它的写作结构，它未来的前途，不管是社会价值还是经济价值，我都做了深度的思考。

周志雄：《奇术之王》是从什么时候开始写的？

飞天：从2015年10月份开始做大纲的，写完《伏藏》后着手准备的，这是我最新的一部书。

周志雄：您最喜欢自己的哪一部作品？

飞天：我最喜欢《敦煌密码》，五卷本的100万字，2011年写的。这本书所写的敦煌莫高窟、月牙泉和楼兰古国蕴含了中国的古老文化，包含一些佛教的思想，寄托了我的很多梦想。因为这本书最早是被影视公司看上的，但因为经纪公司的价格问题，暂时搁置了。这本书倾注了我很多感情，包括兄弟之情，对古老文化的探究，对历史的追溯，等等。我觉得我写这样的小说才能表达自己内心的思想，把自己长期以来的追求写出来。曾经有一个读者跟我说，这本书跟别人的书不一样，你是个人写作，有你自己的思想在里面，不是为了取悦读者或者出版公司，我们见了面后看看你本人，再想想你书中的主人公，他就跟你一样。《敦煌密码》算是这几年写得最好、最完整的一本书吧，这本书没有任何功利意义，完全是自己的一些心得和想法。

周志雄：我读过您的短篇小说，如早期的那篇《股神末日》，也读过您的诗和散文，您的诗有20世纪80年代朦胧诗的那种风格，您写济南泉水的散文写得很好，我觉得这些作品更能体现您的文学情怀。

飞天：对对对。其实以前作为文学青年最早就是写诗、写散文，然后投报纸。我以前觉得自己写散文还凑合，现在到了作协这边才知道，真正的写作高手都在作协里面，无论是哪种文体,都值得我俯下身子来认真学习。所以,我这几年能快速进步,真的是得益于能够加入作协,跟真正的行家在一起。

周志雄:哈哈,您那篇《茶与泉》写得挺好的,有文人情怀在里面。

飞天:周兄过奖了,我其实还是想做真正的文人,不是说把文学当成一种谋生的手段,而是想写更有深度、更有价值、体现文人情怀的作品。

周志雄:您的长篇如《盗墓之王》等都有200多万字,您也有20万字左右的短篇,比如《噬魂藤》,在写长篇和短篇的时候您感觉有什么不同?

飞天:中短篇更好驾驭,更容易出精品。我确定了以后走精品路线的话,我就会写25万字上下的,那也是出版社一个公认的标准,不超过30万字。在25万字的篇幅里,很容易把故事写得很完整和圆滑,不容易让人挑出毛病来,太长的作品难免前后故事脱节。我希望我写的每一部作品都是有价值的,不会去"灌水",不会为了某种名利去写,我只写心里想写的东西。

周志雄:非常好!您的作品有悬疑、探险、科幻、盗墓等多种元素,您刚刚说的《奇术之王》写的是奇人奇事,对历史人物的想象也是与众不同。您在写作时,有没有设想您想写什么样的小说?

飞天:是的,每一部小说都有一个起因。风起于青萍之末。我想写的或者说最擅长的,还是跟自己的成长经历有关的东西。因为那些东西根深蒂固,一闭眼就在眼前,一辈子都忘不了。我的老家青州是潍坊市代管的县级市,我住的地方靠近城边,我们那里有一个火车站,我住在火车站旁边,我们那里有各种奇闻怪事。还有鬼火、坟地、火葬场之类的,我从小接触很多这样的东西。我不害怕,我胆子比较大。这是一种文化基础,其实每个人的生活经历和修养很有关系,我是比较内向的,很少跟别人交流,经常自己钻进屋子里看书,想一些事。每个人的阅读方向是不一样的,我非常喜欢阅读悬疑小说,喜欢看各种古怪的事情,喜欢看恐怖电影。我以前看过电影《龙婆》系列,我觉得写得真好,拍得也好,我就想我以后的路子也要这样。这是一种爱好。现在我写小说,每一部都会有一个中心,比如说《奇术之王》写的是济南,跟泉脉有关的。我一开始做提纲的时候就在想,济南有很多老百姓,有警察,有经商的,各种行业,很多奇人都隐藏在这个表面和平的社会中,我要挖掘的就是这一批人,这一批人的背后有很精彩的故事,以前老舍写过《断魂枪》,倪匡先生也写过这一类的作品。

周志雄:冯骥才也有很多这一类的作品。

飞天:对对对。我感觉,我的作品呈现了一个不同的层面,我们的社会并不是像我们所看到的那样,就像水下面有很多浮藻、海洋生物一样,这是一个很丰富的社会,我就是想去揭示这样一个世界。台湾地区的张大春也写过这样的作品。以前我有这种想法,现在回到正路上来,以后我去做影视作品,我感觉一定会成功。每一本书都要写出自己的思想,写小人物的反抗,不管它是出于一种愤怒还是诅咒,你要写出一定的道理来。我突然想到古龙的《七种武器》,七个小故事,每一个故事都写了一种武器,代表了一种情绪,很喜欢这个作品。

周志雄:嗯,您觉得您写的这一类作品的阅读价值在哪些方面?

飞天:最浅的一个层次当然就是娱乐价值。以前的作品我不敢说,近几年的作品,包括正在写的《奇术之王》系列,我希望读者在读的时候,能联系到自己的生活,联系到自己生命中的一些不同寻常的事,作品能给予人一种安慰和慰藉,或者是指明一种方向。因为我设计的《奇术之王》系列中有很多小人物,这些小人物在市井中遭遇了很多不公平的待遇,他们在不断地抗争,不断提升自己的境界,最终走向"侠义、英雄"的光明之路。我希望大家能从中获得一些启发,我相信自己能够做到这一点。

周志雄:您早期的几部作品都有一个主人公"我",如《盗墓之王》中的杨风、《佛医古墓》中的沈南、《法老王之咒》中的陈鹰,都是采用第一人称,且都是一开始抛出悬念,最后揭开悬疑,主人公和自己心爱的女子走到一起结束。您有没有觉得这样写很模式化?写的时候是怎么考虑的?为什么会偏爱用第一人称?

飞天:的确是这样。我的写作榜样倪匡先生写的"卫斯理系列"小说全是第一人称,到了《原振侠》就成了第三人称,后来的作品都是使用第三人称,当时网络上对第一人称和第三人称争得非常厉害。后来我使用第一人称,也获得了一部分的成功,这应该是写作的一个初级阶段——模仿,用第一人称写的时候可以加上自己的心理感受,比较有说服力,不容易写散掉。就像习武之人,初期练的时候练容易的,像大锤、大刀,练到最后才练匕首,这就是个人的提升。到现在我才知道,第一人称非常难写,因为写不到太精的程度,所以后来全是第三人称,这也是一个变化吧。开始的时候,"看山只是山,看水只是水",到了最后使用第三人称成了"看山还是山,看水还是水",这是文学修养的提升过程,也是写过1000万字后对文笔的驾驭能力吧。我能驾驭200多万字的长篇的话,再写25万字的长篇,在情节的安排上,使用"W"曲线会变得非常容易。

周志雄:确实,这几部作品在故事模式设置上是相似的,可以称为您早期或者练笔期的作品吧?

飞天:是的。其实刚才说到的走固定的路子,以前觉得,我写的东西读者能看,而且简体、繁体都能出,还能挣钱,多好啊。后来,我写完三套书之后自己有一些反思,要是不会反思就成了刚才您说的只会走原来的模式了。

周志雄：对，您后面的作品确实是改变了，不一样了。您的作品中一开始有很多悬念，一步步吸引着读者，到最后才解开悬念。在叙事学上其实这就是叙述控制，用叙述控制去抓住读者的心，您是怎么做到的，有什么写作的秘诀吗？

飞天：其实任何一个作家要想写得好的话，必须有讲故事的才能。先会讲故事才会写小说，一个好的作家，特别是通俗小说家，一定是会讲故事的人。我从小喜欢讲故事，但是我发现读得越多，说得反而越少了。会讲故事，但不会从嘴里说出来，不屑于表达一些东西，转到小说中反而会表达得游刃有余。归根结底，一个成功的网络作家，必定是一个擅长讲故事的人。

周志雄：您的小说知识性很强啊，比如说《伏藏》。西藏我也去过，可我不知道什么是"伏藏"，"糌粑"我也吃过，可是读到您写的小说之后才恍然大悟，原来这个东西是这样的。

飞天：对，因为我觉得我感兴趣的东西，读者读了以后也会感兴趣的。其实我对微妙的东西很敏感，我对西藏很有兴趣，包括传经、伏藏、经文、转世等等，我觉得非常神奇。我一直想写一部关于西藏的小说，我也希望有机会去西藏住一两个月，写一部真正能表达自己内心的书。也许现在时机不成熟，我相信以后会有机会。

范传兴：《盗墓之王》这部小说里有典型的环境描写，网站上的一些编辑建议写手少用环境描写，直接进入故事。您是在用传统小说的写法来写网络小说吗？

飞天：网络编辑会给作者提出各种各样的要求，比如说进入故事太慢了，故事不合常理，不吸引人，没有娱乐的成分等。一个好的作品，如果没有环境描写，没有心理描写，就没法深入进去，它的各种因素都得具备才行。您说得很对，一个好的作家应该按照传统小说的写法去写，有话则长，无话则短，该长的时候长，该短的时候短，不故意地去"灌水"，写一些毫无意义的东西。

周志雄：豆瓣上有一个人评论您，说您喜欢把某个角色写得非常了不起，就感觉到太假，那些人根本不用去盗墓。您怎么看待网友对您的这种评论？或者说您为什么这么写？

飞天：当时磨铁中文网的编辑也说过这个问题，所谓的盗墓小说，就是几个普通人去盗墓，发生各种有趣的事情，他们并没有身怀绝技，也并没有军方背景，你为什么要这样写呢？飘在空中，普通读者不容易接受。我是这样跟他说的，每个人都有自己擅长的写作方式，如果强行改变，会让文字变得别扭，思路卡顿得很厉害，那就写得太辛苦了。我喜欢这样写，这才是我想象中的传奇人物，特别是用第一人称写的时候，我就是主角，主角那些优点都是我的，写起来就很爽。

周志雄：我们现在再去看《三国演义》这样的小说，它不是很现代，为什么呢？关云长一出场就那么厉害，对手连招式都没看清楚头就被砍下来了，他不练功，也没有什么师父，这个人物是类型化的。那么现代小说呢，人物是有变化的，就是说这种升级流的小说是非常符合现代小说观念的，和读者心理也很贴合，这个人物一点一点地变强。

飞天：是的，这种方式是很多读者喜闻乐见的。反过来说，我没有去贴近读者的想法，只是写自己的想法，也是一条光明的路。我的看法是，网络作家一定不要被套路所束缚，要按照自己对一个题材的理解去写，采用自己最擅长的手法来表现，别让自己动笔时别别扭扭的。

周志雄：我发现您的小说里好多主人公都叫风，您很喜欢这个字还是有什么别的讲究？

飞天：是的。我觉得个人应该有个追求，希望自己能像风一样潇洒、自由，幻想自己是金城武那样的人，所以我写小说总是把主人公写得很帅，毕竟叫张三、李四太难听了。但是一想到像风一样潇洒的男子，就不同了，所以说我对这个"风"字有所偏爱。就像温瑞安先生对"温""孙"两个姓氏有偏爱一样。这是一种"文字上的洁癖"吧。

孙敏：网上有读者说您的小说《佛医古墓》从第七部开始写得有点僵了，不像前面那么精彩。

飞天：是的。因为中间隔了一年，当时我同时写了三本书：《盗墓之王》《佛医古墓》《法老王之咒》。当初写完《佛医古墓1》《佛医古墓2》在等出版的时候，我写了《法老王之咒》，好多创意、想法都写到《法老王之咒》里面去了。这个问题提得非常对。

李淇淋：一些网络小说作家在写作的时候会把个人也带到作品当中，您是《噬魂藤》里的关风吗？

飞天：我希望我是一个旁观者，这个警察的角色是非常弱化的，关风不是第一、第二的主角，真正的主角是老板和老板手下的那个人，关风被无限弱化了。

刘振玲：您的《法老王之咒》写到了冥王星入侵地球，还有人类的一些异变，变成了那种似蛇非蛇的躯体，现在很多科幻影片或者小说中都会谈到这样一些人类的灭亡或异变，您对这类作品是怎么看的？

飞天：我有个想法不知道您同不同意，我认为人类想象中的东西以后都会出现，因为人的思想并不是一个虚空的东西，不会空穴来风，在很多传说中，比如说野人，就是真实存在的。人类的异变，不只是文学艺术中和影视艺术中存在，现在医学已经很发达，生多胞胎挺容易实现，人类可以克隆动物，证明克隆技术已经非常成熟了，人类未来的发展只会比你想象得更复杂。

刘振玲：悬疑、侦探类小说创作时面临的一个难题就是逻辑关系，小说前面挖的坑后面却填不上。您在创作时是怎么处理这个问题的？

飞天：我以前用一种很笨的方法，就是把挖坑的地方复制下来，放到一个专门的文本文件里，经常回看。100万字之内的小说可以用这样的方法，可是200万字的小说用这种方法却难以奏效，通常10个坑也就能填上七八个。读者痛苦，我们作者也很痛苦。可是我现在想写的25万字的小说，就能够把提纲做得很完整，每一个坑、每一个环节都会设计好，基本不会出现这种坑填不起来、圆不了的现象。我也想到您说的这个问题，长篇小说最容易出现这样的问题，很多时候坑填不了。

李淇淋：在您的小说《噬魂藤》的开头、结尾引用了鲁迅的诗《梦》，请结合文本解释一下梦在文中的具体含义。

飞天：上学时读到了这首诗，我看到鲁迅的这首诗时非常有感觉，鲁迅写这首诗为了表现对社会现实的不满，从而高声呐喊。我的这部小说也是这样的，表达了一种愤怒，小说与鲁迅的诗非常合拍，这部小说非常接近现实生活中残酷的部分。

姚婷婷：您的《蚩尤的面具》是在现实的基础上加上一些玄幻的故事，怎么想到要创作这样一部小说？

飞天：一开始是对中东战争感兴趣，后来转移到二战。对二战历史的研究，我受到了很大的启发。中国西南等地有一些巫术、蛊术等很神秘的东西，我很感兴趣，所以我把这些结合在了一起。我在书里想要表达一种牺牲精神、奉献精神，最后还是回到"侠之大者，为国为民"的路上。炼蛊师是中国人，无论他们有着怎样的人生，到了国家需要的时候，也能挺身而出，为国效命。我去读抗日战争历史的时候，深刻地感受到全民抗日的那些真实的例子，非常感动。我们的前辈，无论是属于哪个党派，都在为打败敌人、光复山河而抛头颅、洒热血。我们永远不能忘记他们。

姚婷婷：《蚩尤的面具》《盗墓之王》等作品中有很多中国传统文化的要素，您想展现怎么样的一个世界呢？

飞天：小说创作会提供给读者想看的东西，只是以不同的方式呈现。我想呈现的是英雄改变世界，平凡的人只能平凡地度过一生。

韩晓：我读的是您的小说《伏藏》，在您的小说中出现了诸如《孟子》《诗经》等古典文献的知识。这些书您都看过吗？对您的写作有什么帮助？

飞天：读过一些皮毛。这些书对我的写作很有帮助。比如《史记》，我翻看一下就知道怎么写人物了，这是我从事创作的源泉。我看的很多古书，会给我醍醐灌顶的感觉。

韩晓：您的书中还有很多佛教的语录，这与您的信仰有关吗？

飞天：我没有皈依佛教，但是身边有很多朋友是信佛教的，这对我的影响非常大。

陈飞燕：我阅读的是您的《伏藏》，您将这个故事置于西藏的出发点是什么？在您的书中也看到了武侠的桥段，您认为悬疑探险小说与武侠小说最大的不同在哪里？

飞天：其实，我当时想为这个镇魔图写好几部小说，因为这个事件是真实存在的，它非常吸引人。当年文成公主入藏是那个年代最引人注目的一件事，而松赞干布是藏族无法回避的一个大人物，我感觉把这些事儿放到一块儿是很有意思的。镇魔图里，魔女身体以及各个关节都被反复镇压，这本身就是一个很好的故事，不用人去编造了。再就是，我想创造一个新的文本模式。我写作第一个学的是温瑞安先生，"金古梁温黄"里面他是个另类，温派武侠小说很奇特，充满了幻想色彩，在武侠中也出现了一些奇幻、符咒之类的东西。后来我学倪匡先生的"倪派软科幻"，然后把两者放到一起，我想把他们的优点放到一起来写，创造更让人眼前一亮的文本。

江秀廷：您的《伏藏》由三个长篇故事组成，有三个主人公，这三个长篇故事内部并没有深层的联系，您是怎么考虑的？

飞天：这个故事的提纲做了五卷，当时是想前四个故事相互独立，最后统一起来，围绕着西藏伏魔图、喜马拉雅山等等。您说得很对，这三个故事之间仅有松散的联系。

江秀廷：您的《伏藏》里有宗教、历史、生存哲学的内容，美国通俗文学大师丹·布朗的《达·芬奇密码》里也有宗教与哲学。我对里面的悬疑部分也很感兴趣。不知道您有没有看过他的作品？有没有受到他的影响？

飞天：是的，《达·芬奇密码》电影出来后我先看了两遍，又买了他的书。对于他的小说里的情节设计以及人文精神我都非常敬佩。我一直想给西藏写一本书，感觉我跟西藏似乎有某种前世的联系，西藏的僧人信仰非常坚定，他们非常值得敬佩。人要有信仰，有信仰才有敬畏。

李凤洁：您小说中的男主、女主常身着皮衣、皮裤、皮靴，为什么这么写？您是一个比较早向传统文学靠近的作家，怎么看待您的作品中的人物塑造同别人作品的区别？

飞天：这就是我梦想中英雄人物的打扮，我认为塑造这样的一些人做一些惊天动地的事情，才有意义。在倪匡先生的小说里，男的都很帅，武功也很厉害，像卫斯理一样能搞定一切。

王丽：我读的是您的小说《走出军营还是兵》，男主人公叫齐海东，他从战斗英雄变成了地方领导，后来又成为下海的商人，他在这三段人生经历中都是英雄形象。那么齐海东的人生转变和您的工作变化有什么样的关系？

飞天：我是同时写这部小说和剧本的，这算是我的转型之作，更多表现的是男人的一种英雄情怀，我更愿意写一些英雄的题材。

周志雄：您的《走出军营还是兵》属于现实题材，故事发生在当代，有现实成分，这是不是意味着您写作的某种转型呢？

飞天：是的。因为以前都是自发地写作，现在应该从书里走出来，更多地关注民生，关注我们身边的一些事件。我们活在当下，这个世界才是美好的。我希望我不仅能给大家带来一个故事，还要让大家从中学到一些东西或者看到一些东西，这才是我以后的发展之路。

### 三、"做大陆的倪匡"

周志雄：在您的写作道路上，对您影响比较大的有哪些作家？

飞天：三毛对我影响比较大，我很喜欢读三毛的书，但是真正帮助我写作获得成功的是倪匡先生，他是香港的四大才子之一。大家公推的通俗文学大师是金庸，可我更崇拜倪匡先生。从写《盗墓之王》开始，我一直追随他，他的作品繁体版和简体版我都有。我请朋友把我的《噬魂藤》拿到香港呈送给他，先生回赠他的书给我，也为我题了字。他对我影响非常大，我当时跟记者说《盗墓之王》的来源就是倪匡先生的两本书，一本是《天书》，另外一本是《奇门》。这两本书讲的是一个宇航员从地球出发到达另外一个星球，他以为到达了另外一个星球，实际上是他到达了平行宇宙的边缘又折回来了，但是时空发生了错乱的转变。我从这个故事里演化出《盗墓之王》的故事。以前我写的所有作品都有倪匡的影子，今年写的《奇术之王》我想有创新的改变，写的是现代都市的奇人和奇事。回顾一下，我看倪派作品也有 30 年了，从初一就开始看了，到现在还是把"卫斯理系列"存在电脑里和手机里，时常拿出来温习一遍，很多情节一遍遍看，明明已经熟知结局了，可兴趣一直不减。

周志雄：您觉得倪匡的作品好在哪里？

飞天：他的作品非常好，每一部我都读过不下十遍。我觉得他的作品中的很多奇思妙想是前人没有写过的，我佩服得五体投地。我的 QQ 签名是"做大陆的倪匡"，这是我的理想。我的目标是拜倪匡先生为师，把他创造的这种崭新文体继承下去，让"倪派小说"在华语文学宝库中永远占有一席之地。我现在正为这个目标而努力。

周志雄：我也注意到您的这个签名了，如何做大陆的倪匡，这个过程您是怎么去努力的？

飞天：我为自己做了很多计划。我从去年开始一直在读中国传统小说，《聊斋志异》对我的启发非常大。我读了一年《聊斋志异》《山海经》，还买了马瑞芳教授点评《聊斋志异》的书，我感觉现在能帮助我快速提高写作水平的就是这两本书。我还很喜欢看恐怖片，很多恐怖片我

## 大神的肖像

都看过,恐怖片对我来说并不恐怖,迄今为止我看过比较好的恐怖片是《寂静岭》,看恐怖片能提高我的写作境界。这是我想到的能提高我的写作水平的办法。模仿和创新,就是我现在正在做的。海量阅读、勤奋写作、制定高目标、永不止步,这就是我对自己的要求。世间只有一个倪匡,超越他几乎是不可能的,但我可以努力超越自己,让每一部新作品都有新的突破在里面。"做大陆的倪匡"就是我激励自己前进的一个口号,也是终生为之奋斗的目标。

陆玮玮:在您的博客里我看到您推荐了有关写作的美剧,这些美剧如何促进您的写作呢?

飞天:这个问题很多网络作家和编辑也问过。怎么提高自己的写作水平?我们要去看最好的作品,一些学影视编导的学生每年要在学校里看600多部片子。我看美剧三四年了,从《越狱》开始看,现在我追的是《国土安全》。当你看到人物台词、故事结构的时候,你会领会到在长篇小说中怎么布局,怎么调整节奏感,怎么让读者跟着你走,美剧确实能提高我的写作水平。《国土安全》这个片子我追了三四季,这个片子非常好,我的《佛医古墓》是围绕海湾战争写的,跟《国土安全》要表达的主题非常接近。美剧的制作过程中竞争非常激烈,有些剧只播到一半,收视率不行,马上就会被砍掉。所以,他们的编剧和导演都竭尽全力地工作,把最好的东西呈现给观众,剧情结构非常紧凑,台词也非常精练,能让人反复看,反复琢磨。这些都值得网络作家学习。如果能领悟到美剧的精髓,我们的写作水平就会大幅度提高。

周志雄:这里面有两个层面,一是您可以从非常喜欢的作家、作品中获得灵感、获得启发,有意识地模仿这些作家、作品;二是如何去超越您所喜欢的作家?

飞天:我给自己设定了很多目标,超越就是写出自己的作品。如果只是写别人写过的内容,只能成为工匠,解决了温饱问题以后人的精神追求就变得非常重要,我的目标是"做大陆的倪匡",这就是您说的模仿和学习。加入作协,就是我提高自己的方法。很多作家都说看书能提高,我认为,既然身在济南,有接近作协那些名家的有利条件,当然就要加入作协,跟那些人在一起,不仅仅从作品中学习,还要从高手的言谈举止中学习。以前的很多行业讲究的是"儿徒",要想学到高手的精髓,就是要见面交谈、亲口请教,这才是一种正确的提高途径。只有博采众家之长,天赋、兴趣加上勤奋,才有可能去追赶并超越别人。这里面也有一个时间的积累问题,对这个世界的认识有多深,作品就有多深。

周志雄:您的作品只有几部在17K小说网上首发而后再出实体书,如《盗墓之王》《佛医古墓》《法老王之咒》《伏藏》,而其他如《敦煌密码》《大炼蛊师》《蚩尤的面具》《噬魂藤》等作品都是直接出实体书,或者在出了实体书之后,再在3G书城、搜狐、磨铁、凤凰网上连载。这说明您的作品在网络文学中是比较过硬的,可否谈谈您的这些作品的版权情况?

飞天：我写作的时候是按照自己的兴趣去写，不"灌水"，竭尽全力去完善作品，所以就是偏向于实体书出版的。我对钱和版权没有那么看重，我的人生理想是成为一名被人熟知的大作家，无论是写纯文学还是写通俗小说，这才是我的理想。

周志雄：您的作品中版权卖得最好的是哪一部？

飞天：目前来看，是《盗墓之王》和新书《奇术之王》。《盗墓之王》是我的王者系列的第一部，《奇术之王》是王者系列的第二部，我相信会很好。两部书中间隔了十年，我感觉自己的写作水平是有提高的，尤其是在思想方面。

周志雄：我读了您的《伏藏》，觉得这本书写得比《盗墓之王》成熟很多。我注意到《伏藏》在17K小说网上是免费连载的，没有收费章节，也没有实体书，这是什么原因呢？

飞天：没有设置收费章节是为了读者，因为这本书，我收获了很多的铁杆粉丝。

周志雄：您的许多作品是先有实体书，再在网上连载，这样就改变了目前每日更新的压力，能写得更从容一些。

飞天：对。有时候一部小说50多万字，只有考虑得比较成熟之后才可以写，如果是每日更新的话，故事的完整性就会受到影响。如果每天不能更新，就会流失一部分的读者，灵异类的小说读者会比较少，这是一种必然的缺陷。

周志雄：请您介绍一下您的作品的繁体版和越南语版的出版情况。

飞天：先来说一下越南语版，当时《敦煌密码》这部书在湖南人民出版社出版后，他们发来邮件说想代理这部书的越南版权和全球外文版出版，过程比较顺利，签约一完成，稿费就打过来了。繁体版也是同样的，挺顺利的。

周志雄：您的这些书在台湾出版的版税怎么样？

飞天：《敦煌密码》是版权买断的。签完合同之后，稿件给他，支付全额稿费，我不参与销售。

周志雄：目前您有没有具体的作品在做影视剧、网络剧？

飞天：有一个。2015年春节之前，我对做编剧非常热衷，但是到2015年底，我想作为一名作家，我擅长的是写作，编剧只是一种社会职业，因为当时也在和中文在线签订一些版权合同，所以就产生了思想上的转变，明确了自己在写作上的追求，不再被外界所迷惑。

周志雄：您是从哪一年开始到山东世纪华龙影视投资有限公司做编剧的？

飞天：是2014年春节，已经两年了。

周志雄：请您谈一谈到这个公司做编剧的整体情况。

大神的肖像

飞天：最初觉得编剧是一个特别高大上的职业，演员对导演点头哈腰，导演听编剧的。进入这个行业之后，发现编剧在剧组中的地位很普通，要听导演的、制片人的、主演的，根本不可能把自己的思想强加给别人，只能按照导演的意图来修改。这几年的编剧经历坚定了我要自己做制片人，自己投资拍电影，组建自己的团队。要想在影视作品里表达自己的观点，就要掌握话语权。

周志雄：请您谈一下作协、网站的一些培训对您的影响。

飞天：作协这几年一直在对网络文学作家进行培训，我参加过山东省作协的两次培训，讲课的老师都是名作家或者研究传统文学方面的教授，能见识到很多高人，提高自己。第一次参加学习是在2014年，当时得到张世勤、刘玉栋这两位全国知名的传统小说作家的指点，我感到受益匪浅。2015年参加山东省作协的网络作家培训班，跟来自全省各地的网络作家交流，相当受益。以后有任何学习机会，我都会尽量争取，因为这种培训班的模式是经过山东省作协文学院的研究和实践过的，肯定对作家有帮助，否则也不会一届一届一直办下去。我唯一的希望就是，省作协能给我们网络作家更多名额，让山东的网络作家能够尽快提高自己。

周志雄：您在博客中说到，您的书桌前贴着一个写作目标，这个目标是何时拟订的？

飞天：这个目标一直在变，出简体、出繁体、卖影视版权。现在我的目标就是希望自己能成为一名真正的作家，真正的作家都是虚怀若谷的。我还有一个目标，就是能够借助教育部门的力量，把《"望闻问切"四字诀写作文》义务推广到济南市的中小学去，让孩子们学会写作文。

周志雄：您能描述一下您的日常生活吗？

飞天：早上6点起床，去护城河转一圈锻炼身体，转到7点半回家，看看新闻，9点之前处理电子邮件，然后写到中午12点，我写作最有灵感的时候是中午12点和下午五六点钟，午后2点至4点午休，午休后进行写作，写到下午5点钟，晚上10点钟以后，我开始整理邮件，看网络资料，看一些稀奇古怪的消息，浏览各大网站的新书，有时候想放松头脑，就打游戏《坦克世界》和《英雄联盟》。

周志雄：在写作中，您遇到的最大困境是什么？

飞天：我喜欢与一些有修养的作家交流，因为这样可以提高自己。倒不是说他们会教给你什么，而是看他们如何做事，看他们写的文章就能学到一些东西。我在2009年前后有困惑，例如如何提高自己、如何突破自己、网络文学如何写等问题，加入各级作协之后，这种困惑就很淡了。

陆玮玮：您去济南五中讲作文，在山大附中也讲过，您去开讲座的时候都讲些什么？

飞天：就是教学生怎么写作文。会说、会写、想写，尽量地写长，再去精简，就是这些内容。我自己总结了《"望闻问切"四字诀写作文法》和《流水账写作文法》，效果还是很好的，三四个课时就能把孩子们的思路打开。我个人认为，现在面临"大语文"改革，作文、母语写作是下一步的教学重点，一个语文老师带一个班40个孩子或者两个班80个孩子，可能没有那么多的精力全面引导孩子们写作文。如果作家能够深入学校，为教育助力，这是一件利国利民的好事。一直以来，我们济南作协就有"作家进校园"的项目，下一步我会抽出精力来，以身作则，到学校去做文学推广义工，从作家的角度去提升孩子们的作文水平。同样，教育局和学校也特别希望作协、作家能提供这样的有针对性的帮助。我希望能尽自己的绵薄之力，推动历下区乃至济南市的作文教育发展。

陆玮玮：请您谈谈，作家讲作文和老师讲作文有什么区别吗？

飞天：我个人觉得，老师讲作文是从技巧方面来讲，把写作文的过程切得一段一段的，然后组合起来。作家讲作文是从文章的立意、核心、主题来讲，不太追求作文的精致性，更能表达学生的思想。这两种方式没有高低之分，最后还是要合二为一的，既要有技巧，又要有立意。我认为，作家进校园的作用是在老师教育的基础上，把学生们的写作能力做一个拔高，让他们认识到作文和写作的突破点在哪里。文学是有传承性的，我一直相信，我教过的孩子里将来一定会出现很好的作家。

陆玮玮：看到了您和另外两位作家为《山东商报》写的去年的山东高考作文，按照满分60分，请问您能为自己的作文打多少分？

飞天：哈哈。去年山东的高考作文太难写了，我这篇作文，按60分的话，最高打45分。这也给了我启示，就是怎么教孩子写作文，现在中考、高考的作文题目都很难，必须重视孩子的真实作文能力，这样在中考、高考中才能不落后。

周志雄：您当时对这个题目是怎样分析的？

飞天：这个题目是《丝瓜藤，肉豆须，分不清》，当时看到就觉得头大了。如果像我们这样的职业作家都感到很难下笔，那么应届高考生就更别提了。这也给我一个提示，现在的高考作文题目都出得很巧妙，既有思想性，又有相当的难度，对应届生的文学储备是个巨大的考验，不是那么容易考好的。所以，学生要想在高考时不犯难，就要从小学起，抓好写作这门课程。

林淑玉：您刚才一直在强调一定要做自己热爱的事情，感兴趣的事情，我也有个观点，不一定您擅长的就一定是您的闪光点，您在思考的才是。所以想问您，到了您这个年龄，尤其是成绩已经这么好了，您现阶段对人生、对您所从事的工作的思考是什么？您想在下部作品中呈现

大神的肖像

出什么?

飞天:您这个问题问得太好了。刚才我说到了社会价值和经济价值,其实我现在想做一个善良的人、正直的人、充满阳光的人,对别人充满温情。为了教育下一代,我可以无私地付出,比如到学校里给孩子们讲课,我为这个社会贡献我力所能及的力量。下一步有了钱,我会资助老人院,定向资助经济困难的学生。一个人活在这个世界上,应该做能做的事情,在这个社会中起到中流砥柱的作用,推动这个世界往更好的方向发展,个人的财富是次要的,一个人应该有这样的胸怀。我会一直在作品中呈现并歌颂"侠之大者,为国为民"这个主题,让文本和我自己的思想统一起来。

周志雄:其实这里面有这样的问题,就是您作为一个作家除了社会责任之外,还有一个更高的追求是什么?能够在将来的文学史上留下一笔,这是一个更高的层面,古人讲青史留名,就是立言。有一次我和山东作协的一个作家聊天,他跟我说自己的作品怎么赚钱,如何畅销……我就问他在写作艺术方面有什么突破,他就回答不出我的问题。写作不应只是量的积累,还应有质的飞跃。像通俗文学,您讲的这个路子,向纯文学领域靠拢,这是没有问题的。您的写作基础是通俗文学,那您能不能在通俗文学领域做到像金庸、丹·布朗、斯蒂芬·埃德温·金那样?

飞天:其实我们所说的是一个问题。我为什么要反复提高自己?为什么要争取各种可能的途径去提高自己?就是因为想往更高的目标迈进,不但要青史留名,而且要挣到更多的钱来回馈社会。我见到很多人的生活举步维艰,我想去帮助更多的人。我觉得,一个人要想在文学领域突破,必定是先让自己的精神境界突破,也就是咱们常说的文如其人。一般情况下,一个品格低下、容貌猥琐的人是不可能写出充满正义、英雄史诗的作品来的。我对金庸先生十分敬佩,因为他已经超越了一个"作家"的境界。您说得对,我写通俗文学也有自己的目标,那就回到我的QQ签名上来了,"做大陆的倪匡",成为倪匡先生那样的"一派宗师"。

周志雄:我在2005年开始研究网络文学,2010年出版我的第一本网络文学研究专著。我当时有这样一个判断,网络作家起步阶段基本是为了谋生,但是当他过了这个基本的生存线以后,他应该可以沉淀下来写一些更厚重的作品。但是我看到很多网络作家要不就是"陨落"了,要不就是沿着之前的路子重复滑行,始终盯着商业目标。这是我当时的一个判断。

飞天:是的,总是会有人觉醒过来,想想以后的路该怎么走。有使命感的作家总会想创新,做一些别人没有做过的事情。我个人感觉,男性作者应该更容易想到"使命感"这样的厚重命题,必须有所担当。这种担当,不仅仅和钱、荣耀有关,也跟我们国家的命运、华语文学的命运有关。古人说,位卑未敢忘忧国,我们网络作家应该以这句话为座右铭,时时刻刻提醒自己,看清未来的路。

**四、"网络文学肯定会有很大的转变"**

周志雄:请您谈谈对中国网络文学的看法。

飞天:站在我的角度说,网络文学是传统文学的一个分支,是传统文学演变到一定程度后必然出现的产物,它借助了互联网、电脑这个写作工具。如果没有互联网的普及和电脑写作的普及,网络文学是不会出现的。所以,网络文学是时代进步的产物,我们不必过分看重它外在的形式,而应去看其精髓。现在的点击率、打赏制度等,以后肯定还会转变。时代是要变的,我觉得这对网络文学研究是件好事,因为这样的网络文学更有研究的必要,如果仅是一潭死水,那就没必要研究了。

周志雄:就您看,中国网络文学的发展脉络是怎样的?

飞天:中国网络文学非常有生气,发展过程中肯定会捧红一些人,也会甩掉一些人,就看你怎么选择。我个人觉得,网络文学的大发展刚刚开始,方兴未艾,过去的十年只是一个少年期或者说是野蛮发展期,等到它的主干稳定下来,就会出现各种流派的经典作品,影响影视界,也影响我们的生活。我确信这一天能够到来,我也会为这种网络文学的繁盛贡献自己的力量。

陆玮玮:您同意网络文学是快餐文学这个定位吗?

飞天:嗯。我暂时是同意的,网络文学中比较精髓的、慢工出细活的作品暂时看来还是比较少,但这种状况正在改变。快餐也是可以做到色香味俱全、服务一流的,相信网络文学也能如此。我们这些已经身在其中的人有责任让"快餐"变成"营养餐",要想改变网络文学,必须由网络作家来操刀完成,而不能依靠其他群体。把网络文学这个行业变得更美好,是我们的责任和义务。

周志雄:您怎么看待国内的网络文学富豪榜?

飞天:有这样一个榜非常好,它会让从事这个行业的年轻人看到希望,也找到追赶的目标。就像我们热衷于谈论世界首富、中国首富一样,榜单的存在,对网络文学的发展有推进作用,也让网络文学引起了社会各阶层的更多关注。

周志雄:您对富豪榜上的大神怎么看,包括唐家三少、梦入神机、血红这些人的作品?

飞天:每一位大神级别作者都是值得尊敬的,关于以上三位的采访文章我都看过,我相信他们绝对不单纯是为了钱写作,而是有着自己的人生追求目标。如果只是为了钱,他们现在都可以封笔退隐了,因为他们已经有足够的钱了。我希望这个榜上的大神为读者奉献更精彩的作品,也希望看到更多新人能出现在这个榜上,形成"长江后浪推前浪"的迅猛势头,那样我们的网络文学才有大发展。

周志雄:现在的网络大神,您比较喜欢谁的作品?

飞天:我比较喜欢蔡骏的作品。他的作品在影视改编方面非常成功,这是值得每一个网络作家学习的。我这几年读了很多他的作品,改编的影视剧也都看了。

周志雄:蔡骏的小说我都读过。我觉得他的很多观点跟您现在是不谋而合的,当时《齐鲁晚报》邀请他来济南参加"汉王电纸书"的活动,我做过他的访谈。他说,"写小说自己是原创,但改编是人家更专业,改编的事情就交给专业的人去做"。因此,他只负责写小说,我觉得这是一个很明智的做法。

飞天:您说得非常对。因为蔡骏在上海这个大城市,本身的视界比较高,对网络小说的未来,他看得非常准。我以前不懂,现在明白了,你要卖给别人一个东西,你得让别人接受才行。写了部作品,卖得掉就卖,卖不掉就不卖,这不是做事业的方法,一定得让小说和影视结合起来,让大家有合作的基础才行。写小说的可以做编剧,但要对自己有清醒的认知,千万不要认为自己是全才是万事通,要有自知之明。

周志雄:您觉得目前制约网络文学发展的因素主要有哪些?

飞天:我觉得首先是人的因素,任何一件事都包括三个因素,人、地方、钱,最大的因素在人。因为现在大部分网络作家都变得很浮躁,人浮躁了,不管学习还是工作都上不去,出不了什么成绩,即使出成绩也是撞大运那种,不能长远发展。地方因素呢,就是网站,希望网站有更合理的双赢合同。钱的因素,希望每个网络作家都能解决温饱,然后在这个基础上,不为五斗米折腰,写真正具有自己思想的作品。解决了这三点,网络文学的腾飞就指日可待了。当然,任何一个行业都是有制约因素的,需要从业者努力去解决它。

周志雄:也有人说现在是网络文学最好的时候。

飞天:《双城记》里说,"这是最好的时代,也是最坏的时代"。那您说现在是最好的时代还是最坏的时代?

周志雄:说最好的时代有个前提,就是从外在看,大气候是比较好的,国家已明确提倡大力发展网络文艺,中国作协搞网络文学排行榜,明珠老师就进入了排行榜。放在十年前在大学里成立网络文学研究中心是不可能的事,我做网络文学也有十年了,好多年前我就有成立研究中心的想法,但一直未得到认同,2015年在学校领导的推动下研究中心才正式成立。形势变了,大环境变了,行业本身的资本重组又会导致网络作家、作品在市场方面的新变化,这是网络文学的一个发展契机。

飞天：对，您说得非常好，这是一个很好的潮流。我个人觉得，网络文学是一个循环的、波浪线的过程。社会潮流和作家是有一个互动过程的，彼此促进，然后继续蜕变转化。无论它是好时代还是坏时代，都是一个变化中的时代。如果不能承受变化、顺应变化，就会被时代甩掉。即使是成名的大神，也应该考虑"变化"的命题。

周志雄：像去年开始出现 IP 热，只有出现这样的一个契机，您才能把您的作品打包卖出去，如果没有这个契机，作品可能卖不出去。

飞天：您说得对，一个人的成功既有个人的努力，也要有大时代的推动。照这样来讲，现在是个好的时候，作家和网站如果能双赢，那么这个行业就会健康持续地发展。

周志雄：中央提倡的发展网络文艺实际上是要发展文化产业，有了基本的文学底本，才可能做文化产业。在发达国家，文化产业实际上占国民经济的很大比重，我们国家的比重远远偏小。社会形态越复杂、越高级，文化产业越发达，这是经济力量在起作用，也是一种经济战略。

飞天：是的。在这种国家大发展的年代，每个人都应该迎头赶上，成为时代的弄潮儿。就像上次在济南电视台我问您的，作品版权是现在卖好呢还是以后卖好。很多人说，IP 已经到了一个泡沫年代，再不卖就拉倒了；另外一种说法，现在是直线上升，今年 50，明年 80，后年 100。当时您没有回答。

周志雄：这个我把握不了，不知道什么时候是顶点。如果您把网上不怎么有名的作者写的作品换个名字，如把唐家三少的名字换上去，是不是也能卖得很好呢？

飞天：从文字层面来说，很多年轻作者写得也很好。我想到这样一个问题，就像考试，一个学生每次都能考 80 多分，一直处于中游以上，而另一个学生突然考了 100 分，但他平常只能考 60 多分。我们肯定喜欢那个一直考 80 多分的，不管那个考 100 分的有多聪明。我觉得这就是神级作者和一般作者的区别。神级作者，"神格"稳定，读者就会一直追随。

周志雄：这也有个体量的问题，大神也是慢慢成长过来的。

飞天：对，没有人能随随便便成功。所有成功的作者，都是披荆斩棘、过关斩将过来的。上千万字的写作积累是必须的，没有十年磨一剑，不可能一夜成名。

周志雄：您认为传统文学和网络文学的区别在哪？

飞天：从我的角度出发，我认为网络文学一定要向传统文学学习，传统文学比网络文学高明，传统文学流传下来的数千本书，每一本都是经典。前几天我重新阅读了《百年孤独》，感觉收获很大。这些传统文学作品是经典中的经典。经典传统文学像糖精一样，网络文学像冰糖，一颗冰糖能甜得过一颗糖精吗？这也是我的观点,要向传统作家学习。

陆玮玮:您怎么看待《悟空传》？

飞天:哦,今何在的那本书,当时我买了两个版本的,我觉得可以把《悟空传》和《大圣取经》联系起来看。他非常厉害,将一个陈旧的题材点石成金了,赋予一个老段子新的意义。

范传兴:您认为网上的VIP收费小说应如何提升艺术价值？

飞天:加强修养,加强学习,这是唯一的真理。向传统作家学习,不断提高自己的水平,然后尽量把那些浮躁的成分去掉,把人的境界提高,向大作家学习,不能忘了文学的根本在哪里。

姚婷婷:您觉得应该怎样平衡网络文学的商业价值和文学价值？

飞天:文学作品的社会价值要优先于经济价值,首先要注重社会价值。因为我们还有个社会责任心在里面。我有一个观点,真正的好的文学都是一样的,无论传统文学、网络文学,条条大道通罗马,都是要教育人"向上、向善"的,离开了这一点,为娱乐而娱乐,就太狭隘了。如果一个网络作家能够读史向学,他最终就会明白这个问题,眼界放开阔,抛开名利,写出闪光的东西。人的境界上升了,不用故意去考虑平衡问题,自然就会回到光明大道上来。

周志雄:这里面还有另外一个问题,文学圈里会把文学分为主流文学、精英文学和大众文学。您讲的这个社会价值还主要是国家的要求,这和追求思想深度的作家还是有区别的。

飞天:是的,这样讲就比较复杂了。

周志雄:是的。如果一个作家只是停留在政治层面,那他有没有能力追求文学的深度？我觉得那句话讲得比较好,"立身先须谨重,文章且须放荡"。很多时候,真正从纯文学角度讲,文学并不为道德负责,但是现在按照国家的要求来写,作品其实也是会受到局限的。

飞天:是的,那这样来说,就变得比较复杂。从我个人的角度看,写作中的"人性"是根本,一切外部的遣词造句,都是为"人性"服务的。

周志雄:举个例子来说,您说莫言的作品好不好？他获得了诺贝尔文学奖,肯定是好的,但莫言的作品并不适合中小学生读。

飞天:对对,经济价值我们可以简单地定义为能不能挣钱,社会价值就是我们要做一个正直、善良的作家,在作品中要尽量传达积极的观点。我们不能把一个日本鬼子写得多么善良、多么体恤民情。文人有文人的风骨,我们写的每一本书要都能堂堂正正地拿给孩子看。

林淑玉:我有三个问题,一是网络作家是成批地出现,而成功的其实很少,那么它是自行淘汰呢,还是根据读者的需求淘汰呢？是大神在引领读者群的方向,还是读者倒向大神的写作呢？二是网络文学的读者偏年轻化,那么您以现在的年龄给年轻的读者写作,有没有不适感,还是您经过了调整？三是如今的网络文学更像是民国时期的《礼拜六》杂志，各种类型的小说都有，那么网络猎奇是不是一个很重要的方面？

飞天：我从第三个问题回答，其实网络猎奇是永远存在的，包括我们看一些奇怪的新闻事件、灵异电影等，大家都有好奇的心理，而且不分年龄阶段，大家都会喜欢满足我们猎奇心理的作品，所以这一文类永远不缺读者。再说淘汰的问题，我认为它是自然淘汰，这里面有作家自己的选择，也有读者的选择。更多的娱乐手段吸引了一部分读者，比如很多人现在不看网络小说而是改玩手游，或者直接追美剧。我知道这个市场，我深切地感觉到这个市场在变化，之所以回来坚持原创，是因为我自己找到了方向。大部分网络作家自然会被淘汰，每年都会有很多老写手退出，也会有很多新人进来。人们常说"文无第一，武无第二"。你说你写得最好，我说我写得最好，都不可能，没有人能够是最好。刚才这位同学说得非常好，这个淘汰的过程很残酷，也许是悄无声息的，第二天早上突然就"城头变幻大王旗"了。任何一个行业都是如此，能者上，不能者下，这才是正确的经济规律。读者是与时俱进的，作者也应该如此，两者相互促进。

林淑玉：您可以给年轻的网络作家谈一些个人的成功经验吗？

飞天：好的。我的经验只是一家之言，希望对年轻的朋友们有一些启发，但大家一定要辩证地看待问题，适合我的，未必适合别人，所以一定要找到属于自己的路。我想告诉年轻的网络作家的第一点，如果能加入作协，就赶紧行动起来，从身边的地市作协开始，一步步向上，直到加入省作协和中国作协。我的切身体会是，加入作协，看到高手之后，你就不会再有任何的个人傲慢了，就能低下头、沉下心，理智思考，不断进步。人可以有傲骨，但不可以有傲心，现在很多网络作家把这两者给颠倒了，这是很可怕的。有自知之明的人，一旦加入作协，就等于推开了一扇通向成功之路的门。第二点，我希望大家不要把眼睛盯在钱上，而是真真切切地去思考作品的文学性、思想性。网络文学首先是文学，必须遵循文学的标准，必须跟传统文学在同一层面上同台竞技，所以它要既有好故事，也有文学性，这两者并不矛盾。第三点，我希望大家都自觉地尊重传统文学领域的前辈，他们对人生的体验要远远高于我们，他们对文学的热爱也高于我们。我们是后来者，是后辈和学生，任何对他们的不敬，都将造成我们成长的障碍。第四点，我希望大家都能自觉自律，无规矩不成方圆，我们进入了文学的圈子，就要遵循文学的规则，就算不能为中国文学添砖加瓦，也不要做害群之马。第五点，不要迷失在各种榜单、各种大神晒稿费、作家富豪榜的光怪陆离的光影里，不要浮躁，不要好高骛远，既不妄自尊大，也别妄自菲薄，要走好自己的路，要有信心。第六点，要多读书，不要瞧不起任何同行，切记"文无第一"。其实这些也不算是我的经验,因为它是很多作协的前辈总结出来的,他们经过了反复锤炼之后,变得谦虚谨慎。身为一名网络作家,我希望这个行业和我的同伴们都能蒸蒸日上,所以才会有这六点总结,希望对大家有所帮助。

陆玮玮:您认为未来网络文学会逐渐被主流文学淘汰吗,或者网络文学会取代主流文学吗?

飞天:您提了一个二选一的问题。我觉得是融合的可能性比较大。网络作家如果能够注重学习,不断进步,跟上社会潮流,广泛吸取各种经验,就能真正决定网络文学的去向问题。其实这个问题也在很多讨论会上被提出来,我想用"融合"还是比较恰当的。两者只是载体不同,肯定有融合的基础。华语写作历史悠久,中间经历了很多文体上的变革。我个人认为,网络作家能够站在传统作家的肩膀上,吸收前辈们的写作精髓为己所用,就会进入井喷式的写作状态,写出内容丰富的作品来。融合应该是最终趋势,无论网络作家还是传统作家,都是在为了我们的中华民族而写作,将来的中国文学史上一定会记录下这个美好的时代。

周志雄:您的《盗墓之王》和《鬼吹灯》《盗墓笔记》差不多属于同一时间的作品,都写得好,但是为什么那两部小说比你的小说要火呢?

飞天:《鬼吹灯》和《盗墓笔记》都写得非常好,是网络小说中的经典,所以大火是非常正常的。另外,作品火不火跟作家的性格是有关的。

周志雄:您怎么看待那两部小说呢?

飞天:非常好,值得所有写盗墓类小说的作者学习。

周志雄:我几年前就听说《鬼吹灯》的电影版权被好莱坞的一家公司购买了,但是这么多年过去了都没有什么进展。

飞天:盗墓作品要进行影视化的话,场景布置耗资巨大,投资方还是比较谨慎的。不过,我想随着科技手段的进步,一切技术问题都不是问题,关键是我们必须写出好作品来,为影视行业提供优质的 IP 才行。

周志雄:今天到场的还有一位明珠老师,她是潇湘书院的金牌作家。明珠老师,您怎么评价飞天的作品?

沧海明珠:用两个字来说就是崇拜。他写的很多东西是我永远没法触摸的,我主要看过他的《佛医古墓》,其他的还没有细看。我很喜欢他写的小说,但是不敢去写这个类型的。因为他的小说知识性太强了,比如宗教啊,这些对于我们女生来说是不容易懂的东西,更不敢去写,只能去看,去仰视。

# 网络文学的历史、演进和未来
## ——酒徒访谈录

**访谈人：**

  酒徒，著名网络作家

  周志雄，山东师范大学文学院教授

  姚婷婷、孙敏等20余人，山东师范大学学生

**访谈时间：** 2017年3月31日

**访谈地点：** 山东师范大学千佛山校区教学三楼3352

### 一、作家眼中的网络文学史

**周志雄：** 今天，我们很荣幸地邀请到著名网络文学作家酒徒与我们交流，他讲的题目是《网络文学的历史、演进和未来》。

**酒徒：** 就个人来讲，我更喜欢讲网络文学近20年发展中的逸闻趣事，是完全从我亲历的角度来讲的。唐太宗说过："以铜为鉴，可以正衣冠；以人为鉴，可以知得失；以史为鉴，可以知兴替。"个人认为，诸君如果想研究网络文学或者从事网络文学创作，要达到某种高度，去了解这些历史很有必要。

网络文学的诞生，现在做研究的人一般把它定在1998年或者2000年，但是事实上这个时间要更早一点，自从有了BBS就有了网络文学。互联网刚开始在北京推广，北京有了BBS，当时那种调制解调器是28.8K的网速，过了两年才涨到56K，这是非常慢的速度。那时候互联网有两个很大的特点，第一就是慢，可以想象多慢。第二就是贵，贵到什么程度呢？拨号上网最早是一个小时15元，后来降价了，降到一个小时6元。当时我在北京电力系统工作，电力系统工资算是行业内比较高的了，一个月3000元吧，在北京已经算是高薪了。北京市职工当时的年平均收入不到1万元，我当时的上网费是一个月900元。好在当时单身啊，没有任何负担。在这种情况下，你想打游戏是不可能的，只有一种网络游戏是mud，就是智能敲字，没有任何画面，有了画面之后就是"死的"。这种情况下，网络是没法玩游戏的，也没法做太多的事情，除了

## 大神的肖像

学习。所以上 BBS 看小说、看文章就成了一种最便宜的消费,可以把文章下载下来再慢慢看。

当时还有一个邮件的功能,可以登录邮箱后订阅邮件,就像微信朋友圈一样,全是这种小文章。当时在 BBS 上写文章也完全是没有盈利的,没人给钱,所以这是文学爱好者的一种业余爱好,也是一种时髦。你能在网上写文章就证明两件事:第一你单位不错,你的工资够你的上网费了;第二你很闲,你有时间写这些东西。重点就在这里,可见网络文学并不像现在某些人所认定的那样,完全是属于下里巴人的,事实上它在诞生初期是很"高大上"的。之所以演进成现在这种以通俗为主的状态,我个人认为百分之八十以上是市场自然选择的结果。早期的网络文学属于自娱自乐,卖弄的成分居多。作者想在网络上找几个知音,很少想到用它来赚钱。那时候文学青年身上还带着很原始的清高,你跟他谈钱,他跟你急。

早期网络文学也非常多样化,杂文、散文、诗歌、小说,甚至对联之类的,各种形态都有。不像现在,现在以幻想类小说为主,没人告诉你怎么写,也没人告诉你什么不能写,这就有点接近于文学的最本质状态了。古人有句话叫"饿了吃饭,渴了喝水,帝王与我何干?",这是网络文学诞生之初的最基本状态。打个比方,大家都知道一首非常有名的诗《上邪》:"上邪,我欲与君相知……天地合,乃敢与君绝。"这个句子,你说它有什么意义?寄托了什么伟大理想吗?都没有。优雅吗?也不优雅,就是一个失恋的女人发誓。实际上它是文学最原始的状态,没有修饰,网络文学最初阶段也是这样的,很简单,很粗陋,但是谁也不能不承认它是文学。

那时写网络文学有一个特点,没钱可赚。一直到什么时候有钱可赚呢?互联网时代网络速度不断提高,商品经济对人的生活的渗透也不断提高,市场很快就伸向网络文学了。现在的研究者们往往将这几篇作品定义为网络文学的诞生点,因为网络文学早期的几部标志性作品、经典名著或市场化最成功的作品,都诞生于那几年。

举几个例子啊,《第一次的亲密接触》《悟空传》《此间的少年》《成都,今夜请将我遗忘》,大家伙现在读这几本书可能觉得内容比较幼稚,文笔也未见得如何出色,但是在那个阶段,是个巅峰,也为作者赚到了足够的声望和金钱。痞子蔡后来在台湾从事了影视行业。今何在现在到哪都是个金招牌,自己开公司。江南更不用说了,江南开的公司非常庞大。慕容雪村现在不写了,他基本上封笔了,这是件很遗憾的事情。

痞子蔡的《第一次的亲密接触》是一部纯情小说,你看它的故事架构,女主角得了癌症啊、生死恋啊,实际上是日本电视剧的套路。我初中的时候,最流行的就是山口百惠和三浦友和的日剧,女主角都要死掉,就是它的套路。还有一个著名的美国电影,叫《爱情故事》,很经典,实际上也是这个套路。当时有个 20 多岁的大陆年轻人,特别不服气,说痞子蔡写了个"亲密接触"就红成这样，他就写了一本书叫《第一百次亲密接触》，然后网络又流行了《第无数次亲密接触》。

20世纪90年代初期有个电影叫《大话西游》，它当时成为一个经典的失败案例，没人看，票卖不出去，一块五到两块一张也卖不出去。但是后来随着网络的发达，它被奉为经典。然后大家都开始写文章，各种各样的小短文、抒情文章，说这个《大话西游》多么多么好。后来今何在写了一本书叫《悟空传》，故事是原创，但是借用了周星驰这个紫霞仙子的设定，其中"我要这天，再遮不住我的眼"是经典名句，基本上看到这本书的人都记得这句话。

《悟空传》的走红让编辑们看到一个新的方向，啊，原来小说可以这么写。接着市场很有意思，出了一堆书，如《八戒传》《沙僧传》《沙僧日记》《白龙马日记》，都写得很烂，非常粗制滥造，但是运营商靠这种薄薄的、错字连篇的小册子赚了很多钱。2000年初，有个作者借用金庸小说的人物写自己的大学生活，叫《此间的少年》，然后被无数人跟风，也推出了"此间的这个""此间的那个"等等，这是江南大神的作品。综述以往，网络文学从一开始就受到了市场的影响和追捧，一直到现在。

当时，BBS影响最大的是天涯，现在天涯影响也很大。天涯BBS上每天有无数作品往上贴，都是模仿的，创新的很少，凤姐、芙蓉姐姐的那个手段其实是从天涯上扒下来的。在BBS上大家开始各种炒作，炒红了之后去出版赚钱，但无论是《悟空传》《八戒传》《沙僧传》这种模仿的模式，还是天涯上的炒作模式，效率都非常低，读者都非常少，所以成名的永远都是那四五个人，大部分发表作品的作者还是很单纯的，没有功利心，也依旧坚持走纯文学道路。

如果没有一场突然事件，也许这种模式会一直持续。但是当时出现了一个非常突兀的事件，第一次互联网经济泡沫出现，大量网站一夜之间全没了。有一个亿唐网，当时整个北京的公交站牌广告全是它们家的，突然没了。就那一夜间吧，粗略统计至少有三分之二的互联网站都倒闭了，很多BBS也消失了。这回惨了，没地方看了，也没地方写了。但是也给网络文学制造了一个新的机会，正如哲学家说的，当上帝关上一扇门，它同时会打开一扇窗。

它制造了什么机会呢？大陆的BBS都没了，去哪看啊？去台湾呀。反正繁体字对大家来说也没什么难度，然后大家就纷纷去看台湾网站，这样大量作者和读者就奔向台湾岛。

人们发现，那时候台湾流行一种叫口袋书的小册子，早期网络文学大神几乎都出那种小册子，有巴掌那么大，6万字一本，薄薄的，一本书也能印个四五十集吧。这个市场是什么情况呢？台湾当时的经济比大陆要发达，很多人要挤地铁、坐公交上班，地铁站和公交站有书摊，有好多书，你从这里借了，在车上看，看到你上班地点了下车，到另一个书摊还了，它们是连锁的。这

## 大神的肖像

就打发上班路上的无聊时间，所以这种小册子是直接面对工薪阶层，消费群体也是工薪阶层。很多大陆作者去台湾看了，看他们的BBS，怎么和我们不一样呢？断断续续的，老断更，原来他们都是这种小册子，都是先有这种小册子，然后盗版到网上，在网上盗版看，大陆的年轻人很聪明的，觉得既然可以去看，为什么不可以去写呢？于是开始向台湾的一些小出版社投稿，双方一拍即合，好多台湾出版商开始向大陆作家征稿。

但是，资本这个东西，它是最无情的，当时台湾出版商给大陆开的价是千字15元，30元算高价，然后买下这些作品的全球版权，印成口袋书发行，并且这个版权是终身的，非常不讲道理。但是当时你想，北京的工资已经涨了，北京的年均工资已经一万二了，你要写本6万字的口袋书，你一个月写两本的话，比上班工资还要高。所以大量的大陆作者开始给台湾的这种出版社写书。但是你要想卖得好，就得迎合台湾的市场。台湾市场以简单、直白、色情为主，所以那个时候大量的色情小说开始上市。现在你们研究这个东西就可以发现，几乎所有出名的色情作品都是那个时候出来的。

台湾那边的出版商竞争也十分激烈。竞争激烈就开始涨价，从千字30元不到半年就涨到了千字50元、千字80元、千字100元，甚至直接开始给版税。版税制度对文学爱好者是个诱惑，作者都有这个心理，把小说从网上印成书，是一件很"高大上"的事。能赚到钱对作者来说还是不错的，因为当时工资低，一个月1000多块钱，写网络小说可以挣到3000多块钱，比工资高好几倍呢！所以很快大量的作者开始给台湾写书。

利用台湾的BBS加台湾的资金，互联网第一次经济危机非常侥幸地挺过去了。网络文学也完全变了样，大家过早地接触了市场，懂得了市场的残酷，也接受了市场的选择。这个危机过去之后，大量从台湾赚到钱的人，包括海外一些华人和投资商，开始筹备做真正的互联网站，然后我们的文学互联网时代正式开始。

文学是很单纯的事情，但是资本不是。我给大家介绍几个早期的文学网站。在非盈利时代，有榕树下、文学城、卧虎居、黄金屋，现在这些基本上全没了，其中有几个我就不点名了，坑了无数投资商，无数投资商赔得倾家荡产。第一批没了之后，第二批崛起了，如龙的天空、幻剑书盟、爬爬书库。

龙的天空是最早意识到版权是可以赚钱的，很具前瞻性，它以千字15元，囤积了大约三百本书，然后一本一本地往台湾卖。领先半步是圣人，领先一步就是傻瓜，它领先太早了，领先了不止一步，没等它把这些囤积的作品完全变现，它就倒闭了，然后就沦为了单纯的BBS，成为单纯的发泄、骂人和以"打架"为主的BBS，当时是影响力非常大的文学网站。幻剑书盟是2003

年到 2004 年网络文学网站的老大,好像这个牌子还在,但是里面已经没有任何东西了,就剩个壳了。

明杨读书也是最早的文学收费阅读创作者之一,两分钱看一章的模式的创始网站就是明杨读书和小说楼。我早期的长篇小说作品《明》发表的网站就是明杨读书,很可惜,明杨读书也没了。当时的收费是这样的模式,千字两分钱,作者跟网站分成,明杨读书当时走的是中国移动的服务器,中国移动要跟明杨读书分百分之五十的利润,就是千字两分钱中有一分钱给中国移动,有半分钱给明杨读书,半分钱归作者。我的《明》写到十几章的时候,明杨读书给我结了次账,给了我 33 块钱。我对网站的创始人苏明璞说:"行了,你不用给我打款了,你直接留着用于你的网站运营吧。"很快,明杨读书就倒闭了。

然后,我去了起点中文网,那时小说楼也倒闭了,还能坚持下去的只有起点和幻剑这两家。起点为什么能坚持下去呢? 起点的创始人之一把他的房子卖了,用来支付作者稿费,当时上海的房子不算太值钱,但是也值四五十万。幻剑书盟采取了另一种方式,把自己的作家推向台湾,就是把版权卖给台湾,一本本卖,从中截留作者的收入,来维持网站运营。这两家还能活下来,然后继续这种千字两分钱的收费模式。当时在起点有个叫沙情的编辑,现在这个人已经不在互联网行业了。在他的邀请下,我的《明》转移到了起点,第一周拿到了稿费 500 元,我当时真的大吃一惊。当时好多作者都觉得:"哎呀,原来写小说这么快就能产生收益。"

然后起点中文网的作者就开始以几何级数扩张,他们的读者也以几何级数扩张,于是起点和幻剑就开始了血淋淋的碰撞、厮杀。这时候网络文学开始上升到一个大的爆发期。这个爆发期产生了很多经典好书,我给大家举几个例子。蓝晶的《魔法学徒》,大家可以搜一下,很好看的一本小说,很好玩;说不得大师的《佣兵天下》,这些是奇幻类。武侠类的有凤歌的《昆仑》、孙晓的《英雄志》、老猪的《紫川》。那时还没有《诛仙》,《诛仙》是后来的。都市言情类的有周行文的《重生传说》、血红的《我就是流氓》。历史军事类的有最后的游骑兵的《终生制职业》、中华杨的《异时空·中华再起》。游戏竞技类的有大秦炳炳的《校园篮球风云》、林海听涛的《我踢球你在意吗》。还有科幻灵异类的,可蕊的《都市妖奇谈》、勿用的《血夜凤凰》。《血夜凤凰》比《鬼吹灯》还要早,后期灵异的有《鬼吹灯》。然后产生了几大类别,包括玄幻奇幻、武侠仙侠、都市言情、历史军事、游戏竞技。你现在回头看网络文学这些分类,实际上就在 2003 年年底那一瞬间就完全定下来了,从那之后,基本上没有新的类别出现了。当然,我这个总结不完全啊,其实有很多书在当时也非常好,但我的阅读量有限,我就只能介绍这些了。

这些总结引用了网上的一个叫雪白的总结,已经征得了他的授权。大家现在看到的网络

大神的肖像

文学类型在2003年年底已经基本确定,以后很少有新的流派出现,即便有也只是其他文学类别的补充。2008年到2009年我写了《家园》,《家园》是非架空类,属于历史传奇类,但是这类属于历史、军事、武侠类的补充,而不能形成新的分支了。大家道路虽然不同,但是一起奠定了网络文学的基石。起点和幻剑两家杀来杀去,把其他网站基本上全给杀死在沙滩上了,老一代文学网站迅速作古,文学作品不断出现,文学网站飞速扩张。

这时候,有个非常传奇的人看中了网络文学这块蛋糕,他的名字叫陈天桥。这个故事还很有意思,陈天桥其实刚开始看网络文学时是抱着一种玩玩的心态,花了两千万。这个数字可不准,因为我不是参与商之一。我所知道的是,花了2000万人民币购买了起点,这2000万还不是现金,有1000万是股权。陈天桥把起点卖给马化腾的时候好像是卖了十亿人民币。这是个非常经典的投资,短短几年之间翻了50倍吧。但还是卖低了,起点现在上市的估值报了几十亿美金,但是我认为它的估值至少应该在20亿美金之上。这是当时2000万的投资。

陈天桥在收购起点的时候用的手段非常好玩,谁要是有心思写的话,可以写一本非常好的商战小说,比你看过的所有的香港商战电视剧都精彩。首先,这个橄榄枝并不是抛给了一家,而是抛给了起点和幻剑两家,同时收购,但是声明只收两家中的一家。然后起点和幻剑就打起来了,为了争这个钱,因为大家都缺钱嘛,你不能老让这个创始人去卖房子啊,他卖完第一套,不能卖第二套啊。

突然有一天幻剑遭受了黑客攻击,就瘫痪了,瘫痪了小半个月,谁攻击的到现在为止不知道。当幻剑的服务器恢复正常的时候,起点已经跟陈天桥签订了并购合同。很经典吧?为了降低起点讨价还价的能力,这肯定不是陈天桥本人干的,他有个强大的团队,他的投资团队建了个网站叫PT文学网。PT文学网做的第一件事,就是向起点的所有当红作者发邀请函,请来PT文学网助战。它的价格是每个在起点写书人的2—3倍。就是以议价一倍的方式来收你的作者,你敢不卖给我,你敢跟我讨价还价,我把你的作者全给收了。起点这些创始人年龄都不到30岁呢,都很年轻,也没有任何商业经验,完全是凭一腔热血,当时就被陈天桥这个团队一套组合拳打了个晕头转向,没招,最后投降了。

这个可能不准确,真要研究的话,你们得向他们本人核实。我知道的是2000万中,1000万是现金,1000万是股权的方式,以这样的一个价钱就把起点给买了。然后起点中文网就变成了盛大中文网的一个子公司。

若干年后,马化腾想收购起点中文网。盛大这边开出了一个非常高的价格,然后马化腾那边立刻成立了一个网站,叫阅文。阅文成立之后的第一件事是,用重金挖走了猫腻等等一系列网络"大神"。这种方式和当年陈天桥团队收购起点一模一样,连招都没换,最后陈天桥团队把起点中文网卖给了马化腾。

盛大收购起点之后,做了一件非常理智的事情,就是收购归收购,运营还是交给了起点那几个人运营,只是在运营的同时定下了它的盈利目标和它的商业化目标。然后起点拿到了盛大充足的资金。盛大的确给起点投了一笔,资本嘛,都是双刃剑,在进入的初期会有很大的促进作用,当时包括我在内的所有作者的身价一下翻了两倍。这时候已经是2004年年初了,现在已经不是秘密了,当时要保密的。起点当时跟我签合同是千字90元,也就是我一上午写四个小时,因为我是写得非常慢的人,我四个小时就写3000字,我一上午可以赚到270元,这样的话,我一个月光码字不上班也能赚到2万多块钱,这在当时已经是非常高的收入了。

当时给我的还是比较低的价格,我是有一搭没一搭地写,毕竟还在电力系统工作。我对金钱数字也不是很敏感,当时很多作者的收入都比我的高,并且写得还比我快。当时有的人一个小时能写到3000字,这就非常恐怖了。然后这笔资金给互联网文学注入了一剂强心剂,但同时它是双刃剑。它吸引了大量的作者来参加文学创作,同时它导致了文学迅速向游戏化发展,迅速向"小白"发展。因为你写得越"白",你写得越快,读者越多,整个就是一个加速发展。凭借这个充裕的资金,起点很快就把幻剑打趴下了,但是幻剑也不能说完全是被起点打趴下了,因为幻剑也很快拿到了投资,但是在这期间,幻剑出现了战略性失误。

关于评判标准问题,评价一本好书用什么标准,是用商业标准还是文学标准或者说用编辑的眼光?因为传统的出版社都是编辑来审稿的,靠编辑来判断书的好坏。幻剑选择了靠编辑来决定这本书的好坏。其实人是最不公平的,你不能说是有心不公平的,因为人的个人喜好其实是没规则的。起点用了最极端的方式,就是完全商业化,这样也能赚钱,就是你写得再烂再"白",只要你能赚钱我就推你,拼命往上推。幻剑以格调不高、更新速度过快为名开除了他们网站一个最好的作者,现在研究互联网文学绕不开的一个人——血红。血红被幻剑以格调不高除名,然后血红被起点以千字200元的价格买断,因为血红写得非常快,起点立刻打了横幅,"血红驻站起点,年薪一百万人民币"。那可是在2004年年初啊,100万人民币够在上海浦东买一套半房子。就这个标题一打,一个月之内全国这些很闲又有点文学细胞的人,可以说上千人直奔起点。

幻剑踢走了血红之后,很快以更新速度过快为名踢走了它旗下写得最快的一个写手——唐家三少。几年之后,起点给唐家三少的市场估值是四个亿。"唐四亿"就这样被幻剑除名了。然后幻剑陷入了经济纠纷,因为幻剑当时和另一个网站合并,合并完了之后,这个稿费是另一

## 大神的肖像

个网站欠它的作者的。这个作者后来不写了，去美国了。他写了一本书叫《曲线救国》，这本书很好看，很好玩。《曲线救国》又叫《二鬼子汉奸李富贵》，你要研究早期网络文学，这本书是值得研究的，非常有意思，属于幽默流，也是架空的，比后期的《唐朝好男人》还要早若干年。

到了 2007 年，幻剑就彻底晾戏了，然后就是恶性循环，欠了无数作者的稿费，暂时停止运行了，后来被网易收购了。网易收购价钱也不低，但是已经无力回天了。因为 2004 年到 2007 年，对于互联网来说这三年不是普通的三年，这三年顶原来三十年。这三年幻剑倒闭，但实际上从 2004 年开始，幻剑一天不如一天了，起点一家独大。一家独大之后，资本开始投入，资本是最无情的，你不能永远让我赔钱。任何网站的投资商都不是开善堂的，都想赚钱，就从起点身上开始挖金。侧重点就是游戏，游戏流就是打怪升级流，也就导致了现在的互联网格局。现在互联网小说，玄幻也好，奇幻也好，武侠也好，这些作品都有个共同特点，就是有个明显的升级体系。

实际上这不是文学思维，这是游戏思维。也就是因为盛大的陈天桥是做游戏起家的，最赚钱的方式就是开发游戏。那时的网络文学就开始被市场第一次影响，这种影响就是无形的手在推动它向游戏化发展，向"小白"化发展，就是越浅白越容易被接受。因为一家独大了，就没有竞争对手了，然后现实世界中所有丑陋的东西迅速向互联网渗透。

比如说为了个推荐位，因为起点当时首页上只有一个推荐位，谁在上面多待一天订阅率能翻一倍。有本书叫《YY之王》，又叫《龙》，作者撒冷是很有商业头脑的。撒冷后来去做手游了，现在是手游公司的大老板。他当时写小说，最早意识到这个推荐位置的价值，跟编辑连续要了两周时间的推荐位置，编辑也比较照顾他，想做个实验，看看自己的推荐位置到底有多大价值。他那本书在推荐位置上占了两星期的时间，订阅率就暴涨，订阅量迅速过万，当时固定的读者基数，整个起点也就是 50 多万人，也就是每 50 个人中就有 1 个订阅他的书，然后大家都看到这个问题了，为了这个推荐位置就开始使各种手段。

当时编辑也很清贫，作者月薪都奔 5 万去了，编辑一个月才拿几千块钱死工资，编辑也不干啊。编辑说，那我也写吧，编辑自己写有资源优势，自己写自己推上去，然后裁判开始下场踢球。有人说，我跟那编辑好，你给我什么好处，我给你介绍，给你往上推一下，重点照顾一下。有的编辑头脑灵活，跟作者说，你的书我可以给你驻站，给你什么好处，你分我多少钱，直接就这么来了。

这时候起点内部出现了一个大的动荡，就是有一部分人认为，我们还是要追求高格调，然后起点内大量的差评书开始出现了。有很多书后来都被禁了，当时是没人管的。

这时候有的人就离家出走了，其实也不能完全说离家出走吧，因为也有资本，就是资本不能光看着陈天桥一个人赚钱啊，我为什么不赚啊？

我现在的东家中文在线拿出了一笔资金，成立了 17K 小说网，从起点挖了一批作者和编辑，当然，挖的时候要有一个很冠冕堂皇的借口，我们要追求文学价值。当时 17K 小说网成立的时候是很有理想的，有一群理想还未死掉的编辑去干这个事情，中文在线也的确给了 17K 小说网很大的投入，但是在陈天桥的专业商业团队面前，17K 小说网被打得落花流水，几年时间就濒临倒闭。转眼之间起点又要一家独大了，这个时候又跳出一个资本来。这个资本也是很有意思的，也是一个搞游戏产业的，叫完美世界，出资若干，又从起点挖出一支团队来，成立了纵横中文，从此奠定了现在网络文学的三大巨头模式，就是中文在线、纵横中文和起点。现在的盛大集团是最大的，它能占到百分之七十左右的流量。它还是一家独大，但是那两家已经不至于没了。纵横中文的出现为 17K 小说网分担了大量的火力，牵扯了陈天桥手下那个团队的大量精力，这个三足鼎立模式正式开始。

起点的团队要求赚钱，就是完全采用商业模式。17K 小说网当时很理想化，我们要做文学，后来改成了我们要文学和商业兼顾，包括纵横也是说我们怎么怎么样，实际上就是大家都没有先例可循，都在摸索，在摸索中寻找，有人失败，有人成功，都有很大的偶然性。

当时的起点请了一个著名的互联网推手，实际上要提互联网文学的发展，绕不开的人就是侯小强先生。侯小强并不是作者出身，他也不太懂网络文学，但是侯小强是一个交际面非常广的人，可以说是推手吧。盛大文学高薪把他请来之后，让他主持起点的运行。这个盛大文学的总运营官在任期之内，我们这些所谓的网络文学大神都需要向他致以崇高的敬意！他用了四到五年时间，把网络文学推向了主流。他力推的同时，传统文学界也终于意识到，这时候已经是 2008 年了，网络文学已经诞生 10 多年了，传统文学界和国家的有关部门终于意识到，还有网络文学！

网络文学开始受重视了，当然，在这之前就已经有人重视了，但是声音很小，没有影响力。从 2008 年开始，国家开始重视，中宣部和中国作协等也开始搞活动，搞了网络文学十年盘点。实际上十年盘点起了巨大的作用，第一推手是中文在线，第二推手是中宣部和中国作协，第三推手是民间推手侯小强。侯小强搞了一个省作协主席网文大赛，请了韩寒和徐静蕾去写网文。侯小强是不懂网文的，所以他的推法完全是互联网推法，他这几次推广都是轰轰烈烈地开始，然后轰轰烈烈地失败了。但是他对整个网络文学行业起到了巨大的向主流引荐的作用，他把渠道给搭成了。他的投入非常大，起点一年盈利是几个亿，他也花掉了几个亿。这导致了起点

## 大神的肖像

原有团队跟他产生了冲突，双方又经历了一系列的商业战争，侯小强取得了第一场胜利。他力克群雄，取得了绝对主导权。虽然他功不可没，但是他在很多方面的确是外行，他忽略了一件事情，就是网络文学是自由的，网络文学是平等的，是自发的，它不需要别人告诉它怎么写，它是完全靠市场自然选择而演进的，导致了网文圈很多写手对他极度不满，不满到一定程度，终究会反弹。就在侯小强先生终于看到胜利曙光的时候，起点团队集体出走了，去了马化腾那里，然后马化腾迅速组织了阅文来反斗起点。侯小强被陈天桥团队驱逐出盛大，含泪挥别。这是另一个故事了。这已经是2013年、2014年的事了。

网络文学就开始了直到现在的繁荣期、爆炸期。这里有件著名的事情，就是游戏和影视进入网络文学，其实影视行业对网络文学的挖掘在2009年、2010年就开始了。我的那本《隋乱》2010年就已经被郑晓龙先生买走了，但是买走之后他一直没有拍，一直拖到现在，这让我也很痛苦。虽然没有拍，但是在那时候他们已经开始淘金。

2013年开始，大家都意识到了，有关部门也好，传统出版行业也好，影视行业也好，一起认识到网络文学的价值，研究也跟上来了，资金也跟上来了，然后开始了繁荣期。

很多小的文学网站都是那时候诞生的，迅速完成了并购和商业整合并开始运营，影视行业开始对它产生影响。网络文学的独立性越来越强，作者赚的钱越来越多。网络文学的一个特点是不装，网络文学从来不向任何人说教，不试图当老师，它不像传统文学那样指点你、引领你的人生。网络文学还有一个特点就是入门容易，但是爬到高处难。

网络文学到目前为止有20多年历史了，它的积累一时半会儿还消耗不尽。大家看到哪个电影、哪个电视剧又火了，实际上，挖掘的都是前十七八年的金矿。

网络文学目前存在很多危机，也就是我要说的网络文学的未来。说句不好听的话，网络文学早晚会消失，只是它消失的模式不一样。照这样下去，狂奔裸奔下去，肯定会消失。原来以为会消失于国家干预，但是不是，现在的问题是资本的过度干预。因为互联网从陈天桥收购起点开始，就是游戏在影响网络文学，然后影视也在影响网络文学。其实，文学是独立的，不应该依附于其他的东西。

现在网络文学想要成功，要么依附游戏，要么依附影视。无数人给你说故事：我们游戏行业每年有6亿的产值，你给我写个游戏脚本吧，你这个书被游戏公司买了之后，一本书可以给你1000万，或者2000万，甚至有的书还没开始写，只是刚刚开始故事架构，就开出4000万的高价来，这是一个收购意愿。

早期文学网站的创业者都去开公司，自愿去开游戏公司，也去做游戏，就是大家都去做游戏了,网络文学就开始成为游戏的附属品了。有些书天生不适合改成游戏,怎么办呢?影视行业的老大哥又跟你说故事了:我们影视行业一年有600亿的产值,来写吧,你给我写本书,我收购了你之后,我可以给你500万啊。然后又一个大饼画出来,大家开始有意识地写影视能接受的脚本,因为影视行业的限制很多,特别是电视剧,框框最多,完全不像网络文学这么自由,你想适应它就必须削足适履。

电视观众以35岁到50岁之间的女性居多,男性少,所以"宫斗"就成为一个大的类型,其实在网文中"宫斗"是一个非常小的分支,而现在它成为大类,可以说是2015年到2016年最磅礴的主题,这个传那个传,三宫六院,反正就是这点事儿,家长里短都出来了。男性作品呢?"宫斗"不好弄了,大家都开始盗墓,一窝蜂盗墓,就走极端了。资本的过度干预早晚会导致网络文学"死"在资本的手里。

## 二、历史要大,人物要小

问:你为什么会走上网络文学写作之路?

酒徒:我最早是在BBS上写的,是在1998年之前,互联网还是在28.8K的时候,当时想寻找知音,有表达欲望和倾诉欲望。当时我在北京收入很稳定,也很高,是个不错的小白领,但是我家是内蒙古的,靠近东北,大家知道当时东北正是大下岗,我周围的人几乎都下岗了,除了我爸,我爸是医生。这给我冲击非常大,一方面自己生活不错;一方面一回到家,从北京回到家,完全两个世界。一个人不停地在这两边穿梭,整个人都快分裂了。那时候特别想说一下这些事情,想倾诉一下、表达一下,但是又没地方说,就去BBS上写这些东西,把自己看到的、想到的写下来,也算是一种感情宣泄或者说自我表达。就这么走上了写作道路,当时主要写的是杂文和散文,还写了几首歪诗,这是文学青年的必由之路。

问:你写作过程中最大的机遇是哪一次?

酒徒:如果说写作过程中最大的机遇,可能就是写《明》的时候进入了起点,那应该是最大的机遇。我在那之前从未想过以写作为生。那时候开始写作一直写到现在,要不然以我这种三分钟热度的性子,我那几年宣泄够了也就老老实实做我的工程师了。因为我是东南大学电力系毕业的,学的就是电力这块。

我2006年移居澳大利亚,写作环境还是有影响的,因为国外的思维方式和我们还是不一样的。它看待历史也好,看待过去的事情也好,更从容一些。澳大利亚是一个岛国,它历史上没有受过大的侵略,也没有受过大的战争的影响,唯一一次战争威胁是在二战期间,日本人打到它的周围,澳大利亚人不堪一击,没有还手之力的时候,美国人救了它。因为没有遭受过战争,所以它看待历史的时候很从容。它的视角和我们不一样,对历史上的一些错误,主流界在反思,历史上如何迫害土著,如何迫害新移民,他们每年都会有不同的反思。这也开拓了我的视野,开拓了我的思维,让我的很多想法和国内很多作者还是不完全一样的。

可能我在国外看得更多的是这样。澳大利亚有个观点是与其把钱花在监狱和警察上,不如把钱拿来给老百姓改善生活。这也是高福利社会的思维。但是这个思维是有问题的,这种福利思维现在已经支持不下去了,因为养了太多的懒人,福利越多懒人越多,懒人越多钱就得从劳动者身上剥夺,税收就会越高,税收越高大家就越没动力,大家就都吃大锅饭。去的地方多了视野会不一样,看的东西不同,这个东西或多或少都会影响你,然后会融入你的写作当中。

问:请问你日常的生活是什么样子?

酒徒:平时除了写作,生活就很简单了,我大部分时间都是忙着收拾我的院子,带孩子,然后偶尔钓钓鱼,可能钓鱼是最大爱好了。写小说挣了钱之后可以让你的生活更从容,因为仓廪实而知礼节嘛,你可以没有那么大的压力。因为国外的生活还是压力很大的,消费也高,有了钱之后压力就小一点,生活就从容一点,说话、做事也不那么急,看到别人成名了、成功了也不那么急切地去模仿、去追赶潮流。

诸位同学将来走上社会之后,无论从事什么行业,首先要让自己经济独立,经济独立之后你才有选择的自由,经济没有独立的话所有的自由都是空的,特别是在这个时代。我们国家不是高福利社会,像澳大利亚,因为福利好,有很多纯文艺青年靠拿政府的福利就可以活得很好,艺术作品成就很高。对我们来说,我们暂时没有这个能力。

问:请介绍一下你小说的出版情况。

酒徒:网上订阅在起点的时候高,因为起点读者基数大,17K小说网的时候低,《家园》巅峰一点的作品高,现在的作品比当时低,台湾一直在陆续出繁体的实体书,从《家园》开始一直到现在每部书都出了。在大陆,《隋乱》出了全套,《开国功贼》出了四本,到最后两本的时候,出版公司倒闭了。

因为我的书的版权目前都归中文在线,具体运作我不参与,也没有决定权,所以到目前为止,只出了《明》《隋乱》。《明》也是断头书,《盛唐烟云》出了前四卷。在泰国出了泰语版的《开国功贼》《盛唐烟云》和《隋乱》。

问:网上介绍说"酒徒是一个特权作家,被刻意保护,背对大多数网络读者",你怎么看?

酒徒:这一说法部分正确,我的确是被买断的作家,的确有特权,但是说背对读者就有点偏颇了,我一直在面对读者。被买断的作家不光我一个人,可能17K小说网的比较少,像起点早年的一些"大神"都是被买断了,买断作家对网站是有利的,毕竟网站需要赢利,买断后的作家对自己的作品就无权干涉了。举个明显的例子,张牧野把《鬼吹灯》卖给起点之后,起点可以以无数个版本授权出去,获得的利益与张牧野本人没有任何关系。他自己后来写外传还被起点告上了法庭。所以,买断对作者来说是把双刃剑,在早期的时候对作者来说是一件好事,可以拿到固定的收入,但是到了后期,并不是一件好事。对于我来说是无法选择的,因为当时我要赚钱养家,所以被买断了。所以并不是背对读者,而是市场的自然选择。

问:请问你喜欢读哪些作家的书?

酒徒:我喜欢俄罗斯的作家,因为我小时候读的书大部分都是俄罗斯作家的作品。我喜欢托尔斯泰的《战争与和平》、高尔基的《母亲》,小学的时候老师就讲这些。中国传统作品我喜欢《红楼梦》等四大名著,现代作家我喜欢梁晓声,他写的东西比较贴近底层,他不写高层的东西。因为在我的创作观念中,要写大历史中的小人物,传统历史小说中有一个很大的问题,就是喜欢写将军,写大人物,目光全聚集在这些地方。拿罗贯中举例吧,他写水淹七军、火烧连营,关羽多"高大上",但是,每个人身上都背着一个家,那些被淹死、烧死的小兵怎么办?你们刘家、曹家、孙家争天下,跟这些小平民啥关系?这是为什么呢?这跟生活情境相关。所以我觉得作为一个作者,写历史可以,历史要大,人物要小,要把小人物的东西写出来。这是我的一个文学观点,不强求大家认同。

问:对准备从事网络小说写作的作者,你有何建议?

酒徒:不希望大家走这条路,因为这条路很辛苦。我在上传之前会修改,一般是第一遍调整思路,第二遍改改错字,每段写完后的修改时间20分钟到40分钟不等。

问:你写小说的灵感主要来自哪里?

酒徒:灵感主要来自生活。我在做电力工程师的时候跑过20多个省份,到了后期去了一家外企工作,那十年我有很多的积累。我有一篇文章回忆那十年。我说,在头一天晚上我还在西部的某个地方调设备,第二天我就坐飞机回了北京。这种生活对心脏是一种强大的刺激,对思维也是一种强大的刺激。在那段时期,我看了很多名胜古迹、名山大川,灵感主要是来自这些。我给你们讲个故事。有一次我在岱海,属于内蒙古中部地区,住在电厂的小旅馆里,我是一个喜欢口腹之欲的人。有一天我点了一个菜,叫烤羊背,这道菜虽然价钱比较贵,但是在内蒙古地区是很常见的。一个小时过去了,菜还没有上,我就很生气地去厨房,厨师说他早就烤好了,只是没有人往上端。为什么呢?因为那个服务员不认识这道菜,从没有吃过这道菜。服务员刚来,穷到什么地步呢?当时烤羊背是30多块钱一斤,一个羊背三斤多,也就是100多块钱,我问他工资多少钱,他说200多。我回到北京,不时想到这两种生活间的差距。

所以你看我写《隋乱》的时候,就写这些事情,这些灾难其实都是由决策者造成的,但是倒霉的全是小老百姓,闯祸的是杨广,是宇文化及,是这些门阀,承受代价的却是普通百姓。这个事情公平吗?不公平。但是几千年来一直是这个样子。

问:你有没有受金庸的影响?

酒徒:金庸先生对我的影响很大,可以说,金庸所有的书我都看过,熟悉所有的情节。我曾经开玩笑说如果金庸先生开金庸文学研究的话,我可以做他的博士生。

问:你怎么看网络文学"走出去"?

酒徒:前途是光明的,道路是曲折的,不要拔苗助长。粗鄙一点儿的话就是,吹牛皮别吹爆了。目前来看,网络文学确实已经走向了海外,但是它真是刚刚开始起步。不要刚刚生下了孩子,你就说他以后一定是将军,那就是吹牛皮。作为父母,你可以寄予这种期待,说他将来会成为科学家、成为将军或成为什么,任何一个父母对孩子有这种期待是没有错的,但是你不要说孩子生下来就是将军,那就是吹牛皮了。我们可以举个例子,实际上我们现在所谓的文化覆盖,我们出版过的,大部分都在亚洲,像韩国、日本等国。翻译成英文的可能寥寥几本吧,一个巴掌能数得过来。目前被吹得特别火爆的武侠世界网站,它一共翻译了多少部作品呢?一共翻译了27部完整的作品,剩下的几百部都是只翻译了开头就停下了。这种情况下,你说你像日本动漫一样影响了全世界,这的确是吹牛啊。你可以期待它将来会影响全世界,但是现在来说,我个人认为还是低调一点好。

问:你怎么看网络文学评论?

酒徒:这个是有原因的,因为咱们将来要上市,这是完全的商业行为,企业可以这么干,但是评论家和研究者就别跟着去蹚这趟浑水了,没什么意义。文字评论我大部分都看,但是,大部分都不接受。我觉得读者群是这样的,每一个作家,每一个网络文学作家都会给自己的读者群一个清晰的定位,你的读者群是谁。你看有些作者写的文章很"白"、很烂,你觉得他写得很差。其实你想他从从业到现在已经写了上千万字,怎么可能写不出好作品呢?一个专业选手经过训练,写个上千万字也磨炼出来了。因为他的读者市场定位就是这样,比如初中毕业到高中这个阶段,显然,作者写那种"高大上"的东西,就失去市场了,他要有一个清晰的读者市场定位。像我给自己的读者的定位就是,大学以上或者大学毕业,二十五六岁,对人生有一定的理解,有一定的感悟。这个定位,我的人群肯定比人家的人群要小得多。但是我觉得我的作品,粉丝的稳定性可能要强一些,就是我的粉丝可能从20多岁到40岁。任何一位网络作家,想要成功,定位一定要清晰,在写之前一定要想,我这个书是写给谁看的。如果说你要写给所有人看,这几类读者都要看你的东西,这怎么可能呢？肯定要失败。

**三、让历史照亮未来**

问:你写网络小说有何艺术上的追求？

酒徒:其实最开始我对艺术真的没有什么追求,一开始就是写着玩。写《明》的时候,因为我和我老婆还没结婚,她在国外读书,我在国内上班。然后到了结婚年龄,她家不想让她回来,我还出不去,两个人就要出问题。我也是无聊,就开始写书,写了很多故事。《明》里有个故事就是武安国他女朋友去了澳大利亚,他一个人在鞍山,其实那不是武安国,那是我！但是我比他幸运,他最后分了,我好歹坚持住了。当时我就说嘛,我在《明》里有一章写今天我女朋友回来,我要去求婚,大家都给我祝福吧,然后读者都给我祝福。真的就是以游戏的心态写东西,包括后来写《指南录》,也是倾向于个人观点的表达。个人观点表达的东西多,文学艺术的东西少。直到写完《指南录》之后,有一天我看了一本很经典的文学理论著作,它里边有句话我印象非常深刻。它说:"什么是小说？小说就是说故事,说一个完整的故事。"我当时觉得茅塞顿开,我干吗要表达？我为什么要把我自己的东西强加给别人？我为什么不去好好写一个完整的故事呢？然后从那时候开始,我写了我的"隋唐三部曲"中的第一部,就是《家园》,也就是后来的《隋乱》。

从《隋乱》开始,我认为我的作品在思想表达上更加隐秘了,但是在文学性上是一个巨大的进步,我认为那是个分水岭。心态其实变化不大,因为我2006年就去了澳洲,跟读者接触也少,跟社会接触也少,所以在我们家里我也没啥地位,也没人捧我,我一直就这样子,并且在那之前我已经是高级工程师,我并不觉得有什么太大落差。

问:《男儿行》这部作品在你的写作中是比较独特的,你是怎么考虑的？

酒徒:《男儿行》这部作品是比较特殊的。当时我写完《烽烟尽处》,我特别爱看架空小说,当时架空小说基本上没什么作品了,我觉得特别惋惜,我说回头再写一写架空小说,然后就写了这本书。但是《男儿行》用了我写《明》时候的很多观点,然后对这些观点进行了修正,用了多维空间,就是多维宇宙的写法。《男儿行》里边其实很隐晦地告诉大家这就是朱元璋的故事,就这两个人吧,那个主角叫朱重九,朱重九是朱重八的后代,穿越到朱重九那个时代,然后朱重八同时是那个时代的朱重九的后代,又穿越到那个时代。这是一个多元宇宙,多维最后映射到第三个维上,这实际上用了一些科幻小说的手法,这也是读了别人的科幻小说之后受到的一些启发。

大神的肖像

问：在多年的写作经历中，你调整过自己的写作吗？

酒徒：调整一直在做，与读者的期待有关系，但是不大，与我自己的期待最大。我一直试图走自己的路，我的书与目前流行的网络作品是不一样的，我一直在试图探讨文学中的人心和人性。所以，我认为不能流行写宫斗就写宫斗，流行写盗墓就写盗墓，跟风者"死"，如果失去了自己的特色，可能"死"得更快。我一直在坚持自己的东西，虽然行业内的很多大哥都在劝我写网络游戏小说，可以开发成游戏，或者是写些欢快的以爱情为主的故事，可以做影视开发。说实话，第一呢，年龄大了，我也不想做出改变；第二呢，这与我所坚持的东西是不一样的，我不想向它们妥协。这些坚持还是得力于经济环境，如果我现在连住的地方都没有，饭都吃不起，我可能也就跟风去了。

问：请谈谈你对网络小说写作技巧的看法。

酒徒：网络小说写作技巧只能自己写多了去体会，没法教。小说是讲故事的，我认为不是教材能教出来的。包括现在一些网站教写作技巧，这些技巧可以让你入门，但是不能让你走高，你要想混个温饱，一个月挣四五千，可能看看网站的教材是有用的。

问：你写历史小说有没有对历史的反思？

酒徒：有很多。我一直认为，你写《史记》也好，写《资治通鉴》也好，写历史的时候要如实记述，不要曲笔，不要去刻意敷衍。因为你要留出一份最直接的材料给后人，哪怕是错的，让后人知道错在哪，这是最重要的，不是去敷衍它，去遮盖它。然后，通过历史，让后人读到历史之后，知道前辈错在哪了，并去改正。有一句话叫，让历史照亮未来，这是我的一个观点，也是历史上的一个观点。让历史上那些悲剧照亮我们的现实，在现实中少走一些弯路，少一些悲剧，给予弱者多一点同情，不要以为你可以无辜，火着了，没有人无辜，谁都逃不了。

问：《家园》改名为《隋乱》，是什么原因？

酒徒：是出版商的原因，和我没关系。因为"家园"的含义是指家中的每一个人，每个人都是家园的一部分。我写的是自己的父母、兄弟、舅舅、舅妈这些，或者亲朋好友，而不是写那个时代帝王的赞歌。《家园》中，有的兄弟成绩很高，有的兄弟不争气，但是你无可否认他是你家中的一分子。杨广是个昏君，但是杨广是你中原的，也是你这个大家庭中的一部分。《家园》的含义就是所有人都是这个家的组成部分，无论他是忠是奸，无论他的成就是高是低，这就是广义的家园。家园这个大概念出版商理解不了，所以他给我改成了《隋乱》，我也没办法。

问：你怎么看李勣这个形象？

酒徒：李勣这个角色，其实是个反衬，用李勣的失败和阴暗反衬别人的高大。在文学上可能有点夸张,但是**李勣**在历史上的很多行为的确不像传奇小说中那么完美。可能是当时的局限性,他做的很多事我未必赞同。如果我和你是朋友,我可能不满你的使命,但是在你没干什么坏事之前我不会说你将来一定会干什么坏事。但是**李勣**做了一件非常重要的事,这是应写入史册的,**李勣**在很早之前就预料到了侯军要谋反,所以在侯军向他请教兵法的时候他不教给他,说他将来要谋反,将来要被牵连,等等,他向唐太宗做了预警。到后来侯军谋反,全家被杀,然后**李勣**的形象从此就是英明神武的了,我觉得这么对待朋友肯定不是一个普通人所为吧。这种大英雄我理解不了,所以在我笔下他就不怎么光明。

问:《开国功贼》为什么没有写坏人?

酒徒:《开国功贼》实际上是我的一个尝试,我是以历史小说的写法写这么一个主题,所以没有明显的坏人。隋朝的所有人都在挣扎,都想活着,为了活下去而努力。有的人做了很多坏事,为了活下去做了很多迫不得已的事,到最后导致了悲剧的诞生。《开国功贼》就俩字,活着。乱世中的小人物从开始到最后一直在挣扎,就是为了活下去。

问:你怎么看《盛唐烟云》的主角?

酒徒:《盛唐烟云》的主题实际上是救赎,里面的主角起点比较高,是一个功臣之后,他享受了大唐很多荣耀和一些附加品,像金钱啊什么的都享受到了,而大唐出现问题的时候他有责任去补偿、去救赎,并且他自己也做了很多错事,他要为自己做的这些进行救赎。这是我目前对很多年轻人的期许,因为享受到了这些东西你就要付出一些。《盛唐烟云》里说过一句话就是,谁都知道大唐出了问题,但谁都不知道该如何去解决,所以才在沉醉和麻木中走向了灭亡,这是一件很悲哀的事情。

问:你怎么看《烽烟尽处》中的人物塑造?

酒徒:《烽烟尽处》表现了很强的文学性,人物个性很强。《烽烟尽处》里面的所有人物都是有原型的,包括那个土匪周黑炭,所以他们的故事可以直接拿过来。像赵天龙实际上是一个游击队的神枪手,枪打得非常准,马骑得非常好,整个人特别特别光明,从头到尾都是光明的。

问:你的小说对人物的心理描写很细腻,你怎么看这个问题?

酒徒:不管是网络文学还是传统文学,任何作家达到一定的程度,他都会很细腻。敏感、细腻是柄双刃剑,是坏事,也是好事。好事是他可以得到比别人更多的生活体悟和文学体悟,坏事是在现实生活中,他很容易冲动,很容易出问题。我认识很多作家,包括网络作家,他们的婚姻都是以离婚告终,离婚率太高了。有时候真的说明,作家不敏感就写不出东西来,但是如果在生活中也这么敏感的话,就会出问题。

# 后 记

本书是国家社科基金重大项目《中国网络文学评价体系建构》(项目编号18ZDA283)的阶段性成果。

我于2015年在山东人民出版社出版了《大神的肖像——网络作家访谈录》，当时访谈了十七位作家。这本书出版后，得到了很多同行师友的鼓励，大家觉得这样的访谈是网络文学研究所需要的，这是从阅读出发，走近作家、了解作家的重要方式。这也是我坚持做访谈的初衷，不要先入为主地评价网络作家，尤其是要避开那些简单粗暴的诸如模式化、商业化的评价，通过完整地阅读作家作品，收集作家的各种资料，建立对作家的阅读印象，思考为何这个作家的作品能走红，作家为何要这样写，在中外文学及文化的坐标系中，有何传承与创新，该如何评价这些作品。

从读者接受的角度来说，文学评论是读者和作者的心灵碰撞，评论家总是习惯用各种理论的尺子去评判作品，这种评价能抵达作家写作的痛点吗？能揭示网络小说写作的规律吗？网络小说是复杂的：既有"文青"文，也有"小白"文；既是当代性的与时下读者心意相通的，又与现代以来的经典小说有巨大差异；既是商业化的产物，又有作家自身的情感寄托与文学情怀；既有对古今中外文学的借鉴与融合，也充满了各种娱乐至上的浮华；既是新兴文化产业的源头，又是那样鱼龙混杂、良莠不齐。阅读网络小说充满了快感，但又难以简单地从思想性与艺术性上做出评价。

网络文学是当代文学，网络作家与我们同处一个时代，我们有这个便利，也有这个必要了解作家，这是网络文学研究者的一项重要功课。

听听网络作家怎么说，他们为什么要写作，他们有怎样的写作理念，写作中有何困惑，怎么看他们的作品，他们如何处理写作上的矛盾，收入状况如何，每天是怎样生活的，读些什么书，对网络文学的未来是什么看法。

我们带着全部的阅读经验和生命情感，在已有的中外文学、文化理论视野下，考察网络文学的生长机制,观察网络文学,理解网络文学,最后才能做出"既有理解之同情,又有理解之批判"的评判。

因为给学生开设网络文学研究课程,本书是我带着我的学生们一起做的,我希望通过这种方式把他们带到网络文学研究这片领域中来,这其实也是我自身的需要,我想知道这些 90 后读者眼中的网络文学是什么样的,他们在作品的阅读中关注点在哪里,会提出哪些问题。

回望从事网络文学研究的近 20 年岁月,自己发表了一些论文,出过一些书,我倍感愉悦的还是倾听作家的声音,感受他们的个性。从他们身上,我学到了很多。感谢这些接受访谈的网络作家,他们的讲述为我们打开了一扇理解网络文学之门。

周志雄

2023 年 5 月于合肥